ŒUVRES COMPLÈTES
DE BOILEAU DESPRÉAUX.

TOME I.

ŒUVRES

COMPLÈTES

DE BOILEAU DESPRÉAUX,

AVEC DES PRÉLIMINAIRES ET UN COMMENTAIRE
REVUS ET AUGMENTÉS,

Par M. DAUNOU,

MEMBRE DE L'INSTITUT, PROFESSEUR AU COLLÉGE ROYAL DE FRANCE.

TOME PREMIER.

PARIS,

CHEZ PEYTIEUX, LIBRAIRE,

GALERIE DELORME.

1825.

AVERTISSEMENT.

Toutes les œuvres de Boileau en vers et en prose, y compris ses lettres à Racine, à Brossette et à diverses personnes, ont été réunies pour la première fois dans l'édition stéréotype de 1809, 3 vol. in-8°, et in-12. M. Daunou y avoit joint un discours préliminaire, une vie de Boileau, de courtes notes sur ses ouvrages, et une table alphabétique de tous les auteurs cités ou désignés, loués ou critiqués dans ces trois volumes. Cette table indiquoit sommairement la patrie de chacun de ces auteurs, le temps où il a vécu, et ses principaux écrits.

Nous reproduisons tout ce travail, mais revu et augmenté. Nos deux premiers tomes contiendront, après les préliminaires de M. Daunou, les préfaces de Boileau et toutes ses poésies. Nous rassemblerons dans le tome III tous ses écrits en prose, à l'exception de ses lettres qui, divisées en trois recueils, rempliront, avec la table alphabétique, le quatrième volume.

On sait de quel amas de notes, le plus souvent oiseuses, les savants des trois derniers siècles ont surchargé les éditions des chefs-d'œuvre de l'ancienne littérature, grecque et latine. Les ouvrages de Despréaux ont eu à peu près le même sort : ils sont, de tous les livres classiques composés en notre langue, ceux qui ont été le plus souvent et le plus longuement commentés. Avant le milieu du dix-huitième siècle, ils traînoient déjà autour d'eux les remarques historiques et critiques de Renaudot et Valincour, de Brossette, de Du Monteil, de Souchay, de Saint-Marc, outre le Bolæana de Monchesnay, et les vies de Boileau par Desmaiseaux et par Goujet. En recueillant toutes ces additions, tous ces commentaires, et en y joignant ceux qui ont été publiés depuis 1750, on donneroit aisément, sous le nom de Boileau, une édition volumineuse où les œuvres de cet écrivain figureroient à peine pour un tiers ou un quart.

C'est ce qu'on vouloit éviter en 1809 : voilà pourquoi l'on avoit réduit les notes à ce qui paroissoit strictement nécessaire pour la parfaite intelligence du texte. Ces notes se divisoient en cinq espèces : 1° celles de Boileau lui-même; 2° les variantes; 3° les imitations; 4° quelques éclaircissements historiques ; 5° des observations critiques, grammaticales ou littéraires.

Chaque fois que Despréaux donnoit une édition de ses œuvres, comme il le fit en 1666, 1674, 1683, 1694 et 1701, il y ajoutoit des remarques très-concises, qu'il est indispensable de conserver, si l'on veut que la collection de ses écrits soit complète. Mais lorsqu'il mourut en 1711, il préparoit une édition nouvelle qui n'a été publiée qu'en 1713, par les soins de Valincour et de Renaudot, et qui contient plusieurs notes non comprises dans les précédentes. Quelques-unes de ces notes de 1713 ont été omises ou modifiées dans l'édition de 1809, parce qu'il n'est pas bien certain qu'elles soient en effet de Boileau, et que celles dont il pourroit être l'auteur sont rédigées quelquefois avec une négligence extrême, à laquelle il auroit probablement remédié, s'il avoit assez vécu pour les mettre au jour. Quoi qu'il en soit, nous les rétablirons toutes, mais en les distinguant par leur date (1713).

Nous ajouterons aussi aux variantes recueillies dans l'édition de 1809, la plupart de celles qu'on avoit écartées soit comme trop légères, soit comme fournies seulement par de mauvaises éditions, exécutées hors de France ou loin des yeux de l'auteur. Le nombre n'en sera pas considérable; mais il en est auxquelles certaines circonstances particulières pourront donner de l'intérêt: elles contribueront à montrer comment Boileau corrigeoit les imperfections aperçues dans ses ouvrages ou par lui-même, ou par les personnes auxquelles il les avoit communiqués avant de les livrer à l'impression. Les lectures ou récitations qu'il faisoit ainsi de ses pièces encore manuscrites, donnoient lieu d'en envoyer en Hollande ou ailleurs des copies que l'on se hâtoit de publier, et qui se trouvoient fautives, tantôt parce qu'on avoit mal retenu ses vers, tantôt aussi parce qu'il les avoit retouchés.

Depuis Brossette et à son exemple, les éditeurs de Boileau ont transcrit les textes d'Horace, de Juvénal, de Perse, de Martial, etc., qu'il a imités ou presque traduits dans ses vers: ces textes se retrouvent en très-grande partie dans l'édition de 1809, où néanmoins l'on n'avoit pas cru devoir tenir compte de certaines imitations qui sembloient trop éloignées. Nous ferons un petit nombre d'additions aux notes de ce troisième genre, et nous pourrons même y comprendre quelques emprunts qui n'ont point encore été assez remarqués.

Quoique nous ne soyons qu'à un siècle et demi du temps où Boileau composoit ses premiers et ses meilleurs ouvrages, il est survenu dans nos mœurs, dans nos coutumes, des changements qui rendent nécessaire un exposé sommaire de plusieurs des faits ou des usages dont il parle ou auxquels il fait allusion. Mais les commentateurs ont fort exagéré ce besoin : ils ont rédigé des éclaircissements historiques souvent superflus, toujours prolixes, et quelquefois surchargés de détails erronés ou incertains. Ces interminables observations ou excursions fatiguent d'autant plus un lecteur attentif que la plupart des textes qui en sont l'objet ou l'occasion, se trouvent assez expliqués, dans les éditions complètes, soit par les propres notes de Boileau, quoique si succinctes, soit par ses lettres à Racine et surtout à Brossette. Ainsi plusieurs de ces documents historiques nous seront fournis par l'auteur lui-même; nous en aurons rassemblé beaucoup d'autres dans les notices qui vont ouvrir ce premier volume; et par conséquent nous n'aurons pas lieu d'étendre la quatrième classe de remarques fort au-delà des limites étroites dans lesquelles on l'a resserrée en 1809. Cependant nous serons un peu moins scrupuleux qu'on ne l'a été alors, dans le choix des anecdotes; et sans reproduire toutes celles que Brossette, Du Monteil, Monchesnay, Saint-Marc ont accumulées, nous rapporterons du moins les plus piquantes, sauf à prévenir qu'elles sont hasardées.

Il est une espèce de notes historiques qu'on peut multiplier et grossir indéfiniment dans une édition de Boileau : ce sont celles qui concernent les auteurs qu'il a loués ou censurés; car, à mesure que leurs noms se présentent, il est fort aisé de raconter ce qu'on sait de leur histoire et de celle de leurs ouvrages. Pour ne pas donner un si long recueil de notices biographiques, on s'est borné en 1809 à la table indiquée ci-dessus, et aux explications particulières qu'exigeoient accidentellement les vers de Despréaux où ces écrivains et leurs livres étoient nommés ou désignés. Il convient d'autant plus d'user à cet égard d'une grande réserve, que les connoissances historiques et littéraires sont aujourd'hui infiniment plus répandues qu'elles ne l'étoient au milieu du dix-huitième siècle, et qu'entre les lecteurs de Boileau, il en reste bien peu à qui l'on ait besoin d'offrir des renseignements si vulgaires. Les éditeurs de ce grand poète doivent se souvenir de l'un de ses préceptes :

. . . Ne vous chargez point d'un détail inutile :
Tout ce qu'on dit de trop est fade ou rebutant ;
L'esprit rassasié le rejette à l'instant.

Peut-être n'observerons-nous pas nous-mêmes assez scrupuleusement ces maximes. Nous céderons quelquefois au désir de présenter à l'instant même les notions biographiques dont quelques lecteurs pourroient sentir le besoin ; mais réduites à leurs plus simples termes, elles ne fatigueront pas long-temps ceux à qui elles seront superflues.

Nous avons distingué par le nom de critiques les notes d'un cinquième et dernier genre. Elles pourroient se soudiviser de plusieurs manières ; d'abord, selon qu'elles sont ou purement grammaticales, ou relatives au style proprement dit ; puis, selon qu'elles tendent ou à faire observer des beautés, ou à relever des fautes, ou à justifier des idées et des expressions mal-à-propos censurées ; enfin, selon qu'elles ont été proposées ou par des contemporains et des ennemis personnels de Despréaux, ou par ses éditeurs et commentateurs, depuis sa mort jusqu'en 1750, ou, après cette époque, par divers littérateurs ou philosophes. Cette énumération fait assez voir que ces critiques sont fort nombreuses; et comme elles tiennent à des théories très-importantes, nous ne supprimerons en ce genre que des remarques évidemment déraisonnables, qui ne mériteroient pas plus d'être réfutées que d'être accueillies.

On ne peut sans doute regarder comme *désintéressées*, quoiqu'elles se qualifient ainsi quelquefois, les critiques publiées du vivant de Boileau par des auteurs maltraités dans ses satires, Cotin, Coras, Boursault, Desmarets de Saint-Sorlin, Lérac ou Carel de Sainte-Garde, Pradon, Bonnecorse, Perrault, etc. Plusieurs de leurs remarques sont futiles ou fausses; et ils en auroient eux-mêmes reconnu l'absurdité, s'ils n'avoient été aveuglés par leurs ressentiments; mais ils en ont fait qui méritent d'être prises en considération, et le nombre en est plus grand qu'on n'a coutume de le penser.

Il y a peut-être moins d'observations justes, moins de véritable instruction littéraire à recueillir dans les critiques ou les apologies de Boileau, qui ont paru durant les quarante années qui ont immédiatement suivi sa mort, et dont les auteurs sont Brossette, Du Monteil, Rosel de Beaumont, Muralt, Saint-Marc, etc. Nous en extrairons toutefois plusieurs articles, mais en les abrégeant beaucoup, car ces écrivains sont très-verbeux, et en contredisant celles de leurs idées qui ne nous paroîtront point avouées par le bon goût.

On doit plus d'attention aux remarques de Voltaire et

de quelques hommes de lettres très-distingués, d'Alembert, Condillac, Marmontel, La Harpe, Le Brun, etc., qui, depuis 1750 jusqu'en ces derniers temps, ont critiqué, défendu, diversement jugé soit l'ensemble, soit certains détails des œuvres de Despréaux. Leurs observations ont été en grande partie insérées et pour la première fois rapprochées dans l'édition de 1809 : elles vont reparoître plus complètement dans celle que nous entreprenons. Il en est sur la justesse desquelles nous aurons des doutes à exprimer.

Nous userons aussi du droit de hasarder un petit nombre de nouvelles remarques grammaticales et littéraires.

Malgré les critiques particulières que nous croirons devoir adopter ou proposer, le résultat général de notre travail sera de placer Despréaux au nombre des plus grands modèles de l'art d'écrire en vers. Nous nous estimerions heureux si nous pouvions contribuer à perpétuer l'influence de ses leçons et de ses exemples : c'est un soin qui n'est malheureusement pas superflu, en un temps où le dessein semble pris de substituer, on ne sait quelles théories étrangères, à celles qui ont fait briller d'un si pur et si vif éclat notre littérature nationale.

DISCOURS PRÉLIMINAIRE.

Ce n'est point en composant des éloges que Despréaux a mérité qu'on fît le sien. Non qu'il n'ait rendu de justes hommages à plusieurs de ses contemporains, et surtout de ses rivaux; il savoit louer, mais il se plut à médire; et satirique déclaré dans ses premiers poèmes, il le fut encore lorsqu'il fit mieux que des satires. Un satirique devient aisément fameux à son tour; il obtient à peu de frais une vogue éphémère; mais il n'est dans les lettres aucun genre où il soit plus difficile que dans celui-là d'obtenir une gloire immortelle. Telle est pourtant celle de Boileau; plus brillante et plus vive après un siècle plein lui-même de tant d'autres gloires. Nous n'entreprenons point ici son panégyrique; nous n'avons pas la prétention de le rendre plus célèbre. Nous devons seulement tracer l'histoire de ses ouvrages, en observer les caractères, en rechercher l'influence. S'il est loué par nos récits, il le sera du moins sans faste, sans cette éloquence pompeuse avec laquelle la gloire de quelques autres grands hommes de son siècle peut avoir besoin d'être célébrée. Celle d'un écrivain doit briller d'elle-même et supporter un éloge modeste.

Nicolas Boileau Despréaux, né en 1636, nous a conservé lui-même quelques-uns de ses premiers vers; deux chansons, un sonnet, une ode: foibles essais, tels qu'il en échappe indifféremment à l'adolescence des Virgile et à celle des Bavius, et qui en aucun sens ne doivent passer pour des présages. La satire que Despréaux publia en 1660 fut son véritable début: il y prenoit, à vingt-quatre ans, un rang honorable parmi les poètes, une place éminente parmi les versificateurs; et l'on put prévoir dès-lors l'influence qu'il exerceroit un jour sur la langue, sur les vers et sur le goût.

La langue n'étoit plus barbare; elle cessoit même d'être simple et naïve, après l'avoir été avec tant de grace dans Marot, avec tant d'énergie dans Montaigne. Renouvelée par Malherbe, épurée par Vaugelas, décorée par Balzac, elle acquéroit de la correction, de la clarté, de l'élégance. Elle se plioit à ce style périodique, le premier des styles, quand, par une heureuse distribution de tous les éléments qu'il rassemble, des objets qu'il peint, et des rapports qu'il exprime, il fait du discours un vaste et fidèle tableau de la pensée; mais aussi le plus fatal obstacle au progrès d'une langue, lorsque, par un vain entassement d'incidents et d'accessoires, il n'aboutit qu'à surcharger chaque idée d'une oisive escorte, et que dans sa marche fastueuse et lourde il énerve avec tant d'art les pensées et les sentiments.

Celui qui a élevé notre langue au-dessus des autres langues modernes, et presque au niveau des anciennes, ce n'est pas Boileau, c'est Pascal. Les années 1656 et 1657, durant lesquelles ses dix-neuf Lettres ont paru, sont la plus mémorable époque des progrès de la prose françoise. Le premier mérite de Boileau fut de sentir vivement l'excellence des Provinciales; nul n'a plus révéré, proclamé, consacré leur autorité littéraire. Il exigeoit qu'on les préférât à toutes les productions des temps modernes; et, ce qui étoit de sa part le comble, et presque l'excès de l'admiration, il les comparoit aux chefs-d'œuvre de l'antiquité. Mais, comprenant surtout combien la versification françoise avoit de progrès à faire pour ne pas rester trop inférieure à une si belle prose, il résolut de tendre lui-même à cette perfection, et d'y entraîner les autres, ou par ses exemples, ou du moins par ses conseils.

Les règles de la versification n'étoient observées qu'aux dépens des lois plus sacrées de la logique et de la grammaire. Comme si l'art des vers n'eût consisté qu'à vaincre des difficultés mécaniques, la multitude des poètes sembloit n'aspirer qu'à la régularité du mètre et de la rime; leurs scrupules ne s'étendoient pas jusqu'au choix des expressions et au caractère du style. Ils alignoient et rimoient l'emphatique et le trivial, les hyperboles et les quolibets, les comparaisons prolixes et les métaphores obscures. C'étoit là tout le savoir-faire des Pelletier, des Godeau, des Scudéri, de cent autres infatigables et monotones versificateurs. Voiture, il est vrai, Racan, Benserade, plus habiles, et surtout moins féconds, n'étoient pas restés confondus dans cette foule, et Despréaux les a vantés quelquefois; mais il leur a fait moins d'honneur par ses éloges que de tort par ses exemples : nul ne les a plus rabaissés que celui qui a évité le premier leurs tournures prosaïques, leurs inversions forcées, leurs phrases parasites, les faux ornements et les négligences qui fourmillent dans leurs poésies les plus tolérables. Ce n'est pas non plus, osons le dire, une versification forte et pure qu'on peut louer dans les comédies de Molière antérieures à 1660. Seuls alors parmi tant de poètes, Malherbe, Corneille et La Fontaine, avoient quelquefois exprimé d'heureuses pensées par de très-beaux vers : La Fontaine, dans quelques narrations naïves; Corneille, dans les plus sublimes élans de son inégal génie; Malherbe, dans un petit nombre de strophes immortelles. Boileau conçut l'idée d'une perfection plus austère et plus constante; il comprit que des vers admirables n'autorisoient point à négliger ceux qui les devoient environner, et qu'au contraire les grands traits du génie poétique brilleroient d'un éclat plus pur et plus vif au milieu des morceaux élégants et corrects que le bon goût auroit dictés.

C'étoit dans les livres des anciens qu'il falloit chercher le modèle d'une excellente littérature; et les contemporains de Corneille, sans dédaigner encore l'antiquité, avoient, comme ce grand poète, le malheur d'imiter de préférence les écrivains modernes de l'Italie et de l'Espagne, entre lesquels même ils ne savoient pas bien choisir. Les Italiens ayant eu sur nous, dans la carrière des beaux-arts, une avance de plus de cent années, leur littérature dégénéroit déjà quand la nôtre s'essayoit encore. Ce n'étoit plus l'heureux siècle de l'Arioste et du Tasse : les exemples plus voisins et plus contagieux des Guarini, des Marini, enseignoient à prendre le luxe pour la richesse, les jeux de mots pour des traits d'esprit, et de pénibles parures pour des beautés originales. Les Espagnols exerçoient sur l'Italie elle-même, et principalement sur la France, une influence politique et littéraire que divers événements, la Ligue et le mariage de Louis XIII avec la fille de Philippe III, avoient successivement accrue. Le goût espagnol, mélange inouï de la barbarie gothique et de l'emphatique imagination des Arabes, dominoit sur les théâtres et dans les romans; il y compliquoit les intrigues, exagéroit les caractères, allioit la galanterie à la dévotion, la bouffonnerie à l'héroïsme. Poètes quelquefois sublimes, écrivains presque toujours négligés ou fantasques, Lope de Vega, Guillain de Castro, Caldéron, en fournissant des sujets souvent ingrats, accoutumoient à des formes encore plus malheureuses.

Telles étoient en France les lectures et les études des jeunes poètes au sortir de ces écoles où, sous le nom de philosophie, un pédantesque enseignement avait dépravé ou découragé leurs facultés intellectuelles : enseignement déplorable, qui fut pernicieux bien long-temps encore après que Molière et Despréaux l'eurent décrié, mais qui, jouissant, au milieu du dix-septième siècle, de la plénitude de son autorité et de son influence, avoit propagé tout à son aise les doctrines chimériques, les idées obscures, et le jargon le plus sauvage que les humains aient jamais parlé en aucun coin de ce globe.

On reconnoît plus ou moins chez tous les écrivains françois qui ont précédé Pascal ou Boileau, les tristes effets des causes que nous venons d'indiquer. De là ces équivoques triviales et ces allusions froides qui déparoient diversement et des productions d'ailleurs ingénieuses, et des écrits naturellement sérieux. De là cette stérile abondance qui, cachant la disette des choses sous la multitude des mots, épuisoit les vocabulaires, en effleurant à peine les sujets. De là cette recherche des idées gigantesques et des formes inusitées, cette ostentation de savoir, cette enflure de style ou cette molle et niaise afféterie, qui, jusque dans le genre épistolaire, étoient préférées au langage de la raison et du sentiment. Tant de travers avoient retardé les progrès de tous les talents littéraires. Au barreau et dans les temples, l'art oratoire ne consistoit qu'en de fastidieuses parades, qu'en un fatras insensé de citations et de sophismes, d'amplifications et de pointes, d'invectives et de facéties. Ouverte avec quelque succès par Honoré d'Urfé, la carrière des romans de galanterie attiroit une foule de verbeux écrivains qui, accumulant les descriptions, les allégories, les entretiens précieux et mystiques, allioient sans scrupule des mythologies contradictoires, et travestissoient sans pudeur les héros de l'antiquité en de langoureux Céladons. Les poèmes épiques ou héroïques ne différoient de ces romans que par la mesure et la rime : versifiés et moins volumineux, Clovis, Alaric, Childebrand, étoient d'ailleurs imaginés, disposés, écrits comme Pharamond et Cyrus. La comédie, pour cesser d'être insipide, offensoit la raison par des irrégularités monstrueuses, et les mœurs par des scènes indécentes ; elle devenoit, entre les mains de Scarron, l'une de ces compositions burlesques, enfants ignobles de la bouffonnerie italienne, trop complaisamment accueillis par la gaieté françoise. Molière cependant commençoit sa carrière illustre ; et dans l'Étourdi, dans le Dépit amoureux, surtout dans les Précieuses, il préludoit à des chefs-d'œuvre. Seule encore entre tous les genres, la tragédie avoit fait des progrès immenses : le Cid, les Horaces, Cinna, Polyeucte, Rodogune existoient.

Ainsi en prose, les écrits de Montaigne et de Pascal ; en vers, les meilleures odes de Malherbe, et les plus belles tragédies de Corneille ; telles étoient, en 1660, les richesses de la littérature françoise. On pouvoit y joindre quelques pages de Clément Marot et de Régnier, et, à bien plus juste titre, les honorables essais de Molière et de La Fontaine. Il n'en eût pas fallu davantage pour donner aux esprits une heureuse direction, si l'opinion publique n'eût pas confondu chaque jour dans ses hommages et dans ses dédains les apprentis et les modèles, la sottise et le talent. Mais en vain Malherbe avoit rayé de sa propre main tous les vers de Ronsard, et les avoit mieux effacés par les siens ; Ronsard étoit encore préconisé dans les universités et chez les jésuites, tout autant que jadis par Sainte-Marthe et par Duperron. En vain le public, guidé cette fois par un sûr instinct, avoit accueilli avec transport les premières représentations du Cid : cette production miraculeuse du génie françois, insultée dans un libelle de Scudéri, étoit magistralement critiquée au sein de l'Académie françoise, où siégeoit Faret, et n'entroit pas Corneille. Il règne à la vérité quelque modération, quelque décence dans cette censure solennelle : mais au moment où Corneille, s'élevant soudainement au-dessus de ses contemporains et de lui-même, faisoit le plus grand pas qui jamais peut-être ait été fait dans aucun art, c'étoit demeurer bien au-dessous de lui que de s'appliquer à tempérer, par un examen minutieux, et souvent peu juste, l'heureux enthousiasme qu'un tel chef-d'œuvre avoit excité. A peine suffisoit-il, cet enthousiasme, pour expier les applaudissements prodigués aux pièces de Scudéri, au Lygdamon, à l'Andromire, à cet Amour tyrannique si ridiculement divinisé par Sarasin. Un seul fait peut caractériser le goût et les opinions de cette époque ; c'est l'admiration qu'obtenoit Voiture ; sa renommée si bruyante quand il vivoit, si affermie quand il mourut, quand l'Académie porta son deuil, quand Costar fit son apothéose, que Despréaux, étourdi dès son jeune âge du fracas de cette énorme gloire, n'a jamais parfaitement senti combien elle étoit usurpée. Mais Despréaux a secoué assez de préjugés du même genre pour qu'on lui pardonne d'avoir trop respecté celui-là.

Ce sont les égarements de l'opinion publique qui suscitent le génie, ou, si l'on veut, le démon de la satire; la dépravation générale des mœurs et du goût peut seule excuser la causticité de la censure. Car alors que la médiocrité obtient à peine un succès de quelques heures, une existence de quelques jours, il est peu généreux de s'acharner sur des productions moribondes, peu raisonnable de fixer l'attention du public sur ce qu'il a résolu d'oublier; et c'est traiter assez rigoureusement les mauvais livres que de louer beaucoup les bons. Mais si des hommages prodigués à la sottise ont humilié long-temps le génie, découragé ou même égaré les talents, il faudra bien qu'une main téméraire vienne enfin briser tant d'idoles, et venger scandaleusement la raison, le goût, la vérité. N'attendons pas ce périlleux service de qui seroit sans malice, sans humeur, ou même sans colère. Une extrême bénignité n'est point la vertu d'un censeur, et l'innocence à laquelle il peut prétendre n'est que la sévère équité. Il s'agit d'erreurs orgueilleuses qui ne cèdent qu'à l'arme acérée du ridicule, et dont on ne triomphe point sans les blesser.

Le genre satirique dont nous avons à nous occuper ici n'existe pas dans la littérature grecque ; car il n'a rien de commun avec certains poèmes dramatiques appelés *Satyres*, du nom des dieux agrestes et cyniques qui en étoient les principaux personnages. La satire proprement dite naquit chez les Romains. Elle fut essayée par Ennius ; mais Lucilius passe pour en être le créateur, parce qu'il l'a revêtue des principales formes qu'elle a conservées depuis, malgré les tons divers que lui ont fait prendre Horace, Perse et Juvénal. Chez nous, Despréaux avoit eu un précurseur qu'il n'a point fait oublier, Régnier, par qui la satire françoise auroit pu, dès 1610, se montrer ingénieuse, naïve, énergique, s'il n'eût préféré de la rendre obscène.

Tous ces prédécesseurs de Boileau avoient plus attaqué les hommes vicieux que les mauvais écrivains; et c'étoit faire sans nul doute le plus digne usage de la satire que de la diriger contre les plus pernicieux fléaux de la société. De simples critiques littéraires ont assurément moins de grandeur, et l'art d'écrire a besoin d'être appliqué à des idées morales pour s'élever à un haut degré de puissance et de gloire. Mais ils parlent donc des satires de Boileau sans les lire, ceux qui lui reprochent de ne savoir censurer que des vers et de la prose! N'est-ce donc pas de mœurs qu'il s'agit dans la première satire déjà si remarquable par la correction du style et par une élégante versification; dans la quatrième, plus foible esquisse des diverses folies humaines; dans la cinquième, qui donne une si juste idée de la vraie noblesse; dans la huitième, qui nous peint si bien l'homme tel que les sociétés l'ont fait; dans les trois dernières enfin, qui ne sont pas les plus heureuses, mais où l'on peut si souvent encore s'arrêter sur de riches détails, et recueillir des vers mémorables?

Deux autres pièces, l'une sur les embarras de Paris, l'autre sur un festin ridicule, sont moins des satires proprement dites que des descriptions parsemées de traits satiriques. Le talent qu'on y voit briller est celui d'exprimer et d'ennoblir les détails les plus rebelles; talent estimable qui a contribué au progrès de notre langue, et que nul poète en 1660 et 1664, époques de ces deux productions, ne possédoit en France à un si éminent degré.

Restent la seconde satire, la septième et la neuvième, qui sont en effet purement littéraires. La seconde expose les difficultés de l'art d'écrire en vers, et elle les surmonte. La septième, où Boileau s'adresse à sa muse, est inférieure au modèle latin qu'elle imite. Mais voulez-vous retrouver Horace, et, s'il faut le dire, mieux qu'Horace? relisez vingt fois la neuvième; c'est là que vous apprécierez ce qu'une raison sévère peut ajouter de force et de grace même à des traits ingénieux et à l'atticisme du style. N'accordez, s'il vous plaît ainsi, à la plupart des satires de Boileau que de parcimonieux éloges; ne louez en elles que la correction, l'élégance, la versification la plus soutenue et la plus belle qui existât dans notre langue avant l'Andromaque de Racine; mais qu'il nous soit permis au moins de distinguer, parmi ces douze satires, la huitième et la neuvième, et de leur offrir des hommages beaucoup moins réservés. Elles ne sont point assurément les deux plus beaux ouvrages de Despréaux, mais elles sont peut-être les deux plus belles satires que l'on ait jamais écrites chez aucun peuple.

Une morale pure dans une satire est une condition qu'il est honteux d'enfreindre, qu'il n'est pas glorieux de remplir. Si nous nous étions proposé d'être les panégyristes de Boileau, et si l'éloge d'un tel poète pouvoit consister dans le dénombrement des fautes qu'il n'a point commises, nous le féliciterions plutôt de ce qu'en parlant du vice et de la vertu il a évité, plus que bien d'autres, les idées triviales, les généralités stériles, tant de notions inexactes qui passent pour claires parce qu'elles sont communes. Son art est d'embellir les détails, et ceux que l'on a traités avant lui, et ceux qu'on ne soupçonnoit pas d'être poétiques. Quatre de ses vers ont délivré notre jurisprudence d'une pratique odieuse : rare exemple de l'influence de la satire sur la plus incorrigible espèce d'institutions! La philosophie morale de Boileau n'est peut-être que trop audacieuse: nul, même en des temps libres, n'a parlé plus hardiment de la vanité des nobles et de l'orgueil des conquérants; personne, sous l'empire des préjugés, n'a su les soutenir comme il les combat; et sa doctrine, sur ces matières délicates, se fait remarquer par autant d'éloquence que de fierté. Peut-être devons-nous faire ici l'apologie plutôt que l'éloge de son jugement sur Alexandre. Ce héros qui tua Clytus, qui brûla Tyr, qui pilla Persépolis, qui régna par la terreur des armes, par les mensonges des prêtres et par l'ignorance des peuples; cet homme de génie qui légua au monde ravagé les sanglantes discordes de ses successeurs; ce demi-dieu auquel depuis vingt siècles l'admiration élevoit des temples, a été relégué par Despréaux dans les asiles de la démence, et nous ne prétendons point applaudir à une censure si hautement sévère, si durement équitable : mais un ami des arts et de la tranquillité des nations peut mériter quelque excuse, si trop étranger à la politique transcendante qui plane sur la morale vulgaire, il n'a pas su révérer et bénir un héros exterminateur, et s'il n'a pu le trouver grand que par l'excès des maux consommés en un règne si court. Tant de poètes ont fait un dieu d'Alexandre : ayons de l'indulgence pour celui qui osoit ne pas le compter au nombre des créatures raisonnables.

Si nous rentrons avec Boileau dans la sphère de la pure littérature, nous le verrons, jeune encore, signaler tous les écueils de l'art d'écrire, la bizarrerie des sujets et l'inconvenance des styles, l'insipide afféterie et la grossièreté triviale, la sécheresse et la prolixité, la négligence et la contrainte, la froideur et l'emphase. Le mauvais goût n'a point de travers qu'il ne condamne, non-seulement dans les auteurs déjà méprisés, dans vingt académiciens dès-lors obscurs, mais surtout dans les coryphées du monde littéraire, dans les rimeurs fêtés et lauréats, dans les oracles de la ville, et de la cour, et de l'hôtel Rambouillet; dans ce Chapelain si fier des pensions qu'il possède et de celles qu'il distribue; dans les Perrault, les Cotin, les Brébeuf, les Scudéri, noms aujourd'hui sans honneur, et que nous osons même prendre en pitié quand Despréaux s'acharne à les flétrir, mais fantômes alors révérés et puissants, que les hommages de la multitude avoient rendus trop dignes des regards et du fiel de la satire. Ces sarcasmes qui nous semblent peu généreux depuis qu'ils ont été si efficaces, songeons qu'ils étoient des irrévérences, des hérésies, des blasphèmes quand ils éclatèrent.

Il seroit plus raisonnable de compatir à l'infortune de certains auteurs ignorés et sans crédit que Despréaux a pris la peine de nommer dans ses satires, et qui lui doivent toutefois le seul genre d'immortalité auquel ils pouvoient prétendre. On voit quelques-uns de leurs noms, syllabes indifférentes, se montrer, disparoître, se reproduire dans les éditions successives de ses œuvres, selon les caprices de la rime, ou, si l'on veut, du poète. On lui a fait un très-grand crime de ces légères variantes: la moins excusable, à notre avis, est celle qui a placé Hesnault à côté de Bardin et de Perrin ; Hesnault, poète trop peu laborieux, qui nous a laissé en un mince volume beaucoup de vers déplorables, mais que deux ou trois essais moins malheureux retiroient pourtant de la foule des plats rimeurs de cette époque.

On a plus vivement reproché à l'auteur des Satires de n'avoir respecté ni Perrault, ni Quinault, ni même Le Tasse.

Gardons-nous d'abord de supposer que Despréaux ait mis ces trois noms sur une même ligne. La Jérusalem délivrée étoit à ses yeux l'une des plus illustres productions du Parnasse italien, et il y admiroit le génie d'un poète épique. Le Tasse, disoit-il, imite Virgile, comme Virgile imite Homère. Qu'a-t-il donc entendu par ce clinquant du Tasse qu'il oppose à l'or de Virgile ? Faut-il le demander ? les descriptions superflues, l'intervention des démons et des anges, les tours affectés, les expressions recherchées, les *concetti* dont se plaint aussi Métastase, et que jadis Galilée condamnoit bien plus durement. Boileau craignit, pour notre littérature novice, la contagion des défauts d'un chef-d'œuvre ; il les caractérisa. Ils ont été jugés depuis avec bien plus de rigueur par des littérateurs estimables, tels que Rapin, Bouhours, Addisson.

Il y a loin du Tasse à Quinault. Cependant, avant que Métastase eût recréé la tragédie lyrique, aucun poète de nos siècles modernes n'avoit mieux réussi en ce genre que l'auteur d'Alceste et d'Armide. Mais cette habileté de Quinault, ou, si l'on veut même, cette gloire qui, bien au-dessous de la gloire de nos grands écrivains, brille encore d'un éclat très-doux, Despréaux, loin de la contester jamais, l'a proclamée tout entière, quand il a loué dans ce poète la versification la plus mélodieuse et la plus flexible dont le génie de la musique eût encore pu disposer. Les poèmes de Quinault que Despréaux a critiqués sont ceux que l'on ne chantoit pas, Stratonice, Amalasonte, Astrate, illisibles drames que les opéra de Quinault lui-même ont eu le bonheur de faire oublier.

On a pris de nos jours un intérêt tendre à la mémoire de Charles Perrault ; et, ne pouvant l'exalter comme poète, ni en général comme écrivain, on s'est avisé de nous le représenter comme un grand philosophe outragé par un grand versificateur. Ceux qui se déterminent à lire les vers de Charles Perrault et sa prose, comprennent que sa philosophie consiste apparemment dans ses blasphèmes contre les plus augustes monuments de la littérature ancienne. Car il ne manque d'ailleurs d'aucun de nos préjugés modernes; et ses écrits, loin d'offrir le germe de quelques pensées philosophiques, décèleroient bien plutôt des dispositions fort prochaines au fanatisme le plus intolérant. Soit qu'il sentît la foiblesse, la nullité de son talent, soit qu'il eût contracté de bonne heure la facile habitude des intrigues, il mit son étude à multiplier ses relations avec les grands, avec les gens de lettres, avec les artistes, et parvint à soutenir sa réputation littéraire par l'idée qu'il fit prendre de son crédit et de son influence. Académicien sans instruction, et rimeur du plus bas étage, à peine émule de ses plus inhabiles contemporains, il ne sut être que leur protecteur, qu'un de ces Mécènes subalternes qui favorisent la médiocrité pour paroître plus hauts qu'elle, lui font célébrer comme des bienfaits les vains mouvements qu'ils se donnent, et dépravent la littérature par leurs manéges autant qu'ils la déshonorent par leurs écrits. Claude Perrault, son frère, fut du moins un architecte illustre, puisqu'on lui attribue la colonnade du Louvre, que lui conteste pourtant Boileau : mais l'ignorant appréciateur des anciens et des modernes, celui qui, dans le siècle des Molière et des Racine, ne préconisa que ce qui leur ressembloit le moins, Charles Perrault enfin a mérité beaucoup plus d'opprobre que Despréaux n'en a daigné verser sur lui.

C'est un satirique bien modéré que Despréaux, si nous le comparons à ceux qui avant lui et après lui ont écrit dans le même genre. Cependant, lorsque le dix-huitième siècle eut été comme tous les siècles, fertile en satires personnelles, quelquefois ingénieuses, plus souvent iniques et grossières, on s'avisa d'imputer à l'influence de Boileau ce torrent de plats libelles en vers et en prose, et de le déclarer le père d'une famille si odieuse ou si déplorable. Nous ne voyons pas qu'on ait reproché à La Fontaine les fables de Richer, ni à Molière les comédies de Dorat : comment Boileau deviendroit-il responsable des mauvaises satires que l'on a faites malgré ses exemples? La gaieté piquante qui anime les siennes verse le ridicule, et non l'infamie; la malice qui les dicte plus souvent que la colère ne les inspire, se prescrit toujours des limites. Voltaire est venu, qui a porté dans la satire personnelle plus d'énergie, mais aussi plus de cruauté. Boileau provoque, et Voltaire se venge. Tous deux poursuivent des insectes : mais Voltaire, qu'ils ont piqué, les écrase; et Boileau, qu'ils ne cherchoient pas, se contente de les harceler. Dans Voltaire, le talent vient servir des ressentiments profonds, et il les égale : le plaisir de Boileau n'est pas de nuire à des auteurs ridicules, mais d'amuser et d'instruire à leurs dépens; ils sont bien plus ses jouets que ses victimes. Nous ignorons si Boileau trouverait pour les immoler la vigueur de Voltaire; mais on voit clairement qu'il n'en a pas la volonté.

Une épître en vers, quand c'est un satirique qui la fait, ressemble beaucoup à une satire. Il seroit aisé d'indiquer dans les œuvres de Boileau des pièces auxquelles conviendroient presque également le nom de satire et le nom d'épître. C'est bien souvent le même ton, le même genre de style appliqué à un même fond d'idées morales et littéraires. Dans les douze épîtres cependant, il s'agit davantage des habitudes personnelles du poète, de ses relations avec ses contemporains, par exemple, avec Louis XIV. D'ailleurs ces épîtres, qui toutes sont postérieures à la neuvième satire, sont le fruit d'un talent plus mûr; la versification y offre plus de souplesse et de grace, le style plus d'égalité, de consistance, de plénitude : des pensées plus fortes, plus étroitement enchaînées, y sont exprimées avec plus de vérité, de couleur et d'énergie.

Nous n'entendons point appliquer ces éloges aux trois dernières épîtres, au-dessous desquelles encore on pourroit rejeter la seconde : car celle-ci ne contient, en cinquante vers, que des lieux communs sur la manie des procès et un bien aride apologue. C'est pourtant la fable de l'huître et des plaideurs : mais il falloit abandonner ce sujet à La Fontaine, comme celui de l'amour de Dieu à Pascal. Lorsque Despréaux entretenoit l'abbé Renaudot de cet amour de Dieu, son jardinier d'Auteuil de la nécessité du travail, et ses propres vers des circonstances de sa propre vie, il achevoit son douzième lustre : dix ans plus tard, il fit la satire de l'Équivoque. Respectons la vieillesse d'un grand poète : il sait encore lutter, non sans vigueur, contre les plus épineux détails, et jeter de la clarté, quelque chaleur même, jusque sur les arguments théologiques qu'il se consume à versifier.

Le remerciement à Louis XIV est d'une meilleure époque, aussi-bien que les épîtres sur la connoissance de soi-même, sur le respect humain, sur les agréments de la campagne. De vives descriptions, des vers élégants, harmonieux et souvent pittoresques, des ornements toujours variés et toujours convenables, enrichissent ces quatre épîtres, qui ne sont pas les plus belles. C'est quand il célèbre le passage du Rhin, quand il chante les vertus guerrières, et recommande les vertus pacifiques; c'est quand il persuade à Seignelay de ne chercher que dans le vrai la beauté morale et la beauté poétique; c'est quand il enseigne à n'aimer que la vérité; c'est lorsque, inspiré par le goût et par l'amitié, il montre à Racine comment le génie, en méprisant la critique injuste, sait en profiter cependant; c'est en des sujets si divers que Despréaux, prenant tous les tons avec justesse, ennoblit, agrandit le genre de l'épître, et remplace au moins par des beautés sévères l'enjouement gracieux d'Horace, son abandon inimitable et sa négligence si parfaite. Depuis Boileau, des épîtres plus philosophiques que les siennes, celles de Pope et de Voltaire, ont offert plus d'idées neuves, plus de pensées profondes, et beaucoup moins de beaux vers.

Trois épîtres de Boileau sont adressées à Louis XIV, ou même quatre, en comptant ce discours au roi qu'on place à la tête des satires, et qui n'en est pas un très-magnifique frontispice. Quand on ne veut pas louer les rois, il ne faut point leur écrire: Despréaux a loué le sien non-seulement dans ces quatre pièces, mais dans les satires mêmes, dans l'Art poétique, dans le Lutrin, ailleurs encore; et les détracteurs du poète n'ont pas manqué de lui reprocher d'avoir joint à son *métier de médire*, le plus *méchant* métier de flatter. Au fond, l'un des malheurs de la première de ces professions est d'entraîner à la seconde; car on a besoin d'être protégé contre les ennemis qu'on se fait. Si Molière se vit forcé d'intéresser la vanité du monarque au succès d'un chef-d'œuvre où la censure demeuroit générale et ne s'appliquoit à personne, comment Boileau, qui appeloit par leurs noms les plus irascibles ennemis, auroit-il négligé d'invoquer un grand protecteur au secours d'un talent si offensif?

Ce n'est point ici le lieu d'apprécier le souverain qu'il a vanté; il seroit difficile d'ajouter aux ingénieux éloges dont il le comble avec tant de grace; il seroit déplacé de les vouloir restreindre : qui peut nier que, depuis 1661 jusqu'en 1684, Louis XIV n'ait puissamment secondé les progrès des lettres? Excepté La Fontaine, il a su discerner, honorer tous les grands écrivains qui ornoient cette brillante époque de son règne. Boileau, qui ne put échapper à ses bienfaits, ne voulut pas être accusé d'ingratitude; il étoit reconnoissant; et ce n'est pas l'être assez que de craindre de le paroître. Mais ces louanges qu'il reproduit sous des formes aussi variées que délicates, ces louanges que, si l'on veut, il prodigue, sont encore circonspectes jusque dans leur profusion, et jamais du moins il n'encense ni un vice, ni une mauvaise action, ni même une erreur grave. Pensionné comme historiographe, il crut remplir toutes les convenances en versifiant quelques éloges et en n'écrivant pas d'annales. La postérité n'a point d'indulgence pour l'historien adulateur qui s'efforce de la tromper : ce qu'elle exige de celui qu'on a chargé d'un tel ministère, c'est qu'il s'en abstienne et qu'il laisse les rois de la terre, ces grands justiciables de l'histoire, comparoître devant un tribunal qu'ils n'auront point acheté. Mais la postérité qui n'est jamais tentée de s'en rapporter sur le compte des rois aux vers et aux harangues de leurs contemporains, n'aperçoit en ces vains compliments qu'une partie du cérémonial des cours; et dans cette foule de panégyriques d'étiquette, elle se borne à flétrir ceux qui outragent trop directement le bon goût ou la morale publique. La louange qui suppose dans le prince des vertus qu'il n'a pas, peut sembler un conseil utile : la louange qui préconise le mal qu'il a fait, est odieuse comme le crime qu'elle encourage. Despréaux seroit sans excuse s'il avoit applaudi aux dragonnades, et célébré, comme Charles Perrault, la révocation de l'édit de Nantes. Qu'il ait exagéré des exploits guerriers, qu'il ait placé quelquefois sur la tête de Louis des lauriers que Louis, dans sa grandeur, n'avoit ni cueillis ni vu cueillir, on a bien le droit d'user de ces libertés poétiques, quand on a su, comme Boileau, en prendre de plus honorables, quand on a écrit, par exemple, cette première épître où la véritable gloire reçoit un si pur hommage. C'étoit en 1669 : des courtisans inconsidérés allumoient au cœur de Louis une ambition qu'au jour de sa mort il devoit se reprocher à lui-même; il s'agissoit de l'inviter à chercher sa propre gloire dans le bonheur de ses peuples, dans la sagesse des lois, dans l'activité de l'industrie, dans le progrès des arts, dans la répression des désordres, dans la diminution des impôts : le monarque lut l'épître, l'admira, et fit la guerre; mais le poète qui avoit revêtu ces grandes idées d'une expression digne d'elles avoit fait un bel ouvrage et une plus belle action.

Cette première épître, celle qui a pour sujet le passage du Rhin, la huitième satire et la neuvième, avoient paru; et de tels exemples offerts aux poètes par Despréaux lui avoient acquis le droit de leur donner des leçons, quand il publia son Art poétique. Ceux qui veulent absolument compter quatre poétiques placent dans ce nombre celle de Vida; et il faut leur savoir gré de n'y pas joindre celles de Vauquelin et de La Mesnardière. Boileau confessoit qu'il n'avoit point lu Jérôme Vida, et il n'est pas le seul grand poète qui se soit épargné cette lecture; mais il avoit médité les poétiques d'Aristote et d'Horace.

Ce qui nous reste de la poétique d'Aristote ne concerne réellement que la tragédie; car l'épopée n'y est considérée que dans ses rapports avec le drame. Ce traité pourtant, l'un de nos plus anciens livres de littérature théorique, est demeuré l'un des meilleurs. Le génie analytique du premier philosophe de l'antiquité y manifeste sa puissance. Jamais on n'a mieux révélé les secrets de l'art tragique, décomposé ses ouvrages, assigné les causes des divers effets qu'il produit. Horace s'est bien gardé de s'imposer un tel travail; mais il écrivit un jour aux Pisons sur l'art des vers, et, entraîné par un sujet dont il ne sentoit que les charmes, il répandit sur de rigides préceptes les lumières de son goût et les graces de son talent, effleurant les uns, développant les autres, et parcourant à l'aventure les détails critiques, historiques, moraux, littéraires, qui souffroient qu'on les embellît. Le plan que Boileau s'est tracé a plus d'étendue et de régularité; c'est un poème didactique proprement dit, où l'auteur remonte aux règles générales de l'art d'écrire, et les applique méthodiquement à tous les genres de compositions poétiques. Toutefois il ne descend point avec Aristote dans ces analyses fondamentales dont la prose seule peut atteindre et peut éclairer les profondeurs. Les méditations austères et scrupuleuses, par lesquelles la théorie des beaux-arts s'élève à des résultats généraux et à des préceptes positifs, n'ont point d'expression dans la langue poétique. Ce sont les préceptes et les grands résultats qu'il faut exprimer par de beaux vers, afin de rendre leur autorité solennelle, de les inculquer aux artistes, et de les apprendre au public, par qui les artistes sont jugés. Il appartient à la philosophie de rechercher les lois du goût; il appartient à la poésie de les promulguer. Mais, circonscrit dans ces limites, le plan de Boileau étoit si hardi encore, que Patru, son judicieux ami, n'osoit espérer qu'on pût le remplir.

Excepté les vingt premiers vers, dont la marche lente et pénible semble attester l'extrême difficulté du sujet, le premier chant de l'Art poétique est une des plus heureuses productions de Despréaux. C'est peu d'exprimer élégamment et avec une précision énergique les préceptes généraux de l'art d'écrire, il enchaîne étroitement toutes ces maximes, les interrompt, les retrouve, y mêle des traits de satire, amène ou plutôt rencontre l'histoire de la poésie françoise; et, couvrant d'ornements variés des leçons austères, il en compose avec grâce un tissu riche et serré. Jamais peut-être Despréaux n'a porté l'art des transitions plus loin que dans ces trois cents vers : car on ne les y remarque pas.

Elles sont plus sensibles dans le second chant, où l'on voit succéder à l'idylle l'élégie, l'ode, l'épigramme, la satire. Mais ces divers poèmes y sont véritablement décrits. Despréaux enseigne moins ce qu'ils doivent être qu'il ne montre ce qu'ils sont de leur nature. Son style harmonieux et souple nous les représente en prenant sans effort et sans dissonance tous les tons qui leur conviennent. Loin qu'un tel travail le décourage, il se laisse au contraire séduire par les difficultés, et consacre vingt excellents vers à l'exposition des règles d'un sonnet. Ne soyons pas surpris que les sonnets occupent une place dans un Art poétique publié en 1674, puisque, durant tout le dix-septième siècle, ils n'ont cessé de tourmenter, épineuses bagatelles, le talent, et même le génie de nos poètes les plus illustres. Mais qu'*un sonnet sans défaut vaille un long poème*; une tragédie, par exemple, ou même une belle ode, on ne conçoit pas que Despréaux ait pu le dire. Ce qu'il faut admirer ici, c'est l'ascendant des préjugés et des habitudes, leur empire sur les meilleurs esprits. Qui peut se flatter de ne jamais écrire, sous la dictée des opinions de son siècle, quelques lignes bien étranges, après que Despréaux a écrit celle-là?

Il nous peint au troisième chant la tragédie, l'épopée, la comédie. Cet ordre n'est peut-être pas le plus naturel; mais rien jamais, dans un poème didactique et sur de tels sujets, n'a égalé la magnificence de ces trois tableaux. La tragédie, ravissant spectacle des plus tumultueuses passions : la pitié, la terreur, en sont les effets; l'intérêt et la vraisemblance, les lois suprêmes. L'intérêt ne veut être ni indécis, ni partagé, ni interrompu, ni ralenti. Un sujet clairement exposé le détermine; une action accomplie en un lieu et en un jour l'occupe tout entier; des dialogues animés l'entretiennent; des incidents multipliés sans confusion, développés sans effort, l'accroissent et le portent à son comble. La vraisemblance soutient partout l'illusion; elle conserve aux héros, aux siècles, aux contrées, leurs caractères; elle donne aux scènes une distribution savante, à toutes les parties un parfait accord. L'épopée, vaste récit d'une action mémorable : la fiction y agrandit l'histoire, la fable y fait reluire la vérité. Quel génie enfantera tant de prodiges en observant tant de convenances! Car il faut majesté dans le héros, splendeur dans les événements, noblesse dans les mœurs, variété dans les détails, simplicité dans les nœuds, un début modeste, des narrations rapides, de riches descriptions, d'heureux épisodes, l'élégante correction des formes, et la pompe enchanteresse du style figuré. La comédie, familière image de la vie privée, exige plus qu'aucun autre genre une longue étude des profonds replis du cœur humain, et de ce nombre infini d'éléments et de rapports que le mot de société exprime. Habile à saisir les nuances variées des âges, des conditions, des caractères, la vraie comédie, toujours simple, jamais triviale, sait être piquante sans obscénité. Sa mission est de nous montrer dans un vice odieux un travers ridicule; puisque, pour renoncer au vice, il ne nous suffit pas qu'il soit haïssable.

L'Art poétique pouvoit se passer de l'épisode qui ouvre le quatrième chant, et même de celui qui le termine. Ce sont les deux seuls que l'on rencontre en tout l'ouvrage. Dans ce dernier chant, qui n'est pas le plus riche, et que des idées générales remplissent presque tout entier, un intérêt profond résulte encore de la sagesse des maximes, de la noblesse des sentiments, et de la dignité du style. Despréaux nous peint l'inquiète vanité qui mendie les éloges, la perfide complaisance qui les prodigue, la folle présomption qui croit les avoir mérités. Il veut que la vertu, loi souveraine des écrits comme des actions, proscrive à jamais du Parnasse la basse jalousie et la sordide cupidité. En un mot, il nous entretient des mœurs du poète, et son langage est à la fois celui d'un poète et d'un homme de bien.

Avec l'Art poétique, Boileau fit paroître en 1674 les quatre premiers chants du Lutrin : les deux derniers furent composés beaucoup trop tard. Ce n'est pas que le cinquième ne plaise encore par l'élégance du style et par la gaieté des détails, quoiqu'ils soient peu variés et fort épisodiques. Mais l'aridité du sixième est accablante : c'est une production plus terne que cette satire de l'Équivoque et cette épître sur l'Amour de Dieu, qui ont été beaucoup plus critiquées. Jamais Despréaux n'a été plus abandonné de tous ses talents qu'en finissant son plus aimable ouvrage. Disons plutôt qu'en effet il ne l'a point achevé.

Les quatre premiers chants du Lutrin sont au nombre des monuments dont notre littérature doit être orgueilleuse. Despréaux méconnoît la savante muse qui l'inspire, quand il prétend qu'elle a dicté l'ouvrage du Tassoni, ou ce poème des rats et des grenouilles que l'on impute à Homère. Le Lutrin n'avoit eu de précurseur en aucun poème héroï-comique ancien ni moderne. Celui de l'Arioste étoit d'un genre plus épique, et celui du Tassoni d'un bien moins heureux caractère : quand un frère de Charles Perrault traduisit le Seau enlevé, c'étoit à peu près tout l'honneur auquel une production si froide pouvoit prétendre en France. S'il nous falloit nommer la muse qui inspira l'auteur des Satires lorsqu'il fit le Lutrin, nous dirions que ce fut encore la colère. Indigné du succès des poésies burlesques, il voulut indiquer, ouvrir la source d'une gaieté plus fine et plus noble : à cet art grossier d'avilir de grands objets par des formes basses il voulut substituer l'art de traiter avec gravité un sujet comique, et de faire prendre à de ridicules figures des attitudes solennelles ; ingénieux et fécond système, où l'on voit se succéder, se fondre et ressortir par leurs contrastes, les saillies de la gaieté satirique, les richesses de la poésie descriptive, et les fictions hardies de l'épopée. Mais la difficulté de ce genre consiste dans la variété même des couleurs qu'il admet : car il faut, dans leur mélange, un parfait accord que le talent le plus flexible ne peut espérer, s'il n'est dirigé par un goût exquis. Pour affoiblir le charme, ou même pour le dissiper, il suffit de quelques faux tons bien voisins ici des tons justes ; et l'on a besoin sans cesse de toute la légèreté, de tout le bonheur d'une main savante. Non, parmi les précédents ouvrages de Boileau, aucun n'avoit promis le Lutrin : son génie n'avoit point encore révélé le secret de tant de ressources, et l'on ne le savoit pas riche de tout ce qu'il répand ici d'ornements et de graces sur les récits et sur les discours, sur les portraits et sur les tableaux. Certes ! il faut que cet épisode de la Mollesse soit d'une beauté suprême, pour se faire tant admirer dans ce grand nombre de morceaux achevés et de vers immortels.

Après avoir distingué, dans les œuvres de Boileau, l'Art poétique, quatre chants du Lutrin, quatre épîtres excellentes, et les deux meilleures satires qui existent, dispensons-nous de considérer les essais lyriques et les diverses poésies qui sont à la suite de ces chefs-d'œuvre. D'heureux quatrains n'ajouteroient rien à une gloire si haute ; et une mauvaise ode, deux froids sonnets, dix foibles épigrammes, ne peuvent pas la rabaisser. Ses écrits en prose ne mériteroient pas non plus de très-longs éloges, mais ils excitent du moins l'attention par leurs objets et par leurs rapports avec de plus mémorables travaux.

On s'est plu à répandre contre la prose des grands poètes un préjugé auquel un jour on opposera le nom de Chénier, après celui de Voltaire. Si vous disiez que ce sont au contraire les prosateurs de profession qui deviennent, quand ils veulent, des poètes médiocres, vous pourriez du moins, à l'appui de cette assertion, peut-être aussi trop générale, alléguer d'illustres exemples : Cicéron, Montesquieu, Jean-Jacques. On a fait une assez grande partie de l'apprentissage d'un prosateur, lorsqu'on a composé des vers harmonieux, élégants, énergiques ; au lieu que la longue habitude d'une prose éloquente, méthodique et instructive, exerce des talents fort étrangers à la poésie. Quoi qu'il en soit, si la prose de Boileau, presque toujours claire, et souvent correcte, manque beaucoup trop de couleur, d'harmonie, et même d'élégance, c'est qu'il l'a composée fort négligemment, qu'il n'a fait, en y travaillant, que se reposer de ses veilles poétiques, et n'a point assez compris que la moins brillante partie de l'art d'écrire est cependant encore difficile.

Les lettres que nous avons de lui sont en assez grand nombre, depuis qu'on a publié sa correspondance avec Brossette. Nous possédions auparavant ses lettres à Racine et à quelques autres personnes. Toutes sont précieuses ; les unes parce qu'elles servent de commentaires à certains endroits de ses poèmes, les autres parce qu'elles tiennent à l'histoire littéraire du dix-septième siècle ; plusieurs parce qu'elles contiennent d'excellents conseils et des critiques judicieuses ; la plupart enfin parce qu'elles donnent une très-bonne idée du caractère et des mœurs de celui qui les écrit. Sous d'autres rapports nous pourrions les trouver peu dignes non-seulement de ses ouvrages, mais de ses conversations même, si nous jugeons de celles-ci par les traits qui nous en sont connus. Il paroît que cet excellent esprit ne se tenoit pas monté à un très-haut degré d'activité quand il n'étoit ni excité par le travail, ni électrisé par les entretiens. Au surplus, la finesse des pensées et les graces du style sont des qualités assez rares dans la multitude infinie de nos auteurs épistolaires de toute langue et de tout siècle. Il a été donné à une femme de répandre sur un bien petit nombre de sentiments, d'idées, et de faits, un charme inexprimable, un intérêt immortel : avec plus de lumières, et même avec plus d'esprit, cent littérateurs habiles ont été bien moins heureux dans leurs volumineuses correspondances. Il n'y a peut-être que deux grands écrivains qui aient pleinement réussi en ce genre simple et presque vulgaire : et ce sont les deux plus étonnants génies de deux siècles mémorables, Cicéron et Voltaire.

On ne peut manquer de distinguer parmi les lettres de Boileau celles qu'il adresse à Vivonne au nom de Balzac et au nom de Voiture, et dans lesquelles il contrefait les styles de ces deux écrivains. Ce genre, auquel on a donné le nom de pastiche, n'est pas très-relevé sans doute; mais il est supérieur à la caricature proprement dite, qui ne sait contrefaire qu'en exagérant. Ici l'imitation n'est que fidèle, et Balzac n'est pas plus emphatique qu'à l'ordinaire, ni Voiture plus recherché; Despréaux n'ajoute rien à ce qu'ils auroient dit eux-mêmes; il écrit sous leur dictée. On est surpris qu'ayant saisi avec un tact si fin les ridicules de ces deux auteurs, il les ait épargnés et même loués dans ses satires. Peut-être ne méprise-t-on point en effet ceux que l'on consent à imiter avec tant de vérité et même de scrupule; peut-être entre-t-il en de pareils jeux plus d'espièglerie que de mésestime. Quand Despréaux s'amuse à rimer quelques vers à la manière de Chapelain, il le fait avec moins de bonne foi et avec moins de bonheur; c'est qu'il n'a que du mépris pour Chapelain.

L'Arrêt burlesque, autre production légère, mérite plus d'éloges, à cause de l'intention qui le dictoit, et de l'effet qui l'a suivi. La philosophie de Descartes, alors la plus raisonnable, étoit menacée d'une proscription solennelle; Despréaux eut le bonheur d'empêcher l'université et le parlement, déjà coupables de tant de sottises, d'en commettre une de plus. Ce qui peut diminuer le mérite de la composition littéraire de cet Arrêt burlesque, c'est qu'il n'est souvent qu'une copie presque textuelle de trop véritables arrêts, de ceux, par exemple, dont Ramus et de Châles avoient été les victimes. Boileau se borne à faire ressortir par quelques surcharges la ridicule absurdité de ces actes horribles. C'est ici une véritable caricature, mais la plus utile et la plus glorieuse qui existe.

Écartons plusieurs autres opuscules de Boileau, et même son remerciement épigrammatique à l'Académie françoise. Le Dialogue des héros de roman nous paroît son meilleur ouvrage en prose, le mieux écrit, le plus riche de traits piquants et de saillies ingénieuses. Lucien n'eût pas autrement joué les productions des Gomberville, des La Calprenède, des Scudéri, si elles avoient inondé l'empire des Antonins : nul n'a plus contribué que Despréaux à les décréditer en France, où leur multitude et leur vogue prolongeoient sous Richelieu, sous Mazarin, l'enfance de notre littérature. Il composa ce dialogue en 1664; et l'on voit qu'il pouvoit devenir un prosateur très-distingué, s'il n'eût consacré aux vers son talent et ses loisirs.

Dix ans après, à l'époque de la plus glorieuse activité de son génie, Despréaux mit au jour, avec l'Art poétique et le Lutrin, une traduction du Traité du sublime. Ce travail a essuyé des critiques; il a triomphé de la plupart. Les savants ont accumulé les remarques et sur le texte et sur la version: ne craignons pas d'avancer qu'un examen rigoureux de tant de notes n'aboutiroit ordinairement qu'à manifester la sagacité du traducteur. Si, de toutes les manières de louer Boileau, l'on choisissoit la plus fastidieuse, on prouveroit savamment qu'il démêle aussi bien qu'un autre le sens d'un texte altéré et mutilé, qu'il est enfin tout aussi bon helléniste que s'il n'avoit jamais eu d'autre esprit et d'autre talent. Il s'ensuivroit que les écrivains illustres qui se sont résignés à manquer de cette utile instruction n'ont point assez senti combien il leur étoit facile de l'acquérir. Un esprit juste et actif est ouvert à toutes les connoissances estimables; les hommes éclairés deviennent érudits quand ils veulent l'être, et un goût exquis est déjà une grande science. Boileau s'est placé sans aucun effort au rang des traducteurs fidèles; et sa version, que l'on distingue dans cette classe de travaux, y tiendroit l'un des premiers rangs, si elle étoit plus constamment élégante. Mais pourquoi dissimuler que le style en est souvent foible, décoloré, traînant et pénible? Ce qu'il y a d'excellent dans cette traduction en prose, ce sont les vers; car Despréaux conserve aux vers grecs cités en ce traité leurs formes poétiques, leurs beautés, leurs couleurs et les tours figurés que Longin y fait remarquer. Le rhéteur Longin n'est traduit que par un helléniste: Homère et Sapho, quand Longin les cite, sont traduits par un poète. On peut regretter que Boileau, qui n'avoit alors que trente-huit ans, et qui depuis n'a rien fait d'égal à l'Art poétique, ni aux quatre premiers chants du Lutrin, ni même à la neuvième satire, n'ait pas consacré les dix années suivantes de sa vie à une traduction en vers de l'Énéide ou de l'Odissée. C'eût été prendre le plus sûr moyen de soutenir sa propre gloire, et de venger celle d'Homère.

Répondre aux détracteurs d'Homère et des autres écrivains

célèbres de l'antiquité, tel est l'objet principal des Réflexions sur Longin, composées long-temps après la traduction du Traité du sublime, et dans lesquelles il ne s'agit réellement ni de ce traité ni de Longin. Les textes du rhéteur grec, placés à la tête de chacune de ces douze dissertations polémiques, n'y sont que de simples points de départ; ils amènent, dans les deux dernières, l'éloge de quelques vers de Racine, et dans la dixième l'apologie d'une des plus belles lignes de la Bible, d'un trait sublime que ne sentoient point des théologiens érudits. Mais les neuf premières réflexions sont dirigées contre Perrault; elles opposent un peu durement à l'excès de l'ignorance et de la sottise un excellent fonds de logique et de science. Si Despréaux néglige encore ici son style, s'il se contente d'écrire beaucoup mieux que son adversaire, c'est sans doute parce qu'il a trop victorieusement raison; car cet adversaire avoit choisi, rassemblé avec un soin extrême tout ce qui pouvoit se présenter de plus déplorable à dire pour les modernes et contre les anciens. Les grands écrivains du siècle de Louis XIV, ceux qui venoient de balancer en effet les anciens, de leur ressembler du moins, échappoient, par cette ressemblance même, aux hommages de Charles Perrault; et c'étoit sur les fronts de ses pareils qu'il posoit si fièrement les lauriers des beaux-arts. Loin aussi de se borner à discerner dans Homère quelques détails moins heureux, des comparaisons froides, des harangues un peu longues, des répétitions inutiles, il lui reprochoit, avec l'opiniâtreté la plus niaise, l'énorme distance qui sépare nos mœurs semi-gothiques des mœurs augustes de l'antiquité : comme s'il falloit tant d'équité pour ne pas trouver bizarre tout ce qui nous est étranger, tant de philosophie pour prévoir qu'un jour aussi nos croyances, nos bienséances, nos institutions et nos us deviendront extraordinaires! C'est parce qu'Homère est un peintre fidèle que ses tableaux nous ressemblent si peu; et c'est bien souvent parce qu'ils ne nous ressemblent pas qu'ils sont admirables.

Nous venons de parcourir les productions littéraires de Boileau. Toutes sont utiles, la plupart belles, plusieurs excellentes; rassemblées, elles vont occuper à peine quatre volumes. C'est en faisant bien qu'il s'est montré laborieux; il a su attirer sur un petit nombre de chefs-d'œuvre des suffrages innombrables. On a vu pourtant des censeurs superbes lui refuser successivement toutes les qualités de l'écrivain, et surtout du poète, la sensibilité, l'imagination, la verve et la grace, et la finesse du goût, et la richesse des pensées, et jusqu'à la pureté de l'expression. Ces paradoxes jadis en vogue, aujourd'hui passés de mode, ne seroient point rappelés ici, s'ils ne nous donnoient lieu de considérer sous quelques aspects généraux les poèmes qu'ils outragent.

Deux poètes dont personne en France n'a surpassé ni même égalé la correction et l'élégance, Despréaux et Racine, ont laissé des fautes de grammaire jusque dans leurs plus beaux ouvrages. Ce fait n'est pas contestable, et il peut servir mieux qu'un autre à prouver l'extrême difficulté d'écrire en vers françois. Que d'Olivet prenne plaisir à critiquer scrupuleusement dans Racine un assez grand nombre d'incorrections; d'Olivet, certes, ne prétend pas reléguer entre les mauvais écrivains l'auteur d'Esther et d'Iphigénie. Rendons la même justice aux intentions de Condillac : sans doute il ne cesse point de considérer Despréaux comme un modèle, lorsqu'il trouve ou croit trouver dans l'Art poétique et dans le Lutrin des tours vicieux et des expressions impropres.

On a tout au contraire reproché à ces deux poètes une perfection laborieuse. « Le travail, dit d'Alembert, ne se fait ni
« sentir ni conclure dans Voltaire; on le conclut dans Racine
« sans le sentir, et dans Boileau en le sentant; d'où il suit, selon
« d'Alembert, que le style de Boileau ressemble à la statue du
« gladiateur, celui de Racine à la Vénus de Médicis, et celui de
« Voltaire à l'Apollon du Belvédère. » Osons dire que ces comparaisons offensent le bon goût autant que l'équité.

S'il étoit question d'apprécier dans ces trois auteurs tous leurs titres à la gloire, l'ensemble de leurs talents et de leurs travaux, nous laisserions à Voltaire la prééminence qui lui est ici décernée. Mais il ne s'agit que du style de leurs vers; et nous croyons que, sous ce rapport, Voltaire lui-même, plus équitable que son panégyriste, n'eût aspiré qu'à occuper, bien près de ses deux maîtres, la troisième place. Nul n'a plus admiré que lui la pureté de leur pinceau, la vérité de leurs couleurs, la grace de leur diction, leur précision inimitable, leur perfection désespérante. Voltaire n'eût pas deviné que, pour les effacer, il dût lui suffire de négliger quelquefois son style, et de se permettre beaucoup de ces vers mal tournés qui laissent croire, dit d'Alembert, que les autres n'ont pas coûté plus de soins. Nous pourrions répondre à d'Alembert que Despréaux et Racine, quoiqu'ils ne possèdent point au même degré que leur disciple ce mérite si grand des incorrections et des négligences, n'en sont pas toutefois, comme nous l'observions tout-à-l'heure, aussi dépourvus qu'ils eussent voulu l'être. Mais, en vérité, cette manière de ressembler à l'Apollon du Belvédère est par trop étrange : ce sont ces incorrections elles-mêmes qui portent à nu l'empreinte des efforts, et des efforts malheureux. Les traits informes qui défigurent un bel ouvrage sont précisément ceux qui laissent mieux voir ce qu'ils ont coûté de travail : non qu'il n'en faille aussi, et même encore plus, pour mieux faire; mais ne nous plaignons jamais des peines que l'on a prises pour nous en épargner. Le beau, dans tous les arts, suppose et dissimule des soins extrêmes : on ne fait point en se jouant Athalie ou l'Énéide, l'Art poétique ou l'Apollon.

Boileau, selon d'Alembert encore, avoit le goût plus austère que fin. Oui, sans doute, il eut un goût sévère, celui qui le premier en France discerna, dévoila tous les ridicules de la médiocrité, et tous les écueils que le talent doit redouter; celui qui instruisit Racine à dédaigner les faux ornements et à faire difficilement des vers admirables et faciles. Mais quelle est donc cette finesse qui manquoit à l'auteur de la neuvième satire et du Lutrin, quand sa muse savante et légère mélangeoit avec tant de dextérité et d'harmonie de si diverses couleurs ? A-t-il pu, sans un tact exquis, saisir tant de nuances, tant de convenances et de beautés; connoître si bien l'étendue et les limites de chaque style; pressentir, employer, accroître les richesses d'une langue si neuve encore? Comment d'ailleurs lui refuser la délicatesse et la perfection du goût, quand on lui accorde, en le déclarant un si grand versificateur, la souplesse et l'excellence des formes? Toutefois gardons-nous de croire qu'il puisse exister sans poésie une versification si parfaite. Il n'y a que des idées poétiques qui se prêtent à être versifiées ainsi, et il n'appartient d'écrire d'excellents vers qu'à un grand poète, et à ceux qui sont dignes de le traduire.

Aussi a-t-on prétendu que Despréaux ne réussissoit qu'à traduire. Mais lisez son Art poétique : à peine entre mille beaux vers en reconnoîtrez-vous quatre-vingts de l'épître aux Pisons. Lisez le Lutrin, les épîtres, la plupart des satires : les imitations y sont encore moins fréquentes. Molière, quand il traduisoit Plaute, quand il inséroit des vers d'Ovide ou de Lucrèce jusque dans le Misanthrope, quand il se déclaroit enfin le propriétaire de tout ce qu'il daignoit employer ; Racine, lorsqu'il traitoit les sujets d'Euripide, et l'imitoit encore même dans Athalie, lorsqu'il mettoit à profit les tragédies de Sénèque, et puisoit dans toutes les sources les sentiments, les mouvements, les pensées, les images qu'il étoit sûr d'embellir ; Molière et Racine, toujours poètes, jamais plagiaires, ni même traducteurs, créoient, comme Despréaux, par de telles imitations, une littérature nouvelle. Il importoit que notre langue commençât par exprimer dignement ce qu'on avoit pensé de plus noble et de plus vrai dans Athènes et dans Rome ; et pour l'enrichir de ces dépouilles augustes, le travail et l'habileté des interprètes n'eût jamais suffi ; il falloit le talent et le génie des grands écrivains, émules de leurs maîtres. Despréaux semble créer les pensées d'autrui, a dit La Bruyère : ce mot d'une justesse extrême vaut un long éloge. Mais ce qui honore les pensées qui appartiennent en propre à Boileau, et qui composent, quoi qu'on en dise, les trois quarts de ses chefs-d'œuvre, c'est qu'on ne les distingue pas de celles qu'il emprunte. Chez lui ce qui est ancien redevient neuf, et ce qui est nouveau paroît antique.

Des idées saines et des opinions franches, de la dignité dans l'esprit et dans les mœurs, c'est bien assez de philosophie pour un poète. On n'exige pas qu'il étende, ni même qu'il embrasse la sphère de toutes les sciences ; il suffit que sa logique et sa morale soient celles des hommes les plus éclairés de son temps. Voltaire a transporté avec succès dans la littérature françoise du dix-huitième siècle la philosophie angloise du dix-septième : Boileau, dans un temps où le cartésianisme étoit avec le jansénisme la plus haute lumière et la plus forte audace des meilleurs esprits, se montra le défenseur de la philosophie cartésienne, et l'ami des jansénistes beaucoup plus que leur disciple; car il se glorifioit de ne rien comprendre à leurs dogmes, et n'admiroit chez eux que la vertu d'Arnauld, les mœurs de Nicole, et le génie de Pascal. Ne parlons pas de certains vers qui se font distinguer dans ses poëmes par leur hardiesse énergique, et qui, soixante ans plus tard, auroient paru téméraires. Si l'auteur de l'Arrêt burlesque et du Lutrin, de la cinquième satire et de la huitième; si le poète qui a jugé si rigoureusement Alexandre, et si équitablement les jésuites, n'a pas été un philosophe, quel est donc, après Montaigne et Molière, l'écrivain célèbre qui aura mérité en France, avant 1700, ce titre vénérable?

La raison domine si hautement dans les écrits de Boileau, qu'il a été accusé de manquer d'imagination; reproche dont le principal fondement consiste peut-être dans le contraste même qu'on se plaît à établir entre ces deux qualités. A parler strictement, l'imagination n'est que la faculté de réveiller en nous-mêmes les impressions causées par les objets sensibles. Cette faculté, qui en effet n'existe point au même degré chez tous les hommes, laisse fort diversement dans ce qu'ils disent et dans ce qu'ils écrivent l'empreinte de sa turbulence, ou de sa force, ou de sa foiblesse. Chez un poète, une heureuse imagination se reconnoît à deux signes : au coloris de son style et à la richesse de ses fictions. Or il est presque superflu de parler ici du premier de ces caractères ; car Despréaux excelle dans l'art des descriptions poétiques : on lui conteste fort peu le talent de revêtir sa pensée de vives images, et d'allier avec harmonie aux expressions vraies et simples les couleurs, l'éclat et les mouvements du style figuré. C'est le pouvoir de créer, et par conséquent le génie poétique qu'on lui refuse. Il est sûr que cent descriptions ne composent pas un véritable poème; elles peuvent le surcharger plus que l'embellir. Nul n'est poète, s'il ne sait faire d'un mode, une substance; d'un genre, un individu; d'une généralité, une personne; de souvenirs dispersés, un système positif; et d'éléments épars dans nos pensées, un monde visible à nos yeux. Poésie et fiction, c'est une même chose; c'est originairement un même mot. Cependant il faudra bien avouer que la fiction, si essentielle à tous les genres et à tous les essais poétiques, ne sauroit avoir dans tous les sujets et dans tous les genres la même activité, la même étendue, le même caractère. Si l'auteur d'une satire, d'une épître, d'un poème didactique, a vu tout ce que son sujet renferme et tout ce qui s'y rattache; s'il a bien choisi et bien distribué les détails et les accessoires; s'il nous a souvent surpris par la nouveauté des rapprochements, par l'originalité des saillies, lui reprocherons-nous le soin qu'il aura dû prendre de contenir la fiction dans les bornes du genre et de la matière? Mais des créations plus variées, plus libres, plus véritables, distinguent, parmi les œuvres de Boileau, les quatre premiers chants du Lutrin, et nous ignorons tout-à-fait ce qu'ici l'on eût inventé de plus ou de mieux avec une imagination plus riche que la sienne. Nous n'avons point à examiner si un poème plus étendu et d'un ordre supérieur n'eût pas excédé les forces de son génie: peut-être en effet eût-il vainement tenté de couvrir de fictions poétiques l'aridité d'une action prise dans les annales de nos rois Capétiens, et n'eût-il fait, comme un autre, qu'écrire en beaux vers quelques chapitres d'histoire. Mais enfin il ne reste jamais dans ses bons ouvrages au-dessous des sujets qu'il traite: son imagination demeure active en obéissant aux lois d'un goût sévère; et ce seroit une étrange manière de la déclarer stérile, que de montrer qu'il la tempère et n'en abuse jamais.

Il est aussi des sujets qui exercent fort peu dans l'écrivain le talent d'exprimer et d'inspirer des affections vives. Boileau n'a point cultivé les genres qui aspirent le plus à ce grand effet de l'art d'écrire; et il étoit dirigé par un goût trop sûr pour affecter mal à propos ces formes passionnées ou sentimentales qui, pour peu qu'elles soient déplacées, sont excessivement ridicules. Le voyant si vrai et si sage, quelques censeurs l'ont mis au nombre des écrivains peu animés et peu sensibles. Observons que ce n'est pas Racine qui s'est aperçu de cette insensibilité de Despréaux: il a fallu, pour la découvrir et la dénoncer, la raison froide et rigoureuse des Fontenelle et des d'Alembert. Nous savons quelle déférence est due en cette matière à des juges si désintéressés; et nous nous bornerons à dire qu'il règne au moins dans l'épisode de la Mollesse, dans l'épître à Racine, dans les vers sur Titus, dans le troisième chant de l'Art poétique, dans la traduction de l'ode de Sapho, un peu plus de sensibilité et de mouvement que dans les églogues de Fontenelle, et que dans cet éloge de Fénélon où d'Alembert promet de n'être point éloquent et tient si scrupuleusement parole. Nous pourrions ajouter qu'en tous ses poèmes Despréaux nous fait ressentir le vif intérêt qu'il prend au sujet qu'il traite : effet toujours manqué par les auteurs froids, et le seul peut-être qu'un poète didactique ait à produire constamment sur l'esprit de ses lecteurs.

Despréaux en obtient pourtant un autre; il inspire l'idée la plus honorable de ses mœurs et de son caractère. Si le vers, comme il le dit lui-même, se sent toujours des bassesses du cœur, il faut bien aussi que des maximes sages et des affections honnêtes, exprimées avec une noble élégance, soient les signes de la délicatesse et de la dignité des sentiments. De tels signes sont moins trompeurs qu'on ne pense : mais il suffit qu'ils l'aient été quelquefois pour qu'ils ne dispensent jamais d'examiner immédiatement si les actions ressemblent aux écrits. Sachons donc, autant qu'il nous est possible, quelles furent en effet les mœurs de Boileau.

Nous connoissons peu la vie des grands écrivains, soit parce que l'étude a rempli presque tous leurs jours, soit parce qu'on a mis trop peu de soin à recueillir les monuments de leurs habitudes et de leurs actions. Ce n'est pas qu'il n'existe, sur plusieurs d'entre eux, et particulièrement sur Boileau, d'assez longues compilations d'anecdotes : mais ces mélanges de conjectures, de vérités et de mensonges, de témoignages suspects et de traditions plausibles, ne méritent pas une confiance extrême; et si l'on y peut puiser quelques récits dignes de croyance, il en faut écarter un bien plus grand nombre. Plusieurs détails de la vie de Despréaux seront rassemblés à la suite de ce discours : ici nous devons nous restreindre aux faits les plus importants et les plus avérés.

Despréaux n'avoit pas douze mois quand il perdit sa mère, pas vingt ans quand son père mourut. Tourmenté dès l'enfance par des maladies graves, languissant et délaissé, il grandit au sein des douleurs et des contradictions. Il étoit né dans un greffe, il fut condamné à devenir avocat. Mais, ayant lu des romans et fait des vers, il ne goûta ni la science des légistes, ni surtout ce qu'ils appellent leur pratique, et ne s'étudia qu'à les convaincre de sa parfaite inaptitude; il y réussit. Cependant pour mieux échapper au barreau, il s'avisa de se réfugier dans une école de théologie; et M. de Boze, le plus grave de ses historiens, nous dit, en propres termes, « qu'il y retrouva la « chicane qui n'avoit fait que changer d'habit. » Pour le coup, il résolut d'être poète, et il le fut.

Deux de ses frères ont fait aussi des livres; et l'un d'eux, Gilles Boileau, avoit acquis, long-temps avant lui, une réputation littéraire. Despréaux ne souffrit pas toujours sans murmure les hauteurs et les dédains de ce frère aîné. Ils ont eu des démêlés ensemble, et l'on en trouve des vestiges dans les œuvres du satirique. Mais ils se réconcilièrent de bonne foi; et Nicolas Boileau fut si fidèle à cette amitié fraternelle, qu'il l'étendit jusque sur les vers de Gilles dont il se fit l'éditeur. Gilles Boileau, dont les vers et le nom même sont aujourd'hui presque ignorés, n'étoit pas le plus médiocre des écrivains de son temps; et sa traduction du quatrième livre de l'Énéide n'est peut-être pas toujours inférieure à toutes celles qu'on a publiées depuis. Le plus grand malheur de ce versificateur est de porter un nom qui ne peut plus rappeler que les chefs-d'œuvre de son frère. Nicolas a seul absorbé toute la gloire poétique de la famille.

Les réconciliations ne coûtoient point au cœur de Despréaux. jamais satirique ne fut moins haineux : s'il offensoit, c'étoit sans intention de nuire; et l'on n'aperçoit dans sa vie aucune mauvaise action. Car il seroit injuste de qualifier ainsi l'obstacle qu'il a pu mettre à la représentation d'une comédie où Boursault prétendoit l'insulter personnellement. Despréaux, quoiqu'il ignorât la nature et la mesure de l'outrage public dont il étoit menacé, auroit mieux fait sans doute de n'en concevoir aucun effroi, et de laisser jouer tranquillement l'innocente *Satire des satires*. Nous excusons ici et nous ne louons point une démarche qu'on peut taxer de foiblesse plutôt que de malveillance, et qui n'est pas d'ailleurs fort avérée, tandis que nous savons avec certitude que Boileau pardonna depuis à Boursault, au grand déplaisir du sensible et pieux Racine.

Boileau s'estimoit heureux quand il pouvoit réparer envers

des hommes de lettres les injustices de la fortune et de la société. On sait qu'il n'acheta la bibliothèque de Patru qu'en exigeant que Patru en conservât pleinement l'usage. D'autres littérateurs, dignes, comme celui-là, de toute son estime, se sont honorés de son amitié généreuse, et n'ont pas repoussé ses bienfaits : mais il éprouvoit tellement le besoin d'en répandre, qu'il en jeta plusieurs jusque sur l'ingrat et méprisable Linière. Il n'osa point en offrir au grand Corneille, quand la pension de ce poète presque octogénaire, récompense trop foible et trop nécessaire de ses veilles immortelles, fut tout à coup supprimée. Mais, à cette nouvelle, Despréaux vole vers Louis XIV, il tonne contre cette spoliation barbare, il renonce à la pension dont il jouit lui-même, tant que la plus sacrée de toutes ne sera point acquittée ; et l'on s'empresse de réparer l'injustice qu'il menace de punir avec tant d'éclat : action noble et fière, vaguement niée par un jésuite, mais si hautement avouée par les autres ennemis de Boileau, qu'elle est un des traits les plus constants de son histoire, comme l'un des plus honorables. Despréaux, il est vrai, n'a point loué les productions de la vieillesse de Corneille ; mais il venge, mais il exalte ses chefs-d'œuvre ; et certes, il n'en resserre pas le nombre, puisqu'il nous permet d'en compter jusqu'à neuf. Sans avoir contracté aucune liaison particulière avec l'auteur des Horaces, né trente ans avant lui, il étoit, comme doit l'être tout littérateur françois, pénétré d'admiration et de reconnoissance pour le véritable fondateur de notre théâtre.

Les poètes célèbres que Boileau a le plus fréquentés, sont La Fontaine, Molière et Racine.

L'un des premiers pas de Boileau dans la carrière littéraire fut un hommage à La Fontaine. Nous voulons parler de sa dissertation sur Joconde, composée vers 1662. C'est, entre les écrits en prose qu'a laissés Despréaux, celui qui porte la plus ancienne date, et ce n'est pas le moins remarquable : mais nous ne le considérons ici que comme un monument de son estime pour l'un des plus grands écrivains de son siècle. Il est superflu de rechercher, dans les autres ouvrages de Boileau et dans ses lettres, les lignes et les pages où le nom de La Fontaine est honorablement cité : on sait assez quelle amitié libre et franche a régné entre ces deux poètes, souvent convives, et jamais rivaux. Mais d'où vient donc, dans cet Art poétique, où sont rappelés tant de genres, où sont célébrés tant d'auteurs, Benserade et Segrais eux-mêmes, d'où vient ce profond silence sur l'apologue et sur le premier des fabulistes? Qu'il n'y soit rien dit de ces contes auxquels le voluptueux Louis XIV ne permettoit pas d'applaudir, on le conçoit encore. Mais que Boileau n'ait pas considéré l'apologue comme un genre aussi digne d'attention que le rondeau, ou qu'admirateur de ce conte de Joconde imité de l'Arioste, quelquefois un peu foiblement, il n'ait pas senti le prix de tant de fables inimitables, il est trop pénible de s'arrêter à de pareilles hypothèses. Abstenons-nous d'en proposer d'autres : elles ne seroient pas plus heureuses. Qui sait si cette omission n'est pas purement fortuite? Les écrivains les plus attentifs ont eu de telles distractions : celle-ci seroit la plus grave dont on auroit à plaindre Boileau.

Molière n'est point oublié dans l'Art poétique; mais les huit vers qui le concernent mêlent à la louange une si rigoureuse censure, qu'on aimeroit mieux pour Molière, et surtout pour Boileau, qu'ils n'y fussent pas. Boileau y met en doute si Molière a remporté le prix de la scène comique, ou plutôt il regrette de ne pouvoir le lui décerner. A qui donc faudra-t-il l'offrir? Seroit-ce à l'obscène et diffamateur Aristophane; ou bien à ce Plaute dont les saillies souvent spirituelles offensent fort souvent aussi et les mœurs et le bon goût; ou bien enfin à Térence, auquel d'anciens critiques ont préféré Plaute lui-même? Nous savons quels éloges sont dus au style excellent de Térence; mais, si l'on envisage à la fois toutes les parties de l'art comique, lequel des six drames de cet élégant écrivain sera jamais comparable au Misanthrope ou au Tartuffe? Comment Despréaux, qui estimoit la prose de Molière, et qui dès 1664 vantoit en lui le talent de la versification, devient-il, dix ans après, assez injuste pour allier à l'illustre nom de son ami l'ignoble nom de Tabarin? Il s'en est repenti sans nul doute; il a rétracté, en 1677, ces huit vers inconcevables, en consacrant à la mémoire de Molière vingt excellents vers de l'épître à Racine. Cette fois c'est à pleines mains et sans réserve qu'il répand les fleurs sur la tombe de Molière comme sur celle de la véritable comédie. Là ne sont plus mis en contraste avec les chefs-d'œuvre de ce grand poète ces spectacles populaires qu'il leur donnoit pour escorte, ou en quelque façon pour passeport; facéties encore admirables, immortels délassements d'un homme de génie, et dont Boileau avoit moins qu'un autre le droit de se plaindre, puisqu'il y applaudissoit avant le public, et même y coopéroit quelquefois. Il chérissoit la société de Molière; il révéroit en lui le plus ingénieux censeur des folies humaines; il l'appeloit le contemplateur, le philosophe; et c'étoit n'être pas indigne de ce dernier nom que de sentir si bien à quel point il convenoit à l'auteur du Misanthrope. Quand Louis XIV voulut savoir quel étoit le premier poète comique, il n'est pas étonnant que Despréaux ait nommé Molière : mais quand Louis demanda quel génie avoit le plus honoré la littérature françoise du dix-septième siècle, Despréaux, en indiquant encore Molière, eut la gloire de proclamer le premier le jugement des sages.

Le plus intime ami de Boileau fut Racine. Cette liaison commença en 1664, à l'occasion d'une ode de Racine et de quelques observations de Boileau sur cette pièce. Ces deux poètes n'ont cessé depuis de se consulter mutuellement sur leurs ouvrages : genre de relation qui, entre deux écrivains, est le plus digne aliment et la plus sûre épreuve de l'amitié. Jamais ce commerce d'estime et de franchise ne fut plus fidèle : jamais deux poètes n'ont pris à la gloire l'un de l'autre un intérêt si vif et si tendre. Despréaux, qui avait enseigné à Racine l'art des beaux vers, ne mesura qu'avec orgueil l'étendue des rapides progrès de son disciple. Quand Racine, appliquant cet art à l'un des plus augustes genres de la poésie, fut devenu un maître à son tour, et, s'il faut le dire, le premier des maîtres, Despréaux l'en aima davantage, et ne permit à personne d'admirer foiblement des chefs-d'œuvre plus grands que les siens propres. Le trait de ressemblance le plus frappant entre ces deux hommes pouvoit n'en faire que deux rivaux : ils étoient et ils sont encore, parmi les poètes françois, les deux plus parfaits écrivains : leurs talents et leurs caractères différoient en tout le reste. Le satirique Despréaux pardonnoit jusqu'aux offenses qu'il avoit faites : le tendre Racine n'oublioit aucune de celles qu'il avoit reçues. Despréaux fier et brusque, ne savoit point haïr : le dévot Racine auroit eu peu d'efforts à se commander pour devenir méchant. Courtisan plus poli qu'habile, Racine chercha plus de faveurs qu'il n'en obtint : Boileau, moins circonspect et moins façonné, ne se plaignit que de trop réussir à la cour ; il y sut à la fois mieux blâmer et mieux louer. Racine, époux et père, avoit besoin de recueillir tous les fruits de ses veilles : le célibataire Despréaux, qui ne retiroit aucun profit de ses propres œuvres, a pris soin, à l'insu de Racine, de quelques éditions de ses tragédies. Cette amitié, sans altération, sans nuage, se resserra durant trente-cinq ans, jusqu'au jour où l'auteur de Phèdre, reposant sur Boileau ses derniers regards, se félicita de mourir le premier : paroles qu'il faut rappeler quand on loue Racine, mais qui n'honorent pas moins celui qui avoit mérité que Racine expirant les lui adressât.

L'histoire de ces différentes relations de Boileau laisse apercevoir trois principaux traits dans ses mœurs, la probité, la bonté, et cette fermeté d'opinions et de sentiments à laquelle on s'est accoutumé à donner comme par excellence le nom de caractère. Ce n'est pas que Despréaux n'ait subi quelquefois l'empire des circonstances : lui qui maudissoit la chicane et diffamoit les charlatans ; lui qui se moquoit des gentillâtres, des plaideurs, des médecins et des théologiens ; on l'a vu rimer des arguments théologiques, obéir à vingt esculapes, et plaider pour soutenir de fort minces titres de noblesse. Sa famille l'avoit associé à ce vain procès ; sa santé délicate, qui chancela soixante-quinze ans, le livroit à la médecine ; et la théologie de Port-Royal, alors la plus respectable, devint contagieuse pour lui dès qu'il y eut du péril à la défendre. Courageux pour la gloire de ses amis, il savoit l'être aussi contre eux-mêmes, et ne permettoit pas plus à Racine de rabaisser Molière, qu'à Pradon de mépriser Racine. Mais cette franchise intrépide, qui nulle part n'est bien commune, il importe d'observer en quels lieux Despréaux la déployoit de préférence : car c'étoit à l'Académie françoise et à la cour.

S'il est entré fort tard à l'Académie françoise, c'est à lui surtout qu'il faut s'en prendre. Il attendit, pour s'en juger digne, un ordre exprès de Louis XIV. Mais enfin, dix ans après la publication de l'Art poétique et des quatre premiers chants du

Lutrin, il eut l'honneur de succéder à M. de Bezons, et de siéger, comme Racine et La Fontaine, à côté de MM. Potier de Novion, Philippe de Caumont, Renouard de Villayer, Charpentier, Perrault, Tallemant, Michel le Clerc, Irland de Lavau, et vingt-neuf autres. Ses succès dans cette compagnie n'ont pas été fort éclatants; et nous n'avons à remarquer ici que son opiniâtreté à soutenir et à perdre beaucoup de causes, à contredire inutilement le décisif Charpentier, et à résister sans prudence à l'admission des gens de cour, amateurs de littérature. Il s'abstint de coopérer à l'exclusion de Furetière, et l'on dit qu'il osa intercéder pour ce trop hâtif lexicographe. Il porta la témérité, s'il faut en croire d'Olivet, jusqu'à proposer à l'Académie un plan de travail, comme ont fait depuis tout aussi vainement Fénélon, l'abbé de Saint-Pierre et Voltaire.

A la cour, Boileau déclara détestables les vers que prônoient les grands seigneurs, ceux qu'ils faisoient, ceux que fit un jour le roi lui-même. Deux fois, devant madame de Maintenon et son second époux, il couvrit d'opprobre les comédies du premier. Encore si cette franchise n'eût jamais dépassé la sphère de la littérature! Mais il censuroit la tyrannie comme le mauvais goût. On l'entendit blâmer hautement les persécuteurs de ces religieuses de Port-Royal, déjà si cruelles, disoit-il, contre elles-mêmes. Quand il apprit que l'ordre d'arrêter Arnauld venoit d'être signé : Le roi, s'écria-t-il, est trop heureux pour le trouver. Tant de liberté ne put long-temps suffire à Despréaux : en entrant à la cour il avoit craint d'être asservi; et, plus aguerri qu'aucun autre contre ce danger, il prit de bonne heure la résolution de le fuir.

Lorsqu'en 1699 il eut recueilli les derniers soupirs de Racine, il vint faire à Louis XIV le récit de la mort paisible et courageuse du plus sensible des poètes. La réponse du monarque est rapportée diversement : mais il paroît qu'il s'y glissa une plaisanterie bien froide et surtout bien déplacée. Ce fut la dernière entrevue de Louis et de Boileau : le prince eut beau promettre de rester accessible, le poète résolut de n'être plus accueilli. Il sentoit qu'il avoit perdu le talent de louer, et il ne le regrettoit pas : qu'en eût-il fait durant les déplorables années qui terminoient avec si peu de gloire un trop long règne? Mais il croyoit avoir conservé le talent de médire; et l'usage qu'il en fit en 1705, dans la satire de l'Équivoque, nuisit à la tranquillité de sa vieillesse. Célèbre en Europe, et déjà presque oublié dans une cour qu'il avoit désertée, et où les jésuites devenoient de jour en jour plus puissants, il se vit privé de la consolation d'insérer cette douzième satire dans le recueil de ses écrits; et il se montra si sensible à ce déplaisir, qu'il interrompit l'édition de ses œuvres commencée en 1710. La pièce ne méritoit ni cette persécution ni cette tendresse : mais Boileau n'est pas le seul poète qui ait chéri ses dernières productions, et refusé d'y reconnoître les signes du dépérissement de ses facultés. Il eut un autre chagrin : il perdit, par sa faute, sa maison d'Auteuil, ce séjour si plein des plus doux souvenirs de sa vie. Retiré de la cour, exilé d'Auteuil, Boileau, malade et sourd, survivoit douloureusement à tous ses amis. L'homme qui s'intéressoit le plus à lui dans ces tristes temps, c'étoit peut-être ce Brossette, qui fut depuis son commentateur. Mais Brossette demeuroit à cent lieues de Paris, et il y avoit bien d'autres distances entre ces deux hommes. Aussi leur correspondance n'est-elle pas celle de la véritable amitié : le ton de Boileau est celui d'un maître ordinairement bon, quelquefois chagrin; et Brossette, trop peu fait pour être son disciple, n'est qu'un éditeur futur qui *lui prend*, avec respect, *la mesure* d'un commentaire.

Consumé d'infirmités et d'ennuis, Boileau, durant ses douze dernières années, s'apercevoit à peine de son influence et de sa gloire. Une tragédie barbare dont il lisoit quelques scènes suffisoit pour lui persuader que le théâtre et le siècle alloient redescendre plus bas que Pradon et que Chapelain. Ce progrès général du goût que l'on devoit à sa critique, à ses leçons, à ses exemples, il s'efforçoit de le méconnoître, et fermoit en quelque sorte les yeux à la lumière qu'il avoit répandue lui-même. Il sentoit moins qu'un autre combien il avoit rendu le public sévère; les auteurs, circonspects; les talents, laborieux; et la médiocrité, honteuse. Tandis qu'il déploroit la décadence des lettres, on écrivoit dans tous les genres avec clarté, correction, élégance; et si en effet Corneille, Molière, La Fontaine, Racine, et Despréaux lui-même n'avoient point d'émules parmi leurs successeurs, ils avoient du moins un disciple habile dans Jean-Baptiste Rousseau; ils alloient en avoir un plus illustre dans Voltaire; et les rangs qui se remplissoient au-dessous du premier devenoient de plus en plus honorables.

On peut vieillir tristement au sein de la gloire; ce fut la destinée de Boileau. Lui seul se souvenoit encore des libelles jadis publiés contre lui par de trop indignes adversaires; et si, depuis 1700, de nouveaux Zoïles hasardoient quelquefois de l'insulter dans les Mémoires de Trévoux, lui seul encore daignoit attacher de l'importance à leur malveillance timide et contrainte à se cacher sous des formes respectueuses. Quand ses vers, traduits dans les langues anciennes et dans les langues modernes, charmoient l'Europe, occupoient les savants, et instruisoient déjà la jeunesse, il avoit le malheur d'honorer de ses dernières colères et de ses regards expirants les plus imperceptibles ennemis. Il mourut en 1711, et durant les quarante années suivantes, vingt nouvelles éditions de ses œuvres attestèrent l'admiration publique, et multiplièrent à tel point les occasions de l'exprimer, que s'il ne falloit, pour louer Boileau, que raconter les louanges dont l'ont comblé les meilleurs esprits, il seroit trop aisé de faire de ses ouvrages un éloge bien plus volumineux qu'eux-mêmes.

Cependant, vers le milieu du dix-huitième siècle, des réclamations s'élevèrent contre une si haute renommée; la prétention de la rabaisser devint à la mode; et l'on vit, pendant quarante années, beaucoup d'esprits légers, quelques littérateurs estimables, et même des philosophes illustres, rajeunir de leur mieux les libelles des Cotin, des Desmarets, des Pradon, des Sainte-Garde et des Perrault. Car il importe d'observer qu'on retrouve dans les poudreux écrits de ces vieux ennemis de Boileau presque tous les reproches que lui ont adressés de nos jours Marmontel, Condillac, d'Alembert et Condorcet. Si l'on nous demande quelle fut, au dix-huitième siècle, la véritable cause, quel fut le principal moteur d'un déchaînement si étrange, et en apparence si désintéressé, nous ne craindrons pas d'indiquer un homme justement célèbre dans l'histoire littéraire du dix-septième siècle et dans celle du dix-huitième, Fontenelle, dont les ressentiments tempérés et vivaces savoient attendre et saisir les occasions d'offenser avec tranquillité. Lorsqu'en 1691 il entroit à l'Académie françoise, dont Racine et Despréaux étoient membres, loin d'oublier les anciennes épigrammes de ses nouveaux confrères, et de tenter au moins une réconciliation apparente, ou normande, il se félicita de tenir, par le bonheur de sa naissance, à un nom qui, dans l'art tragique, *effaçoit*, disoit-il, tous les autres noms. Le choix d'une expression si indécente déceloit bien moins le désir d'exalter Corneille que le besoin d'affliger Racine, et l'on doit sentir qu'il n'étoit pas au pouvoir de Boileau de pardonner à celui qui blessoit ainsi les convenances les plus vulgaires, tout exprès pour mieux outrager l'auteur de Phèdre et d'Iphigénie. Cependant Racine et Despréaux moururent : Fontenelle survécut cinquante-huit ans à l'un, quarante-six ans à l'autre, et employa contre les ennemis de sa jeunesse l'autorité de son long patriarchat littéraire. Ce fut dans ses entretiens, à son école, que d'Alembert, Helvétius et plusieurs autres apprirent à reléguer l'auteur de l'Art poétique entre les grands versificateurs, et à couvrir des couleurs de l'impartialité leurs critiques injurieuses. Parmi ces héritiers des opinions, ou plutôt des ressentiments de Fontenelle, gardons-nous de compter Voltaire : admirateur de Boileau, et toujours prêt à bénir son influence, s'il s'est trop permis quelquefois de modifier les hommages qu'il se plaisoit à lui rendre, c'étoit bien moins pour seconder ses détracteurs que pour se séparer de l'une des classes de ses panégyristes. Car après avoir triomphé des Chapelain et des Pradon du dix-septième siècle, le malheur de Boileau étoit d'être vanté par ceux du dix-huitième. Les lourdes louanges dont ils tourmentoient sa mémoire n'exprimoient que leur jalousie contre ses plus dignes successeurs ; et ils ne prônoient sa renommée qu'en la confondant avec les préjugés stupides et les superstitions décrépites qu'ils faisoient métier de soutenir.

La véritable gloire, que ne flétrit ni l'envie qui l'insulte, ni l'envie qui la célèbre, triomphe aussi de la sévérité et de l'injustice même des hommes éclairés. La gloire de Boileau a subi toutes ces épreuves ; et son nom, compté parmi les noms les plus illustres d'un siècle mémorable, est surtout une grande époque dans l'histoire de l'art d'écrire en vers françois. Ne négligeons pas d'observer qu'au sein des orages qui ont terminé le dix-huitième siècle, quand le mépris juste ou injuste des réputations anciennes ne connoissoit aucun frein, et s'exagéroit même pour mieux s'accréditer, la renommée de Boileau reprenoit au contraire son premier éclat. Rien n'a plus vieilli depuis trente ans que les critiques qu'on avoit faites de son talent et de ses ouvrages; et les poésies satiriques qui dans le cours de ces trente années ont paru avec le plus de succès et bravé le plus glorieusement la calomnie, sont celles qui ressemblent le mieux aux siennes.

Il est vrai que ses doctrines littéraires ont, ainsi que ses chefs-d'œuvre, un caractère éminemment classique, et que par conséquent sa gloire pourroit sembler compromise, si certaines théories étrangères devoient triompher parmi nous, et ramener notre littérature à l'enfance, ou accélérer sa décrépitude. Mais si cette poétique nouvelle ne doit prévaloir que lorsqu'elle sera clairement expliquée, et s'il faut attendre aussi qu'elle soit justifiée par des productions séduisantes, on a droit de présumer que les leçons et les exemples de Boileau conserveront long-temps encore leur éclat et leur influence. Il continuera, nous osons l'espérer, d'éclairer et de diriger les talents, de leur enseigner les lois du goût, c'est-à-dire de les assujettir à celles de la nature et de la vérité. Ils reconnoîtront avec lui que les bizarreries ne sont pas des créations; ni les égarements, des progrès; et que la carrière des beaux arts est encore immense, entre les limites que la raison leur défend de franchir. Despréaux a ignoré jusqu'au nom de cette littérature vague et fantastique dont nous sommes aujourd'hui menacés; mais tout indéfinissable qu'elle est, on la retrouveroit comprise parmi les extravagances dont il a guéri son siècle et jusqu'ici préservé les âges suivants.

VIE
DE BOILEAU DESPRÉAUX.

La notice qu'on va lire présentera, dans un ordre à peu près chronologique, plusieurs traits de la vie de Boileau, et pourra d'ailleurs tenir lieu des recueils intitulés *Bolœana*. Ce nom, qui conviendroit aussi aux quarante notes qui suivent l'Éloge de Despréaux par d'Alembert, appartient, depuis 1740, à une compilation faite par Monchesnai; et l'on a, sous ce même titre de *Bolœana*, quelques pages d'anecdotes, placées par Cizeron-Rival, en 1770, à la suite de la correspondance de Boileau et de Brossette.

Ces trois recueils de Monchesnai, de Cizeron-Rival et de d'Alembert, les éloges de Boileau par Valincour et par de Boze, les ouvrages mêmes de ce poète, sa Vie par Desmaiseaux, sa Vie abrégée par Goujet, les Mémoires de Racine fils sur la Vie de son père et le Commentaire de Brossette : telles sont les sources qui vont nous fournir ici des détails historiques. Nous ferons aussi quelque usage de la Correspondance de J.-B. Rousseau avec Brossette, et même des Récréations littéraires que Cizeron-Rival a publiées en 1765, et dans lesquelles il s'agit fort souvent de Despréaux. Quant aux lettres adressées par ce poète lui-même à Brossette et à Racine, comme nous les imprimons tout entières dans le quatrième volume de cette édition, nous n'en devons extraire que fort peu d'articles en celui-ci.

Les différentes sources qui viennent d'être indiquées ne sont pas toujours très-pures; nous n'y puisons qu'avec réserve; et quoique nous ayons écarté les faits les plus invraisemblables, nous ne prétendons point garantir tous ceux qu'il a fallu conserver pour que cette partie de notre travail ne parût pas trop incomplète. Les anecdotes que l'on ne tient que de Brossette ne sont pas toutes bien avérées; et l'on a remarqué des inexactitudes même dans les mémoires de Racine fils.

I. *Naissance de Boileau Despréaux, sa famille, sa jeunesse, ses études.*

Nicolas Boileau Despréaux naquit le premier novembre 1636. Il a souvent parlé de son âge comme s'il étoit né en 1637; il en usoit ainsi pour se conformer à ce qu'il avoit dit un jour à Louis XIV : « Je suis né un an avant votre majesté, pour an-« noncer les merveilles de son règne. »

Selon Louis Racine, Despréaux est né à Crône, village près de Villeneuve-Saint-Georges; et, selon d'autres, à Paris, dans la maison et dans la chambre même où la satire Ménippée avoit été composée. Cette maison nous est indiquée tantôt comme faisant le coin du quai des orfèvres et de la rue de Harlay, tantôt comme située dans la petite rue qui va de ce même quai à l'hôtel du premier président; et l'on ajoute que c'étoit précisément là que demeuroient le lieutenant-criminel Tardieu et sa femme, lorsqu'ils furent assassinés en 1665.

Louis Racine dit que Boileau fut baptisé à Crône, et que ce village ayant été consumé par un incendie, on ne retrouva plus les registres de l'église, de telle sorte que la naissance du poète ne put être constatée que par le registre domestique de son père. Au contraire, l'un de ses frères écrit à Brossette que le satirique a reçu le baptême dans la sainte chapelle du Palais.

Son surnom de Despréaux, vient, suivant Racine fils, d'un petit pré dans le village de Crône. Du moins on s'accorde à dire que Nicolas Boileau étoit le onzième enfant de Gilles Boileau, greffier du conseil de la grand'chambre. Le greffier caractérisoit ainsi trois de ses fils : « Gilot est un glorieux, Jaco un débau-« ché; pour Colin, c'est un bon garçon qui ne dira jamais de mal « de personne. » Or Colin est devenu le satirique Despréaux; Jacques le débauché fut chanoine; et Gilot le glorieux fut de l'Académie françoise vingt-cinq ans avant Nicolas.

Despréaux disoit, en parlant de son frère Gilles : « J'avois un « frère aîné qui faisoit des vers. Quand il vit mes premières « satires, il en conçut une étrange jalousie : *Ce petit drôle,*

« s'écrioit-il, *s'avise de faire des vers*. Le généalogiste d'Hozier
« a dit de même de son jeune frère : ce petit coquin s'avise de
« faire des généalogies. » Gilles étoit né en 1631 ; il mourut en
1669.

Le chanoine Jacques Boileau aimoit à rire et à faire rire.
« Mon frère ne pouvoit manquer d'être docteur, disoit Des-
« préaux ; s'il ne l'avoit pas été de Sorbonne, il auroit pu l'être
« de la Comédie italienne. »

On rapporte que Jacques et Nicolas ayant eu une dispute
fort vive, Nicolas répondit à des amis qui l'exhortoient à se réconcilier avec son frère : « De tout mon cœur, parce que je
« me suis possédé ; je ne lui ai dit aucunes sottises, s'il m'en
« étoit échappé une, je ne lui pardonnerois de ma vie. »

Les jésuites disoient que les solitaires de Port-Royal faisoient
des souliers par pénitence : Je ne sais, répondit Jacques Boileau, s'ils ont fait de mauvais souliers, mais je sais qu'ils vous
portoient de bonnes bottes. Ce joyeux et savant abbé né un an
avant son frère Nicolas, vécut jusqu'en 1716.

Voilà trois fils du greffier Gilles Boileau, qui ont cultivé les
lettres : un autre, nommé Jérôme, qui est le second dans l'ordre
des naissances, fut greffier après son père, depuis 1653[1] jusqu'en 1679. C'est la date de la mort de Jérôme, chez qui Despréaux demeura jusqu'alors, et qui étoit fort adonné au jeu : il
avoit une femme ridicule dont il sera parlé dans les notes de la
dixième satire.

On connoît un autre frère de Despréaux, mais né d'un premier lit, et appelé Pierre Boileau-Puimorin. Celui-là ne fit
point de vers, mais il essaya un jour d'en faire. Il s'étoit avisé
de critiquer la Pucelle devant l'auteur de ce poème. C'est bien à
vous d'en juger, lui dit Chapelain, vous, qui ne savez pas lire !
Je ne sais que trop lire, repartit Puimorin, depuis que vous

---

[1] Brossette dit 1657 ; mais Boileau, dans son épître X, s'exprime ainsi :

Dès le berceau perdant une fort jeune mère,
Réduit seize ans après à pleurer mon vieux père.

Or la mère de Boileau, Anne Denielle, mourut, âgée de 23 ans, en 1637. Si
le père avoit vécu jusqu'en 1657, Despréaux auroit mis, sans difficulté, dans
son vers, *vingt ans* au lieu de *seize*. Il se pourroit néanmoins que ce nombre
de seize ne fût pas très-précis, et qu'il tînt la place de 17 ou 18.

d.

faites imprimer. Puimorin fut si content de cette réponse, qu'il voulut la versifier : comme il n'en pouvoit venir à bout, Racine et Despréaux s'en chargèrent, et firent cette épigramme :

> Froid, sec, dur, rude auteur, digne objet de satire,
> De ne savoir pas lire oses-tu me blâmer?
> Hélas! pour mes péchés, je n'ai su que trop lire
> Depuis que tu fais imprimer.

Racine vouloit qu'on changeât le premier hémistiche du second de ces vers, et qu'on mît *de mon peu de lecture*. Molière soutint avec raison que la première manière étoit plus naturelle.

Invité à dîner chez de riches marchands juifs, Puimorin vouloit y mener avec lui son frère Despréaux qui répondit : je ne veux point aller manger chez des coquins qui ont crucifié notre Seigneur. Ah, répliqua Puimorin, pourquoi m'en faites vous souvenir lorsque le dîner est prêt et que ces pauvres gens m'attendent ?

Despréaux disoit de lui : Mon frère a une joie continue avec des redoublements.

Ce Puimorin mourut pourtant de tristesse, si le récit qu'on en fait mérite quelque confiance. Il avoit été convenu entre lui et quelques-uns de ses amis que le premier qui passeroit de vie à trépas viendroit donner aux survivants des nouvelles de l'autre monde. L'un d'eux étant mort peu de temps après, Puimorin crut le voir apparoître au milieu d'une nuit ; et la frayeur qu'il en ressentit lui laissa une mélancolie profonde qui abrégea ses jours.

La jeunesse de Despréaux ne fut pas très-heureuse : il avoit perdu sa mère dès 1637. On lui donna pour logement dans la maison paternelle une guérite au-dessus du grenier, et, quelque temps après, on l'en fit descendre pour le loger dans le grenier même ; ce qui lui faisoit dire qu'il avoit commencé sa fortune par descendre au grenier. Il ajoutoit que si on lui offroit de renaître aux conditions onéreuses de sa première jeunesse, il n'y pourroit consentir... « Peut-on, disoit-il, ne pas regarder
« comme un grand malheur le chagrin continuel et particulier
« à cet âge de ne jamais faire sa volonté ?... Qu'importe qu'on
« connoisse le prix de ces chaînes quand on les a secouées, si

« l'on n'en sent que le poids quand on les porte? Au surplus,
« ajoutoit-il, il seroit difficile de savoir quel est le meilleur temps
« de la vie : on peut seulement dire que ce n'est presque jamais
« celui qui s'écoule au moment où l'on fait cette question. »

« Despréaux fit ses premières études au collége d'Harcourt,
« où il achevoit sa quatrième lorsqu'il fut attaqué de la pierre.
« Il fallut le tailler; et l'opération, faite en apparence avec beau-
« coup de succès, lui laissa cependant pour tout le reste de sa
« vie une très-grande incommodité. » Ainsi s'exprime M. de
Boze : Louis Racine dit que l'opération fut très-mal faite. Depuis, on a raconté que Despréaux avoit essuyé dans son enfance
un autre accident, auquel Helvétius attribue *la disette de sentiments* qu'il prétend remarquer *dans tous les ouvrages de ce
poète*. De là, ajoute Helvétius, le célibat de Boileau, sa satire
contre les Femmes, son antipathie pour Quinault et pour toutes
les poésies galantes, sa satire sur l'Équivoque, son admiration
pour Arnauld, et son épître sur l'Amour de Dieu. De là aussi
son aversion pour les jésuites qui avoient apporté les dindons en
France; car c'étoit un dindon qui, à grands coups de bec, l'avoit
blessé dans une partie très-délicate. (Voyez la première note sur
le chapitre Ier du discours III du livre de l'Esprit.) Nous ne
pouvons pas être tentés de réfuter sérieusement tant de consé-
quences, si rapidement déduites d'un fait fort peu avéré, révélé,
dit-on, après 1711, par le médecin Gendron à l'intendant de
Languedoc, Le Nain, qui l'a conté à un quidam de qui le tenoit
l'un des rédacteurs de l'année littéraire; recueil où Helvétius et
après lui le chevalier de Cubières et plusieurs autres, ont pris
cette anecdote.

Quelle que fût la cause de la maladie de Boileau, écolier de
quatrième, « dès qu'il fut en état de reprendre ses exercices,
« continue de Boze, il alla en troisième au collége de Beauvais,
« sous M. Sevin, qui enseignoit cette classe depuis près de cin-
« quante ans, et qui passoit pour l'homme du monde qui jugeoit
« le mieux de l'esprit des jeunes gens... Il reconnut dans son nou-
« veau disciple un talent extraordinaire pour les vers, et crut
« pouvoir assurer sans restriction qu'il se feroit par-là un nom
« fameux. »

Le jeune Despréaux passoit les nuits et les jours à lire des poésies et des romans. Il commença, au collége, une tragédie, dont la première scène étoit une querelle entre trois géants. Le roi Grifalar, autre géant, survenoit pour les apaiser :

> Géants, arrêtez-vous,
> Gardez pour l'ennemi la fureur de vos coups.

De toute ma tragédie, disoit Despréaux, je n'ai retenu que ces trois hémistiches qui ne sont pas mal tournés : Boyer n'en a jamais fait de si bons.

Il fit comme un autre ce qu'on appeloit un cours de philosophie, et en rapporta le seul fruit qu'un bon esprit pût retirer d'un tel genre d'études, un profond mépris pour la scolastique. Cependant on le destinoit au barreau ; il fut condamné à étudier en droit, et même reçu avocat le 4 décembre 1656, environ trois ans après avoir perdu son père.

D'Alembert raconte que « M. Dongois, son beau-frère, greffier du parlement, l'avoit pris chez lui pour le former à la procédure. Ce M. Dongois avoit un arrêt à dresser dans une affaire importante. Il le composoit avec enthousiasme, et le dictoit à Despréaux avec emphase. Quand il eut fini, il dit à son scribe de lui en faire la lecture, et comme le scribe ne répondoit pas, M. Dongois s'aperçut qu'il s'étoit endormi, et avoit à peine écrit quelques mots de ce chef-d'œuvre. Outré d'indignation, le greffier renvoya Despréaux, en assurant que ce jeune homme, sans émulation, sans ressort, et presque sans instinct, ne seroit qu'un sot le reste de sa vie. »

Il convient de remarquer ici que c'est Boileau-Puimorin, et non Despréaux, que Racine père et Racine fils font figurer dans l'aventure que vient de raconter d'Alembert. *J'étois accablé de sommeil*, écrit Racine père à Despréaux (lettre du 6 août 1693) *à peu près comme étoit M. Puimorin en écrivant ce bel arrêt sous M. Dongois.* « M. Dongois (ajoute Racine fils dans une note) étant obligé de passer la nuit à dresser le dispositif d'un arrêt, le dictoit à M. Puimorin, frère de Boileau ; et M. Puimorin écrivoit si promptement, que M. Dongois étoit étonné que ce jeune homme eût tant de dispositions pour la pratique. Après avoir dicté pendant deux heures, il voulut lire l'arrêt, et trouva

« que le jeune Puimorin n'avoit écrit que le dernier mot de
« chaque phrase. »

Peut-être en étoit-il arrivé autant à Despréaux lui-même
« Celui-ci, dit de Boze, ayant été chargé d'une première cause,
« loin de s'en instruire, ne songea qu'aux moyens de s'en défaire
« honnêtement, et y réussit de manière que le procureur reti-
« rant ses sacs, le soupçonna d'y avoir découvert une procédure
« peu régulière et dit en sortant que ce jeune avocat iroit loin. »
Mais le fait est tout différemment raconté par Louis Racine,
selon lequel Despréaux se tira fort mal de ce début. Comme il
alloit commencer son plaidoyer, le procureur s'approcha de lui
et lui recommanda de ne point oublier de demander que la
partie fût interrogée sur faits et articles. Pourquoi donc, répondit Boileau, cela n'est-il pas fait encore? Si tout n'est pas
prêt, pourquoi me faire plaider? Le procureur éclata de rire
et dit à ses confrères : Voilà un jeune avocat qui ira loin; il a
de grandes dispositions.

Despréaux n'estimoit pas plus les déclamations des avocats
et les harangues des magistrats que les formules des greffiers.
Conversant un jour avec l'avocat-général de Harlay, il louoit
Virgile de ne dire jamais rien de trop : Je ne me serois pas
douté, dit Harlay, que ce fût là un si grand mérite. Si grand,
repartit Boileau, que c'est celui qui manque à toutes vos harangues.

Ayant conçu pour le barreau une répugnance invincible,
Boileau s'avisa d'aller faire un cours de théologie en Sorbonne;
et comme nous l'a déjà dit de Boze (ci-dessus page XXXVIII), il
y retrouva la chicane sous un autre habit. Ce nouveau genre
d'étude, qui ne lui parut guère plus aimable, lui valut pourtant
un bénéfice, le prieuré de Saint-Paterne, qui rapportoit par an
huit cents livres. Il le garda huit ou neuf ans, et le rendit avec
tous les fruits qu'il en avoit perçus. Cette restitution servit, dit-
on, à doter sa maîtresse qui se faisoit religieuse, la demoiselle
Marie Poncher de Bretouville.

Après avoir renoncé au greffe, au barreau, à la Sorbonne,
aux bénéfices, et même aux maîtresses, Boileau se livra tout
entier à la poésie.

II. *Travaux littéraires de Boileau.*

Ce fut en 1660 que Boileau, âgé de vingt-quatre ans, prit place parmi les poètes françois par sa première satire et par celle qui est appelée la sixième dans les éditions de ses œuvres. Durant les sept années précédentes, il s'étoit exercé en quelques autres genres, avoit composé un sonnet, des chansons, même une ode contre les Anglois. Ses satires le firent mieux connoître : il fut admis à les lire dans une société alors fameuse que présidoient la marquise de Rambouillet sous le nom d'Arténice, et sa fille la duchesse de Montausier sous le nom de Julie. Là brilloient Chapelain et Cotin : le jeune Despréaux n'eut pas le bonheur de leur plaire; il n'admira pas non plus leur génie, ni leur goût ni leur savoir; il sortit de l'hôtel Rambouillet, plus satirique qu'il n'y étoit entré.

Il ne tarda point à fréquenter de meilleures compagnies, celles de M. La Rochefoucault, de mesdames Lafayette et Sévigné. Voilà où le rencontroit, dès 1665, le marquis de Pomponne, qui dans une lettre à son père, datée du 4 février de cette année-là, après avoir nommé ces personnages et quelques autres, ajoutoit : « et sur le tout Boileau que vous connoissez, « qui y étoit venu réciter de ses satires qui me parurent admi- « rables. »

Entre les années 1660 et 1669, il composa les sept satires, que les éditions nomment la septième, la deuxième, la quatrième, la troisième, la cinquième, la huitième et la neuvième, outre le discours en vers adressé à Louis XIV. Quelques-uns de ses écrits en prose sont du même temps; savoir la dissertation sur Joconde, le dialogue des Héros de romans, et le discours sur la satire.

Il étoit donc en 1668, établi satirique de profession. Plus d'une fois on lui avoit représenté que c'étoit le moyen de se faire beaucoup d'ennemis. Eh bien! disoit-il, je serai honnête homme, et je ne les craindrai point. Lorsqu'on lui annonçoit une critique d'un de ses poèmes : Tant mieux, répondoit-il, les mauvais ouvrages sont ceux dont on ne parle pas. Du reste, il prétendoit, si nous en croyons Monchesnai, que ses ennemis n'avoient jamais su trouver dans ses ouvrages, le véritable défaut, *l'endroit fatal d'Achille*; et lorsqu'on lui demandoit quel étoit donc ce côté foible, cet endroit vulnérable; c'est, répliquoit-il, ce que je ne vous dirai point; devinez, si vous pouvez.

Mademoiselle de Lamoignon, sœur du premier président, avoit peine à pardonner à Boileau ses satires et ses épigrammes. Quoi! disoit le poëte, vous ne permettriez pas une satire contre le grand-turc! Non, répondit-elle, c'est un souverain. — Mais au moins contre le diable! ajouta Despréaux. Elle se tut un moment, et répliqua : Non; il ne faut jamais dire de mal de personne. Nous rapporterons un trait du même genre, dans les notes de la neuvième satire (ci-dessous, page 180).

D'Alembert répète, après Louis Racine, une anecdote que Despréaux lui-même se plaisoit à raconter ainsi : « Un bon « prêtre, à qui je me confessois, me demanda quelle étoit ma « profession. — Poëte. — Vilain métier! Et dans quel genre? — « Satirique. — Encore pis. Et contre qui? — Contre les faiseurs « d'opéra et de romans. — Achevez votre *confiteor*. »

Boileau travailloit lentement; et, pour justifier les délais qu'éprouvoit toujours la publication de ses ouvrages, il avoit coutume de dire : le public ne s'informera pas du temps que j'y aurai mis. Un de ses amis, le trouvant un jour fort agité, lui demanda ce qui l'occupoit : Une rime, dit-il, je la cherche depuis trois heures. — Voulez-vous que je vous apporte un dictionnaire des rimes? — Non, non, trouvez-moi plutôt le dictionnaire de la raison. Ses commentateurs prétendent qu'il faisoit ordinairement le second vers avant le premier : il est certain qu'il s'appliquoit surtout à éviter ces vers-chevilles que la rime seule amène, et qu'il appeloit *frères chapeaux*.

Boileau lisoit parfaitement ses vers, dit Louis Racine, et il étoit fort attentif à la contenance de ses auditeurs.

Depuis 1669 jusqu'en 1674, Despréaux ne fit aucune satire, mais il publia ses cinq premières épîtres, son Art poétique, les quatre premiers chants du Lutrin et la traduction de Longin. Cette seconde partie de sa carrière littéraire peut sembler la plus brillante. Il paroît que son libraire Barbin avoit éprouvé quelques difficultés pour l'impression de l'Art poétique. Des intrigues de Montausier et de Pellisson firent suspendre le pri-

vilége; mais enfin Colbert écrivit à Boileau : « Le roi m'a or-
« donné de vous accorder un privilége pour votre Art poétique
« aussitôt que je l'aurai lu. » On trouvera dans notre tome IV,
la lettre de remerciement adressée par le poëte au ministre peu
de jours après. Boileau Puimorin qui étoit contrôleur des me-
nus, eut en cette qualité un entretien avec Colbert et en profita pour excuser son frère de s'en être tenu à une simple lettre.
Tout ce que je puis vous en dire, répondit Colbert, c'est que
jamais lettre ne m'a fait plus de plaisir que la sienne.

De 1675 à 1694, Despréaux a écrit en vers ses épîtres IX,
VIII, VII et VI, les deux derniers chants du Lutrin, plusieurs
épigrammes, la satire contre les femmes et l'ode sur la prise de
Namur; en prose, les lettres à Vivonne au nom et dans le style
de Balzac et de Voiture, le discours de réception à l'Académie
françoise en 1683, les neuf premières réflexions sur Longin,
beaucoup de lettres à Racine, et une longue lettre à Arnaud
qui avoit pris la défense de la satire X.

Boileau racontoit qu'un de ses parents auquel il avoit fait
présent de ses œuvres lui dit, après les avoir lues : Mon cousin,
pourquoi tout n'est-il pas de vous dans vos ouvrages? J'y ai
trouvé deux lettres à M. de Vivonne, dont l'une est de Balzac,
et l'autre de Voiture, du mois de juin 1675. Un grand seigneur
lui avoit dit un jour, à Versailles, à propos de la traduction de
Longin : Vous avez donc fait un traité sur le sublime!

Les épîtres X, XI et XII, la satire onzième et la douzième;
les trois dernières réflexions sur Longin, quelques autres écrits
en prose, et des lettres au commentateur Brossette, forment la
quatrième partie des travaux littéraires de Boileau, qui n'est pas
la plus précieuse : elle correspond aux seize dernières années
de sa vie, de 1695 à 1711.

Jamais Despréaux n'a retiré de ses ouvrages le moindre profit
pécuniaire. Racine, père de famille, ne porta pas la générosité
si loin, et ce fut pour lui que furent faits ces deux vers de
l'Art poétique :

> Je sais qu'un noble esprit peut, sans honte et sans crime,
> Tirer de son travail un tribut légitime.

Ne voulant faire entrer dans notre édition que les ouvrages

de Boileau dont l'authenticité est certaine ou fort probable, nous en exclurons quelques pièces qui ont été imprimées sous son nom, et dont il n'est sûrement point l'auteur. Telles sont :

Une satire contre les exactions ou maltôtes ecclésiastiques, commençant par ces mots : *Quel est donc ce chaos et cette extravagance?*

Une satire contre le mariage : *Non, je ne ferai pas ce qu'on veut que je fasse;*

Une épître à Despréaux lui-même : *Oui, ranime, il est temps, ta satirique audace*, imprimée en 1770, à la suite de la correspondance de Boileau avec Brossette;

Une épître à M. de Termes, sur l'usage à faire de ses revenus, insérée dans la première partie du tome II des Mémoires de Littérature du père Desmolets. « Il m'eût été facile, » dit Desmolets dans la préface du tome III des mêmes Mémoires, « de reconnoître que cette épître n'étoit pas de ce grand poète, si « j'avois eu le temps de la lire avant de la donner à l'imprimeur. »

On trouve, page 221-263, des Factums de Furetière contre l'Académie françoise (édition d'Amsterdam, 1694), un Dialogue de M. D. et de M. L. M., avocat au parlement. Despréaux est réellement indiqué par l'initiale D ; il est un des interlocuteurs du dialogue; mais jamais il n'a dû être soupçonné un seul instant d'avoir composé ce libelle, dont Charpentier seul est l'auteur. (Voyez le Carpenteriana, pag. 487, et la Bibliothèque françoise de Goujet, tome 18, pag. 258.)

C'est aussi contre toute raison que, dans le Santoliana de 1764, pag. 256, l'abbé Dinouart attribue à Despréaux une *Réponse* à la lettre de Charpentier, sur un poème latin (de Santeul) intitulé *Gabrielis Cossarti Tumulus*; réponse imprimée à Paris en 1675, in-12.

Dans le Mercure de France, septembre 1748, on avoit annoncé, comme un ouvrage de Boileau, un poème ayant pour titre *le Bâton du Chantre*, qu'on assimiloit au Lutrin. Ce poème, que nous n'avons pu rencontrer, est d'un abbé Gaucher, chanoine de Gien, mort en 1753. Il l'avait lu à Goujet, qui en parle dans le catalogue manuscrit de ses livres.

Nous lisons, pag. 183 du tome III des Lettres de la comtesse de la Rivière, les lignes suivantes :

« Despréaux avoit composé pour ma fille un petit ouvrage
« intitulé : Conseils d'un vieux ami à sa jeune amie ; petit pour
« la forme, grand pour la matière ; contenant cent conseils que
« ma fille goûte comme si elle avoit trente ans. »

Ces Conseils ne se retrouvent nulle part, ni imprimés ni manuscrits. Mais ajoutons que ces prétendues Lettres de la comtesse de la Rivière, publiées en 1776, en trois volumes in-12, par mademoiselle Poullain de Nogent, ne sont aucunement authentiques, quoiqu'elles ne soient pas purement romanesques. Plusieurs noms propres y sont défigurés ; les anachronismes y fourmillent : par exemple madame de la Rivière y parle sous la date de 1689 de quatre cantiques de Racine qui n'ont été composés qu'en 1694.

III. *Divers traits du caractère et de la vie de Boileau.*

Les travaux littéraires de Boileau ne l'empêchèrent jamais de cultiver ses amis, et de porter dans les sociétés une humeur enjouée, un esprit aimable. Il étoit fort exact aux rendez-vous. « Je ne me fais jamais attendre, disoit-il, parce que j'ai remar-
« qué que les défauts d'un homme se présentent toujours aux
« yeux de celui qui l'attend. »

Dans une maison où se trouvoit Despréaux, une demoiselle dansa, chanta, joua du clavecin ; et comme elle n'excelloit ni au clavecin, ni dans le chant, ni à la danse, il lui dit : « On
« vous a tout appris, mademoiselle, hormis à plaire, et c'est
« pourtant ce que vous savez le mieux. »

« Despréaux, dit madame de Sévigné, a été avec Gourville
« voir M. le Prince. M. le Prince l'envoya voir son armée. Eh
« bien ! qu'en dites-vous ? dit M. le Prince. Monseigneur, dit
« Despréaux, je crois qu'elle sera fort bonne quand elle sera
« majeure. C'est que le plus âgé n'a pas dix-huit ans. »

On lui attribue plusieurs autres mots ; par exemple, qu'il y a, entre un mort et un paralytique, cette différence, que le paralytique est un mort qui souffre et le mort un paralytique qui ne souffre pas.

Il étoit question d'un homme qui parloit fort lentement : Le « oui et le non, dit Boileau, sont des périodes dans sa bouche. »

L'avocat Fourcroi, qui avoit des poumons redoutables, disputoit contre Molière en présence de Boileau ; celui-ci, se tournant vers Molière, lui dit : « Qu'est-ce que la raison avec « un filet de voix contre une gueule comme celle-là ? »

Le libraire Barbin possédoit une maison de campagne très-ornée et très-petite, dans laquelle il avoit un jour rassemblé beaucoup trop de monde. Boileau voulut partir aussitôt après le dîner. Mais où allez-vous donc si vite ? lui dit Barbin. — Je m'en vais prendre l'air à Paris.

Boileau s'est quelquefois moqué de certains hommes qui, disoit-il, s'imaginent ne pas croire en Dieu, et sont faits pour croire aux revenants, aux légendes et aux bulles.

Il avoit à un très-haut degré le talent de contrefaire les tons et les gestes de plusieurs personnages, même de ceux qui contrefont les autres, c'est-à-dire des comédiens. Un jour, devant Louis XIV, il contrefit Molière qui étoit présent et qui dit : nous ne pouvons juger de notre propre ressemblance ; mais la mienne est parfaite, s'il m'a aussi bien imité que tous les autres. Racine, dans une lettre que nous mettrons sous les yeux des lecteurs (tome IV) parle de la perfection avec laquelle Boileau copioit la manière de danser d'un M. Jannart, qu'on croit oncle de la femme de La Fontaine.

Madame de Sévigné a dit de Boileau qu'il n'étoit cruel qu'en vers. Il se dépeignoit lui-même comme un homme doux et candide, n'ayant *ni griffes ni ongles*. Sa vie est pleine de bonnes actions et de traits généreux.

Quelques seigneurs lui ayant raconté que, dans une débauche, ils avoient envoyé chercher un apothicaire, lui avoient administré de force un remède presque bouillant, et l'avoient ensuite contraint de danser, Despréaux, indigné d'une méchanceté si grossière, leur en fit tant de honte, que l'un d'eux envoya sur l'heure trente pistoles au malheureux pharmacien.

Boileau avoit prêté neuf mille livres à un de ses neveux, et ce débiteur ne fut ni reconnoissant ni exact. Le poëte lui abandonna deux mille livres sur les neuf, et dit : « Si j'eusse été « content de lui, je lui eusse volontiers cédé la somme entière : « car aussi-bien il m'avoit accoutumé à m'en passer. »

« Le célèbre M. Patru se trouvoit, dit de Boze, à la honte

« de son siècle, réduit à vendre ses livres, la plus agréable, et
« presque la seule chose qui lui restoit. M. Despréaux apprit
« qu'il étoit sur le point de les donner pour une somme assez
« modique, et il alla aussitôt lui offrir près d'un tiers davan-
« tage ; mais, l'argent compté, il mit dans son marché une
« nouvelle condition qui étonna M. Patru, ce fut qu'il garderoit
« ses livres comme auparavant, et que sa bibliothèque ne seroit
« qu'en survivance à M. Despréaux. » Ce fait nous est aussi
attesté par Boursault.

« Il ne fut pas moins généreux, poursuit de Boze, envers
« M. Cassandre, auteur d'une excellente traduction de la Rhé-
« torique d'Aristote ; et sa bourse fut encore ouverte à beau-
« coup d'autres : car la vue d'un homme de lettres qui étoit dans
« le besoin lui faisoit tant de peine, qu'il ne pouvoit s'empêcher
« de prêter de l'argent, même à Linière, qui souvent alloit du
« même pas au premier endroit du voisinage faire une chanson
« contre son créancier. »

« Après la mort de Colbert, dit d'Alembert, la pension qu'il
« avoit fait donner à Corneille fut supprimée, quoique ce grand
« homme fût pauvre, âgé, malade et mourant. Despréaux courut
« chez le roi pour l'engager à rétablir cette pension. Il offrit le
« sacrifice de celle dont il jouissoit lui-même, disant qu'il ne
« pouvoit, sans honte, recevoir une pension de sa majesté,
« tandis qu'un homme tel que Corneille en étoit privé. Le roi
« envoya deux cents louis à Corneille, et ce fut un parent de
« Despréaux qui les porta. Les jésuites (particulièrement le
« P. Tournemine) nièrent cet acte de bienfaisance du poète,
« et l'attribuèrent au P. de La Chaise : mais ils sont les seuls
« qui en aient fait honneur à leur confrère. Le témoignage de
« Boursault, qui rapporte ce fait dans ses lettres, et qui n'ai-
« moit pas Despréaux, suffit pour les réfuter. »

On lit, dans la cent vingt-septième lettre de la comtesse de
la Rivière, que Despréaux vouloit qu'on élevât les enfants avec
douceur, et qu'on leur laissât la liberté de se mêler aux entretiens. Ailleurs, madame de la Rivière parle des relations de
Boileau avec le comte Desmoulins : mais nous n'avons point
assez de confiance dans ces lettres pour en extraire les articles
nombreux qui concernent Despréaux.

IV. *Opinions de Boileau sur les écrivains de l'antiquité.*

On sait à quel point Boileau admiroit les anciens, et surtout Homère. Je soutiens, disoit-il un jour à Brossette, que si un homme employoit plusieurs années de sa vie à apprendre le grec, uniquement pour entendre l'Iliade et l'Odyssée, il seroit bien payé de ses peines par la seule lecture de ces deux poèmes. L'avocat général Harlay de Beaumont avoit mal parlé d'Homère : « Il faut, monsieur, lui répondit Boileau, que vous ne l'ayez jamais lu, pour en parler ainsi. Si vous l'aviez lu avec attention, vous sauriez que c'est un homme qui dit toujours ce qu'il faut dire sur un sujet, et rien de plus. Voyez, au livre I de l'Iliade, le discours du père de Chriséis qui vient redemander sa fille à Agamemnon. Je vous propose ce discours comme le plus excellent modèle de harangues, parce qu'en deux périodes il renferme une infinité d'idées et de circonstances; il n'appartient qu'à Homère d'être si heureusement laconique. »

On dit aussi sur la foi de Brossette que Despréaux louoit dans Homère le talent d'exprimer noblement les plus petites choses, et celui de faire connoître un homme en un seul mot. C'est, disoit-il encore, un poète que les graces ne quittent point : tout ce qu'il écrit est dans la nature.

« Je me souviens, dit Lamotte, qu'un jour je demandai rai-
« son à M. Despréaux de la bizarrerie et de l'indécence des
« dieux d'Homère : il dédaigna de les justifier par le secours
« trivial des allégories, et il voulut bien me faire confidence
« d'un sentiment qui lui étoit propre, quoique, tout persuadé
« qu'il en étoit, il n'ait pas voulu le rendre public; c'est
« qu'Homère avoit craint d'ennuyer par le tragique continu de
« son sujet; que, n'ayant de la part des hommes que des com-
« bats et des passions funestes à peindre, il avoit voulu égayer
« le fond de sa matière aux dépens des dieux mêmes, et qu'il
« leur avoit fait jouer la comédie dans les entr'actes de son
« action, pour délasser le lecteur, que la continuité des com-
« bats auroit rebuté sans ces intermèdes. » Nous rapportons et ne garantissons pas ce récit de Lamotte.

« Boileau et Racine, en écrivant en faveur des anciens contre

« Perrault, furent plus adroits que le chevalier Temple : ils se
« gardèrent bien de parler d'astronomie et de physique. Boileau
« s'en tint à justifier Homère contre Perrault, mais en glissant
« adroitement sur les défauts du poète grec et sur le sommeil que
« lui reproche Horace. » *Voltaire*, Dict. phil., art. *Anc. et Mod.*

Adry a publié en 1807 (à la suite de la princesse de Clèves et des lettres de Valincour sur ce roman, Paris, 2 vol. in-12) un dialogue entre Despréaux, d'Aguesseau, Racine, Renaudot, le comte de Fiesque et Valincour, extrait des *OEuvres posthumes* de ce dernier, en 2 vol. in-fol. manuscrits. Boileau fait dans ce dialogue le récit suivant :

« Je vous dirai que, dans le temps que Perrault publia ces
« étranges dialogues, où il blâme, comme disoit M. le prince
« de Conti, ce que tous les hommes ont toujours admiré, et
« où il admire ce que tous les hommes ont toujours méprisé,
« la cour et la ville parurent durant quelque temps partagées
« sur son sujet, car il n'y a point d'opinion si extravagante qui,
« dans sa nouveauté, ne s'attire des sectateurs ; et comme je l'ai
« dit autrefois :

« Un sot trouve toujours un plus sot qui l'admire.

« Un jour que nous étions dans la galerie (de Versailles),
« M. Valincour, M. Racine et moi, nous fûmes assaillis par
« trois ou quatre jeunes gens de la cour, grands admirateurs
« du fade style de Quinault, et des fausses pointes de Bense-
« rade. L'un d'eux commença par nous demander s'il étoit bien
« vrai que nous missions ces deux poètes si fort au-dessous
« d'Homère et de Virgile. — C'est, lui dis-je, comme si vous
« me demandiez si je préfère les diamans de la couronne à ceux
« que l'on fait au Temple. — Eh ! qu'a donc de si merveilleux
« cet Homère ? me dit un autre. Est-ce d'avoir fait l'éloge des
« Myrmidons ? — Quoi, interrompit un troisième, est-ce
« qu'Homère a parlé des Myrmidons ? Ah ! parbleu ! voilà qui
« est plaisant. — Et sur cela toute la troupe fit un si grand éclat
« de rire, que je me trouvai hors d'état de répondre. Ce bruit
« attira à nous un grand seigneur, également respectable par
« son âge, par son rang et par mille autres qualités. Qu'y a-t-
« il donc entre vous, messieurs ? nous dit-il, je vous trouve

« bien émus. — C'est, lui dis-je, que ces messieurs veulent
« qu'Homère ait été un mauvais poète, parce qu'il a parlé des
« Myrmidons. — Vous êtes de plaisantes gens, leur dit-il, de
« contredire ces messieurs-là ; vous êtes bien heureux qu'ils
« veuillent vous instruire, et vous ne devez songer qu'à pro-
« fiter de leurs avis, sans vous mêler de critiquer ce qu'ils en-
« tendent mieux que vous.

« Ces paroles prononcées d'un air et d'un ton d'autorité,
« imposèrent à cette jeunesse ; et alors le grand seigneur, que
« je regardois déjà comme un grand protecteur d'Homère, nous
« ayant menés tous trois dans l'embrasure d'une fenêtre, et
« prenant un air plus grave : Vous voyez, dit-il, comme j'ai
« parlé à ces jeunes gens-là, et l'on ne sauroit trop réprimer
« les airs décisifs qu'ils prennent en toute occasion sur les choses
« qu'ils savent le moins ; mais, dans le fond, vous autres, dites
« moi, est-il vrai que cet Homère ait parlé de Myrmidons dans
« son poème ? — Vraiment, monsieur, lui dis-je, il falloit bien
« qu'il en parlât ; c'étoient les soldats d'Achille, et les plus
« vaillants de l'armée des Grecs. — Eh bien, me dit-il, voulez-
« vous que je vous parle franchement ? Il a fait une sottise. —
« Comment donc, monsieur, est-ce qu'on en feroit une si, dans
« une histoire du roi, on parloit du régiment de Champagne
« ou de celui de Picardie ? — Oh ! je sais bien, dit-il, que vous
« ne manquerez jamais de réponse : vous avez tous beaucoup
« d'esprit assurément, et personne ne vous le conteste ; mais
« vous êtes entêtés de vos opinions, et vous ne vous rendez
« jamais à celles d'autrui ; et c'est aussi ce qui vous fait des
« ennemis. Pour moi, je ne me pique pas d'être savant, mais
« il y a assez long-temps que je suis à la cour pour connoître
« ce qui est de son goût. Le poème d'Homère, n'est-ce pas un
« ouvrage sérieux ? — Très-sérieux, lui dis-je, et même tra-
« gique. — Et c'est en cela, me dit-il, que sa sottise en est
« encore plus grande d'avoir été fourrer là des Myrmidons :
« si Scarron, par exemple, en avoit parlé dans ses vers ou
« dans le Roman comique, cela eût été à merveille et fort à sa
« place ; mais dans un ouvrage sérieux, je vous le répète en-
« core, messieurs, malgré tout votre entêtement, cela est tout-
« à-fait ridicule, et l'on a raison de s'en moquer.

« J'avoue que la liberté satirique fut sur le point d'éclater
« contre un discours si contraire au bon sens ; et il me seroit
« peut-être échappé quelque sottise plus grande assurément
« que celle d'Homère, si, heureusement pour moi, le roi ne
« fût sorti pour aller à la messe. Le grand seigneur nous quitta
« brusquement pour le suivre. »

Quelqu'un disoit à Boileau : Je lis maintenant un auteur qui est bien mon homme, c'est Démosthène. Si c'est votre homme, repartit Boileau, ce n'est pas le mien, il me fait tomber la plume des mains : toutes les fois que je lis sa harangue pour la couronne, je voudrois n'avoir rien écrit.

Térence est bien supérieur à Plaute, disoit Boileau ; toutes les expressions de Térence vont au cœur ; il ne cherche point à faire rire, ce qu'affectent surtout les autres comiques ; il ne s'étudie qu'à dire des choses raisonnables, et tous ses termes sont dans la nature, qu'il peint admirablement. Les valets qu'il introduit sur la scène ne sont pas, comme dans Plaute, toujours sûrs du succès de leurs stratagèmes ; les dénouements ne sont pas prévus dès les premières scènes : il faut qu'un incident vraisemblable, mais inattendu, qu'une reconnoissance naturelle vienne au secours du valet dont la prudence a été trompée. Si l'on peut s'en rapporter à Monchesnai, Despréaux ajoutoit que Térence plus parfait que Molière savoit mieux s'arrêter à-propos et ne point dépasser la mesure. Il seroit triste que Boileau n'eût pas reconnu que son ami Molière étoit fort supérieur à Térence dans presque toutes les parties de l'Art comique. Mais il y a malheureusement dans le troisième chant de l'Art poétique des vers qui sembleroient confirmer la relation de Monchesnai.

Boileau ne révéroit pas sans distinction toute l'antiquité : on dit, par exemple, qu'il ne voyoit dans la vie de Pomponius-Atticus, par Cornélius-Népos, que l'éloge puéril d'un très-petit personnage.

Le jésuite Hardouin venoit de soutenir que plusieurs livres attribués à d'anciens auteurs grecs et latins avoient été fabriqués par des moines du douzième et du treizième siècle. Je ne sais ce qui en est, disoit Boileau ; mais, quoique je n'aime pas les moines, je n'aurois pas été fâché de vivre avec frère Horace, frère Juvénal, dom Virgile et dom Cicéron.

« Savez-vous, demandoit Boileau, pourquoi les anciens ont si peu d'admirateurs ? C'est parce que les trois quarts, tout au moins, de ceux qui les ont traduits, étoient des ignorants ou des sots. Madame de La Fayette, la femme de France qui avoit le plus d'esprit, et qui écrivoit le mieux, comparoit un sot traducteur à un laquais que sa maîtresse envoie faire compliment à quelqu'un. Ce que sa maîtresse lui aura dit en termes polis, il va le rendre grossièrement ; il l'estropie... Voilà la plus parfaite image d'un mauvais traducteur. Mais ce n'est pas même assez qu'un traducteur ait de l'esprit, s'il n'a la sorte d'esprit de son original. Car Tourreil n'est pas un sot à beaucoup près, et cependant quel monstre que son Démosthène ! je dis monstre, parce qu'en effet c'est un monstre qu'un homme démesurément grand et bouffi. Un jour que Racine étoit à Auteuil chez moi, Tourreil y vint et nous consulta sur un endroit qu'il avoit traduit de cinq ou six façons, toutes moins naturelles et plus guindées les unes que les autres. Ah ! le bourreau, il fera tant qu'il donnera de l'esprit à Démosthène, me dit Racine tout bas. Ce qu'on appelle esprit dans ce sens-là, c'est précisément l'or du bon sens converti en clinquant. » D'Olivet, qui rapporte ce discours de Boileau, l'avoit écouté avec une attention si profonde, qu'il se croit sûr de l'avoir rendu sans aucune altération.

« Le travail de la traduction, dit encore d'Olivet, est une
« riche mine de principes et d'idées, et une excellente école
« dans l'art d'écrire : c'étoit l'avis de Despréaux. »

V. *Opinions de Boileau sur plusieurs écrivains modernes. Ses querelles avec quelques-uns.*

Despréaux avoit su apprécier les Essais de Montaigne ; il ne partageoit point les préventions des solitaires de Port-Royal contre cet admirable livre : c'étoit l'un de ceux qu'il lisoit avec le plus de délices.

Il a contrefait avec un bonheur extrême l'emphase de Balzac et l'afféterie de Voiture. Il les citoit l'un et l'autre pour montrer qu'on ne doit pas juger du caractère moral des auteurs par leurs écrits : « Balzac, disoit-il, feroit peur à pratiquer par l'affectation de son style ; c'est un homme qui commence une lettre par ces mots : Votre abondance est la cause de ma disette ; au lieu que Voiture feroit regretter à ses lecteurs de n'avoir pas vécu avec lui. On m'a cependant assuré que la société de Balzac, loin d'être épineuse, étoit remplie de douceur et d'agrément ; tandis que Voiture, accoutumé à courtiser des altesses, faisoit le souverain avec ses égaux. Ils ne se ressembloient que par le travail que leur coûtoient leurs lettres : il leur falloit quelquefois quinze jours pour en composer une. »

Boileau n'en a pas moins loué Voiture à plusieurs reprises : il s'en repentoit sans doute, lorsque dans sa onzième satire, il disoit en s'adressant à l'équivoque :

> Le lecteur ne sait plus admirer dans Voiture
> De ton froid jeu de mots l'insipide figure.

Pascal étoit le premier prosateur du dix-septième siècle aux yeux de Boileau, qui donnoit aussi beaucoup d'éloges à La Bruyère, observant toutefois que ce moraliste avoit éludé l'une des plus grandes difficultés de l'Art d'écrire en s'épargnant le travail des transitions.

Despréaux ne pouvoit souffrir que l'on comparât Saint-Évremond à Montaigne. « Qu'est-ce qu'un Saint-Évremond, disoit-il, que les sots osent comparer à l'auteur des Essais ? Les écarts de l'un valent mieux que tout le concert et l'arrangement de l'autre, qui n'est qu'un charlatan de ruelles, un faux Aristarque...... J'estime plus un seul chapitre d'Aulu-Gelle que tous les *miscellanea* de cet auteur. »

Boileau appeloit les romans de mademoiselle Scudéri *une boutique de verbiage :* « Ses héros, ajoutoit-il, et ceux de son frère, n'entrent jamais dans un appartement que tous les meubles n'en soient inventoriés. Vous diriez d'un procès verbal dressé par un sergent. Le temps a fait voir que la Scudéri étoit un esprit faux : c'est à elle qu'on doit l'institution des précieuses. Le fameux hôtel Rambouillet n'étoit pas exempt de ce jargon, qui a, Dieu merci, trouvé sa fin, aussi-bien que le burlesque qui nous avoit si long-temps tyrannisés. La belle nature ne se fait sentir que depuis que Molière et La Fontaine ont écrit.

Vous avez beau faire, disoit Boileau à monsieur et à madame Dacier, je n'appelle gens d'esprit que ceux qui ont de belles pensées, et non pas ceux qui s'étudient à commenter les belles pensées d'autrui. Racine et Boileau mettoient Dacier fort au-dessous de son beau-père Tanneguy-le-Febvre. Ils reprochoient à Dacier d'avoir trouvé le secret de morfondre Horace, et de s'être écarté du véritable sens, toutes les fois qu'il avoit hasardé quelque explication nouvelle. Ils citoient plusieurs exemples de ces interprétations fausses, qu'ils appeloient les révélations de M. Dacier. Telle est sa remarque sur le Nasidiénus d'Horace, personnage qu'il prend pour un riche avare, tandis que c'est un faux docteur en bonne chère, donneur de festins raffinés et ridicules.

On rapporte plusieurs autres propos de Boileau sur Dacier. « Il fuit les graces et les graces le fuient. — Sa femme écrit mieux que lui. — Dans leurs productions d'esprit, c'est madame Dacier qui est le père. — L'Horace de Dacier est celui de ses livres qui s'est le mieux vendu; mais je puis dire que c'est moi qui ai fait connoître les satires et les épîtres d'Horace : on ne parloit que de ses odes. — Plutarque a été mieux traduit par Amyot que par Dacier, etc. »

Monsieur et madame Dacier se récrioient vivement contre le vers de la satire XII, où Socrate est appelé

> Très-équivoque ami du jeune Alcibiade.

Vous avez, leur répondit Despréaux, un bien beau zèle pour les morts : mais que diriez-vous donc, si j'avois fait la chanson qui court contre le père Massillon? Ah! répliqua Dacier, le bel homme que Massillon pour le comparer à Socrate!

Pour terminer cet exposé des opinions de Boileau sur les écrivains en prose qui ont fini ou commencé leur carrière de son temps, nous transcrirons quelques lignes d'une des lettres publiées sous le nom de J. B. Rousseau. « Je me sou-
« viens à l'égard du Diable boiteux, que M. Despréaux l'ayant
« un jour *attrapé* entre les mains de son petit laquais Atis, le
« menaça en ma présence de le chasser, si le livre couchoit
« dans la maison. » Cette anecdote nous paroît au moins dou-

teuse : est-il possible que l'auteur du Dialogue des héros de romans, n'ait pas mieux apprécié les compositions de Le Sage ?

Mais on a recueilli beaucoup plus de jugements de Boileau sur les poètes ou versificateurs de son siècle.

Je ne puis louer les héros, dit Sarasin ;

> Car je n'ai qu'un filet de voix,
> Et ne chante que pour Silvie.

Boileau aimoit beaucoup ces deux vers. Il regardoit comme un badinage d'un très-bon genre la Pompe funèbre de Voiture, par le même Sarasin ; et, s'il faut en croire Monchesnai, il ajoûtoit qu'il y avoit dans cet auteur la matière d'un excellent esprit, mais que la forme n'y étoit pas.

Voici encore, disoit-il, deux vers excellents, et je suis bien étonné qu'ils soient de Georges Scudéri :

> Il n'est rien de si doux pour des cœurs pleins de gloire,
> Que la paisible nuit qui suit une victoire.

On prétend que Despréaux admiroit aussi ces trois vers de Racan :

> Il voit comme fourmis marcher nos légions
> Dans ce petit amas de poussière et de boue
> Dont notre vanité fait tant de régions.

S'il est vrai que Despréaux ait dit : je donnerois les trois meilleurs de mes vers pour ceux-là, c'étoit trop de modestie.

L'inimitié ou la mésintelligence entre Chapelain et Despréaux étoit née dès 1660 à l'hôtel Rambouillet. En 1662, Chapelain rédigea, par ordre de Colbert, un mémoire sur les auteurs dignes d'être encouragés par des pensions. Despréaux ne prétendoit point à ces faveurs, mais il s'indignoit avec raison de les voir distribuées par l'auteur de la Pucelle et prodiguées à de très-médiocres écrivains.

Il a été fait, pour ces pensions, deux listes que l'on confond quelquefois, mais que Desmolets a distinguées et insérées au tome II de ses mémoires. La première avoit été rédigée par

par Costar qui mourut en 1660. Elle commence par le nom de Silhon et finit par celui de Vinnius qui n'est pas le seul étranger qu'elle comprenne : on y distingue Milton ; et ce qui est fort étrange, ses écrits relatifs au procès de Charles Ier y sont indiqués comme dignes d'être récompensés en France. Chapelain s'y trouve au nombre des auteurs françois recommandables, aussi-bien que Racan, Pellisson, Scarron, etc., dont les articles sont parsemés de plaisanteries qu'on ne s'attend point à trouver là. Mais Mazarin mourut en 1661, sans avoir exécuté ce projet de munificence ministérielle.

En 1662, Chapelain fut chargé de composer une autre liste : elle occupe les pages 181-257 de ses Mémoires de littérature, imprimés en 1726 (Paris, Briasson in-12), volume curieux et le plus instructif peut-être qui ait été publié sous le nom de Chapelain. Ce second catalogue contient quatre-vingt-onze personnages, depuis Hédelin, abbé d'Aubignac, jusqu'au marquis de Coislin, et chaque nom y est accompagné d'une note. On y rencontre Corneille et de Pure, Molière et Cotin. Chapelain lui-même n'y est pas oublié : il est désigné sous le numéro 58, comme « un homme qui fait une profession exacte
« d'aimer la vertu sans intérêt, qui a l'usage du monde, qui est
« assez fort dans les matières de langues ; à l'avis duquel on s'en
« rapporte volontiers pour la manière dont il se faut prendre
« à former le plan d'un ouvrage d'esprit, de quelque nature
« qu'il soit, ayant fait étude sur tous les genres... qui enfin, s'il
« n'étoit point attaché à son poème (de la Pucelle) ne feroit
« peut-être pas mal l'histoire de laquelle il sçait assez bien les
« conditions. »

Gilles Boileau, frère du satirique, étoit inscrit (n° 66) sur la liste de Chapelain, comme un homme qui avoit « de l'es-
« prit et du style en prose et en vers, qui savoit les deux
« langues anciennes aussi bien que la sienne, qui pourroit faire
« quelque chose de fort bon, si la jeunesse et le feu trop en-
« joué n'empêchoient point qu'il s'y assujettît. »

Telles étoient les décisions et la puissance de Chapelain, l'un des académiciens que Despréaux a le plus voués à la dérision publique. Madame de Sévigné écrit cependant à sa fille en 1673 que Despréaux est attendri pour le pauvre Chapelain, alors attaqué de la maladie dont il mourut l'année suivante. Le jésuite Oudin prétendoit être en état de prouver, dit d'Alembert, que l'auteur des satires avoit pris beaucoup d'hémistiches et même des vers entiers dans la Pucelle. « Si l'accusation est fondée, « poursuit d'Alembert, ce que nous avons peine à croire, ce « grand poète pouvoit répondre comme Molière : je prends mon « bien où je le trouve. On assure que Voltaire a pris des vers « de Cotin et de l'abbé du Jarry. »

Cotin aussi avoit, comme nous l'avons dit, mal accueilli les essais de Despréaux; et d'ailleurs, dit d'Olivet, il étoit l'intime ami de Gilles Boileau : « dans les brouilleries qui survenoient « entre les deux frères, il prenoit toujours le parti de l'aîné, et « n'oublioit rien pour susciter des chagrins domestiques au « cadet. » Mais c'étoit encore plus le mauvais goût et les mauvais vers que le satirique ne pouvoit pardonner à l'abbé Cotin.

Peut-on s'en étonner lorsqu'on voit que Boileau, malgré son admiration pour le génie tragique de P. Corneille, s'est permis de critiquer assez vivement certains vers, et même certaines pièces de ce grand poète?

Il appeloit galimatias simple celui que l'auteur seul comprenoit; galimatias double, celui que l'auteur même n'entendoit pas; et il citoit pour exemple du second genre ces quatre vers de P. Corneille dans Tite et Bérénice :

> Faut-il mourir, madame? et, si proche du terme,
> Votre illustre inconstance est-elle encor si ferme,
> Que les restes d'un feu que j'avois cru si fort
> Puissent dans quatre jours se promettre ma mort?

Thomas Corneille n'étoit pas fort estimé de Boileau. Ah ! disoit celui-ci, pauvre Thomas! tes vers, comparés à ceux de ton aîné, montrent bien que tu n'es qu'un cadet de Normandie.

On lit dans le *Menagiana* que Boileau a plus d'une fois déclaré que si les rondeaux de Benserade eussent paru avant 1674, il n'auroit eu garde de parler de lui avec éloge, comme il l'a fait à la fin du quatrième chant de l'Art poétique. Saint-Amant, disoit Boileau, s'est formé du mauvais de Régnier, comme Benserade du mauvais de Voiture.

Despréaux, qui n'a pas toujours bien placé ses éloges, quoiqu'il n'en fût point prodigue, a quelquefois jugé fort sévèrement ses amis. Il assuroit, dit Louis Racine, que Chapelle avoit acquis à bon marché sa réputation, et qu'excepté son petit Voyage, ses vers étoient bien médiocres.

L'abbé de La Chambre, curé de Saint-Barthélemi, n'avoit fait, en toute sa vie, qu'un seul vers; il fit confidence de ce vers à Despréaux, qui lui dit : Ah! que la rime est belle!

Segrais, l'un des auteurs que Boileau a trop loués, auroit été bien ingrat, s'il falloit s'en tenir à ce qu'on lui fait dire dans le *Segraisiana*. « Racine et Despréaux n'estiment que leurs vers ;
« ils ne louent personne, et il ne paroît pas un madrigal qu'ils
« ne censurent. Mais, ôtez-les de la poésie, ils sont muets; car
« que savent-ils autre chose que rimer ? — Madame de La
« Fayette prétendoit que celui qui se met au-dessus des autres,
« quelque esprit qu'il ait, se met au-dessous de son esprit. Despréaux est de ces gens-là; il ne sait autre chose que parler
« de lui et critiquer ce qui n'en est pas. Pourquoi mal parler,
« comme il a fait, de mademoiselle de Scudéri, dont les vers
« sont si naturels et si tendres? ces vers, qui plaisent à tout le
« monde, ne sont pas de son goût : c'est qu'il ne sauroit y
« mordre. Il a encore le défaut de se copier sans cesse, de rebattre toujours la même chose. » Tâchons de croire, pour l'honneur de Segrais, qu'il n'a point écrit ces sottises.

Despréaux eut la foiblesse de solliciter et le malheur d'obtenir une défense de représenter la Satire des satires, mauvaise comédie de Boursault qui se vengeoit ainsi en 1669, des traits lancés, assez mal à propos, contre lui par le satirique. Ils se réconcilièrent en 1685. Boursault étoit alors receveur des tailles à Mont-Luçon : il alla trouver Boileau qui étoit venu prendre les eaux de Bourbonne, et lui fit accepter un prêt de deux cents louis. Boileau fut sensible à ce procédé; et, dans les éditions suivantes des satires, il remplaça le nom de Boursault par quelque autre nom de même rime, Hainault, Quinault, Perrault, etc.

Monchesnai, pour montrer l'impartialité de Boileau, lui attribue ces paroles : je loue jusqu'à M. Perrault quand il est louable : est-ce bien lui qui a fait ces six vers que je trouve à la fin d'une préface de ses Parallèles?

> Ils devroient, ces auteurs, demeurer dans leur grec,
> Et se contenter du respect
> De la gent qui porte férule.
> D'un savant traducteur on a beau faire choix :
> C'est les traduire en ridicule
> Que de les traduire en françois.

Peut-être Despréaux ne faisoit-il cas de ces vers que parce qu'il se plaisoit à y voir un trait de satire contre les traductions de Dacier.

Ne trouvant sur le Théâtre françois de vrai comique que dans Molière, Boileau disoit pourtant de Regnard, qu'il n'étoit pas médiocrement plaisant ; mais il traitoit de bouffonneries toutes les pièces de Scarron : c'est, dit Marmontel, la plus juste application de ces trois mots : *comique*, *plaisant* et *bouffon*. (Éléments de littérature, tom. 5, pag. 289.)

Monchesnai se vante d'avoir réconcilié Regnard et Boileau. Regnard, qui avoit fait la satire des Maris en réponse à celle des Femmes, et, depuis, une pièce intitulée *le Tombeau de Despréaux*, dédia les Ménechmes à l'auteur de l'Art poétique, et lui rendit de grands hommages. Despréaux estimoit la versification et les traits comiques de Regnard.

Il prisoit beaucoup moins les satires que Monchesnai lui-même avoit publiées. Ce Monchesnai, auteur du Bolæana, n'étoit pas, dit Racine fils, assez lié avec Boileau pour faire bien un tel recueil. Il vient me voir rarement, disoit le satirique, parce que, lorsqu'il est avec moi, il est toujours embarrassé de son mérite et du mien.

Régnier Desmarais, Lamotte, Fontenelle et Crébillon qui comme Monchesnai, ont survécu à Despréaux, avoient été diversement jugés par lui.

Dans une de ses préfaces, Boileau se déclare l'ami de l'abbé Régnier Desmarais, dont il a mis néanmoins l'*Édit d'amour* au nombre des mauvais livres que les chanoines du Lutrin se jettent à la tête. Il fut, non sans raison, très-mécontent d'une traduction en vers du premier livre de l'Iliade, publiée par cet abbé en 1700.—Régnier Desmarais se croit un grand homme, disoit-il, parce qu'il a hérité de la grimace de Chapelain.

Despréaux estimoit Lamotte et disoit de lui : C'est dommage qu'il ait été s'encanailler de Fontenelle. Il reprochoit toutefois à Lamotte d'avoir employé dans ses odes des mots techniques trop peu dignes du genre lyrique, tels que *strophe*, *quatrain*, etc., et des *rimes de bouts-rimés* comme *Sphinx*, *Syrinx*, et autres.

On remarquoit un trait contre Fontenelle, le neveu des Corneilles, dans une strophe qui devoit être, en 1693, la seconde de l'ode sur Namur, et qui en a été retranchée. (Voyez les notes sur cette pièce.) Tout le monde connoît l'épigramme de Racine qui finit par ces vers :

    Mais quand sifflets prirent commencement....
    C'est à l'Aspar du sieur de Fontenelle.

Despréaux et Racine ont passé pour auteurs de la chanson suivante :

Adieux de Fontenelle à la ville de Paris.

    Adieu, ville peu courtoise
    Où je crus être adoré.
    Aspar est désespéré.
    Le poulailler de Pontoise
    Me doit remmener demain
    Voir ma famille bourgeoise,
    Me doit remmener demain
    Un bâton blanc à la main.

    Mon aventure est étrange :
    On m'adoroit à Rouen ;
    Dans le Mercure galant
    J'avois plus d'esprit qu'un ange.
    Cependant je pars demain
    Sans argent et sans louange,
    Cependant je pars demain
    Un bâton blanc à la main.

On dit que Racine et Boileau avoient couvert la route de Rouen où retournoit Fontenelle de colporteurs qui chantoient et vendoient cette chanson.

Fontenelle a fait contre Boileau cette épigramme :

> Quand Despréaux fut sifflé pour son ode,
> Ses partisans crioient dans tout Paris :
> Pardon, messieurs, le pauvret s'est mépris,
> Plus ne louera, ce n'est pas sa méthode :
> Il va draper le sexe féminin ;
> A son grand nom vous verrez s'il déroge.
> Il a paru, cet ouvrage malin ;
> Pis ne vaudroit, quand ce seroit éloge.

Des poètes qui commençoient leur carrière quand Boileau finissoit la sienne, aucun n'a été plus rigoureusement jugé par lui que Prosper Jolyot de Crébillon, qu'on a tant exalté depuis. Idoménée, dit-on, sembloit à Despréaux une production de Racine ivre. « Tous les gens de lettres savent, dit Voltaire, que, « lorsqu'on apporta à Boileau la tragédie de Rhadamiste et Zé- « nobie, il n'en put soutenir la lecture, et qu'il jeta le livre à la « moitié du second acte. Les Pradons, dit-il, dont nous nous « sommes tant moqués, étoient des soleils en comparaison de « ces gens-ci. L'abbé Fraguier et l'abbé Gédoyn étoient présents « avec Le Verrier, qui lisoit la pièce. Je les entendis plus d'une « fois raconter cette anecdote, etc. » (*Diction. philosoph.*, art. *Vers* et *Poésie*.)

Il paroît qu'en général il prisoit fort peu les auteurs et les poètes qui ne s'étoient fait connoître que dans les dernières années du dix-septième siècle et dans les premières du dix-huitième. Il disoit à Charpentier, du moins celui-ci l'assure : « N'est- « il pas vrai que j'aurai un grand compte à rendre devant Dieu, « d'avoir traité de froids rimeurs les Chapelains, les Cotins, les « Cassagnes, etc.? Si ces pauvres poètes vivoient encore, ne se- « roient-ils pas des soleils auprès de ceux que nous avons au- « jourd'hui ? »

Il n'estimoit ni les bouffonneries du théâtre italien ni les farces de la foire. En avouant que ce qui excite le rire a toujours quelque mérite, il mettoit entre la comédie et la farce la même différence qu'entre un enfant légitime et un bâtard. « Il n'y a, « disoit-il, selon Monchesnai, que la belle nature et le véritable « comique auxquels il appartienne de renvoyer l'esprit légiti-

« moment satisfait, *et plein d'une délectation sans reproche.*
« Voilà le seul attrait que les honnêtes gens demandent à la co-
« médie, le seul qui donne de la réputation à un auteur. »

Malgré les hommages qu'il avoit accordés aux opéra de Quinault, il persévéroit à déprimer le genre lyrique, dans lequel il prétendoit n'avoir rien remarqué de *plus beau* que ces quatre lignes rimées :

>   Doux ruisseaux, coulez sans violence ;
>   Rossignols, arrêtez votre voix ;
>   Taisez-vous, zéphirs, faites silence.
>   C'est Iris qui chante dans ces bois.

Boursault qui rapporte ce jugement, a l'air de le prendre au sérieux, et d'estimer ces quatre prétendus vers. D'Alembert sent bien que Boileau les trouvoit tels qu'ils sont, c'est-à-dire détestables, et qu'il n'avoit d'autre intention que se moquer du genre auquel ils appartenoient.

VI. *Relations de Boileau avec Molière, La Fontaine et Racine.*

Les entretiens de Boileau rouloient ordinairement sur la littérature. Aussi fréquentoit-il de préférence les hommes de lettres les plus éclairés de son temps : Patru, Arnauld, Nicole, le président Lamoignon, Fléchier, Furetière, les jésuites Bouhours, Bourdaloue, Commire, Cossart, Gaillard, Rapin, etc..., mais surtout Chapelle, Racine, La Fontaine et Molière. Quand il dînoit avec ces derniers, la Pucelle de Chapelain étoit sur la table, et ceux qui faisoient des fautes de langage étoient condamnés à en lire quelques vers.

Grimarest, dans la vie de Molière, parle d'un fameux souper d'Auteuil ; souper *très-véritable*, dit Louis Racine, qui ajoute :

« Mon père n'en étoit pas. Le sage Boileau y perdit la raison
« comme les autres. Le vin ayant jeté tous les convives dans la
« morale la plus sérieuse, leurs réflexions sur les misères de
« la vie et sur cette maxime, que le premier bonheur est de ne
« point naître, et le second de mourir promptement, leur firent
« prendre l'héroïque résolution d'aller sur-le-champ se jeter

« dans la rivière. Ils y alloient, et elle n'étoit pas loin. Molière
« leur représenta qu'une si belle action ne devoit pas être en-
« sevelie dans les ténèbres de la nuit, et qu'elle méritoit d'être
« faite en plein jour. Ils s'arrêtèrent, et se dirent en se regar-
« dant les uns les autres : Il a raison. A quoi Chapelle ajouta :
« Oui, messieurs, ne nous noyons que demain, et en attendant,
« allons boire le vin qui nous reste. » Ce *Souper d'Auteuil* a été
mis sur la scène françoise par un héritier du bon goût et du
bon esprit de ces convives. (*M. Andrieux.*)

Boileau, rencontrant un jour Chapelle, se mit à lui faire une
réprimande sur sa passion pour le vin. J'ai résolu de m'en
corriger, dit Chapelle; mais, pour achever de me persuader,
entrons ici, vous me parlerez à votre aise. Ils entrent dans un
cabaret. Boileau y continue son sermon, durant lequel le prédicateur et le nouveau converti s'enivrent.

Je ne connois qu'un auteur qui ait réussi dans la comédie,
disoit Boileau à Louis XIV, et c'est Molière; tous les autres
n'ont fait que des farces. Quand Boileau eut désigné Molière
comme l'homme de génie qui honoroit le plus le règne de
Louis-le-Grand : « Je ne le croyois pas, répondit le monarque;
« mais vous vous y connoissez mieux que moi. »

Boileau voyoit avec peine que Molière, le premier philosophe du siècle, vînt se donner lui-même en spectacle sur le
théâtre, et y livrer son dos aux bastonnades de la comédie.
Deux mois avant la mort de Molière, Boileau lui conseilloit de
renoncer à la représentation. Vous voilà, lui disoit-il, dans un
pitoyable état; donnez enfin du repos à votre poitrine épuisée.
Que me dites-vous là? répondit Molière; il y a un honneur
pour moi à ne point quitter.

Boileau regrettoit qu'on eût perdu le *Docteur amoureux*,
petite comédie de Molière. Il y a toujours, disoit-il, quelque
chose de saillant et d'instructif dans ses moindres ouvrages.
Racine, brouillé avec Molière quand celui-ci donna son Avare,
reprochoit à Boileau d'avoir ri tout seul à cette pièce : Je vous
estime trop, répondit le satirique, pour ne pas croire que vous
y avez ri vous-même, du moins intérieurement. Boileau préféroit cette comédie à celle de Plaute sur le même sujet, et la
regardoit comme une des meilleures productions de Molière,

dont il estimoit particulièrement la prose. Quoiqu'il ait, dans la satire II, loué Molière de son habileté à trouver la rime, il avouoit que ce poète avoit fait quelquefois de trop grands sacrifices à la nécessité de rimer : il blâmoit, par exemple, dans le Misanthrope, ce vers de la première scène :

> Et la plus haute estime a des régals peu chers.

Il admiroit d'ailleurs cette excellente pièce, dont les premières représentations n'avoient pas été fort applaudies, et soutenoit à Racine qu'elle auroit le succès le plus éclatant et le plus durable.

Ce fut Boileau qui fournit à Molière l'idée de la scène v de l'acte III des Femmes savantes, entre Trissotin et Vadius, scène qui s'étoit passée entre Gilles Boileau et Cotin, ou bien entre Cotin et Ménage. Molière avoit besoin de citer et d'insérer dans cette comédie une mauvaise pièce de vers : Boileau lui apporta le sonnet de Cotin à la princesse Uranie, sur sa fièvre. Enfin deux vers de la scène 1 de l'acte I du même ouvrage,

> Quand sur une personne on prétend s'ajuster,
> C'est par les beaux côtés qu'il la faut imiter,

furent corrigés de cette manière par Despréaux :

> Quand sur une personne on prétend se régler,
> C'est par ses beaux endroits qu'il lui faut ressembler.

On peut s'étonner que Boileau n'ait pas été content de ces deux vers de l'Amphitryon, qui sont devenus proverbe :

> Le véritable Amphitryon
> Est l'Amphitryon où l'on dîne.

En général, il goûtoit peu cette pièce : le prologue de Plaute lui sembloit supérieur à celui du poète françois ; il n'aimoit pas les scènes entre Alcmène et Jupiter, et préféroit aux deux vers,

> Et j'étois venu, je vous jure,
> Avant que je fusse arrivé :

le vers de Rotrou :

> J'étois chez nous long-temps avant que d'arriver.

(Voyez ci-après les notes sur le troisième chant de l'Art poétique.)

La Fontaine étoit fort souvent des dîners et des soupers de Boileau, Molière, Chapelle, etc. C'est dans un de ces repas que Molière dit ce mot célèbre : Ne nous moquons pas du bon homme, il vivra peut-être plus long-temps que nous tous. Un jour ils disputoient sur les *à-parte* : La Fontaine soutenoit qu'ils choquoient la vraisemblance, et Boileau les défendoit vivement. Voyant que le fabuliste ne se rendoit pas, et s'échauffoit de plus en plus, le satirique se mit à répéter durant un quart d'heure : La Fontaine ne sait ce qu'il dit, La Fontaine n'a pas le sens commun, La Fontaine, etc.... La Fontaine parloit toujours et n'entendoit rien. Eh ! mon ami, lui dit enfin Despréaux, il y a une heure que je vous accable d'injures sans que vous vous en aperceviez : dites à présent que l'*à-parte* n'est pas vraisemblable.

Boileau vouloit substituer, dans la fable du Renard et du Corbeau, *mon beau chanteur* à *mon beau monsieur*. La rime avec *flatteur* eût été plus riche, et la raillerie un peu moins fine. On peut douter, malgré le témoignage de Louis Racine, que Boileau ait trouvé de la langueur dans la fable du Bûcheron et de la Mort, par La Fontaine. (Voyez dans notre tome II la note sur cette fable, versifiée par Boileau.)

Peu s'en faut que certains commentateurs ou historiens de ces deux poètes ne les aient dépeints comme ennemis l'un de l'autre. D'une part, ils veulent appliquer à Despréaux une épigramme[1], qui n'est peut-être pas de La Fontaine, mais dans

---

[1] Il est trois points dans l'homme de collége :
Présomption, injures, mauvais sens.
De se louer il a le privilége ;
Il ne connoît arguments plus puissants.
Si l'on se fâche, il vomit des injures ;
Il ne connoît plus brillantes figures.
Veut-il louer un roi, l'honneur des rois ?
Il ne le prend que pour sujet de thème.
J'avois promis trois points : en voilà trois.

laquelle il n'auroit certainement pas eu en vue l'auteur de l'Art poétique. De l'autre, ils veulent que le conteur La Fontaine soit particulièrement désigné dans les vers où Despréaux flétrit

> Ces dangereux auteurs
> Qui de l'honneur en vers infames déserteurs,
> Trahissant la vertu sur un papier coupable,
> Aux yeux de leurs lecteurs rendent le vice aimable.

On prétend aussi qu'en disant dans la satire X :

> Je sais que d'un conte odieux
> Vous avez, comme moi, sali votre mémoire ;
> Mais laissons là... Joconde et son histoire.

Boileau a voulu exprimer le regret qu'il avoit de s'être occupé d'un conte de La Fontaine, et d'avoir disserté sur Joconde.

Mais il faut noter que c'est dans cette satire X que Boileau nomme La Fontaine en l'associant à Molière : elle est écrite en forme de dialogue, et les vers que nous venons d'en extraire n'y sont qu'une simple transition qu'on ne sauroit prendre pour un désaveu des éloges donnés plusieurs années auparavant à l'imitateur de l'Arioste. Les vers de l'Art poétique sont plus sérieux : ils expriment une maxime générale, applicable, il est vrai, à La Fontaine ; mais qui certes n'est point là exprès pour lui. C'étoit en ce temps-là même qu'on réunissoit les images de ces deux poètes dans une sorte de machine, dont on faisoit présent au jeune duc du Maine, et qu'on appeloit assez ridiculement la Chambre du Sublime. Racine y figuroit auprès de Boileau qui avec une fourche empêchoit sept ou huit mauvais poètes d'approcher du balustre, et faisoit signe au contraire à La Fontaine d'avancer.

En 1683, La Fontaine et Despréaux furent proposés concurremment pour une place vacante à l'Académie françoise. Le

> On y peut joindre encore un quatrième :
> Qu'il aille voir la cour tant qu'il voudra,
> Jamais la cour ne le décrassera.

Il y a peu d'apparence que par cet *homme de collége qui prend un roi pour sujet de thème*, etc., on ait voulu désigner Despréaux. Cette épigramme est d'ailleurs plus prolixe que piquante, et seroit assez peu digne de La Fontaine.

fabuliste désiroit que le satirique se désistât ; et celui-ci fit la réponse la plus convenable en cette conjoncture : je ne fais et ne ferai aucune démarche ; mais, si l'on me nomme, j'accepterai. Quant à l'omission de l'Apologue et du nom de La Fontaine dans l'Art poétique, elle est à nos yeux sans excuse. (Voyez notre discours préliminaire.) Le reproche à faire aux Contes n'empêchoit point de parler des Fables : et Boileau seroit plus répréhensible encore si, pour se justifier, il avoit dit, comme Louis Racine et Monchesnai l'assurent, que La Fontaine n'étoit le créateur ni de ses sujets pris à Ésope et à Phèdre, ni de son style emprunté de Marot et de Rabelais.

Despréaux et Racine étoient encore les intimes amis de La Fontaine lorsqu'il tomba malade en 1692 : ils lui amenèrent un religieux qui l'exhortoit à faire des aumônes : je n'ai pas d'argent, répondit-il, mais on fait une nouvelle édition de mes Contes, et je m'en suis réservé cent exemplaires que je vous donne ; vous les vendrez au profit des pauvres.

Les relations de Boileau avec Racine remontent à l'année 1664 : ce fut alors que l'ode de *la Renommée aux Muses*, ayant été portée à Despréaux, celui-ci mit par écrit quelques observations sur cette pièce. Racine les trouva fort judicieuses, et témoigna un vif désir de connoître l'aristarque. Tel fut le commencement de l'amitié de ces deux poètes.

Racine le fils nous apprend lui-même que son père aimoit d'abord les *concetti*, les faux brillants ; que Boileau sut le ramener à la nature, et lui apprit à rimer difficilement.

Despréaux a dit à Racine fils : Votre père avoit la foiblesse de lire quelquefois Scarron, et de rire ; mais il se cachoit de moi.

Dans une dispute entre Racine et Boileau, sur un point de littérature, Boileau, accablé des railleries de son caustique ami, lui dit, d'un grand sang froid : Avez-vous eu envie de me fâcher ? — Dieu m'en garde ! — Eh bien ! vous avez donc tort, car vous m'avez fâché.

Dans une autre dispute, pressé par de bonnes raisons, mais encore plus piqué de certaines plaisanteries, Boileau s'écria : Eh bien ! oui, j'ai tort, monsieur Racine ; mais j'aime mieux avoir tort que d'avoir orgueilleusement raison.

Brossette écrit à J. B. Rousseau que Despréaux condamnoit

l'endroit de l'Andromaque de Racine où Pyrrhus dit à son confident, en parlant d'Hermione :

<blockquote>
Crois-tu, si je l'épouse,
Qu'Andromaque en son cœur n'en sera point jalouse?
</blockquote>

« Ce n'est pas que ce sentiment soit faux ; au contraire, il est
« pris dans la nature : mais c'est qu'il n'est pas assez tragique.
« M. Despréaux avoit remarqué qu'aux représentations de l'An-
« dromaque on ne manquoit jamais de sourire en cet endroit. »
(Tome II, page 107 des Lettres de J.-B. Rousseau.) Nous doutons que Despréaux ait fait cette critique ; et quand il l'auroit faite, nous ne la trouverions pas plus juste.

Plusieurs détails de la comédie des Plaideurs ont été imaginés dans la joie des festins que faisoient ensemble Chapelle, Furetière, Boileau et Racine. Boileau a fourni l'idée de la dispute entre Chicaneau et la comtesse. Par l'Intimé, qui, dans la cause du chapon, commence comme Cicéron, *pro Quintio : Quæ res duæ plurimum possunt... gratia et eloquentia,* on désignoit un avocat qui s'étoit servi du même exorde dans la cause d'un pâtissier et d'un boulanger.—Le public accueillit assez mal les premières représentations de cette comédie : trois hommes la soutinrent, Louis XIV, Boileau, et Molière, quoique ce dernier fût alors brouillé avec Racine.

Boileau détermina Racine à supprimer dans Britannicus une scène qui ouvroit le troisième acte : cette scène, parfaitement versifiée, se passoit entre Burrhus et Narcisse. « Vous indis-
« poserez les spectateurs, dit Boileau, en leur montrant ces
« deux hommes ensemble. Pleins d'admiration pour l'un et
« d'horreur pour l'autre, ils souffriront pendant leur entretien.
« Convient-il au gouverneur de l'empereur, à cet homme si
» respectable par son rang et par sa probité, de s'abaisser à
« parler à un misérable affranchi, le plus scélérat des hommes?
« Il le doit trop mépriser pour avoir avec lui quelque éclaircis-
« sement. Et d'ailleurs, quel fruit espère-t-il de ses remon-
« trances ? est-il assez simple pour croire qu'elles feront naître
« quelques remords dans le cœur de Narcisse ? Lorsqu'il lui
« fait connoître l'intérêt qu'il prend à Britannicus, il découvre

f.

« son secret à un traître : il précipite la perte de Britannicus,
« au lieu de le servir. »

La princesse Henriette-Anne d'Angleterre avoit engagé Corneille et Racine à traiter le sujet de Bérénice : Racine avoit promis d'y travailler. Si je m'y étois trouvé, disoit Boileau, je l'aurois bien empêché de donner sa parole.

Madame de Sévigné, après une longue critique de Bajazet, ajoute : *Despréaux en dit encore plus que moi.* Louis Racine observe avec raison que Despréaux n'a pu professer une telle opinion ; car il louoit le dénouement de cette tragédie, il admiroit le rôle d'Acomat ; et, loin de trouver la versification négligée, il faisoit remarquer l'énergie de ces quatre vers, expression profonde du dédain le plus superbe :

> L'imbécile Ibrahim, sans craindre sa naissance,
> Traîne, exempt de péril, une éternelle enfance :
> Indigne également de vivre ou de mourir,
> On l'abandonne aux mains qui daignent le nourrir.

Il citoit ces vers en preuve du penchant et du talent de Racine pour la satire : Racine, disoit-il, est plus caustique, plus malin que moi.

Boileau, après avoir défendu la Phèdre de son ami contre les intrigues de l'hôtel Rambouillet, se mit en tête de faire admirer cette tragédie au docteur Arnauld. Il la lui porta, la lui fit lire, et le docteur la trouva belle, instructive, et presque édifiante : il étoit seulement un peu fâché qu'on eût fait Hippolyte amoureux. L'observation étoit d'un homme de goût, encore plus que d'un casuiste ; Racine se l'étoit faite, mais il y répondoit : Qu'auroient pensé les femmes et les petits-maîtres, d'un Hippolyte ennemi de toutes les femmes ?

Arnauld préféroit Esther à Athalie. Cette dernière pièce avoit été si froidement reçue, elle étoit restée même dans une telle obscurité, que Racine croyoit avoir manqué ce sujet. « C'est votre chef-d'œuvre, lui disoit Boileau ; je vous soutiens « que c'est votre chef-d'œuvre ; je m'y connois, et le public y « reviendra. » La prophétie s'est accomplie, mais après la mort de Racine.

Despréaux avoit conçu une très-haute idée de l'Histoire de

Port-Royal, par Racine. Il la regardoit comme le plus parfait morceau d'histoire qui existât encore dans notre langue.

Racine, durant ses quinze dernières années, négligeoit les éditions que l'on donnoit de ses ouvrages. Boileau, sans lui en parler, en revoyoit les épreuves.

Quelques jours avant sa mort, Racine chargea l'un de ses fils d'écrire à M. Cavoye, pour le prier de solliciter le paiement de ce qui lui étoit dû de sa pension. Il vouloit laisser quelque argent comptant à sa famille. On fit la lettre, et on lui en donna lecture. Pourquoi, dit-il, ne demandez-vous pas aussi le paiement de la pension de Boileau? il ne faut point nous séparer. Recommencez votre lettre, et faites connoître à Boileau que j'ai été son ami jusqu'à la mort.

Boileau vint recueillir les derniers soupirs de son ami. Racine, se soulevant avec peine, lui dit en l'embrassant: Je regarde comme un bonheur pour moi de mourir avant vous.

Racine fils n'eût point fait de vers, s'il en eût cru Despréaux. « J'étois, dit Louis Racine, en philosophie au collége
« de Beauvais, et j'avois fait douze vers françois pour déplorer
« la destinée d'un chien qui avoit servi de victime aux leçons
« d'anatomie qu'on nous donnoit. Ma mère, qui avoit souvent
« entendu parler du danger de la passion des vers, et qui la
« craignoit pour moi, après avoir porté cette pièce à Boileau,
« m'ordonna de l'aller voir. J'obéis, j'allai chez lui en tremblant,
« et j'entrai comme un criminel. Il prit un air sévère, et après
« m'avoir dit que la pièce qu'on lui avoit montrée étoit trop peu
« de chose pour lui faire connoître si j'avois quelque génie : il
« faut, ajouta-t-il, que vous soyez bien hardi pour oser faire
« des vers avec le nom que vous portez. Ce n'est pas que je
« regarde comme impossible que vous deveniez un jour ca-
« pable d'en faire de bons, mais je me méfie de tout ce qui est
« sans exemple ; et depuis que le monde est monde, on n'a
« point vu de grand poète fils d'un grand poète. Le cadet de
« Corneille n'étoit point tout-à-fait sans génie, il ne sera jamais
« cependant que le très-petit Corneille. Prenez bien garde qu'il
« ne vous en arrive autant. Pourrez-vous d'ailleurs vous dis-
« penser de vous attacher à quelque occupation lucrative, et
« croyez-vous que celle des lettres en soit une? Vous êtes le

« fils d'un homme qui a été le plus grand poète de son siècle, et
« d'un siècle où le prince et les ministres alloient au-devant du
« mérite pour le récompenser. Vous devez savoir mieux qu'un
« autre à quelle fortune conduisent les vers. »

D'Alembert qui a ramassé de toutes mains les relations défavorables à Boileau, n'a pu omettre celle que nous allons transcrire :

« Plusieurs hommes de lettres encore vivants, dit d'Alembert,
« ont entendu raconter à feu Boindin, qu'étant allé dans sa jeu-
« nesse avec Lamotte rendre hommage à Despréaux, dans sa
« maison d'Auteuil, il prit la liberté de demander à ce grand
« poète quels avoient été les véritables hommes de génie du
« siècle de Louis XIV. Je n'en connois que trois, répondit brus-
« quement et naïvement Despréaux : Corneille, Molière.... et
« moi. Vous ne comptez pas Racine ! lui objectèrent les littéra-
« teurs. Racine, répondit Despréaux, n'étoit qu'un très-bel-
« esprit, à qui j'avois appris à faire des vers difficilement. Des
« gens de lettres qui ont connu Lamotte, assurent lui avoir en-
« tendu raconter cette même conversation. » (Note (d) sur
l'éloge de Segrais. Voyez aussi les Mémoires de Duclos, tome X
de ses œuvres, pag. 80, 81, 82.)

Cette anecdote, que nous n'avons transcrite que pour ne point paroître la dissimuler, est assez démentie par celles qui précèdent, et par vingt endroits des poésies de Boileau et de ses lettres. On sait qu'après avoir écrit que Racine *surpassoit Euripide et balançoit Corneille*, Despréaux avoua que, s'il eût osé exprimer plus sincèrement sa pensée, il eût dit :

Balancer Euripide, et surpasser Corneille.

VII. *Relations de Boileau avec les jansénistes, avec les jésuites, avec d'autres théologiens.*

« Despréaux, dit d'Alembert, ne prenoit qu'une part très-
« légère aux querelles sur la grace; et l'exclamation de notre
« poète à ce sujet, *que Dieu est grand, et que les hommes sont
« fous!* devroit être le refrain ordinaire des hommes sensés,
« lorsqu'ils daignent parler de ces controverses. Despréaux
« avouoit qu'il avoit été un moment assez *fou* lui-même pour
« vouloir prendre quelque parti sur ce sujet, mais qu'il n'avoit

« jamais pu se fixer là-dessus à une opinion qui lui parût *avoir*
« *le sens commun* : c'étoient ses propres expressions. » (Voyez
dans notre tome IV la lettre de Boileau à Brossette, du 7 décembre 1703.)

Il avoit conçu pour les Lettres provinciales de Pascal l'estime et l'admiration que leur doit tout littérateur éclairé. Madame de Sévigné, dans une lettre du 15 janvier 1690, parle d'un dîner chez M. de Lamoignon, où se trouvoient Bourdaloue, un autre jésuite, Despréaux et Corbinelli. Il fut question des anciens et des modernes. « Despréaux soutint les an-
« ciens, à la réserve d'un seul moderne qui surpasse, à son
« goût, et les vieux et les nouveaux. Le compagnon de Bourda-
« loue, qui faisoit l'entendu... demanda quel étoit donc ce livre
« si distingué. Boileau ne voulut pas le lui dire. Corbinelli se
« joint au jésuite, et conjure Despréaux de nommer ce livre,
« afin de le lire toute la nuit. Despréaux lui répondit en sou-
« riant : Ah ! monsieur, vous l'avez lu plus d'une fois..... Le jé-
« suite reprend.... et presse Despréaux de nommer cet auteur si
« merveilleux. — Mon père, ne me pressez point. — Le père
« continue. Enfin Despréaux le prend par le bras, et le serrant
« bien fort, lui dit : Mon père, vous le voulez, eh bien ! morbleu,
« c'est Pascal. — Pascal ! dit le père, tout rouge.... Pascal est
« beau autant que le faux peut l'être. — Le faux ! dit Despréaux,
« le faux ! sachez qu'il est aussi vrai qu'il est inimitable ; on vient
« de le traduire en trois langues, etc..... »

C'étoit surtout devant des jésuites que Boileau aimoit à rendre hommage aux Lettres provinciales. Un jour il s'entretenoit avec le P. Bouhours sur la difficulté de bien écrire en françois. Bouhours lui nommoit ceux de nos écrivains qu'il regardoit comme des modèles, et Boileau les rejetoit tous. Mais quel écrivain lirons-nous donc ? disoit le père. Croyez-moi, répondit Boileau, lisons les Provinciales, et ne lisons pas d'autre livre.

Bouhours, dans le recueil des Pensées ingénieuses, avoit cité et loué plusieurs fois Despréaux ; mais il avoit fait le même honneur à beaucoup d'auteurs médiocres : Vous m'avez mis, lui dit Despréaux, en bien mauvaise compagnie [1].

---

[1] Voyez, tome IV, une réponse de Boileau à Bourdaloue, rapportée dans une lettre à Brossette, du 12 mars 1706.

Le jésuite Rapin demandoit à Boileau pourquoi il n'avoit rien dit du père Le Moyne, auteur du poëme de Saint-Louis. Boileau, en parodiant deux vers de Corneille sur le cardinal de Richelieu, répondit :

> Il s'est trop élevé pour en dire du mal,
> Il s'est trop égaré pour en dire du bien.

Selon d'autres, Despréaux répondit simplement : Je le trouve trop fou pour en dire du bien, trop poète pour en dire du mal.

Malebranche parloit de sa dispute avec Arnauld sur les idées, et prétendoit qu'Arnauld ne l'avoit point entendu. Eh! qui donc, répondit Boileau, voulez-vous qui vous entende, si Arnauld ne vous entend pas?

Huet, évêque d'Avranches, avoit publié un in-folio intitulé *Démonstration évangélique*. Je ne trouve rien de démontré dans cet ouvrage, disoit Boileau, sinon la grande érudition de l'auteur.

D'Alembert raconte, d'après le témoignage de Falconnet, qui avoit fort connu Despréaux, les anecdotes suivantes :

« Despréaux observoit avec raison que les faux thauma-« turges avoient très-rarement tenté l'opération critique de la « résurrection des morts. Quelques-uns néanmoins, disoit-il, en « ont eu la hardiesse, entre autres le fameux Apollonius de « Tyane, qui, si nous en croyons les historiens, ressuscita pu-« bliquement aux yeux de toute la ville de Rome, du temps de « Néron, une jeune fille qu'on portoit en terre. Mais les histo-« riens ecclésiastiques, ajoutoit Despréaux, ont soin de nous « avertir (ce qui n'est pas difficile à croire) que cette jeune « fille n'étoit pas morte, qu'elle étoit seulement évanouie, etc. « Un prodige plus difficile encore que la résurrection, disoit « aussi notre poète, et par cette raison plus rare dans l'histoire « des faux miracles, c'est celui de remettre les membres coupés. »

« Le peu de goût de ce grand poète pour les jésuites s'éten-« doit sur tous les moines, auxquels il n'épargnoit pas les sar-« casmes dans l'occasion. Ayant passé à Cîteaux, il y fut très-« bien reçu par les habitants de cette riche abbaye, qui lui firent « voir tout leur couvent. L'un d'eux le pria de leur montrer le

« lieu où logeoit la Mollesse, comme il l'avoit dit dans son Lu-
« trin. Montrez-la-moi vous-mêmes, mes pères, leur répondit-il,
« car c'est vous qui la tenez cachée avec grand soin. »

Les jésuites du dix-huitième siècle, et spécialement les journalistes de Trévoux, ont souvent saisi ou cherché les occasions de déprécier Despréaux. Par exemple, dans leur journal d'octobre 1733, en rendant compte du Traité du Sublime de Silvain, ouvrage dédié à Boileau, ils assurent (page 1826) que ce poète avoit eu l'intention de faire hommage de son épître III à leur révérend père Ferrier, confesseur du roi; mais que cet illustre jésuite, auteur d'un traité de la *Science moyenne*, et de plusieurs écrits contre les jansénistes, étant mort avant l'impression de l'épître, *elle fut adressée au fameux M. Arnauld. Par-là*, ajoutent-ils, *il est aisé de juger que si M. Despréaux entretint avec constance l'amitié de ce docteur, elle n'avoit point commencé par un trait de cette vertu.* Ils tiennent, disent-ils, cette *petite anecdote d'une personne digne de foi*, qu'ils s'abstiennent de nommer.

On assure que ce P. Ferrier témoignoit beaucoup d'amitié à Despréaux et recevoit volontiers ses visites : Je dois être, lui disoit le poète, un spectacle assez nouveau pour vous; car vous n'êtes pas accoutumé à voir des gens qui ne demandent rien.

Les jésuites et les autres ennemis de Boileau ont rendu justice à la sincérité de ses sentiments religieux : cependant il ne faisoit grace ni aux abus et aux scandales qui s'étoient introduits dans l'Église, ni aux superstitions et aux faux miracles, ni surtout aux attentats du fanatisme.

Il n'a pas craint de dire dans le Lutrin :

> La déesse en entrant, qui voit la nappe mise,
> Admire un si bel ordre, et reconnoît l'Église....
> Abîme tout plutôt, c'est l'esprit de l'Église.

Dans la satire XI, il disoit à l'équivoque :

> Tu fis dans une guerre, et si triste et si longue,
> Périr tant de chrétiens martyrs d'une diphthongue.

Il y peint le fanatisme :

> . . . . Aveugle en sa fureur...

Croyant, pour venger Dieu de ses fiers ennemis,
Tout ce que Dieu défend légitime et permis :
Et sans distinction, dans tout sein hérétique,
Plein de joie, *enfonçant* un poignard catholique.

Quoiqu'il eût peu étudié les sciences exactes et qu'il ne sût pas trop bien ce que c'étoit qu'une parallaxe et qu'un astrolabe, il a contribué aux progrès de la saine philosophie, non-seulement par son Arrêt burlesque, mais surtout par le caractère éminemment raisonnable de ses ouvrages.

VIII. *Boileau à la cour.*

Vers 1669, Boileau fut attiré à la cour, et continua d'y paroître jusqu'en 1699.

Les Satires de Boileau n'avoient point déplu à Louis XIV ; mais ce prince goûta davantage l'épître I et quelques autres morceaux où il étoit si délicatement loué. Il voulut voir le poète. Le duc de Vivonne le lui présenta. Boileau récita au monarque une partie du Lutrin, et d'autres pièces qui n'avoient point encore paru. Quel est, lui demanda Louis XIV, l'endroit de vos poésies que vous jugez le plus beau ? Pressé de répondre à cette question, Boileau dit que le morceau qui lui paroissoit le moins foible étoit la fin de l'épître au roi ; et sur-le-champ il récita quarante vers qu'il venoit d'ajouter à cette épître, et que personne ne connoissoit encore. Ah ! traître, s'écria Vivonne, vous ne m'aviez pas dit cela. Louis XIV fut vivement touché de ces quarante vers : son émotion parut dans ses yeux et sur son visage. Cela est admirable, dit-il, je vous louerois davantage, si vous ne m'aviez pas tant loué. Je vous donne une pension de deux mille livres ; j'ordonnerai à Colbert de vous la payer d'avance ; et je vous accorde le privilége pour l'impression de tous vos ouvrages. Le poète revint de la cour comblé d'honneurs et de biens. Cependant il a dit plusieurs fois que sa nouvelle fortune lui avoit inspiré un sentiment de tristesse ; il envisageoit la perte de sa liberté comme la suite infaillible de ces libéralités royales.

Boileau, dans une de ses lettres, tome IV, nous rapportera lui-même quelques-uns des compliments qu'il a faits à Louis XIV. Le poète cependant ne sacrifioit point au prince la sévérité de son goût et de sa conscience littéraire. Louis XIV s'étoit avisé de faire on ne sait quels vers; il les montroit à Despréaux, et lui demandoit son avis : Sire, répondit le poète, rien n'est impossible à votre majesté; elle a voulu faire de mauvais vers, et elle y a réussi.

Racine, Boileau et madame de Maintenon, s'entretenoient un jour de romans, de théâtres et de poèmes. Boileau se mit à déclamer contre le style burlesque : heureusement, dit-il, ce misérable goût est passé, on ne lit plus Scarron, même dans les provinces. Racine chercha promptement un autre sujet de conversation; et lorsqu'il fut seul avec Boileau, il lui dit : Pourquoi parlez-vous de Scarron devant elle? ignorez-vous l'intérêt qu'elle y prend? Hélas! non, répondit Boileau, mais c'est toujours la première chose que j'oublie quand je la vois. Malgré la remontrance de son ami, Boileau eut encore la même distraction au lever du roi. On y parloit de la mort du comédien Poisson. C'est une perte, dit le roi, c'étoit un bon comédien. Oui, reprit Despréaux, pour faire un don Japhet, il ne brilloit que dans ces misérables pièces de Scarron. Racine lui fit signe de se taire, et lui dit en sortant : Je ne puis plus paroître avec vous à la cour, si vous y êtes toujours si imprudent. J'en suis honteux, répondit Boileau, mais quel est l'homme à qui il n'échappe une sottise?—Boileau ne méprisoit point la prose de Scarron, il faisoit cas du Roman comique : mais il ne pouvoit souffrir les vers burlesques de cet auteur : Je ne saurois, disoit-il, entendre parler de Scarron que je ne frémisse.

Le duc de La Feuillade donnoit de grands éloges à un sonnet de Charleval terminé par ces deux vers :

> Ne regardez point mon visage,
> Regardez seulement à ma tendre amitié.

Boileau se permit de n'être pas de l'avis de M. le duc, qui allégua, en faveur du sonnet, le jugement du roi et de la dauphine. « Le roi est expert, répondit Boileau, à prendre des villes, et « madame la dauphine est une princesse accomplie ; mais je

« crois me connoître en vers un peu mieux qu'eux. » A l'instant le duc vole chez le roi, et lui rapporte le propos du poète. Oh! pour cela, dit Louis XIV, Despréaux a bien raison.

Le prince de Condé plaignoit Benserade, dont les rondeaux avoient essuyé beaucoup de critiques. « Ses rondeaux sont « clairs, disoit-il; ils sont parfaitement rimés et disent bien « ce qu'ils veulent dire. » Despréaux répondit : « J'ai eu une « estampe qui représentoit un soldat qui se laissoit manger par « les poules; au bas étoient ces deux vers :

> Le soldat qui craint le danger
> Aux poules se laisse manger.

« Cela est clair, cela est bien rimé, cela dit ce que cela veut « dire : cela ne laisse pas d'être le plus plat du monde. »

Le prince de Condé soutenoit un jour avec emportement une mauvaise cause, et s'irritoit des contradictions qu'il éprouvoit. « Dorénavant, lui dit Boileau, je serai toujours de l'avis de « monsieur le prince quand il aura tort. »

Un grand s'avisoit de critiquer, en présence de Boileau, quelques vers de ce poète. « Monsieur, ce ne sont pas vos cri-« tiques que je crains, répondit Boileau, ce sont celles que je « me fais à moi-même. »

Un autre seigneur se plaignoit de ne pas entendre certains endroits des satires et de l'Art poétique. « Monsieur, ce n'est « pas ma faute. »

Racine et Boileau eurent dans le duc de Nevers un ennemi violent, qui se croyoit homme de lettres et presque leur rival. Il les soupçonnoit d'avoir fait contre lui un sonnet auquel ils n'avoient réellement aucune part, et les menaçoit d'une vengeance éclatante. Le duc Henri-Jules leur offrit pour retraite l'hôtel de Condé. « Si vous êtes innocents, leur dit-il, venez-y; « et si vous êtes coupables, venez-y encore. »

On conseilloit à Boileau de ne pas mettre le nom de Chapelain dans ses satires. « Prenez-y garde, lui disoit-on, M. de « Montausier est son partisan déclaré; M. Colbert lui fait de « fréquentes visites. — Eh bien, répondit Boileau, quand il se-« roit visité du pape, je soutiens que ses vers sont détestables : « il n'y a point de police au Parnasse si je ne vois ce poète-là

« attaché au mont fourchu. » Molière a recueilli ce trait, il fait dire au Misanthrope :

> Je soutiendrai, morbleu, que ces vers sont mauvais,
> Et qu'un homme est pendable après les avoir faits.

Fort peu d'hommes de cour ont obtenu l'estime de Boileau. Le marquis de Termes fut l'un de ceux qui lui déplurent le moins. « Monsieur de Termes est toujours à la pensée d'autrui, « disoit le poète, et c'est en cela surtout que consiste le savoir-« vivre. »

Après la mort de Turenne, Louis XIV fit tout d'un coup huit maréchaux de France : il fut dit, à cette occasion, que le roi changeoit sa grosse monnoye en monnoye courante ; et Despréaux est l'un de ceux auxquels ce mot est attribué. Le président Hénault en fait honneur à madame Cornuel. (Abr. chron., ann., 1675.)

En 1677, il devint historiographe du roi. Nous parlerons bientôt de la manière dont il a rempli cette fonction.

On a vu, dans notre discours préliminaire, comment il improuva les rigueurs exercées contre Arnauld et contre les religieuses de Port-Royal.

Cependant il jouissoit encore d'une très-grande faveur à la cour en 1693. Alors en effet, son frère Jacques ayant obtenu un canonicat, et s'étant rendu à Versailles pour en faire ses remerciements à Louis XIV, ce prince daigna lui dire : Monsieur, « c'est une place qui étoit due à votre mérite, aussi-bien qu'aux « pièces de votre frère qui nous a tant réjouis. »

Au mois de mai 1699, Despréaux vint rendre compte à Louis XIV des circonstances de la mort de Racine, et parla surtout du courage qu'il avoit montré à ses derniers moments. « J'en suis étonné, dit le roi, car je me souviens qu'au siège de « Gand vous étiez le plus brave. » Quand Louis se fut montré sitôt consolé d'une mort qu'il pouvoit se reprocher, il eut beau ajouter : « Souvenez-vous, monsieur Despréaux, que j'ai toujours « une heure par semaine à vous donner, quand vous voudrez « venir. » Monsieur Despréaux ne vint plus. En vain ses amis l'exhortoient à reparoître de temps en temps à Versailles. « Qu'i-« rois-je y faire ? leur dit-il ; je ne sais plus louer. »

Ce n'est pourtant pas ainsi que Boileau, dans une lettre à Brossette (du 9 mai 1699), raconte ce dernier entretien avec « Louis XIV. « Le roi, dit-il, m'a comblé de bonnes paroles.... « M. Racine est regretté du plus grand roi de l'univers.... Ce- « pendant cela m'a très-peu consolé. » (Voyez tome IV.)

IX. *Boileau historiographe.*

En 1677, comme nous l'avons dit, Despréaux fut nommé historiographe, en même temps que Racine. On attachoit à ce titre une pension de 2000 livres pour le premier, de 4000 pour le second. Mézerai et Pellisson, auxquels cette même fonction avoit été antérieurement conférée, vivoient encore; et c'étoit la première fois, ou peu s'en faut[1], qu'on en revêtoit des poètes qui n'avoient composé encore aucun ouvrage historique.

---

[1] Dès le commencement du treizième siècle, Rigord prend le titre de chronographe du roi Philippe-Auguste; mais on ne croit pas que cet historien, quoique attaché au service de ce prince, ait été formellement qualifié historiographe.

Au quatorzième siècle, Froissart n'étoit l'*écrivain* que de la reine d'Angleterre, femme d'Édouard III. C'est pour elle qu'il a composé ses chroniques : il lui en a présenté les premiers livres.

Alain Chartier fut nommé clerc, notaire et secrétaire de la maison de Charles VI; il continua de l'être sous Charles VII, dont on suppose qu'il a écrit l'histoire en cette qualité. Mais cet ouvrage n'est pas très-authentique, et c'est plutôt Jean Chartier, frère d'Alain, qu'on peut considérer comme le premier historiographe proprement dit : car, après que Charles VII lui en eût donné le titre, il mit en ordre les grandes chroniques de Saint-Denis, et les continua jusqu'en 1460.

Il s'en faut que depuis ce temps jusqu'à Henri IV on ait une suite non-interrompue d'historiographes. Comines, tout comblé qu'il étoit des faveurs de Louis XI, n'a point eu ce titre; et ce n'est pas en une telle qualité qu'il a écrit ses Mémoires.

Mais Louis XII attira l'italien Paul-Émile en France, et le chargea expressément d'écrire nos annales. Le même prince fit de Jean d'Authon son *chroniqueur* en titre, et s'attacha aussi Claude Seyssel, sans lui donner pourtant cette qualification.

Charles IX conféra, en propres termes, la fonction d'*historiographe* à Du Haillan; et Henri III, à Nicolas Vignier.

Pierre Mathieu, qui a laissé des poésies et des livres d'histoire, prend le titre d'*historiographe du roi*, à la tête de celui qu'il publia en 1606. Depuis il accompagna Louis XIII dans quelques expéditions militaires; il mourut en 1621,

Racine fils prétend qu'ils écrivirent en effet quelques morceaux d'histoire qui ont péri en 1726 dans l'incendie de la maison de Valincour à Saint-Cloud. Mais ce même Valincour, successeur de Racine en cet emploi, assure dans une lettre à d'Olivet, que les deux poètes, après avoir essayé ce travail, sentirent qu'il étoit tout-à-fait opposé à leur génie. Boileau craignoit surtout d'être obligé de suivre les traces de Pellisson. « L'histoire qu'écrit Pellisson, disoit-il, est un panégyrique « perpétuel ; il loue le roi sur un buisson, sur un arbre, sur un « rien ; et, quand on lui fait quelque remontrance à ce sujet, il « répond qu'il veut louer le roi. » Boileau disoit encore : « Quand « je faisois le métier de satirique, que j'entendois assez bien, « on m'accabloit d'injures et de menaces ; aujourd'hui on me « paye bien cher pour faire le métier d'historiographe, que je « n'entends point du tout. »

et sa charge de *conseiller-historiographe* fut donnée à Charles Bernard, par un brevet daté du 13 octobre de cette même année.

André Duchesne ne se qualifie ordinairement que *géographe du roi* ; mais il remplace cette qualité par celle d'*historiographe,* dans son histoire de *la Maison de Béthune.*

Scipion Dupleix fut redevable de ce même titre à Richelieu qu'il a fort loué.

Théodore Godefroi a été pareillement nommé historiographe sous le règne de Louis XIII ; et Denis Godefroi, fils de Théodore, obtint, le 27 mai 1640, des lettres-patentes qui lui conféroient cette charge, aux gages de 3,600 liv., pour en jouir en survivance de son père.

Telle étoit aussi la valeur de la pension accordée, au même titre, par Richelieu, à l'académicien Jean Sirmond, neveu du P. Sirmond, jésuite.

Sous Louis XIV, Mézerai dut aux bons offices du chancelier Séguier un brevet d'historiographe, avec une pension de 4000 liv., qui fut depuis réduite à 2000.

Pellisson en eut, sous le même titre, une de 6000 liv., lorsqu'il fut rentré en grace.

Après la mort de Racine, Despréaux ne tarda point d'avoir pour collègue dans cette fonction, Trousset de Valincour, qui vécut jusqu'en 1730.

Le jésuite Daniel fut nommé historiographe en 1713, par brevet, et avec une pension de 2000 livres.

Voltaire n'eut *cette place* (car c'étoit le terme qu'on employoit) qu'en 1745. Il la quitta en 1750 pour s'attacher au roi de Prusse. Elle fut conférée à Duclos, qui la conserva jusqu'à sa mort, en 1772 ; puis à Marmontel, qui l'occupoit en 1789.

Nous sommes loin d'avoir donné une notice complète sur les historiographes ; mais il suit des détails que nous venons d'exposer, que Despréaux est à peu près le seul qui, ayant porté assez long-temps ce titre, n'ait laissé aucun ouvrage historique.

Despréaux prétendoit que Louis XIV s'exposoit trop dans les combats : Sire, dit-il un jour à ce prince, je vous prie, en qualité de votre historien, de ne pas faire finir sitôt mon histoire. Cette histoire que Boileau craignoit de finir trop tôt, il est fort probable qu'il ne l'a point commencée. Un commis du trésor public disoit de lui et de Racine : On n'a rien encore vu de la main de ces deux messieurs, en leur qualité d'historiographes, que leurs noms au bas des quittances. Despréaux cependant suivit Louis XIV aux campagnes de 1678 en Flandre, et de 1681 en Alsace; et Racine a fait un plus grand nombre de ces voyages.

Ces expéditions n'étoient pas très-agréables aux deux poètes; ils avoient à y supporter non-seulement des fatigues, mais aussi les mauvaises railleries de quelques courtisans. On trouvoit particulièrement que Boileau se couvroit d'habits trop chauds et trop lourds. Comment pouvez-vous durer avec de si grosses hardes? lui dit un jour le roi. Il répondit : Sire, j'ai toujours ouï dire que le chaud étoit un ami incommode, mais que le froid est un ennemi mortel.

Monchesnai qui rapporte ces propos est du nombre de ceux qui assurent que Despréaux s'étoit mis en devoir d'écrire les campagnes de Louis XIV ; et voici, à ce sujet, l'un des articles du Boloeana. Despréaux lisoit au roi un morceau de cette histoire, et il y étoit dit que Louis XIV ayant fait semblant de marcher vers la Flandre, avoit tout d'un coup *rebroussé* chemin. Le monarque l'arrêta sur ce mot de rebrousser, pour lequel, dit Monchesnai, sa majesté avoit de la répugnance. Tous les courtisans, y compris Racine, furent de l'avis du prince ; mais le satirique soutint qu'il ne convenoit jamais de substituer à un terme propre, établi dans une langue, un mot impropre ou une périphrase.

X. *Boileau académicien.*

Despréaux, à l'âge de quarante-sept ans, n'étoit point encore académicien en 1683, après avoir publié neuf satires, neuf épîtres, et, depuis près de dix ans, l'Art poétique et les quatre premiers chants du Lutrin. Louis XIV lui demanda un jour s'il étoit membre de cette compagnie, il répondit : « Je « n'en suis pas digne. » — Je veux, dit le roi, que vous en soyez.

Il en fut en 1684. (Voyez, tome III, le Remerciement de Boileau à MM. de l'Académie françoise ; et tome IV, les Lettres de Boileau à Brossette, du 2 juin 1700 et les suivantes, ainsi que celle du 3 juillet 1703.)

On avoit nommé, avant lui, La Fontaine dont Louis XIV refusoit de confirmer l'élection. Ce prince, quand les académiciens vinrent lui annoncer celle du satirique, leur répondit : ce choix m'est très-agréable et sera généralement approuvé : vous pouvez maintenant nommer La Fontaine ; il a promis d'être sage.

« Le libraire Coignard m'a apporté, disoit Boileau, le recueil « des pièces qui ont remporté les prix à l'Académie françoise : « je ne sais où est ce volume ; mon laquais aura cru que c'étoit « un livre pour lui ; il a deviné que je ne le lirois pas, je n'aime « point à bâiller. » Il parloit sur le même ton des oraisons funèbres. « Je fais toujours semblant de les louer, disoit-il, j'aime « mieux les louer que les lire. »

Au mois de janvier 1687, Charles Perrault lut à l'Académie françoise son poème intitulé, le Siècle de Louis-le-Grand, où il louoit, aux dépens des anciens, les auteurs et surtout les poètes françois du dix-septième siècle, parmi lesquels il ne nommoit ni Racine, ni Boileau, ni La Fontaine. Despréaux indigné et encore plus ennuyé de cette lecture l'auroit brusquement interrompue s'il n'avoit été retenu par Huet : dès qu'elle fut achevée, il s'écria qu'il étoit honteux à une compagnie d'hommes de lettres, d'écouter de pareilles sottises. C'étoit montrer trop peu de patience ; Boileau manquoit de l'une des vertus académiques.

Furetière, exclu de la compagnie des quarante pour avoir fait à lui seul, plus vite qu'elle, un dictionnaire de la langue françoise, mourut en 1688. On délibéra dans l'Académie si l'on feroit prier Dieu pour le repos de son ame. « Messieurs, dit « Boileau, il faut considérer ici Dieu, le public et l'Académie. « Dieu vous saura gré de sacrifier votre ressentiment. Il vous « sera glorieux devant le public de ne pas poursuivre votre « ennemi au-delà du tombeau. Il seroit digne enfin de l'Aca- « démie de ne pas refuser une messe à un ancien confrère, et « de ne pas envier à un chrétien les ressources qu'offre l'Église « pour apaiser le courroux du ciel. »

Boileau et Racine ont fort contribué à retarder jusqu'en 1691, l'admission de Fontenelle dans cette compagnie.

La fonction de président ou, comme parle l'Académie, de *directeur*, échut à Boileau, par la voie du sort, durant le second trimestre de l'année 1693; mais il s'abstint de prononcer en cette qualité aucune harangue, quoique le décès de trois académiciens durant ces trois mois l'appelât à répondre aux discours de réception de leurs successeurs : il se laissa remplacer par *le gros Charpentier*, avec lequel il avoit eu quelques disputes, et par l'abbé Dangeau. (Voyez *Journal des savants*, mars 1824, pag. 154 et 155.) Après la mort de Racine, l'Académie ne revit guères plus Despréaux que lorsqu'elle avoit quelque élection à faire.

Ainsi en 1706, quand il fut question d'élire le marquis de Saint-Aulaire, Despréaux, bien que le président de Lamoignon lui eût recommandé ce candidat, déclara que, pour lui donner une boule noire, il viendroit tout exprès d'Auteuil à l'Académie où il ne paroissoit plus depuis long-temps. « Je ne lui conteste « pas, disoit-il, ses titres de noblesse, mais ses titres au Par- « nasse. » Ce marquis avoit pourtant fait quelques vers; mais le satirique les appeloit de malheureux vers d'amateur, contraires au bon goût et quelquefois aux bonnes mœurs. « Et quant « à vous, ajoutoit-il, qui trouvez ces vers-là si bons, vous me « ferez beaucoup d'honneur et de plaisir de trouver les miens « détestables. » Ces paroles s'adressoient à l'abbé de Lavau, académicien, protecteur de Saint-Aulaire qu'il donnoit pour un nouvel Anacréon. Voltaire racontoit que cet abbé, pour mieux soutenir son client, offrit d'apporter à la séance suivante une pièce où l'on verroit le talent de Saint-Aulaire briller de tout son éclat; que Despréaux, de son côté, promit de prouver aussi, papier sur table, l'incurable médiocrité du candidat; que les deux académiciens vinrent en effet munis chacun d'une pièce justificative; et que, de part et d'autre, la pièce se trouva précisément la même. D'Alembert, qui révoque en doute cette anecdote, prétend d'ailleurs que Despréaux se vengeoit en cette circonstance, de quelques vers attribués au marquis, et dirigés d'une manière générale contre les satiriques. Il est peu croyable que Boileau eût conservé tant de colère contre des vers d'une telle innocence; mais s'il est vrai qu'il n'ait repoussé Saint-Aulaire que pour favoriser Mimeure, autre poète de cour, d'Alembert a raison de dire que ce n'étoit pas la peine d'afficher tant de rigueur pour finir par tant de complaisance. Le même d'Alembert rapporte que, le 20 mars 1710, quand le premier président, Antoine de Mesme, fut reçu à l'Académie françoise, Despréaux lui dit : « Je viens à vous, « monsieur, pour que vous me félicitiez d'avoir pour confrère « un homme tel que vous. » On doit avouer que ce compliment n'étoit ni très-fin ni très-mérité.

Boileau avoit conçu, comme l'abbé de Saint-Pierre, un projet pour rendre utile l'Académie françoise. Ses idées sur ce sujet nous ont été conservées par d'Olivet.

« Quoi ! disoit Boileau, l'Académie ne voudra-t-elle jamais « connoître ses forces ? Toujours bornée à son dictionnaire, « quand donc prendra-t-elle l'essor ? Je voudrois que la France « pût avoir ses auteurs classiques aussi-bien que l'Italie. Pour « cela il nous faudroit un certain nombre de livres qui fussent « déclarés exempts de fautes quant au style. Quel est le tribu-« nal qui aura droit de prononcer là-dessus, si ce n'est l'Aca-« démie ? Je voudrois qu'elle prît d'abord le peu que nous « avons de bonnes traductions, qu'elle invitât ceux qui ont ce « talent à en faire de nouvelles, et que si elle ne jugeoit pas à « propos de corriger tout ce qu'elle y trouveroit d'équivoque, « de hasardé, de négligé, elle fût du moins exacte à le mar-« quer au bas des pages, dans une espèce de dictionnaire qui « ne fût que grammatical. Mais pourquoi veux-je que cela se « fasse sur des traductions ? parce que des traductions avouées « par l'Académie, en même temps qu'elles seroient lues comme « des modèles pour bien écrire, serviroient aussi de modèle « pour bien penser, et rendroient le goût de la bonne antiquité « familier à ceux qui ne sont pas en état de lire les originaux. « Ce n'est pas l'esprit qui manque aux François, ni même le « travail, c'est le goût; et il n'y a que le goût ancien qui puisse « former parmi nous des auteurs et des connoisseurs. » Hist. de l'Acad. franç., tom. II, pag. 122.

Boileau proposoit d'employer l'Académie françoise et les presses du Louvre à donner de bonnes éditions des livres classiques françois. (Voyez le dictionnaire philosophique de Voltaire, au mot *Société royale de Londres*.)

Terminons cet article par un trait que cite d'Alembert, secrétaire perpétuel de l'Académie françoise. « Despréaux, dit-il, « trouvoit que l'emblème qui convenoit le mieux à cette Académie étoit une troupe de singes se mirant dans une fontaine, « avec ces mots : *Sibi pulchri*. »

Peu après son entrée dans cette compagnie, Boileau devint aussi membre de l'Académie des inscriptions, qui depuis son établissement en 1663, s'appeloit l'Académie des médailles, ou la petite Académie, et n'étoit encore composée que de quelques hommes de lettres déjà membres de l'Académie françoise. Ils n'étoient qu'au nombre de cinq, lorsque Louvois leur adjoignit *deux hommes dont il jugea le secours très-utile pour l'histoire du roi*, MM. Racine et Despréaux. Le réglement de 1701, qui donna une nouvelle forme à l'Académie des inscriptions, y maintint Boileau au nombre des pensionnaires. Il fut déclaré pensionnaire vétéran en 1705. On voit par ses Lettres à Racine et à Brossette, qu'il affectoit de prendre intérêt aux travaux de cette compagnie, apparemment afin de mieux montrer le dédain qu'il avoit le tort de conserver pour les productions et les décisions de l'autre.

XI. *Maladies de Boileau, procès soutenu par lui en 1698, sa vieillesse, sa mort.*

Quoique Boileau ait vécu près de soixante-quinze ans, sa santé, toujours chancelante, occupa trop souvent les médecins. Après avoir eu la pierre, et subi l'opération de la taille dans son enfance, il éprouva dans l'âge viril une extinction de voix, pour laquelle il fut envoyé aux eaux de Bourbon en 1687. Sa poitrine resta délicate, ses yeux s'affoiblirent, et il perdit par degrés le sens de l'ouïe. Sa surdité étoit presque entière en 1706, époque où d'autres incommodités l'assiégèrent. Des tournoiements de tête, des évanouissements, une fièvre presque habituelle, des douleurs aiguës ont tourmenté sa vieillesse. Voilà bien des maladies : il a eu aussi bien des médecins, Gendron, Dodart, Fagon, Adrien Helvétius, Camille Falconnet, etc.

Après avoir demeuré, comme nous l'avons dit, chez son frère Jérôme, greffier du conseil de la grand'chambre, jusqu'en 1679, il prit un logement chez son neveu Dongois, greffier en chef du parlement, et y resta, selon toute apparence, jusqu'en 1687. Cependant il avoit acquis dès 1685 sa maison de campagne d'Auteuil. C'étoit là que, dans sa vieillesse, il se récréoit avec un petit nombre d'amis; et l'on raconte qu'il s'amusoit particulièrement à jouer aux quilles. « Il excelloit à ce « jeu, dit Louis Racine, et je l'ai vu souvent abattre les neuf « quilles d'un seul coup. » — « Il faut avouer, disoit Boileau, « que j'ai deux grands talents aussi utiles l'un que l'autre à la « société, l'un de bien jouer aux quilles, et l'autre de bien faire « des vers. »

En 1698, sa famille eut à soutenir un procès peu agréable. On avoit, en 1695, établi une commission pour rechercher les faux-nobles et pour lever sur eux un droit dans lequel une compagnie de traitants étoit intéressée. Ces traitants, qui avoient à leur tête le fameux Bourvalais, intentèrent à la famille Boileau un procès qu'elle gagna, ainsi que nous le racontera Despréaux dans sa correspondance avec Brossette. Les Boileau montrèrent comment ils descendoient, sinon d'*Estienne Boileau*, ou *Boylesve*, nommé, par Saint-Louis, prévôt de la ville de Paris en 1258; du moins d'un Jean Boileau, secrétaire du roi, anobli en 1371 par Charles V, et parent du confesseur de ce même prince, savoir de Hugues Boileau, trésorier de la Sainte-Chapelle, auquel le pape accorda le droit d'officier pontificalement à certaines fêtes; ce qui est, dit Brossette, un *beau privilége*, dont les trésoriers, successeurs de Hugues, ont joui. Un arrêt du 10 avril 1699 déclara excellents les parchemins de la famille Boileau; mais les œuvres de Despréaux étoient des titres encore meilleurs; et l'on croit que cet arrêt n'a été rendu que par considération pour le poète. On prétend que les pièces produites par sa famille avoient été fabriquées par un faussaire nommé Haudiquier. C'est du moins ce qu'ont assuré à d'Alembert des personnes dignes de foi, Foncemagne, par exemple. Plusieurs années après, il se rencontra, dit-on, parmi les papiers de ce faussaire, un mémoire de vingt louis, somme payée par Despréaux pour sa part, à l'effet de récompenser les services et l'habileté du généalogiste. Quoi qu'il en soit, ce fut à l'occasion de ce procès que le poète composa la onzième satire, dans laquelle devoit entrer un portrait du financier Bourvalais. Mais content d'avoir gagné sa cause, Boileau ne jugea point à propos d'en provoquer, par une vengeance superflue, un nouvel et dangereux examen. Cette affaire l'avoit inquiété et forcé à des démarches pénibles.

Un plus amer chagrin de sa vieillesse fut la perte de sa maison d'Auteuil. Quoiqu'il n'eût aucun besoin d'argent, il la vendit à Le Verrier, qui désiroit ardemment de l'acquérir. « Vous « y serez toujours chez vous, lui disoit Le Verrier; j'exige que « vous y conserviez une chambre, et que vous veniez souvent « l'habiter. » Quelques jours après la vente, Boileau y retourne en effet, entre dans le jardin, et n'y trouvant plus un berceau qu'il aimoit : Qu'est devenu mon berceau? s'écrie-t-il, en ap- « pelant Antoine, le jardinier. — Abattu par l'ordre de M. Le « Verrier, répond Antoine. — Je ne suis plus le maître ici, re- « prit Boileau, qu'y viens-je faire ? » Et il remonta dès l'instant même en voiture. Ce fut son dernier voyage à Auteuil.

Malgré le zèle qu'annonçoit Brossette, son futur commentateur, ce Brossette auquel il disoit, « Vous saurez bientôt votre « Boileau mieux que moi-même, » Despréaux ne laissoit pas de prendre assez de soin de ses propres ouvrages. Il avoit beau dire qu'à son âge, aux bords du tombeau, il étoit honteux de s'occuper encore de rimes; il n'en préparoit pas moins une édition complète de ses œuvres, qui eût paru en 1710, si le vieux roi, obsédé par les jésuites, n'eût défendu d'y insérer la satire contre l'Équivoque.

Boileau demeuroit en 1711, au cloître Notre-Dame, chez le chanoine Le Noir, son confesseur. Ce fut là que le 2 mars de cette année, il fit son testament qui a été inséré dans l'une des dernières éditions de ses œuvres[1]. Il laissoit à son frère Jacques une somme de 25,000 livres; à sa sœur de premier lit, madame de Boissinot, 10,000, avec substitution à la demoiselle de Sirmond, petite nièce du testateur; à madame Manchon, sa sœur, 10,000; à sa nièce, mademoiselle Boileau Despréaux (fille de Jérôme), 10,000, avec substitution à monsieur Manchon; à

---

[1] Paris, chez J. J. Blaise, 1821, tome I, pag. XCIII-XVIX.

son neveu, le greffier Dongois, 5000; à madame de La Chapelle, sa nièce, 5000; à monsieur Boileau, son cousin, payeur des rentes du clergé, une pension viagère de 500 livres dont le fond (de 10,000 livres) appartiendroit moitié à monsieur de La Chapelle, petit neveu du testateur, et moitié à madame de Saint-Dizant, sa petite nièce; à son valet de chambre, Jean Benoist, 6000 livres, outre les gages qui se trouveroient lui être dûs, et de plus les habits, hardes et linges servant à la personne du testateur; à Élizabeth-Marie Sernin, sa servante, 4000 livres; à La France, son petit laquais, 1500; à François, son cocher, 500; à *Antoine*, ci-devant son jardinier d'Auteuil, 500; et tout le surplus de la valeur de ses biens, meubles et immeubles, aux pauvres. De plus il charge son frère Jacques et son neveu Dongois, exécuteurs de son testament, de recueillir ses derniers ouvrages, spécialement sa satire de l'*Équivoque*, et de les remettre au libraire Billiot *pour en faire son profit*.

Toutes les sommes énoncées dans ce testament forment un capital de 87,500 livres, et comme Boileau suppose qu'il se trouvera un surplus dont il dispose en faveur des pauvres de six paroisses de la cité, on a lieu de conclure qu'il laissoit environ 90,000 francs. Il jouissoit de plus, d'une rente viagère de 1500 livres sur la ville de Lyon, et des pensions que nous avons indiquées.

« C'est, disoit-il, en finissant sa carrière, une grande conso-
« lation pour un poète qui va mourir que de n'avoir jamais of-
« fensé les mœurs. »

Il mourut d'une hydropisie de poitrine, le 17 mars 1711. Durant les jours précédents, il avoit souvent répété ce vers de Malherbe :

> Je suis vaincu du temps, je cède à ses outrages;

mais il auroit pu dire avec Horace :

> Exegi monumentum ære perennius....
> Quod non....
> Possit diruere....
> Annorum series et fuga temporum.

Le corps de Boileau fut déposé *sans pompe et sans aucun*

faste dans la Sainte-Chapelle du Palais, ainsi qu'il l'avoit ordonné par le premier article du testament que nous venons de citer; mais un nombreux cortége suivit le convoi, et Louis Racine rapporte ce propos d'une femme: « il avoit donc bien des amis, cet homme qui disoit, à ce qu'on assure, du mal de tout le monde! »

Les cendres de Boileau avoient été transférées de la Sainte-Chapelle dans le Musée des monuments françois. Lorsqu'on eut détruit ce bel établissement, on auroit pu replacer les restes de ce grand poète à la Sainte-Chapelle, sous l'endroit encore bien connu où étoit placé de son temps le lutrin qu'il a célébré; mais on les a transportés à l'église de Saint-Germain-des-Prés, et l'on a gravé sur cette nouvelle tombe l'épitaphe suivante :

HOC. SUB. TITULO
FATIS. DIU. JACTATI
IN. OMNE. ÆVUM, TANDEM. COMPOSITI
JACENT. CINERES
NICOLAI. BOILEAU. DESPREAUX
PARISIENSIS
QUI. VERSIBUS. CASTISSIMIS
HOMINUM. ET. SCRIPTORUM. VITIA
NOTAVIT
CARMINA. SCRIBENDI
LEGES. CONDIDIT
FLACCI. ÆMULUS HAUD. IMPAR
IN. JOCIS. ETIAM. NULLI. SECUNDUS
OBIIT
XIII. MART. MDCCXI
EXEQUIARUM. SOLEMNIA. INSTAURATA
XIV. JVL. MDCCCXIX
CURANTE. URBIS. PRÆFECTO
PARENTANTIBUS. SUO. QUONDAM

REGIA. UTRAQUE
TUM. GALLICÆ. LINGUÆ
TUM. INSCRIPTIONUM
HUMANIORUMQ. LITTERARUM
ACADEMIA [1].

[1] Voyez, dans le tome III, un discours sur le style des inscriptions, et l'épitaphe qu'il a composée lui-même pour le tombeau de Racine.

Celle que l'on a faite en 1819 pour Despréaux a essuyé quelques critiques que nous allons rapporter sans en garantir aucunement la justesse.

1º *Fatis diù jactati* : expression plus emphatique qu'historique.

2º *In omne ævum tandem compositi*. On croit bien que les cendres de Boileau resteront toujours à Saint-Germain-des-Prés; mais il y a tant de vicissitudes imprévues, qu'il semble au moins inutile de prédire une durée interminable, dans une inscription qui n'est elle-même qu'un monument de destruction et de translations.

3º *Versibus castissimis*. Les latins disoient *sermo castus* pour style pur. C'est peut-être le sens de *castissimis* dans l'épitaphe; mais on pourroit être tenté de lui en donner un autre, en se souvenant que Boileau se félicitoit (comme on vient de le voir) de n'avoir, dans ses vers, *jamais offensé les mœurs*.

4º *Carmina scribendi leges condidit*. On a trouvé de l'embarras et peu d'élégance dans l'arrangement de ces mots, quoiqu'il puisse être justifié par des exemples.

5º *Flacci æmulus haud impar*. S'il s'agit seulement de l'art poétique, l'expression *æmulus haud impar* ne dit point assez; car Despréaux a beaucoup mieux fait qu'Horace. Elle diroit trop, s'il falloit considérer Horace tout entier, car Despréaux n'a pas été un heureux émule de son talent lyrique.

6º *In jocis etiam nulli secundus*. Sans doute *jocis* peut se traduire par railleries; c'est une des significations de ce mot; mais il a été déjà parlé des satires, *vitia notavit;* et le mot *etiam* semble annoncer quelque autre chose.

7º On a omis d'indiquer l'année de la naissance de Boileau, et la durée de sa vie, etc.

XII. *Éditions et traductions des OEuvres de Boileau.*

Nous ne donnons point ici un catalogue complet des éditions de Boileau, d'abord parce que nous ne les connoissons pas toutes, et en second lieu, parce que nous omettons à dessein un très-grand nombre de celles qui, destinées à de jeunes étudiants, ne contiennent qu'une partie des ouvrages de cet écrivain. Nous écartons aussi quelques éditions, ou contrefaites, ou trop mal exécutées, et celles dont nous avons reconnu que l'existence n'étoit qu'apparente, c'est-à-dire ne résultoit que de l'application d'un nouveau frontispice à des exemplaires d'une édition précédente. Entre les éditions qui vont être indiquées, nous distinguerons par un astérisque * celles qui nous paroîtront les plus dignes de l'attention des gens de lettres.

A ce catalogue des éditions de Boileau, nous ferons succéder une liste, sans doute bien incomplète aussi, des diverses traductions de ses poèmes, et l'indication de quelques-uns des ouvrages ou opuscules qui concernent sa vie ou ses productions.

Principales éditions des OEuvres de Boileau [1].

*1666. (Les sept premières) Satires du sieur D. (avec le discours en vers au roi) Paris, chez Claude Barbin et Billaine, in-16; petit volume reproduit avec fort peu de différences en 1667.

Dans la préface de cette première édition, Boileau désavoue celle de Rouen, 1665, in-12, où ses satires sont défigurées par une multitude de fautes grossières et

---

[1] Ce catalogue a été rédigé avant 1809 d'après les exemplaires conservés en plusieurs bibliothèques, particulières et publiques; spécialement dans celles du Roi, de l'Institut, et de Sainte-Geneviève. Nous n'y faisons, en le reproduisant, qu'un fort petit nombre de rectifications, parce qu'après l'avoir de nouveau vérifié, nous n'y avons remarqué aucune erreur grave. Il n'y a de difficultés qu'à l'égard de certaines satires ou épîtres de Boileau qui ont été publiées à part par divers libraires en différentes années. Pour distinguer parfaitement ces publications, il faudroit entrer en de longs et minutieux détails qui n'auroient aucune sorte d'intérêt.

d'additions ridicules. Il en est de même d'une édition de 1666, sans indication de lieu, intitulée : Recueil de plusieurs Discours libres et moraux.

Mervezin dans son Histoire de la poésie françoise, raconte que le libraire Barbin craignant qu'on ne lui permît pas d'imprimer les satires de Boileau qui avoient fait beaucoup de bruit, les mit à la suite des œuvres de Montereul ou Montreuil, pour lesquelles il avoit un privilége; qu'en conséquence le titre portoit : Recueil des œuvres de Montreuil et des satires du sieur D***; que le chancelier d'abord très-mécontent, reconnut bientôt qu'il n'y avoit pas si grand mal, et laissa publier le volume. — Soit que Mervezin se trompe, soit qu'on ait écarté ce qui appartenoit à Montereul, les exemplaires de l'édition que nous venons d'indiquer, ne contiennent que les satires de Boileau.

1667. Recueil contenant huit satires de D.; quatre satires anonymes contre lui, et des nouvelles en vers (par La Fontaine). Cologne, Pierre Du Marteau, in-12.

1667. Satires du sieur D. Fribourg, in-8°.

1668. Satires du sieur D. Amsterdam, in-16.

1668. Satire VIII (sur l'homme). Paris, in-4°.

1668. (Les neuf premières) Satires du sieur D. Paris, Billaine, Thierry, Léonard et Barbin, in-8°.

1669. (Les neuf premières) Satires, et la première épître du sieur D. Paris, Billaine, in-12.

1669. Œuvres du sieur Despréaux. (Discours au roi, Discours sur la satire, les neuf premières satires, et l'épître I.) Paris, in-12.

1672. Épître (IV) au roi (sur le passage du Rhin). Paris, Léonard, in-4°.

*1674. Œuvres diverses du sieur D. (Les neuf premières satires, les quatre premières épîtres, l'Art poétique, les quatre premiers chants du Lutrin, la traduction de Longin.) Paris, Thierry, in-4°, fig. Dans le privilége, on remarque ces mots : « Désirant... donner au « public, par la lecture de ses ouvrages, la mesme sa- « tisfaction que nous en avons receue. »

1674. OEuvres diverses du sieur D. Paris, Thierry, in-12.
1674. Épître (V) à Guilleragues. Paris, Léonard, in-4°.
1675. OEuvres diverses du sieur D. Paris, Legras, in-12.
1675. OEuvres diverses du sieur D. Paris, Thierry, in-12.
1675. OEuvres du sieur D., suivant la copie imprimée (en 1674) à Paris. Hollande, in-12.
1675. Les épîtres V, VIII et IX. Paris, in-4°.
1680. OEuvres diverses du sieur D. Amsterdam, Wolfgang, in-8°.
*1683. OEuvres diverses du sieur D. (Les neuf premières satires, les huit premières épîtres, l'Art poétique, les six chants du Lutrin, la traduction de Longin et la lettre à Vivonne.) Paris, Barbin, in-12.
1685. OEuvres diverses du sieur D. (y compris des épigrammes et le discours de réception à l'Académie françoise.) Paris, Thierry, in-12.
1685 et 1688. OEuvres diverses du sieur D. Amsterdam, in-12.
1689. OEuvres diverses du sieur D. Amsterdam, Wolfgang, in-12.
1692. OEuvres diverses du sieur D. Paris, in-12.
1693. Ode sur la prise de Namur. Paris, in-4°.
1694. Dialogue ou satire (X) contre les Femmes. Paris, Thierry, in-4° et in-8°.
1694. OEuvres diverses du sieur D. Paris, Thierry, in-4°.
1694. OEuvres diverses du sieur D. Paris, Thierry, deux vol. in-12. Dans ces éditions de 1694, les œuvres de Boileau se trouvent augmentées de la satire X, de l'Ode sur la prise de Namur et des neuf premières réflexions sur Longin.
1694. Traité du Sublime, ou du Merveilleux dans le Discours, traduit du grec de Longin, par M. D. (avec le texte grec en regard, sans notes ni préface.) Paris, veuve Thiboust, in-12.
*1694. OEuvres diverses du sieur D. Paris, Thierry in-4°.
1695. OEuvres diverses du sieur D. Paris, Thierry, 2 vol. in-12.
1696. Épîtres nouvelles. (X. XI. XII.) Paris, Thierry, in-8°. (Brossette assure qu'il en avoit été fait une édition dès 1695.)

1697. OEuvres diverses du sieur D. (avec les satires contre le Clergé et contre le Mariage, qui ne sont pas de Boileau.) Amsterdam, Schelte, 2 vol. in-12.

1698. Épîtres nouvelles (X, XI, XII) du sieur D. Paris, Thierry, in-4°.

1698. OEuvres diverses du sieur D. Roterdam, Leers, 2 vol. in-12.

1701. Satires nouvelles (X et XI) du sieur D. (avec une ode sur la convalescence du dauphin.) Paris, Colombat, in-4°.

1701. OEuvres diverses du sieur Boileau Despréaux (avec les passages latins imités). Amsterdam, 2 vol. in-12.

*1701. OEuvres du sieur Boileau Despréaux (avec des notes marginales, et une préface où l'auteur appelle cette édition son édition favorite). Paris, Thierry, in-4°.

C'est celle qu'on devroit prendre pour modèle si l'on vouloit reproduire, sans altération, l'orthographe adoptée par Boileau. Mais alors il faudroit imprimer : *assés,* je *baaille, chappeau, chappon,* moi qui ne *conte* rien, *défaux, deffend, diffamma, dispozée, estant,* n'*écry* plus, *flâme, genereux* et *genie* (sans accents), la langue *grecque, massons, préries, seureté, toûjours,* etc., etc.

Depuis long-temps, les éditeurs des livres classiques du dix-septième siècle en ont modifié, et réellement amélioré l'orthographe. Il est néanmoins un article sur lequel nous avons cru devoir nous conformer aux éditions données par Boileau : c'est l'emploi de l'*o* dans plusieurs mots où cette voyelle a été depuis remplacée par l'*a*. Certaines rimes de ce poète exigent le maintien de l'*o*.

1701. OEuvres du sieur Boileau D. Paris, Thierry, 2 vol. in-12.

1702. OEuvres du sieur Boileau D. (avec les imitations.) Amsterdam, Schelte, 2 vol. in-12, fig.

1703. OEuvres du sieur D. Amsterdam, in-12.

En 1710, Boileau devoit donner une édition qu'il interrompit, parce qu'on ne voulut pas lui permettre d'y insérer la douzième satire. Il avoit rédigé, pour cette édition, un plus grand nombre de notes marginales : elles ont été recueillies, et, selon toute apparence, fort modifiées par les éditeurs de 1713.

1711. OEuvres posthumes de Boileau. Paris, in-12.

1711. OEuvres posthumes de Boileau. Amsterdam, in-8°.

1711. Satire (XII) contre l'Équivoque. in-8°.

1712. Satire sur l'Équivoque, et autres œuvres posthumes, in-8°.

*1713. OEuvres de Nic. Boileau. Paris, Billiot, 2 vol. in-4°. fig. édition donnée par *Renaudot* et *Valincour*. La satire XII ne s'y trouve point. Le privilége contient ces mots : « comme cet auteur nous a fait, à notre satis-« faction, la lecture de la plus grande partie de ses ou-« vrages. »

1713. OEuvres de Boileau. Paris, 2 vol. in-12.

1713. OEuvres de Boileau. Amsterdam, Schelte, 2 vol. in-8°.

1714. OEuvres de Boileau. Amsterdam, 2 vol. in-12.

1715. OEuvres de Boileau. Amsterdam, 2 vol. in-12.

*1716. OEuvres de Boileau, avec des éclaircissements donnés par lui-même. (Commentaire de Brossette.) Genève, Fabri et Barillot, 2 vol. in-4°, fig. C'est la première des éditions de *Brossette*; c'est aussi la première fois que la satire XII et la dissertation sur Joconde se trouvent réunies aux autres ouvrages de Despréaux.

Du reste Brossette a surchargé les œuvres de ce grand poète d'un amas de notes mal rédigées, souvent superflues, et quelquefois inexactes. Ses prétendus éclaircissements sont parsemés d'anecdotes, dont plusieurs sont très-hasardées. Dans la partie historique de ce commentaire, on ne doit une pleine confiance qu'aux articles qui se trouvent confirmés par les lettres de Boileau à Brossette.

1716. OEuvres de Boileau, avec des éclaircissements donnés par lui-même. Genève, 4 vol. in-12. Édition de *Brossette*.

1716. Satire de Boileau sur l'Équivoque, suivie de quelques autres pièces. Cologne, P. Marteau, in-8°.

1717. OEuvres de Boileau, avec des éclaircissements, etc. Amsterdam (Rouen), 4 vol. in-12 ; édition de *Brossette*.

1717. OEuvres de Boileau, avec des éclaircissements, etc. Amsterdam, David Mortier, 4 vol. in-12; édition de *Brossette*, avec quelques additions.

*1718. OEuvres de Boileau. Amsterdam, David Mortier, 2 vol. gr. in-fol. fig. de Bernard Picart, édition de Brossette, augmentée par *Dumonteil*.

1718. OEuvres de Boileau. Amsterdam, David Mortier, 2 vol. in-4°, fig. de B. Picart, édition de Brossette augmentée par *Dumonteil*.

*1722. OEuvres de Boileau. La Haye, Isaac Vaillant, 4 vol. in-12, fig. de B. Picart, édition de Brossette, augmentée par *Dumonteil*.

1726. OEuvres de Boileau, Paris, Billiot, 4 vol. in-12. Édition de *Brossette*.

1727. OEuvres de Boileau. Amsterdam, 2 vol. in-12.

1729. OEuvres de Boileau. La Haye, Gosse et Néaulme, 2 vol. in-fol. fig. de B. Picart, édition de Brossette, augmentée par *Dumonteil*.

1729. OEuvres de Boileau. La Haye, de Hondt (ou Amsterdam, Changuion), 4 vol. in-12. fig. de B. Picart, édition de Brossette, augmentée par *Dumonteil*.

1735. OEuvres de Boileau. Amsterdam, Changuion, 4 vol. in-8°, édition de Brossette, augmentée par *Dumonteil*.

*1735. OEuvres de Boileau. Paris, Alix, 2 vol. in-12, avec de courtes notes, d'après celles que Renaudot et Valincour avoient mises, dit-on, sur un exemplaire de l'une des éditions de Brossette. L'éditeur est l'abbé *Souchay*: la Vie abrégée de Boileau, qui se trouve au commencement du premier volume, est de l'abbé Goujet, qui s'en déclare auteur dans le catalogue manuscrit de sa bibliothèque, et qui ajoute : « Cette « édition de Boileau a été saisie, et le privilége en a « été retiré à la fin d'avril 1736, quoiqu'elle fût ven- « due librement depuis le mois d'octobre 1735. Le « prétexte fut une note sur la satire contre l'Équi- « voque, page 150 du tome 1, colonne 2. Un autre « (prétexte) a été l'épitaphe de M. Racine, qui étoit

« déjà imprimée dans le Nécrologe de Port-Royal.
« L'Abrégé de la vie de Boileau en a été un troisième,
« quoique cet Abrégé eût été approuvé par M. de
« Fontenelle. »

*1740. OEuvres de Boileau, avec le Bolœana, de Monchesnay, une préface et des notes de *Souchay*, éditeur. Paris, veuve Alix, 2 vol. in-4°. (Il y a des exemplaires in-folio), vignettes gravées par Cochin fils.

1744. OEuvres de Boileau. Paris, David, 2 vol. in-12, avec de courtes notes (prises des éditions de *Souchay*), fig.

1745. OEuvres de Boileau. Paris, David et Durand, 2 vol. in-12.

1746. OEuvres de Boileau. Dresde, Walther, 4 vol. in-8°, fig., édition de *Dumonteil*, avec la Vie de Boileau par Desmaiseaux.

*1747. OEuvres de Boileau. Paris, David et Durand, 5 vol. in-8°, fig., édition de *Saint-Marc*, contenant les notes de Brossette, celles de l'éditeur Saint-Marc, et ses Essais philologiques, le Bolœana de Monchesnay avec des additions, etc. Saint-Marc est un littérateur beaucoup plus instruit que Brossette, et un plus tolérable écrivain; mais il n'a pas un goût très-pur, et sa critique est plus sévère qu'éclairée. Il avoit résolu d'ailleurs de publier cinq énormes volumes sous le nom de Boileau, sans avoir encore à y faire entrer les lettres de ce poète à Racine et à Brossette. Cependant il faut dire que sa compilation a parfaitement réussi et qu'elle s'est maintenue, dans le commerce des livres, à un prix assez élevé.

1749. OEuvres de Boileau. Amsterdam, Changuion, 4 vol. in-12, édit. de Brossette, augmentée par *Dumonteil*.

1750. OEuvres de Boileau. Paris, David et Durand, 3 vol. in-12, avec de courtes notes (prises des éditions de *Souchay*).

1750. OEuvres de Boileau. Paris, 2 vol. in-12, avec de courtes notes (prises de *Souchay*).

1752. OEuvres de Boileau. Paris, David l'aîné, in-12.

1757. OEuvres de Boileau. Paris, David, 3 vol. in 12, avec de courtes notes (prises des éditions de *Souchay*).

1757. OEuvres (choisies) de Boileau. Paris, David, Durand, in-12.

1766. OEuvres de Boileau. Paris, Saillant, 2 vol. in-12, avec de courtes notes, (*Souchay*).

1768. OEuvres de Boileau. Paris. Savoye, 3 vol. in-12, avec de courtes notes (*Souchay*).

1770. OEuvres de Boileau. Paris. Savoye, 2 vol. in-12, avec de courtes notes (*Souchay*).

*1772. OEuvres de Boileau. Amsterdam, Changuion (dans quelques exemplaires, Paris, libraires associés), 5 vol. in-8°, fig.

On y a rassemblé les notes de Boileau lui-même, celles de Renaudot, Brossette, Dumonteil, Souchay, Saint-Marc, avec de nouvelles remarques. A la vérité cette édition ne comprend pas le cinquième tome de Saint-Marc, où se trouvent le Bolœana de Monchesnai, les additions au Bolœana et les Essais philologiques; mais les quatre autres volumes sont augmentés.

Il y a tout lieu de croire que c'est à cette édition de 1771 que D'Alembert applique le nom de *Variorum*. Car après avoir désigné celle de Saint-Marc où se trouve l'esquisse en prose de la satire IX, il ajoute : « Plu-« sieurs écrivains ont commenté notre poète; un *der-« nier* commentateur a eu la patience de les recueillir « tous et d'enterrer le petit volume de Despréaux sous « un fatras de notes. » (XIVe observ. sur l'éloge de Despréaux.) Il faut observer que D'Alembert n'a composé cet éloge et ces notes, qu'étant secrétaire de l'Académie françoise, et par conséquent après 1772, époque de la mort de Duclos : alors le *dernier* commentateur de Boileau étoit celui de 1772, dont le nom est d'ailleurs ignoré.

1772. OEuvres de Boileau. Amsterdam, 5 vol. in-12. fig. *Variorum*; conforme à la précédente.

1775. OEuvres de Boileau. Amsterdam, Changuion, 5 vol. in-12, fig. *Variorum*; conforme à celle de 1772.

1775. OEuvres de Boileau. Paris, in-12.

1776. OEuvres de Boileau. Paris, in-12.

1778. OEuvres de Boileau. Paris, 2 vol. in-12, avec de courtes notes (*Souchay*).

1780. OEuvres de Boileau. Paris, 2 vol. in-24.

1781. OEuvres (choisies) de Boileau. Paris, Didot, 1 vol. in-18, faisant partie de la collection dite d'Artois, et contenant l'Art poétique, quatre satires (la neuvième n'en est pas), quatre épîtres (la première n'en est pas), le Lutrin.

1781. OEuvres de Boileau. Paris, Didot, 2 vol. in-18.

1786. OEuvres de Boileau. Paris, Didot, 2 vol. in-18.

1787. OEuvres de Boileau Despréaux. Paris, in-12.

1788. OEuvres de Boileau. Paris, Didot, 3 vol. in-18, pour l'éducation du dauphin.

*1789. OEuvres de Boileau. Paris, Didot, 2 vol. in-4°, pour l'éducation du dauphin.

1793. OEuvres de Boileau. Paris, libraires associés, 3 vol. in-12.

1793. OEuvres (choisies) de Boileau, avec une préface de M. Palissot. Paris, Déterville, in-8°.

1798. OEuvres de Boileau. Paris, Crapelet, in-4°, fig. avec un discours préliminaire de Palissot.

1798. OEuvres de Boileau. Paris, Didot, édition stéréotype, 2 vol. in-18.

1800. OEuvres (choisies) de Boileau. Paris, Barbou, in-12. (Nous n'appliquerons d'astérisque* à aucune des éditions postérieures à 1800.)

1805. OEuvres de Boileau (avec son Éloge, par D'Alembert). Paris, Bastien, 2 vol. in-8°.

1808. OEuvres poétiques de Boileau D., avec des notes de Ponce-Denis Écouchard-Le-Brun. Paris, Buisson, 1808, in-8°.

1809. OEuvres de Boileau. Paris, Herhan, édit. stéréotype., 3 vol. in-8°. (fig.) — 3 vol. in-12. Il y a des tirages de 1810, 1813.... 1820, avec des corrections.

1814. OEuvres poétiques de Boileau Despréaux. Parme, de l'imprimerie de la veuve Bodoni, 2 vol. in-fol. très-grand papier vélin.

1815. Les OEuvres de Boileau (avec son éloge par M. Auger,

et une notice biographique). Paris, Pierre Didot l'aîné, 3 vol. in-8°.

1819. OEuvres de Boileau. Paris, Didot, 2 gr. vol. in-fol., avec neuf vignettes.

1821. OEuvres de Boileau avec les commentaires revus, corrigés et augmentés (par M. Viollet-le-duc). Paris, imprimerie de Fain, librairie de Desoer, 4 vol. in-18 (ou 1 vol. in-8°). Les préliminaires et la distribution des pièces sont les mêmes que dans l'édition stéréotype de 1809, mais M. Viollet-le-Duc y a joint d'autres notes historiques et critiques, très-judicieusement choisies.

1821. OEuvres de Boileau avec un nouveau commentaire par M. Amar. Paris, imprimerie de Didot aîné, librairie de Le Febvre, 4 vol. in-8°. Cette édition se distingue par des observations littéraires qui ne se trouvent point ailleurs : les ouvrages de Boileau y sont appréciés d'après les meilleures théories, et comparés à ceux des poètes anciens et modernes sur les mêmes sujets. On peut ne pas adopter tous les jugements de l'éditeur ; mais son travail est le fruit d'une littérature très-étendue.

1821. OEuvres de Boileau avec un commentaire par M. de Saint-Surin. Paris, imprimerie de P. Didot aîné, librairie de J. J. Blaise ; 4 vol. in-8°, contenant plus de 2500 pages et des fig. C'est la plus volumineuse édition de Boileau, après celles de 1747 et de 1772.

Traductions des Poésies de Boileau.

Traduction en vers grecs de la satire des Embarras de Paris, par La Monnoye ; traduction en vers latins de l'épître II, et du commencement du Lutrin, par le même ; tome 2 des œuvres de La Monnoye. La Haye (Paris), 1770, in-4°.

Essais de la langue latine et de la langue françoise, ou combat entre l'une et l'autre, par la traduction des satires de Boileau en vers latins, et de celles de Juvénal en vers françois, par D. T. M. Toulouse, 1677, in-8°.

h.

Perillustris viri Nic. Boileau opera è gallicis numeris in latinos translata à D. Godeau, antiquo rectore. Parisiis, Alix, 1737, in-12. Outre la traduction de Godeau, ce volume contient celles du Lutrin (chants I et V seulement), par Bizot; des satires III et IX, par Hennegrave; de l'épître III, par Vandebergue; des épîtres X et XI, par Grenan; de l'ode sur Namur, par Rollin, par Lenglet, par l'abbé de Saint-Remi, auparavant le père Lalandelle, jésuite.

Satira VIII ad doctorem Sorbonicum (Morel), domini D. (Despréaux), latinè reddita à Joanne Maury. Parisiis, Billaine, etc., 1669; in-8°. Et dans le volume intitulé : Joannis Maury silvæ regiæ. P. Desprez, 1672, in-12.

Pluteus Bolœanus. Nouvelle traduction du Lutrin de Boileau en vers latins. Paris, Le Breton, 1768, in-8°. La traduction du chant I et du chant V, est celle de Bizot.)

Pluteus, poema heroicum N. Bolœi in versus latinos conversus à J.-J. Laval in collegio juliacensi rhetorices professore. Parisiis, Delalain, 1824, in-12.

L'Art poétique de Boileau, traduit en vers latins, par M. l'abbé Paul. Lyon, 1804, in-8°. — par M. Chambonnet. Paris, Belin Le Prieur, 1820, in-8°. — par M. Laval. Paris, 1822, in-12,

Les satires de Boileau ont été traduites en vers italiens, par Gozzi. Il y a aussi une traduction italienne du Lutrin, etc.

Traduction italienne de l'ode sur Namur, par Mezzabarba.

L'Arte poetica di Boileau Despréaux recata in versi italiani da Ant. Buttura. Parigi, Didot, 1806, in-8°. — Une troisième édition de cette traduction vient de paroître en janvier 1825, à Paris, chez Brière, in-32.

L'Art poétique de Boileau, traduit en vers portugais, par le comte d'Ériceyra. (Nous croyons que cette traduction est restée manuscrite.)

Arte poetica, poema didascalico de N. Boileau, traducida en verso Espagnol, por el D. D. Pedro Bazan de Mendoza. Alais-Martin, 1817, in-12.

Boileau's Art of poetry translated by Wil. Soame, revised by J. Dryden. London, 1683, in-8°, et dans les OEuvres de Dryden.

Boileau's Lutrin. London, 1708, in-8°.

The works of Boileau translated in english. London, 1712, 2 vol. in-8°.

Satyrische gedichte, etc.... Les satires de Boileau, traduites en vers allemands, ainsi que diverses pièces d'Horace, de Virgile, 1729 et 1732, 2 vol. in-8°.

Traduction hollandaise des satires et des épîtres de Boileau. La Haye, Gaillard, 1754, in-8°.

L'Art poétique de Boileau traduit en vers russes ; par le comte Démétrius Chvostov. Pétersbourg, 1808, in-8°.

XIII. *Lettres de Boileau, mémoires sur sa vie, éloges et critiques de ses ouvrages.*

Mémoires sur la Vie de Jean Racine (et de Boileau), par Louis Racine, avec les lettres de Racine à Boileau, et de Boileau à Racine. Lausanne et Genève, Bousquet, 1747, 2 vol. in-12. — Beaucoup plus correctement dans les œuvres de Racine fils, publiées en 1750, à Amsterdam chez Michel Rey, 6 vol. in-12; et dans le tome Ier de l'édition des OEuvres de J. Racine. Paris, Dupont, 124, in-8°.

Lettres familières de Boileau et de Brossette, publiées par Cizeron-Rival. Lyon, Los Rios, 1770, 3 vol. in-12. On trouve, dans le tome 3, des Lettres de Boileau à diverses personnes, et un Recueil intitulé : Bolœana, ou Pensées diverses de Boileau Despréaux.

La Vie de Boileau Despréaux, par Desmaiseaux, Amsterdam, Schelte, 1712, in-12. Réimprimée *ibid.* en 1715. Elle se trouve dans l'édition des OEuvres de Boileau, donnée à Dresde en 1746, in-8°.

Vie abrégée de Boileau (par Goujet,) à la tête de l'édition des OEuvres de Boileau. Paris, 1735, 2 vol. in-12.

Mémoires sur la vie et le caractère de Boileau Despréaux, dans les Mémoires sur la vie des personnes illustres mortes en 1711. Londres, 1711, in-8°.

Bolœana, ou bons Mots de Boileau, recueillis par Monchesnay (avec les poésies de Sanlecque.) Amsterdam, L'Honoré, 1742, in-12. Ce recueil avoit paru dans l'édition de Boileau donnée par Souchay en 1740, 2 vol. in-4°. Il se trouve aussi dans le tome V de l'édition de 1747, in-8°, donnée par Saint-Marc.

Récréations littéraires, ou Anecdotes et Remarques sur différents sujets, recueillies par Cizeron-Rival. Lyon, Bessiat, 1765, vol. in-12 qui renferme un très-grand nombre d'articles sur Boileau.

Le tome II des lettres de (J.-B.) Rousseau, sur différents sujets de littérature. Genève, Baillot, 1750, in-12, contient la correspondance de Rousseau avec Brossette, laquelle concerne fort souvent Boileau.

Discours prononcé par Valincour, à la réception de l'abbé D'Estrées, qui succédoit à Boileau dans l'Académie françoise. Ce discours a été inséré dans plusieurs éditions des OEuvres de Boileau.

Éloge de Boileau, par de Boze, dans le Recueil de l'Académie des inscriptions et belles-lettres, et dans plusieurs éditions des OEuvres de Boileau.

Éloge de Boileau, par D'Alembert, pag. 37-94 du tome I des Éloges des membres de l'Académie françoise. Paris, Panckoucke, 1779, in-12, et quarante notes du même D'Alembert sur cet Éloge, pag. 1-197 du tome III de ce Recueil. Amsterdam (Paris,) 1787, in-12.

Éloge de Boileau, par M. Auger, couronné par la seconde classe de l'Institut. Paris, 1805, in-8°.

La Critique désintéressée sur les satires du temps, par Cotin. 1668, in-8°.

Le Satirique berné en prose et en vers, par L. D. J. D. D. 1668, in-8°.

Lettre du libraire Angot au sieur de Coras, et réponse de celui-ci, 1668, in-4°.

La Satire des satires (de Boileau,) comédie, par Boursault. Paris, Quinet, 1669, in-12. Et dans le Théâtre de Boursault.

La Défense du poème héroïque, avec quelques remarques sur les OEuvres du sieur Despréaux. Dialogue en vers et en prose, par Desmarets de Saint-Sorlin. Paris, Legras, 1674, in-4°. *Ibid.* 1675, in-8°.

La Défense des beaux-esprits de ce temps, contre un satirique, par Lérac (Carel de Sainte-Garde). Paris, Adam, 1675, in-12.

Le Triomphe de Pradon, ou Examen du discours au roi et des trois premières satires de Boileau, par Pradon. Paris, 1684, in-12.

Nouvelles Remarques sur tous les ouvrages du sieur D. (par Pradon.) La Haye, Strick, 1685, in-12. Ce volume contient une épître en prose au duc de Nevers, une épître en prose à M. D. (Despréaux;) une épître en vers au même; des remarques sur le Discours au roi, sur les neuf premières satires, sur les neuf premières épîtres, sur l'Art poétique, sur le Lutrin, etc.

Le Satirique françois expirant, ou les Fautes du satirique françois, par Pradon. Cologne, P. Marteau, 1689, in-12.

Réponse en vers à la satire X de Boileau, par Pradon. Paris, La Caille, 1694.

Le Lutrigot, poème héroï-comique (parodie du Lutrin,) par Bonnecorse. Toulouse, J. Boude; et Marseille, Brebiom, 1686, in-12.

Le Poète sincère, ou les Vérités du siècle, poème héroïque, divisé en treize discours, et en dix chants (par Bonnecorse). Anvers (Marseille,) 1698, in-12. Les dix chants ne sont que le Lutrigot. Boileau est aussi attaqué dans les treize discours, et dans les notes qui terminent le volume.

L'Apologie des femmes, en vers, précédée d'une préface contre la satire X de Boileau, par Ch. Perrault. Paris, Coignard, 1694, in-4°.

Lettres de Ch. Perrault à Boileau, en réponse au Discours sur l'ode, etc. (Paris, 1694,) trente-huit pages in-4°, réimprimées parmi les pièces d'histoire et de littérature, recueillies par Granet. Paris, Chaubert, 1741, 4 vol. in-12. — Réponse de Ch. Perrault à la huitième Réflexion de Boileau sur Longin. Paris, 1694, in-12.

Lettre de madame de N. à la marquise de... (par Bellocq,) sur la satire de Despréaux contre les femmes. Paris, Nic. Le Clerc, 1694, in-12.

Le Pour et le Contre du Mariage, avec la critique du sieur Boileau; satires par le sieur P. H. Lille, 1694, in-4°.

Le silence du sieur Boileau sur la critique de ses œuvres, satire suivie de quelques autres pièces de vers, par le sieur P. H. Lille, 1695, in-4°.

Satire contre les Maris, par Regnard, en réponse à la satire de Boileau contre les femmes; le Tombeau de Despréaux, par Regnard, dans les OEuvres de ce poète comique.

Apologie de la satire X de Boileau, ou Lettre d'Antoine Arnauld à Perrault. Dans les OEuvres d'Arnauld, et dans plusieurs éditions des OEuvres de Boileau.

Boileau aux prises avec les jésuites, avec des éclaircissements sur les OEuvres de ce poète. Cologne (Paris) 1706, in-12. Cet écrit a été inséré dans le tome III des éditions de Boileau, en 5 vol., données en 1772 et 1775.

La Rencontre de MM. Le Noble et Boileau aux Champs-Élisées, dialogue. Paris, Huguier, 1711, in-12.

Remarques sur les ouvrages de Despréaux, au commencement des OEuvres mêlées de R. B. (Rosel de Beaumont) Amsterdam, 1722, in-8°.

Critique de la satire de Boileau sur les Embarras de Paris, par Muralt, ou Lettre VI sur les Anglois et les François. La première édition de ces Lettres est de Genève, 1735, in-8°.

Les Poèmes de Boileau sont examinés dans la douzième et la quinzième des Réflexions critiques sur divers sujets de physique, de morale, de critique, d'histoire; ouvrage périodique. Paris, Le Breton, 1731-33, in-8°.

Défense de Corneille contre Boileau, par le père Tournemine, jésuite; à la tête des OEuvres diverses de P. Corneille. Paris, Gissey et Bordelet, 1738, in-12.

Lettre de Fontenelle au rédacteur du Journal des Savants, mai 1712 (à l'occasion du Bolœana de Monchesnay.)

Essais philologiques, ou Suppléments aux remarques critiques sur les OEuvres de Despréaux, par Saint-Marc. Paris, David, 1747, in-8°. Ces essais forment la seconde partie du tome V de l'édition de Boileau, donnée par Saint-Marc: ils contiennent, avec les Observations critiques de cet éditeur, celles de l'auteur des Réflexions (périodiques) sur divers sujets ci-dessus indiqués.

Recueil de pièces sur la satire de Boileau contre l'Équivoque, pages 369-399 du tome VII, des Mémoires de littérature, etc., de l'abbé d'Artigny. Paris, Debure, 1756, in-12.

Réflexions de Trublet sur la préface publiée par Boileau, à la tête de l'édition de ses OEuvres, en 1701; tome II des Essais, etc., de Trublet, 1762, in-12.

Réflexions sur Horace, Despréaux et Rousseau, par le duc de Nivernois; dans les Mémoires de l'Académie de Berlin, et tome III des OEuvres du comte de Nivernois. Paris, Didot, 1796, in-8°.

Parallèle d'Horace, de Boileau et de Pope; par Voltaire; Épître en vers de Voltaire à Boileau, etc., dans les OEuvres de Voltaire, Kehl, 1784, etc.

Articles *Satire* dans les Éléments de Marmontel, qui a critiqué Boileau en divers autres endroits de ses OEuvres, surtout dans une épître aux poètes, couronnée par l'Académie françoise en 1760. Nous allons extraire de ces vers ceux qui concernent Despréaux, parce qu'ils expriment les opinions que Fontenelle avoit accréditées au milieu du dernier siècle, et que les applaudissements qu'ils reçurent tiennent à l'histoire littéraire.

> J'entends Boileau qui s'écrie : O blasphème !
> Louer le Tasse ! — Oui; le Tasse lui-même :
> Laissons Boileau tâcher d'être amusant,
> Et pour raison donner un mot plaisant.

Marmontel dit à Quinault :

> Que n'avoit-il, ton injuste censeur,
> Que n'avoit-il un rayon de ta flamme !
> Son fiel amer valoit-il la douceur
> D'un sentiment émané de ton ame?
>   Mais ce Boileau, juge passionné,
> N'en est pas moins législateur habile.
> Aux lents efforts d'un travail obstiné
> Il fait céder la nature indocile ;
> Dans un terrain sauvage, abandonné,
> A pas tardifs trace un sillon fertile;
> Et son vers froid, mais poli, bien tourné,
> A force d'art rendu simple et facile,
> Ressemble au trait d'un or pur et ductile,

Par la filière en glissant façonné.
Que ne peut point une étude constante !
Sans feu, sans verve et sans fécondité,
Boileau copie ; on diroit qu'il invente :
Comme un miroir, il a tout répété.
Mais l'art jamais n'a su peindre la flamme :
Le sentiment est le seul don de l'ame
Que le travail n'a jamais imité.
J'entends Boileau monter sa voix flexible
A tous les tons, ingénieux flatteur,
Peintre correct, bon plaisant, fin moqueur,
Même léger dans sa gaieté pénible :
Mais je ne vois jamais Boileau sensible ;
Jamais un vers n'est parti de son cœur.

Articles *Boileau*, page 533 du Parnasse françois, 1772, in-fol. —Tome XXIV des Mémoires de Niceron.—Tome I des Mémoires littéraires de M. Palissot, Paris, 1803, in-8°.— Tome VI du Lycée, ou Cours de littérature de La Harpe, etc., etc., etc. Part. II, l. 1, ch. 10.

De l'influence de Boileau sur son siècle, par M. de Ximenès. Paris, 1787, in-8°, et dans le Mercure du 2 décembre 1786.

L'influence de Boileau sur la littérature françoise, par M. M. D. C. (Moutonnet de Clairfons.) Londres (Paris) 1786, in-8°.

Influence de Boileau sur la littérature françoise, Discours de M. Daunou, couronné par l'académie de Nîmes. Paris, Fournier, 1787, in-8°.

Lettre à M. de Ximenès, sur l'influence de Boileau en littérature (par M. de Cubières). Amsterdam (Paris), 1787, in-8°.

Observations de M. Daunou sur la Lettre précédente, dans le Journal Encyclopédique; avril et septembre 1788. Ces Observations, et la lettre qu'elles concernent, ont été réimprimées en 1802, sous le titre de Pour et Contre Boileau, etc., in-12.

Examen des Jugements opposés sur l'influence de Boileau, par M. Le Prevôt-d'Exmes. Genève (Paris), 1787, in-8°.

Lettres du marquis de Villette (sous le nom de Nigood) contre

Boileau ; dans le Journal de Paris, avril 1787 ; et dans les œuvres de Villette. Paris, 1788, in-8°.

Quelques Idées sur Boileau, par M. Portiez de l'Oise. Paris, 1803, in-12.

Nouvelles observations de Boileau, etc., par M. Mermet. Paris, 1809, in-12.

XIV. *Hommages rendus à Despréaux par plusieurs écrivains.*

A la tête des œuvres d'un auteur classique grec ou latin, on a souvent recueilli, sous le titre de *Testimonia*, les hommages que ses contemporains, ou ses successeurs, ont rendus à son talent. Nous ne pouvons être tentés d'en faire autant pour Boileau : il nous faudroit transcrire vingt volumes indiqués dans la note précédente, et y joindre des extraits de six cents autres. Il nous suffira de placer ici sous les yeux de nos lecteurs quelques lignes de La Bruyère, de Bayle, de Vauvenargues, d'Helvétius, de Voltaire, de D'Alembert, de Marmontel, de La Harpe et de Chénier.

« Celui-ci passe Juvénal, atteint Horace, semble créer les
« pensées d'autrui et se rendre propre tout ce qu'il manie ; il a,
« dans ce qu'il emprunte des autres, toutes les graces de la
« nouveauté et tout le mérite de l'invention : ses vers, forts et
« harmonieux, faits de génie, quoique travaillés avec art,
« pleins de traits et de poésie, seront lus encore quand la langue
« aura vieilli, en seront les derniers débris : on y remarque une
« critique sûre, judicieuse et innocente, s'il est permis du
« moins de dire de ce qui est mauvais qu'il est mauvais. » La
Bruyère, Discours à l'Académie françoise, en 1693.

« Je commence par l'endroit de votre lettre où vous m'ap-
« prenez que mon Dictionnaire n'a point déplu à M. Despréaux.
« C'est un bien si grand, c'est une gloire si relevée, que je n'a-
« vois garde de l'espérer. Il y a long-temps que j'applique à ce
« grand homme un éloge plus étendu que celui que Phèdre
« donne à Ésope : *Naris emunctæ, natura nunquam verba cui
« potuit dare.* Il me semble aussi que l'industrie la plus artifi-
« cieuse des auteurs ne peut le tromper. » Bayle, Lettre à Marais.

« Boileau prouve, autant par son exemple que par ses pré-
« ceptes, que toutes les beautés des bons ouvrages naissent de
« la vive expression, et de la peinture du vrai.... La raison n'é-
« toit pas chez lui distincte du sentiment, c'étoit son instinct.
« Aussi a-t-il animé ses écrits de cet intérêt qu'il est si rare de
« rencontrer dans les ouvrages didactiques.... Il a enseigné son
« art aux autres. *Il a éclairé tout son siècle* ; il en a banni le
« faux goût, autant qu'il est permis de le bannir de chez les
« hommes. Il falloit qu'il fût né avec un génie bien singulier,
« pour échapper comme il a fait aux mauvais exemples de ses
« contemporains, et pour leur imposer ses propres lois. Ceux
« qui bornent le mérite de sa poésie à l'art et à l'exactitude de
« la versification ne font peut-être pas attention que ses vers
« sont pleins de pensées, de saillies, et même d'*invention de
« style*. Admirable dans sa justesse, etc. » VAUVENARGUES, In-
trod. à la connoiss. de l'Esprit humain. Nous avons cité ce
passage, parce que Vauvenargues a été compté quelquefois,
par une erreur bien étrange, au nombre des écrivains philosophes qui n'ont point estimé l'auteur de l'Art poétique.

HELVÉTIUS s'exprime en ces termes : « La Fontaine et Boileau
« ont porté peu d'invention dans le fond des sujets qu'ils ont
« traités ; cependant l'un et l'autre sont, avec raison, mis au
« rang des génies : le premier, par la naïveté, le sentiment et
« l'agrément qu'il a jetés dans la narration ; le second, par la cor-
« rection, la force et la poésie de style qu'il a mises dans ses
« ouvrages. Quelques reproches qu'on fasse à Boileau, on est
« forcé de convenir qu'en perfectionnant infiniment ses ou-
« vrages, il a réellement mérité le titre d'inventeur. » *De l'Esprit*, chap. *sur le génie*.

VOLTAIRE, en cent endroits de ses ouvrages, a loué le goût,
le style, le talent et la poésie de Boileau. Il a dit, par exemple :

« Racine et Despréaux sont les premiers qui écrivirent pu-
« rement : après eux, la poésie est devenue plus difficile et plus
« belle. » Not. sur le Cid.

« Courir après l'esprit, affecter des pensées ingénieuses, c'é-
« toit le goût du temps de Corneille. Racine et Despréaux en
« corrigèrent la France. » Not. sur Héraclius.

« Je regarde ces deux grands hommes comme les seuls qui

« aient toujours employé des couleurs vives, et copié fidèle-
« ment la nature. Ils ont dit ce qu'ils vouloient dire : jamais
« leurs pensées n'ont rien coûté à l'harmonie, ni à la pureté du
« langage. » Lettre à Brossette.

« Despréaux a très-bien fait ce qu'il vouloit faire... Ses sujets
« ne comportent pas plus d'élévation... Je vous prêcherai éter-
« nellement cet art d'écrire qu'il a si bien enseigné, ce respect
« pour la langue, cette suite d'idées, cette liaison, cet art aisé
« avec lequel il conduit son lecteur, ce naturel qui est le fruit
« du génie. » Lettre à Helvétius.

« Si des auteurs anciens, qui bronchent à chaque instant,
« ont conservé leur réputation, c'est qu'il ne s'est point trouvé
« d'écrivain pur et châtié, chez ces nations, qui leur ait des-
« sillé les yeux, comme il s'est trouvé un Boileau chez les
« François. » Dictionnaire philosophique, art. *Goût*.

« Il n'y a peut-être en France que Racine et Boileau qui aient
« une élégance continue. Je dois exhorter les auteurs à se nourrir
« du style de Racine et de Boileau, pour empêcher le siècle de
« tomber dans la plus ignominieuse barbarie. » Dictionnaire
philosophique, art. *Vers*.

« Si Boileau n'avoit été qu'un versificateur, il seroit à peine
« connu ; il ne seroit pas de ce petit nombre de grands hommes
« qui feront passer le siècle de Louis XIV à la postérité. Ses
« dernières Satires, ses belles Épîtres, et surtout son Art poé-
« tique, sont des chefs-d'œuvre de raison autant que de poésie.
« *Sapere est et principium et fons*, etc. » Dictionnaire philosophique, art. *Poétique*.

On peut à Despréaux pardonner la satire ;
Il joignit l'art de plaire au malheur de médire :
Le miel que cette abeille avoit tiré des fleurs
Pouvoit de sa piqûre adoucir les douleurs.
(*Discours sur l'Envie.*)

Grand Nicolas, de Juvénal émule,
Peintre des mœurs, surtout du ridicule,
Ton style pur a de quoi me tenter :
Il est trop beau, je ne puis l'imiter.
(*Guerre de Genève.*)

Dans le *Temple du Goût*, où Voltaire n'admire *qu'un petit nombre de véritablement grands hommes*, il ajoute :

> « Là, régnoit Despréaux, leur maître en l'art d'écrire,
> « Lui, qu'arma la raison des traits de la satire,
> « Qui, donnant le précepte et l'exemple à la fois,
> « Établit d'Apollon les rigoureuses lois. »

D'Alembert, l'un des juges les plus sévères de Boileau, n'ose pourtant pas lui refuser le titre d'homme de génie. « Car, « dit-il, n'est-ce pas avoir droit à ce titre, que d'avoir su expri- « mer en vers harmonieux, pleins de force et d'élégance, les « oracles de la raison et du bon goût et surtout d'avoir connu « et développé le premier, en joignant l'exemple au précepte, « l'art si difficile et jusqu'alors si peu connu de la versification « françoise? Avant Despréaux, il est vrai, Malherbe avoit com- « mencé à démêler ce secret, mais il n'en avoit deviné qu'une « partie, et avoit gardé pour lui seul ce qu'il en savoit; et Cor- « neille, quoiqu'il eût fait Cinna et Polyeucte, n'avoit de secret « que son instinct, et n'étoit plus Corneille dès que cet instinct « l'abandonnoit. Despréaux a eu le mérite rare et qui ne pou- « voit appartenir qu'à un homme supérieur de former le premier « en France, par ses leçons et par ses vers, une école de poésie. « Ajoutons que de tous les poètes qui l'ont précédé ou suivi, « aucun n'étoit plus fait pour être le chef d'une pareille école. » *Éloge de Despréaux.*

Marmontel lui-même, quoiqu'il ait, à l'égard de Boileau, porté, comme nous l'avons vu, la rigueur jusqu'à l'injustice, et la critique jusqu'à l'outrage, est forcé de reconnoître en lui : « un critique judicieux et solide, le vengeur et le conservateur « du goût, qui fit la guerre aux mauvais écrivains et déshonora « leurs exemples, fit sentir aux jeunes gens les bienséances de « tous les styles, donna de chacun des genres une idée nette « et précise, connut les vérités premières qui sont des règles « éternelles et les grava dans les esprits avec des traits ineffa- « çables. » *Éléments de littérat.*

La Harpe a consacré à Despréaux un très-long chapitre de son Cours de littérature (part. II, l. 1, c. 10). Nous en extrairons plusieurs observations particulières à mesure qu'elles s'appliqueront à chacun des ouvrages de Boileau. Il nous suffira de transcrire ici une observation générale. « Les commentateurs ont « traité Boileau comme un ancien : ils ont épuisé dans leurs « notes l'érudition et les inutilités. Son rang est fixé par la pos- « térité, il le fut même de son vivant; et c'est un bonheur re- « marquable que cet homme qui en avoit attaqué tant d'autres, « ait été apprécié par un siècle qu'il censuroit; que ce critique « sévère qui mettoit les hommes à leur place ait été mis à la « sienne par ses contemporains, et que tout son mérite ait été « dès-lors généralement reconnu, tandis que celui de Molière, « de Racine, de Quinault, de La Fontaine, n'a été bien parfai- « tement senti qu'avec le temps. Corneille et Despréaux, parmi « les grands poètes du dernier siècle, sont les seuls qui aient « joui d'une réputation à laquelle les générations suivantes « n'ont pu rien ajouter : l'un parce qu'il devoit subjuguer les « esprits par l'ascendant et l'éclat d'un génie qui créoit tout; « l'autre parce que, faisant parler le goût en beaux vers à une « époque où le goût et les beaux vers avoient tout le prix de la « nouveauté, il apportoit une lumière que chacun sembloit at- « tendre, et se distinguoit d'ailleurs dans un genre où il n'avoit « point de rivaux. »

Condorcet a dit (dans *l'Éloge de Claude Perrault*) : « Boi- « leau, qui est un grand poète pour les gens de goût et les ama- « teurs de la poésie, n'est presque qu'un versificateur pour ceux « qui ne sont que philosophes. » Ces mots ont été pris pour une censure; mais La Harpe demande avec raison si ce n'étoit pas dire clairement que ceux qui ne sont que philosophes ne sont point juges compétents en matière de poésie et de goût. Reste pourtant à savoir si la vraie philosophie n'embrasse pas la théorie et même le sentiment des beaux-arts.

Aux yeux de CHÉNIER, l'Art poétique de Boileau est un « chef-d'œuvre qui ne produit pas les poètes, mais qui les forme « et les inspire. » *Tableau de la littér. fr.* ch. 8.

« Depuis Racine et Boileau, dit ailleurs Chénier, tous les « maîtres se sont glorifiés d'être leurs élèves, et malheur au « poète françois qui ne seroit pas de leur école. Tous deux « avoient les mêmes ennemis tant qu'ils vécurent; mais la re- « nommée de Racine.... sembloit alors moins établie que celle

« de Boileau : celui-ci, dans les genres qu'il a traités, n'avoit
« pas un Corneille pour devancier, pour contemporain, pour
« émule.... Sa réputation s'accrut par les clameurs mêmes de
« ses foibles adversaires. » *Mercure de Fr.* 1810.

PRÉFACES

COMPOSÉES

PAR BOILEAU[1],

POUR

LES DIVERSES ÉDITIONS DE SES OUVRAGES.

I. PRÉFACE

DES ÉDITIONS DE 1666-1669.

LE LIBRAIRE AU LECTEUR.

Ces satires dont on fait part au public n'auroient jamais couru le hasard de l'impression si l'on eût laissé faire leur auteur. Quelques applaudissements qu'un assez grand nombre de personnes amoureuses de ces sortes d'ouvrages ait donnés aux siens, sa modestie lui persuadoit que de les faire imprimer, ce seroit augmenter le nombre des méchants livres, qu'il blâme en tant de rencontres, et se rendre par là digne lui-même en quelque façon d'avoir place dans ses

---

[1] Nous n'y joindrons pas les préfaces qui n'appartiennent qu'à ses éditeurs ou commentateurs.

satires. C'est ce qui lui a fait souffrir fort long temps, avec une patience qui tient quelque chose de l'héroïque dans un auteur, les mauvaises copies qui ont couru de ses ouvrages, sans être tenté pour cela de les faire mettre sous la presse. Mais enfin toute sa constance l'a abandonné à la vue de cette monstrueuse édition qui en a paru depuis peu[1]. Sa tendresse de père s'est réveillée à l'aspect de ses enfants ainsi défigurés et mis en pièces, surtout lorsqu'il les a vus accompagnés de cette prose fade et insipide, que tout le sel de ses vers ne pourroit pas relever : je veux dire de ce *Jugement sur les Sciences*[2], qu'on a cousu si peu judicieusement à la fin de son livre. Il a eu peur que ses satires n'achevassent de se gâter en une si méchante compagnie; et il a cru, enfin, que puisqu'un ouvrage, tôt ou tard, doit passer par les mains de l'imprimeur, il valoit mieux subir le joug de bonne grace, et faire de lui-même ce qu'on avoit déjà fait malgré lui. Joint que ce galant homme qui a pris le soin de la première édition, y a mêlé les noms de quelques personnes que l'auteur honore, et devant qui il est bien aise de se justifier. Toutes ces considérations, dis-je, l'ont obligé à me confier les véritables originaux de ses pièces, augmentées encore de deux

[1] A Rouen, en 1665.

[2] Boileau ne savoit point en 1666 et 1668 de qui étoit cette pièce : elle est de Saint-Évremond. (T. II de ses œuvres, édition de 1753; pag. 112-119.) C'est un bien médiocre opuscule.

autres[1], pour lesquelles il appréhendoit le même sort. Mais en même temps il m'a laissé la charge de faire ses excuses aux auteurs qui pourront être choqués de la liberté qu'il s'est donnée de parler de leurs ouvrages en quelques endroits de ses écrits. Il les prie donc de considérer que le Parnasse fut de tout temps un pays de liberté; que le plus habile y est tous les jours exposé à la censure du plus ignorant; que le sentiment d'un seul homme ne fait point de loi; et qu'au pis aller, s'ils se persuadent qu'il ait fait du tort à leurs ouvrages, ils s'en peuvent venger sur les siens, dont il leur abandonne jusqu'aux points et aux virgules. Que si cela ne les satisfait pas encore, il leur conseille d'avoir recours à cette bienheureuse tranquillité des grands hommes comme eux, qui ne manquent jamais de se consoler d'une semblable disgrace par quelque exemple fameux, pris des plus célèbres auteurs de l'antiquité, dont ils se font l'application tout seuls. En un mot, il les supplie de faire réflexion que si leurs ouvrages sont mauvais, ils méritent d'être censurés; et que s'ils sont bons, tout ce qu'on dira contre eux ne les fera pas trouver mauvais[2]. Au reste, comme la malignité de ses ennemis s'efforce depuis peu de donner un sens coupable à ses pensées même les plus in-

---

[1] Les satires III et V.

[2] Ici finit la préface de l'édition de 1666 : ce qui suit fut ajouté dans celle de 1667.

nocentes, il prie les honnêtes gens de ne se pas laisser surprendre aux subtilités raffinées de ces petits esprits qui ne savent se venger que par des voies lâches, et qui lui veulent souvent faire un crime affreux d'une élégance poétique[1]. Il est bien aise aussi de faire savoir dans cette édition que le nom de Scutari, l'heureux Scutari, ne veut dire que Scutari ; bien que quelques-uns l'aient voulu attribuer à un des plus fameux poètes de notre siècle[2], dont l'auteur estime le mérite et honore la vertu.

J'ai charge encore d'avertir ceux qui voudront faire des satires contre les satires, de ne se point cacher. Je leur réponds que l'auteur ne les citera point devant d'autre tribunal que celui des muses : parce que, si ce sont des injures grossières, les beurrières lui en feront raison ; et si c'est une raillerie délicate, il n'est pas assez ignorant dans les lois pour ne pas savoir qu'il doit porter la peine du talion. Qu'ils écrivent donc librement : comme ils contribueront sans doute à rendre l'auteur plus illustre, ils feront le profit du libraire ; et cela me regarde. Quelque intérêt pourtant que j'y trouve, je leur conseille d'attendre quelque temps, et de laisser mûrir leur mauvaise humeur. On ne fait rien qui vaille dans la colère. Vous avez beau vomir des injures sales et odieuses, cela marque la bassesse

---

[1] Les six dernières lignes de cet alinéa n'ont pas été reproduites dans l'édition de 1668. — [2] Georges Scudéri.

de votre ame, sans rabaisser la gloire de celui que vous attaquez; et le lecteur qui est de sang froid[1] n'épouse point les sottes passions d'un rimeur emporté. Il y auroit aussi plusieurs choses à dire touchant le reproche qu'on fait à l'auteur d'avoir pris ses pensées dans Juvénal et dans Horace; mais, tout bien considéré, il trouve l'objection si honorable pour lui, qu'il croiroit se faire tort d'y répondre.

[1] *De sens froid*, dans les éditions revues par Boileau.

II. PRÉFACE

POUR L'ÉDITION DE 1674, IN-4º.

AU LECTEUR.

J'avois médité une assez longue préface, où, suivant la coutume reçue parmi les écrivains de ce temps, j'espérois rendre un compte fort exact de mes ouvrages, et justifier les libertés que j'y ai prises ; mais depuis j'ai fait réflexion que ces sortes d'avant-propos ne servoient ordinairement qu'à mettre en jour la vanité de l'auteur, et, au lieu d'excuser ses fautes, fournissoient souvent de nouvelles armes contre lui. D'ailleurs je ne crois point mes ouvrages assez bons pour mériter des éloges, ni assez criminels pour avoir besoin d'apologie. Je ne me louerai donc ici, ni ne me justifierai de rien. Le lecteur saura seulement que je lui donne une édition de mes satires plus correcte que les précédentes, deux épîtres nouvelles[1], l'Art poétique en vers, et quatre chants du Lutrin[2]. J'y ai ajouté aussi la traduction du Traité que le rhéteur Longin a composé du sublime ou du merveilleux dans le discours. J'ai fait originairement cette traduction pour

---

[1] Les épîtres II et III.
[2] Les deux derniers chants de ce poème n'ont pas été imprimés avant 1683.

m'instruire, plutôt que dans le dessein de la donner au public; mais j'ai cru qu'on ne seroit pas fâché de la voir ici à la suite de la Poétique, avec laquelle ce traité a quelque rapport, et où j'ai même inséré plusieurs préceptes qui en sont tirés. J'avois dessein d'y joindre aussi quelques dialogues en prose que j'ai composés; mais des considérations particulières m'en ont empêché. J'espère en donner quelque jour un volume à part. Voilà tout ce que j'ai à dire au lecteur. Encore ne sais-je si je ne lui en ai point déjà trop dit, et si, en ce peu de paroles, je ne suis point tombé dans le défaut que je voulois éviter.

III. PRÉFACE

POUR L'ÉDITION DE 1674 OU 1675[1], IN-12.

AU LECTEUR.

Je m'imagine que le public me fait la justice de croire que je n'aurois pas beaucoup de peine à répondre aux livres qu'on a publiés contre moi; mais j'ai naturellement une espèce d'aversion pour ces longues apologies qui se font en faveur de bagatelles aussi bagatelles que sont mes ouvrages. Et d'ailleurs ayant attaqué, comme j'ai fait, de gaieté de cœur, plusieurs écrivains célèbres, je serois bien injuste, si je trouvois mauvais qu'on m'attaquât à mon tour. Ajoutez que si les objections qu'on me fait sont bonnes, il est raisonnable qu'elles passent pour telles; et si elles sont mauvaises, il se trouvera assez de lecteurs sensés pour redresser les petits esprits qui s'en pourroient laisser surprendre. Je ne répondrai donc rien à tout ce qu'on a dit ni à tout ce qu'on a écrit contre moi; et si je n'ai donné aux auteurs de bonnes règles de poésie, j'espère leur donner par là une leçon assez belle de modération. Bien loin de leur rendre injures pour injures, ils trou-

---

[1] Brossette dit 1674, et Saint-Marc, 1675. Voyez, dans nos préliminaires, le catalogue des éditions de Boileau.

veront bon que je les remercie ici du soin qu'ils prennent de publier que ma Poétique est une traduction de la Poétique d'Horace : car puisque dans mon ouvrage qui est d'onze cents vers, il n'y en a pas plus de cinquante ou soixante tout au plus imités d'Horace, ils ne peuvent pas faire un plus bel éloge du reste qu'en le supposant traduit de ce grand poète; et je m'étonne après cela qu'ils osent combattre les règles que j'y débite. Pour Vida, dont ils m'accusent d'avoir pris aussi quelque chose, mes amis savent bien que je ne l'ai jamais lu, et j'en puis faire tel serment qu'on voudra, sans craindre de blesser ma conscience.

IV. PRÉFACE

POUR LES ÉDITIONS DE 1683 ET 1694.

Voici une édition de mes ouvrages beaucoup plus exacte que les précédentes, qui ont toutes été assez peu correctes[1]. J'y ai joint cinq épîtres nouvelles[2], que j'avois composées long-temps avant que d'être engagé dans le glorieux emploi[3] qui m'a tiré du métier de la poésie. Elles sont du même style que mes autres écrits, et j'ose me flatter qu'elles ne leur feront point de tort; mais c'est au lecteur à en juger, et je n'emploierai point ici ma préface, non plus que dans mes autres éditions, à le gagner par des flatteries, ou à le prévenir par des raisons dont il doit s'aviser de lui-même. Je me contenterai de l'avertir d'une chose dont il est bon qu'on soit instruit : c'est qu'en attaquant dans mes satires les défauts de quantité d'écrivains de notre siècle, je n'ai pas prétendu pour cela ôter à ces écrivains le mérite et les bonnes qualités qu'ils peuvent avoir d'ailleurs. Je n'ai pas prétendu, dis-je, que Cha-

---

[1] L'édition de 1683, porte: « beaucoup plus exacte et plus cor-« recte que les précédentes, qui ont toutes été assez fautives. »

[2] Épîtres V, VI, VII, VIII et IX ; mais l'épître V avoit déjà paru dans l'édition de 1675.

[3] D'historiographe : ce titre avoit été donné à Boileau et à Racine en 1677.

pelain, par exemple, quoique assez méchant poète,
n'ait pas fait autrefois, je ne sais comment, une assez
belle ode[1]; et qu'il n'y eût point d'esprit ni d'agrément
dans les ouvrages de M. Quinault, quoique si éloignés[2] de la perfection de Virgile. J'ajouterai même,
sur ce dernier, que dans le temps où j'écrivis contre
lui, nous étions tous deux fort jeunes, et qu'il n'avoit
pas fait alors beaucoup d'ouvrages qui lui ont dans la
suite acquis une juste réputation[3]. Je veux bien aussi
avouer qu'il y a du génie dans les écrits de Saint-
Amant, de Brébeuf, de Scudéri, et de plusieurs autres
que j'ai critiqués, et qui sont en effet d'ailleurs, aussi
bien que moi, très-dignes de critique. En un mot, avec
la même sincérité que j'ai raillé de[4] ce qu'ils ont de
blâmable, je suis prêt à convenir de ce qu'ils peuvent
avoir d'excellent. Voilà, ce me semble, leur rendre
justice, et faire bien voir que ce n'est point un esprit
d'envie et de médisance qui m'a fait écrire contre eux.
Pour revenir à mon édition (outre mon remerciement

[1] Au lieu de « n'ait pas fait une assez belle ode », on lit dans l'édition de 1683 : « ne fût pas bon grammairien. » Cette ode de Chapelain étoit en l'honneur du cardinal de Richelieu.

[2] *Quoique fort éloignés....* Édition de 1683.

[3] Cette phrase n'est pas dans l'édition de 1683 : les ouvrages de Quinault ici désignés sont ses opéra ; il n'avoit fait, quand Boileau le nommoit dans les premières satires, que des tragédies fort dé-plorables.

[4] On a supprimé ce *de* dans la plupart des éditions postérieures à la mort de Boileau.

à l'académie et quelques épigrammes que j'y ai jointes[1]), j'ai aussi ajouté au poème du Lutrin deux chants nouveaux qui en font la conclusion. Ils ne sont pas, à mon avis, plus mauvais que les quatre autres chants, et je me persuade qu'ils consoleront aisément les lecteurs de quelques vers que j'ai retranchés à l'épisode de l'horlogère[2], qui m'avoit toujours paru un peu trop long. Il seroit inutile maintenant de nier que ce poème a été composé à l'occasion d'un différent[3]....

---

[1] Les mots que nous mettons ici entre parenthèses, ont été ajoutés dans l'édition de 1694.

[2] L'horlogère a été remplacée par une perruquière dans les éditions du Lutrin postérieures à 1700.

[3] Nous supprimons le reste de cette préface afin qu'il n'y ait pas double emploi : ce que nous en retranchons en a été détaché par Boileau lui-même en 1701, pour servir de préface particulière au Lutrin; et nous placerons cette préface dans le tome second, avant le poème qu'elle concerne.

V. AVERTISSEMENT

QUI, DANS L'ÉDITION DE 1694, SUIT LA PRÉFACE QUE L'ON VIENT DE LIRE.

AU LECTEUR.

J'ai laissé ici la même préface qui étoit dans les deux éditions précédentes, à cause de la justice que j'y rends à beaucoup d'auteurs que j'ai attaqués. Je croyois avoir assez fait connoître, par cette démarche où personne ne m'obligeoit, que ce n'est point un esprit de malignité qui m'a fait écrire contre ces auteurs, et que j'ai été plutôt sincère à leur égard que médisant. M. Perrault néanmoins n'en a pas jugé de la sorte. Ce galant homme, au bout de près de vingt-cinq ans[1] qu'il y a que mes satires ont été imprimées la première fois, est venu tout-à-coup, et dans le temps qu'il se disoit de mes amis, réveiller des querelles entièrement oubliées, et me faire sur mes ouvrages un procès que mes ennemis ne me faisoient plus. Il a compté pour rien les bonnes raisons que j'ai mises en rimes pour montrer qu'il n'y a point de médisance à se moquer des méchants écrits, et, sans prendre la peine de réfuter ces raisons, a jugé à propos de me traiter dans un livre[2],

---

[1] Brossette observe que la première édition des satires étant de 1666, il falloit dire *près de trente ans*.

[2] Le *Parallèle des anciens et des modernes*.

en termes assez peu obscurs, de médisant, d'envieux, de calomniateur, d'homme qui n'a songé qu'à établir sa réputation sur la ruine de celle des autres. Et cela fondé principalement sur ce que j'ai dit dans mes satires que Chapelain avoit fait des vers durs, et qu'on étoit à l'aise aux sermons de l'abbé Cotin.

Ce sont en effet les deux grands crimes qu'il me reproche, jusqu'à vouloir me faire comprendre que je ne dois jamais espérer de rémission du mal que j'ai causé, en donnant par là occasion à la postérité de croire que sous le règne de Louis-le-Grand il y a eu en France un poète ennuyeux et un prédicateur assez peu suivi. Le plaisant de l'affaire est que, dans le livre qu'il fait pour justifier notre siècle de cette étrange calomnie, il avoue lui-même que Chapelain est un poète très-peu divertissant, et si dur dans ses expressions, qu'il n'est pas possible de le lire. Il ne convient pas ainsi du désert qui étoit aux prédications de l'abbé Cotin. Au contraire, il assure qu'il a été fort pressé à un des sermons de cet abbé; mais en même temps il nous apprend cette jolie particularité de la vie d'un si grand prédicateur, que sans ce sermon, où heureusement quelques-uns de ses juges se trouvèrent, la justice, sur la requête de ses parents, lui alloit donner un curateur comme à un imbécile. C'est ainsi que M. Perrault sait défendre ses amis, et mettre en usage les leçons de cette belle rhétorique moderne inconnue aux anciens, où vraisemblablement il a appris à dire ce qu'il ne faut point dire. Mais je parle assez de la justesse d'esprit de M. Perrault dans mes réflexions critiques sur Longin, et il est bon d'y renvoyer les lecteurs.

Tout ce que j'ai ici à leur dire, c'est que je leur donne dans cette nouvelle édition, outre mes anciens ouvrages exactement revus, ma satire contre les femmes, l'ode sur Namur, quelques épigrammes, et mes réflexions critiques sur Longin. Ces réflexions, que j'ai composées à l'occasion des dialogues de M. Perrault, se sont multipliées sous ma main beaucoup plus que je ne croyois, et sont cause que j'ai divisé mon livre en deux volumes. J'ai mis à la fin du second volume les traductions latines qu'ont fait[1] de mon ode les deux plus célèbres professeurs en éloquence de l'université; je veux dire M. Lenglet et M. Rollin. Ces traductions ont été généralement admirées, et ils m'ont fait en cela tous deux d'autant plus d'honneur, qu'ils savent bien que c'est la seule lecture de mon ouvrage qui les a excités à entreprendre ce travail. J'ai aussi joint à ces traductions quatre épigrammes latines que le révérend père Fraguier[2], jésuite, a faites contre le Zoïle moderne. Il y en a deux qui sont imitées d'une des miennes. On ne peut rien voir de plus poli ni de plus élégant que

---

[1] On a imprimé *faites* dans plusieurs éditions; mais Boileau avoit écrit *fait*.
[2] Depuis, l'abbé Fraguier, de l'académie des Inscriptions et Belles-Lettres et de l'Académie françoise.

ces quatre épigrammes, et il semble que Catulle y soit ressuscité pour venger Catulle : j'espère donc que le public me saura quelque gré du présent que je lui en fais.

Au reste, dans le temps que cette nouvelle édition de mes ouvrages alloit voir le jour, le révérend père de La Landelle [1], autre célèbre jésuite, m'a apporté une traduction latine qu'il a aussi faite de mon ode, et cette traduction m'a paru si belle, que je n'ai pu résister à la tentation d'en enrichir encore mon livre, où on la trouvera avec les deux autres à la fin du second tome.

[1] Depuis, l'abbé de Saint-Remi. Il a traduit une ode de Boileau en latin, et tout Virgile en françois. La seconde de ces traductions n'a pas obtenu les éloges que Boileau donne si libéralement à la première.

VI. PRÉFACE

POUR L'ÉDITION DE 1701[1].

Comme c'est ici vraisemblablement la dernière édition de mes ouvrages que je reverrai, et qu'il n'y a pas d'apparence qu'âgé comme je suis de plus de soixante-trois ans[2], et accablé de beaucoup d'infirmités, ma course puisse être encore fort longue, le public trouvera bon que je prenne congé de lui dans les formes, et que je le remercie de la bonté qu'il a eue d'acheter tant de fois des ouvrages si peu dignes de son admiration. Je ne saurois attribuer un si heureux succès qu'au soin que j'ai pris de me conformer toujours à ses sentiments, et d'attraper, autant qu'il m'a été possible, son goût en toutes choses. C'est effectivement à quoi il me semble que les écrivains ne sauroient trop s'étudier. Un ouvrage a beau être approuvé d'un petit nombre de connoisseurs : s'il n'est plein d'un certain agrément et d'un certain sel propre à piquer le goût général des

---

[1] Les remarques de l'abbé Trublet sur cette préface ne sont ni fort ingénieuses ni fort instructives : on les trouve p. 89-129 du tome II de ses *Essais sur divers sujets de littérature et de morale*, 1762, in-12.

[2] Il falloit dire *plus de soixante-quatre*; mais nous avons exposé dans nos préliminaires, pourquoi Boileau se rajeunissoit toujours d'un an.

hommes, il ne passera jamais pour un bon ouvrage, et il faudra à la fin que les connoisseurs eux-mêmes avouent qu'ils se sont trompés en lui donnant leur approbation.

Que si on me demande ce que c'est que cet agrément et ce sel, je répondrai que c'est un je ne sais quoi, qu'on peut beaucoup mieux sentir que dire. A mon avis néanmoins, il consiste principalement à ne jamais présenter au lecteur que des pensées vraies et des expressions justes. L'esprit de l'homme est naturellement plein d'un nombre infini d'idées confuses du vrai, que souvent il n'entrevoit qu'à demi; et rien ne lui est plus agréable que lorsqu'on lui offre quelqu'une de ces idées bien éclaircie et mise dans un beau jour. Qu'est-ce qu'une pensée neuve, brillante, extraordinaire? Ce n'est point, comme se le persuadent les ignorants, une pensée que personne n'a jamais eue, ni dû avoir : c'est au contraire une pensée qui a dû venir à tout le monde, et que quelqu'un s'avise le premier d'exprimer[1]. Un bon mot n'est bon mot qu'en ce qu'il dit une chose que chacun pensoit, et qu'il la dit d'une manière vive, fine et nouvelle. Considérons, par exemple, cette réplique si fameuse de Louis douzième[2] à ceux de ses ministres qui lui conseilloient de faire

---

[1] Une vérité, a dit Fontenelle, appartient à celui qui la nomme.
[2] *Vaugelas*, Rem. CXXVII, veut qu'on dise *Louis douzième*, comme le fait ici Boileau, et non *Louis douze*, comme c'est aujourd'hui et depuis long-temps l'usage.

punir plusieurs personnes qui, sous le règne précédent, et lorsqu'il n'étoit encore que duc d'Orléans, avoient pris à tâche de le desservir. « Un roi de France, « leur répondit-il, ne venge point les injures d'un duc « d'Orléans. » D'où vient que ce mot frappe d'abord? N'est-il pas aisé de voir que c'est parce qu'il présente aux yeux une vérité que tout le monde sent, et qu'il dit, mieux que tous les plus beaux discours de morale, « qu'un grand prince, lorsqu'il est une fois sur le « trône, ne doit plus agir par des mouvements particuliers, ni avoir d'autre vue que la gloire et le bien « général de son état? »

Veut-on voir au contraire combien une pensée fausse est froide et puérile? Je ne saurois rapporter un exemple qui le fasse mieux sentir que deux vers du poète Théophile, dans sa tragédie intitulée *Pyrame et Thisbé*, lorsque cette malheureuse amante ayant ramassé le poignard encore tout sanglant dont Pyrame s'étoit tué, elle querelle ainsi ce poignard :

> Ah! voici le poignard qui du sang de son maître
> S'est souillé lâchement. Il en rougit, le traître!

Toutes les glaces du Nord ensemble ne sont pas, à mon sens, plus froides que cette pensée[1]. Quelle

[1] Cette observation de Boileau a paru elle-même assez froide et peu digne du bon goût de ce grand critique. « Il a voulu, disent les « journalistes de Trévoux (1703, t. III, p. 1532), il a voulu faire « sentir, par *deux exemples*, combien est froide une pensée fausse. »

extravagance, bon Dieu! de vouloir que la rougeur du sang dont est teint le poignard d'un homme qui vient de s'en tuer lui-même soit un effet de la honte qu'a ce poignard de l'avoir tué! Voici encore une pensée qui n'est pas moins fausse, ni par conséquent moins froide. Elle est de Benserade, dans ses métamorphoses en rondeaux, où, parlant du déluge envoyé par les dieux pour châtier l'insolence de l'homme, il s'exprime ainsi:

> Dieu lava bien la tête à son image.

Peut-on, à propos d'une si grande chose que le déluge, dire rien de plus petit ni de plus ridicule que ce quolibet, dont la pensée est d'autant plus fausse en toutes manières, que le dieu dont il s'agit en[1] cet endroit, c'est Jupiter, qui n'a jamais passé chez les païens pour avoir fait l'homme à son image; l'homme dans la fable étant, comme tout le monde sait, l'ouvrage de Prométhée?

Puisqu'une[2] pensée n'est belle qu'en ce qu'elle est vraie, et que l'effet infaillible du vrai, quand il est bien énoncé, c'est de frapper les hommes, il s'ensuit que ce qui ne frappe point les hommes n'est ni beau ni vrai, ou qu'il est mal énoncé, et que par conséquent un ouvrage qui n'est point goûté du public est un très-méchant ouvrage. Le gros des hommes peut bien, du-

---

[1] *A cet endroit*, dans l'édition de 1701.
[2] *Puis donc qu'une*, dans la même édition.

rant quelque temps, prendre le faux pour le vrai, et admirer de méchantes choses; mais il n'est pas possible qu'à la longue une bonne chose ne lui plaise; et je défie tous les auteurs les plus mécontents du public de me citer un bon livre que le public ait jamais rebuté, à moins qu'ils ne mettent en ce rang leurs écrits, de la bonté desquels eux seuls sont persuadés. J'avoue néanmoins, et on ne le sauroit nier, que quelquefois, lorsque d'excellents ouvrages viennent à paroître, la cabale et l'envie trouvent moyen de les rabaisser, et d'en rendre en apparence le succès douteux : mais cela ne dure guère[1]; et il en arrive de ces ouvrages comme d'un morceau de bois qu'on enfonce dans l'eau avec la main : il demeure au fond tant qu'on l'y retient; mais bientôt la main venant à se lasser, il se relève et gagne le dessus[2]. Je pourrois dire un nombre infini de pareilles choses sur ce sujet, et ce seroit la matière d'un gros livre; mais en voilà assez, ce me semble, pour marquer au public ma reconnoissance et la bonne idée[3] que j'ai de son goût et de ses jugements.

Parlons maintenant de mon édition nouvelle. C'est

---

[1] Brossette dit que Boileau citoit, pour exemples, *l'École des femmes* de Molière et la *Phèdre* de Racine.

[2] « La même pensée se trouve dans la seconde ode des *Pythiques* « de Pindare, où ce poète se compare à l'écorce du liége, qui de-« meure sur la surface de l'eau, au milieu des agitations de la mer. » J.-B. Rousseau, tome II de ses lettres, page 102.

[3] *Et la haute idée*, dans l'édition de 1701.

la plus correcte qui ait encore paru; et non-seulement je l'ai revue avec beaucoup de soin, mais j'y ai retouché de nouveau plusieurs endroits de mes ouvrages : car je ne suis point de ces auteurs fuyant[1] la peine, qui ne se croient plus obligés de rien raccommoder à leurs écrits, dès qu'ils les ont une fois donnés au public. Ils allèguent, pour excuser leur paresse, qu'ils auroient peur, en les trop remaniant, de les affoiblir, et de leur ôter cet air libre et facile qui fait, disent-ils, un des plus grands charmes du discours; mais leur excuse, à mon avis, est très-mauvaise. Ce sont les ouvrages faits à la hâte, et, comme on dit, au courant de la plume, qui sont ordinairement secs, durs et forcés. Un ouvrage ne doit point paroître trop travaillé, mais il ne sauroit être trop travaillé; et c'est souvent le travail même qui, en le polissant, lui donne cette facilité tant vantée qui charme le lecteur. Il y a bien de la différence entre des vers faciles et des vers facilement faits. Les écrits de Virgile, quoique extraordinairement travaillés, sont bien plus naturels que ceux de Lucain, qui écrivoit, dit-on, avec une rapidité prodigieuse. C'est ordinairement la peine que s'est donnée un auteur à limer et à perfectionner ses écrits

---

[1] *Fuyans* étoit, dans l'édition de 1701, une faute que l'on a dû corriger. Un participe actif ayant un régime et surtout un régime direct est considéré comme gérondif et ne doit jamais se décliner : cette règle de grammaire françoise étoit établie depuis plus de quarante ans en 1701.

qui fait que le lecteur n'a point de peine en les lisant. Voiture, qui paroît si aisé[1], travailloit extrêmement ses ouvrages. On ne voit que des gens qui font aisément des choses médiocres; mais des gens qui en fassent même difficilement de fort bonnes, on en trouve très-peu.

Je n'ai donc point de regret d'avoir encore employé quelques-unes de mes veilles à rectifier mes écrits dans cette nouvelle édition, qui est, pour ainsi dire, mon édition favorite : aussi y ai-je mis mon nom, que je m'étois abstenu de mettre à toutes les autres. J'en avois ainsi usé par pure modestie; mais aujourd'hui que mes ouvrages sont entre les mains de tout le monde, il m'a paru que cette modestie pourroit avoir quelque chose d'affecté. D'ailleurs j'ai été bien aise, en le mettant à la tête de mon livre, de faire voir par là quels sont précisément les ouvrages que j'avoue, et d'arrêter, s'il est possible, le cours d'un nombre infini de méchantes pièces qu'on répand partout sous mon nom, et principalement dans les provinces et dans les pays étrangers. J'ai même, pour mieux prévenir cet inconvénient, fait mettre au commencement de ce volume une liste exacte et détaillée de tous mes écrits[2], et on la trou-

---

[1] Jugement étrange et peu conciliable avec ce que Boileau dit ailleurs de Voiture. Voyez satire XII, v. 41-51.

[2] C'est une simple liste des pièces contenues dans l'édition de 1701, suivant l'ordre qu'elles y tiennent : il ne faut point la confondre avec le catalogue chronologique inséré dans l'édition de 1713 et qu'on retrouvera ci-dessous, pages 28-29.

vera immédiatement après cette préface. Voilà de quoi il est bon que le lecteur soit instruit.

Il ne reste plus présentement qu'à lui dire quels sont les ouvrages dont j'ai augmenté ce volume. Le plus considérable est une onzième satire que j'ai tout récemment composée, et qu'on trouvera à la suite des dix précédentes. Elle est adressée à M. de Valincour, mon illustre associé à l'histoire. J'y traite du vrai et du faux honneur, et je l'ai composée avec le même soin que tous mes autres écrits. Je ne saurois pourtant dire si elle est bonne ou mauvaise : car je ne l'ai encore communiquée qu'à deux ou trois de mes plus intimes amis, à qui même je n'ai fait que la réciter fort vite, dans la peur qu'il ne lui arrivât ce qui est arrivé à quelques autres de mes pièces, que j'ai vu[1] devenir publiques avant même que je les eusse mises sur le papier ; plusieurs personnes, à qui je les avois dites plus d'une fois, les ayant retenues par cœur, et en ayant donné des copies. C'est donc au public à m'apprendre ce que je dois penser de cet ouvrage, ainsi que de plusieurs autres petites pièces de poésie qu'on trouvera dans cette nouvelle édition, et qu'on y a mêlées parmi les épigrammes qui y étoient déjà. Ce sont toutes bagatelles, que j'ai la plupart composées dans ma plus tendre jeu-

---

[1] *Vues*, dans plusieurs éditions nouvelles ; mais *vu* est ici plus correct, quoiqu'on ait à citer pour l'autre leçon, des exemples de Racine.

nesse[1], mais que j'ai un peu rajustées, pour les rendre plus supportables au lecteur. J'y ai fait aussi ajouter deux nouvelles lettres; l'une que j'écris à M. Perrault[2], et où je badine avec lui sur notre démêlé poétique, presque aussitôt éteint qu'allumé; l'autre est un remerciement à M. le comte d'Ériceyra[3], au sujet de la traduction de mon Art poétique faite par lui en vers portugais, qu'il a eu la bonté de m'envoyer de Lisbonne, avec une lettre et des vers françois de sa composition, où il me donne des louanges très-délicates, et auxquelles il ne manque que d'être appliquées à un meilleur sujet. J'aurois bien voulu pouvoir m'acquitter de la parole que je lui donne à la fin de ce remerciement, de faire imprimer cette excellente traduction à la suite de mes poésies; mais malheureusement un de mes amis[4], à qui je l'avois prêtée, m'en a égaré le premier chant; et j'ai eu la mauvaise honte de n'oser récrire à Lisbonne pour en avoir une autre copie[5]! Ce sont là à peu près tous les ouvrages de ma façon, bons ou méchants, dont on trouvera ici mon livre augmenté. Mais une chose qui sera sûrement agréable au public, c'est le présent que je lui fais, dans ce même livre, de

---

[1] *Dans ma première jeunesse*, édition de 1701.

[2] En 1700 : elle se trouvera dans notre tome IV.

[3] En 1697 : *ibidem*.

[4] L'abbé Regnier Desmarais, secrétaire de l'Académie françoise.

[5] Sur le vrai motif de cette omission, voyez, dans notre tome IV, la lettre de Boileau à Brossette, datée du 10 juillet 1701.

la lettre que le célèbre M. Arnauld a écrite à M. Perrault à propos de ma dixième satire, et où, comme je l'ai dit dans l'épître à mes vers, il fait en quelque sorte mon apologie[1]. Je ne doute point que beaucoup de gens ne m'accusent de témérité, d'avoir osé associer à mes écrits l'ouvrage[2] d'un si excellent homme; et j'avoue que leur accusation est bien fondée : mais le moyen de résister à la tentation de montrer à toute la terre, comme je le montre en effet par l'impression de cette lettre, que ce grand personnage me faisoit l'honneur de m'estimer, et avoit la bonté

Meas esse aliquid putare nugas[3] ?

Au reste, comme, malgré une apologie si authentique, et malgré les bonnes raisons que j'ai vingt fois alléguées en vers et en prose, il y a encore des gens qui traitent de médisances les railleries que j'ai faites de quantité d'auteurs modernes, et qui publient qu'en attaquant les défauts de ces auteurs je n'ai pas rendu justice à leurs bonnes qualités, je veux bien, pour les convaincre du contraire, répéter encore ici les mêmes

---

[1] Ici, Boileau ajoutoit, dans l'édition de 1701 : « J'ai mis cette « lettre la dernière de tout le volume, afin qu'on la trouvât plus « aisément. » Ces mots ont été supprimés dans l'édition de 1713, parce que la lettre d'Arnauld n'y devoit pas être placée de la même manière.

[2] L'édition de 1713 et les suivantes jusqu'en 1746 font lire ici fort mal-à-propos *les ouvrages* au lieu de *l'ouvrage*.

[3] *Catull.* Epist. I, ad Cornelium Nepotem.

paroles que j'ai dites sur cela dans la préface de mes deux éditions précédentes[1]. Les voici :

« Il est bon que le lecteur soit averti d'une chose, « c'est qu'en attaquant.... etc. [2]. »

Après cela, si on m'accuse encore de médisance, je ne sais point de lecteur qui n'en doive aussi être accusé, puisqu'il n'y en a point qui ne dise librement son avis des écrits qu'on fait imprimer, et qui ne se croie en plein droit de le faire, du consentement même de ceux qui les mettent au jour. En effet, qu'est-ce que mettre un ouvrage au jour? N'est-ce pas en quelque sorte dire au public, Jugez-moi? Pourquoi donc trouver mauvais qu'on nous juge? Mais j'ai mis tout ce raisonnement en rimes dans ma neuvième satire, et il suffit d'y renvoyer mes censeurs.

[1] De 1683 et 1694.
[2] Voyez ci-dessus la préface IV, page 10-11, jusqu'à *m'a fait écrire contre eux*. Il y a cependant ici trois variantes : les mots *assez méchant poète* sont remplacés par *poète fort dur* ; *éloignés*, par *éloigné* ; et le nom de Scudéri est suivi de celui *de Cotin même*.

VII. CATALOGUE
DES ŒUVRES DE BOILEAU,
RÉDIGÉ, DIT-ON, PAR LUI-MÊME.

Ce catalogue suit la préface de l'édition de 1701 dans l'édition de 1713.

PIÈCES.	AGE auquel l'auteur les a faites.	ANNÉES où les pièces ont été composées.
Discours au roi	27	1664
Satire I	21	1658
II		
III	26	1663
IV		
V		
VI	24	1661
VII	25	1662
VIII	30	1667
IX	29	1666
X	55	1692
XI	63	1700
Épître I	30	1667
II	29	1666
III	33	1670
IV	35	1672
V	39	1676
VI		
VII	40	1677
VIII		
IX	36	1673
X	56	1693
XI	57	1694
XII	58	1695

PIÈCES.	AGE auquel l'auteur les a faites.	ANNÉES où les pièces ont été composées.
Art poétique...............	34........	1672
Le Lutrin..................	36........	1673
Ode sur Namur.............	55........	1692
Vers sur Macarise...........	19........	1656
Sonnet sur une parente.......	15........	1652
Stances sur l'École des femmes.....	25........	1662
Arrêt burlesque.............	38........	1675
Discours sur la satire........	29........	1666
Lettre à M. le duc de Vivonne.....	39........	1676
Remerciement à l'académie........	47........	1684
Les Héros de roman............	27........	1664
Réflexions sur Longin............	57........	1694
Dissertation contre M. Le Clerc....	73........	1710
Traduction de Longin..........	37........	1674
Lettre à M. le comte d'Ériceyra.....	68........	1704
Épigrammes faites en divers temps..		

Voilà au vrai, *dit M. Despréaux dans un écrit*[1] *que l'on a trouvé après sa mort,* tous les ouvrages que j'ai faits : car pour tous les autres ouvrages qu'on m'attribue et qu'on s'opiniâtre de mettre dans les éditions étrangères, il n'y a que des ridicules[2] qui m'en puissent soupçonner l'auteur[3]. Dans ce rang on doit

[1] C'est l'éditeur de 1713 qui cite cet écrit, trouvé, dit-il, chez Boileau, et dont la date ne sauroit être fort antérieure à celle de la mort de ce poète, puisque le catalogue indique la dissertation contre Le Clerc, composée en 1710. Ce catalogue toutefois n'est ni complet ni exact. Nous en mettrons bientôt un autre sous les yeux des lecteurs.

[2] Des hommes ridicules.

[3] On écriroit aujourd'hui : *qui puissent me soupçonner d'en être l'auteur.*

mettre une satire très-fade contre les frais des enterrements; une autre, encore plus plate, contre le mariage, qui commence par ce vers :

On veut me marier, et je n'en ferai rien [1];

celle contre les jésuites, et quantité d'autres aussi impertinentes. J'avoue pourtant que, dans la parodie des vers du Cid, faite sur la perruque de Chapelain, qu'on m'attribue encore, il y a quelques traits qui nous échappèrent, à M. Racine et à moi, dans un repas que nous fîmes chez Furetière, auteur du Dictionnaire; mais dont nous n'écrivîmes jamais rien ni l'un ni l'autre : de sorte que c'est Furetière qui est proprement le vrai et l'unique auteur de cette parodie, comme il ne s'en cachoit pas lui-même [2].

[1] Ces deux satires sont de Louis Sanlecque.
[2] Les notes historiques que nous aurions pu joindre à ces préfaces sur les personnages qui y sont nommés, comme Furetière, Chapelain, Sanlecque, etc., seront mieux placées auprès des satires, des épîtres et des autres pièces où ces mêmes noms reparoîtront.

ORDRE CHRONOLOGIQUE

D'UNE GRANDE PARTIE DES OUVRAGES DE BOILEAU,

(RÉDIGÉ POUR L'ÉDITION DE 1809.)

ANNÉES.	AGE de l'auteur.	PIÈCES.
1653—1656	17—20	Sonnet sur la mort d'une parente. — Chanson, *Philosophes rêveurs*. — Chanson, *Soupirez nuit et jour*. — Ode contre les Anglois.
1660	24	Satire I. — Satire VI.
1663	27	Dissertation sur Joconde.
1663	27	Satire VII. — Stances à Molière.
1664	28	Satire II. — Satire IV. — Les Héros de roman.
1665	29	Discours au roi. — Sat. III. — Sat. V.
1666	30	Préface I.
1667	31	Satire VIII. — Satire IX.
1668	32	Discours en prose sur la satire.
1669	33	Épître I. — Épître II.
1669—1674	33—38	Art poétique.
1672	36	Épître IV.
1672—1674	36—38	Les quatre premiers chants du Lutrin.
1673	37	Épître III.
1674	38	Préface II. — Préface III. — Épît. V. — Traduction de Longin.
1675	39	Épître IX. — Épître VIII.
1677	41	Épître VII. — Épître VI.
1681—1683	45—47	Les deux derniers chants du Lutrin.
1683	47	Préface IV. — Discours à l'Académie françoise.
1685—1690	49—54	Plusieurs épigrammes.
1693	57	Sat. X. — Ode sur Namur. — Les neuf premières Réflexions sur Longin.
1694	58	Préface V. — Lettre à Arnauld. — Épitaphe d'Arnauld.
1695	59	Épître X. — Épître XI. — Épître XII. — Lettre à Maucroix.

ANNÉES.	AGE de l'auteur.	PIÈCES.
1698......	62....	Satire XI. — Préface des trois dernières épîtres.
1699......	63....	Épigrammes XIV et XIX.—Épitaphe de Racine.
1700......	64....	Lettre à Perrault.
1701......	65....	Préface VI.
1703......	67....	Lettre à Le Verrier.
1705......	69....	Satire XII.
1710......	74....	Discours sur le dialogue des Héros de roman. — Les trois dernières Réflexions sur Longin.
1687—1698	51—62	Correspondance avec Racine.
1699—1710	63—74	Correspondance avec Brossette.

Pour distinguer les cinq espèces de notes que nous joindrons au texte de Boileau, nous emploierons les initiales

(B.) Pour les notes rédigées par Boileau lui-même.

Nous ajouterons (1713) à celles qui ne se lisent que dans l'édition donnée en 1713 par Renaudot et Valincour.

(V.) Pour les variantes.

(I.) Pour les imitations.

(H.) Pour les éclaircissements historiques.

(Cr.) Pour les observations critiques.

ŒUVRES
DE
BOILEAU DESPRÉAUX.

DISCOURS AU ROI.
(1665)

Jeune et vaillant héros, dont la haute sagesse
N'est point le fruit tardif d'une lente vieillesse[1],
Et qui seul, sans ministre[2], à l'exemple des dieux,
Soutiens tout par toi-même, et vois tout par tes yeux[3],
GRAND ROI, si jusqu'ici, par un trait de prudence,
J'ai demeuré pour toi dans un humble silence,
Ce n'est pas que mon cœur, vainement suspendu[4],
Balance pour t'offrir un encens qui t'est dû ;
Mais je sais peu louer ; et ma muse tremblante

---

[1] (Cr.) « Autant de fautes que de mots, dit Pradon ; le roi, « étant jeune, sa sagesse n'est point le fruit de la vieillesse. Ce « n'est pas une grande merveille, et c'est une chose incontestable « que s'il est jeune, il n'est pas vieux, etc., etc. » (*Le Triomphe de Pradon sur les satires du sieur D****, 1686, page 7.) Voilà ce qu'on appeloit alors critique littéraire ; et telle étoit souvent l'ineptie des censeurs de Molière, de Racine et de Boileau.

[2] (H.) Mazarin étoit mort le 9 mars 1661, quand Louis XIV n'avoit encore que vingt-deux ans.

[3] (I.) Quum tot sustineas et tanta negotia solus, etc.
Hor., lib. II, ep. 1, v. 1.

[4] (Cr.) Le Brun pense que cette expression est impropre et qu'on ne dit pas *un cœur suspendu*, comme on dit *un esprit suspendu*.

Fuit d'un si grand fardeau la charge trop pesante[1],
Et, dans ce haut éclat où tu te viens offrir,
Touchant à tes lauriers, craindroit de les flétrir[2].

Ainsi, sans m'aveugler[3] d'une vaine manie,
Je mesure mon vol à mon foible génie :
Plus sage en mon respect que ces hardis mortels
Qui d'un indigne encens profanent tes autels;
Qui, dans ce champ d'honneur où le gain les amène,
Osent chanter ton nom, sans force et sans haleine;
Et qui vont tous les jours, d'une importune voix,
T'ennuyer du récit de tes propres exploits.

L'un, en style pompeux habillant une églogue[4],
De ses rares vertus te fait un long prologue,
Et mêle, en se vantant soi-même à tout propos,
Les louanges d'un fat à celles d'un héros.

[1] (Cr.) « La charge d'un fardeau, le fardeau d'une charge : de « bonne foi, dit Pradon, est-ce là parler françois ? » (*Nouvelles remarques sur tous les ouvrages du sieur D****, 1685.) Le Brun condamne aussi ce pléonasme, qu'à notre avis on excuse fort mal en citant ces vers d'un sonnet de Malherbe :

> Mais si la pesanteur d'une charge si grande
> Résiste à mon audace.....

Malherbe prend le mot de *charge* dans le sens d'emploi ou fonction, et non comme synonyme de fardeau; au lieu que Boileau dit la CHARGE PESANTE d'un FARDEAU si grand, ce qui ne paroit susceptible d'aucune apologie raisonnable.

[2] (V.) Et ma plume, mal propre à peindre des guerriers,
   Craindroit, en les touchant, de flétrir tes lauriers. (*Éd.* 1666-69.)

> Et, de si hauts exploits mal propre à discourir,
> Touchant à tes lauriers, craindroit de les flétrir. (*Édit.* 1674.)

Le premier vers est devenu en 1683 tel qu'il se lit aujourd'hui.

[3] (V.) Ainsi, sans me flatter.... (*Édit. de* 1666-69.)

[4] (B.) Charpentier avoit fait dans ce temps-là une églogue pour le roi en vers magnifiques, intitulée *Églogue royale*.

L'autre, en vain se lassant à polir une rime,
Et reprenant vingt fois le rabot et la lime,
Grand et nouvel effort d'un esprit sans pareil !
Dans la fin[1] d'un sonnet te compare au soleil[2].
　Sur le haut Hélicon leur veine méprisée
Fut toujours des neuf sœurs la fable et la risée.
Calliope jamais ne daigna leur parler,
Et Pégase pour eux refuse de voler.
Cependant à les voir, enflés de tant d'audace,
Te promettre en leur nom les faveurs du Parnasse,
On diroit qu'ils ont seuls l'oreille d'Apollon,
Qu'ils disposent de tout dans le sacré vallon :
C'est à leurs doctes mains, si l'on veut les en croire,
Que Phébus a commis tout le soin de ta gloire ;
Et ton nom, du midi jusqu'à l'ourse vanté,
Ne devra qu'à leurs vers son immortalité.
Mais plutôt, sans ce nom dont la vive lumière
Donne un lustre éclatant à leur veine grossière,
Ils verroient leurs écrits, honte de l'univers,
Pourir dans la poussière à la merci des vers.
A l'ombre de ton nom ils trouvent leur asile[3],

---

[1] (Cr.) L'expression *dans la fin* déplaît, non sans raison, à Le Brun ; mais elle s'employoit encore pour *à la fin*, en 1666. On prétend que Boileau s'en sert ici pour mieux peindre la pesanteur du style de Chapelain : cette intention est peu marquée et fort douteuse.

[2] (H.) Chapelain avoit fait un sonnet à la fin duquel il comparoit le roi au soleil. Brossette.

[3] (Cr.) Le Brun, et avant lui Condillac, qui avoit fait une profonde étude du langage, et même de la langue poétique, ont critiqué ces vers : ils ont demandé comment *la vive lumière* du nom de Louis, s'accordoit avec l'*asile* qu'on *trouvoit à l'ombre* de ce même nom. On pourroit demander aussi quelle idée précise est attachée aux mots *honte de l'univers*.

Comme on voit dans les champs un arbrisseau débile,
Qui, sans l'heureux appui qui le tient attaché,
Languiroit tristement sur la terre couché.

Ce n'est pas que ma plume, injuste et téméraire,
Veuille blâmer en eux le dessein de te plaire;
Et, parmi tant d'auteurs, je veux bien l'avouer,
Apollon en connoît qui te peuvent louer;
Oui, je sais qu'entre ceux qui t'adressent leurs veilles,
Parmi les Pelletiers[1] on compte des Corneilles[2].
Mais je ne puis souffrir qu'un esprit de travers,
Qui, pour rimer des mots, pense faire des vers,
Se donne en te louant une gêne inutile;
Pour chanter un Auguste, il faut être un Virgile:
Et j'approuve les soins du monarque guerrier[3]
Qui ne pouvoit souffrir qu'un artisan grossier
Entreprît de tracer, d'une main criminelle,

---

[1] (H.) Ce *Pelletier*, malgré la réputation que Boileau lui a faite, a été omis dans la *Biographie universelle*. Ce personnage est en effet peu connu; on ne sait pas très-bien comment il s'appeloit; Le Pelletier, Du Pelletier, Pelletier, etc. Il paroît qu'il étoit fils d'un épicier, et qu'il mourut dans un âge peu avancé. Boileau l'avoit peint comme un parasite qui va, *crotté jusqu'à l'échine, chercher son pain de cuisine en cuisine*. Ce trait a été appliqué depuis à Colletet. Baillet parle de *Pierre Du Pelletier, avocat à Paris* (*Jugem. des sav.*, tome V, page 292, édition in-4°); « C'est, dit-il, le nom d'une oie « criarde qui s'est glissée parmi les cygnes de la Seine...., un des « oisons qui ont fait tant de bruit dans les fossés du Parnasse fran- « çois depuis le ministère du cardinal Richelieu.... Il avoit fait « quatre centuries de sonnets. »

[2] (H.) Pierre Corneille, né à Rouen en 1606, mourut à Paris en 1684. On sait que ses *veilles* les plus glorieuses ne sont pas celles qu'il a *adressées* à Louis XIV. Il avoit fait le *Cid* en 1636, deux ans avant la naissance de ce prince: il ne fut reçu à l'Académie françoise qu'en 1647.

[3] (B.) Alexandre-le-Grand.

Un portrait réservé pour le pinceau d'Apelle [1].

Moi donc, qui connois peu Phébus et ses douceurs,
Qui suis nouveau sevré sur le mont des neuf sœurs,
Attendant que pour toi l'âge ait muri ma muse,
Sur de moindres sujets je l'exerce et l'amuse ;
Et, tandis que ton bras, des peuples redouté,
Va, la foudre à la main, rétablir l'équité [2],

[1] (I.)   Edicto vetuit ne quis se, præter Apellem,
            Pingeret, aut alius Lysippo duceret æra
            Fortis Alexandri vultum simulantia.
                                    Hor., lib. II, ep. 1, v. 239-241.

(V.)   Et j'approuve les soins de ce prince guerrier,
        Qui, craignant le pinceau d'un artisan grossier,
        Voulut qu'Apelle seul exprimât son visage,
        Ou Lysippe en airain fît fondre son image.

C'est ainsi que ces quatre vers de Boileau sont imprimés dans le *Recueil de quelques pièces nouvelles et galantes* de P. Du Marteau.

(H.) « Alexandre-le-Grand n'avoit permis qu'à Apelle de le « peindre ; à Lysippe, de faire son image en bronze ; et à Pyrgo- « tèle, de la graver sur des pierres précieuses : il étoit défendu à « tout autre de faire le portrait ou l'effigie d'Alexandre. » Plin. *Nat. hist.*, VII, 38. BROSSETTE.

[2] (Cr.) Ce *bras* qui *va la foudre à la main*, a été critiqué par Boursault (sc. VI de la *Satire des satires*) :

Et les vers dont on parle auroient moins d'embarras,
S'il eût mis la personne en la place du bras.

Le Brun trouve dans le vers de Boileau « une figure incohérente « qu'il ne faut point ranger au nombre des beautés audacieuses, « quoique la langue poétique en puisse offrir des exemples. »

« Le bras peut se prendre sans doute pour la personne, dit « M. Raynouard (*Journal des savants*, mars 1824) ; mais l'action « d'aller (*va*) présente une image incohérente avec *bras.* » Toutefois *va* rapproché de rétablir n'exprimeroit qu'un temps futur. Boileau justifioit son vers par celui de Racine, dans *Mithridate* :

Et mes derniers *regards* ont *vu* fuir les Romains.

La différence est sensible ; mais Voltaire a commis une faute plus grave dans ces vers du X.ᵉ chant de *la Henriade* :

. . . . *Sa main* désespérée

Et retient les méchants par la peur des supplices,
Moi, la plume à la main, je gourmande les vices[1],
Et, gardant pour moi-même une juste rigueur,
Je confie au papier les secrets de mon cœur[2].
Ainsi, dès qu'une fois ma verve se réveille,
Comme on voit au printemps la diligente abeille
Qui du butin des fleurs va composer son miel[3],
Des sottises du temps je compose mon fiel :
Je vais de toutes parts où me guide ma veine,
Sans tenir en marchant une route certaine ;
Et, sans gêner ma plume en ce libre métier,
Je la laisse au hasard courir sur le papier.
  Le mal est qu'en rimant, ma muse un peu légère
Nomme tout par son nom, et ne sauroit rien taire.

> Enfonce, en frémissant, le parricide acier ;
> Porte le corps sanglant auprès de son foyer ;
> Et *d'un bras* que poussoit sa faim impitoyable,
> *Prépare* avidement ce repas effroyable.

Dans Boileau, *le bras va la foudre à la main ;* dans Voltaire, *la main prépare d'un bras un repas.* Il convient assurément de laisser à la langue poétique sa liberté et même sa hardiesse, mais sans l'affranchir pourtant de toutes les lois de la logique.

[1] (Cr.) Boileau semble ici se comparer à Louis XIV ; sur quoi Boursault dit dans la *Satire des satires* :

> .... Ces comparaisons ne se sont jamais faites
> Qu'entre de petits rois et d'excellents poètes,
> Au lieu que dans l'exemple allégué tant de fois,
> C'est un petit poète et le plus grand des rois.

Cette prétendue critique n'étoit qu'une injure.

[2] (I.) Horace dit de Lucilius :

> Ille velut fidis arcana sodalibus olim
> Credebat libris.
>   Lib. II, sat. 1, v. 30.

[3] (V.) Qui des fleurs qu'elle pille *en* compose son miel.
(*Dans les éditions antérieures à* 1674.)

C'est là ce qui fait peur aux esprits de ce temps,
Qui, tout blancs au-dehors, sont tout noirs au-dedans :
Ils tremblent qu'un censeur, que sa verve encourage,
Ne vienne en ses écrits démasquer leur visage,
Et, fouillant dans leurs mœurs en toute liberté,
N'aille du fond du puits tirer la vérité[1].
Tous ces gens éperdus au seul nom de satire,
Font d'abord le procès à quiconque ose rire :
Ce sont eux que l'on voit, d'un discours insensé,
Publier dans Paris que tout est renversé,
Au moindre bruit qui court qu'un auteur les menace
De jouer des bigots la trompeuse grimace.
Pour eux un tel ouvrage est un monstre odieux ;
C'est offenser les lois, c'est s'attaquer aux cieux.
Mais bien que d'un faux zèle ils masquent leur foiblesse,
Chacun voit qu'en effet la vérité les blesse :
En vain d'un lâche orgueil leur esprit revêtu[2]
Se couvre du manteau d'une austère vertu ;
Leur cœur qui se connoît, et qui fuit la lumière,
S'il se moque de Dieu, craint Tartufe et Molière[3].

 Mais pourquoi sur ce point sans raison m'écarter ?
GRAND ROI, c'est mon défaut, je ne saurois flatter :
Je ne sais point au ciel placer un ridicule,
D'un nain faire un Atlas, ou d'un lâche un Hercule,
Et, sans cesse en esclave à la suite des grands,

---

[1] (B.) Démocrite disoit que la vérité étoit dans le fond d'un puits, et que personne ne l'en avoit encore pu tirer. (1713)

[2] (Cr.) *Un esprit revêtu d'orgueil*, n'est point une expression heureuse, surtout lorsqu'on va dire que cet esprit se couvre d'un manteau de vertu.

[3] (B.) Molière, environ *vers ce temps-là*, fit jouer son *Tartufe*.

A des dieux sans vertu prodiguer mon encens.
On ne me verra point d'une veine forcée,
Même pour te louer, déguiser ma pensée;
Et, quelque grand que soit ton pouvoir souverain,
Si mon cœur en ces vers ne parloit par ma main[1],
Il n'est espoir de biens, ni raison, ni maxime,
Qui pût en ta faveur m'arracher une rime.

Mais lorsque je te vois, d'une si noble ardeur,
T'appliquer sans relâche aux soins de ta grandeur,
Faire honte à ces rois que le travail étonne,
Et qui sont accablés du faix de leur couronne :
Quand je vois ta sagesse en ses justes projets,
D'une heureuse abondance enrichir tes sujets[2],
Fouler aux pieds l'orgueil et du Tage et du Tibre,
Nous faire de la mer une campagne libre[3],
Et tes braves guerriers, secondant ton grand cœur,
Rendre à l'Aigle éperdu sa première vigueur[4],

---

[1] (Cr.) *Un cœur qui parle par la main en vers!* C'est, dit-on, un tour *simple* et hardi. Il est très-hardi sans doute. A la fin du vers suivant, les mots *ni maxime* semblent n'être ajoutés que pour la *rime*.

[2] (H.) On étoit menacé d'une disette : le roi fit venir des pays étrangers des blés qui se vendoient à un prix modéré.

[3] (H.) Le duc de Beaufort, qui en 1664 n'avoit pu se maintenir à Gigeri, ville d'Afrique, enlevée aux pirates algériens, les battit deux fois en 1665.

[4] (B.) Le roi se fit faire satisfaction dans ce temps-là des deux insultes faites à ses ambassadeurs à Rome et à Londres; et ses troupes, envoyées au secours de l'empereur, défirent les Turcs sur le bord du Raab.

(H.) Dès 1648, le marquis de Fontenay avoit été insulté à sa sortie de Rome, et l'on avoit pillé ses équipages. En 1661, la populace romaine tua les chevaux et dispersa les gens du comte d'Estrades, ambassadeur de France, à qui celui d'Espagne disputoit la préséance. En 1662, des Corses, qui fesoient partie de la garde pontificale, insultèrent le duc de Créqui, tuèrent l'un de ses pages et tirèrent sur le carrosse de l'ambassadeur. Louis XIV demanda une répara-

La France sous tes lois maîtriser la fortune;
Et nos vaisseaux domptant l'un et l'autre Neptune[1],
Nous aller chercher l'or, malgré l'onde et le vent,
Aux lieux où le soleil le forme en se levant.
Alors, sans consulter si Phébus l'en avoue,
Ma muse tout en feu me prévient et te loue.

 Mais bientôt la raison arrivant au secours
Vient d'un si beau projet interrompre le cours,
Et me fait concevoir, quelque ardeur qui m'emporte,
Que je n'ai ni le ton, ni la voix assez forte.
Aussitôt je m'effraie, et mon esprit troublé
Laisse là le fardeau dont il est accablé;
Et, sans passer plus loin, finissant mon ouvrage,
Comme un pilote en mer qu'épouvante l'orage[2]
Dès que le bord paroît, sans songer où je suis,
Je me sauve à la nage, et j'aborde où je puis[3].

tion solennelle; on la lui fit attendre quatre mois; et ne la trouvant point assez complète, il s'empara d'Avignon, qu'un arrêt du parlement réunit à la couronne, le 26 juillet 1663. Des troupes françoises alloient marcher sur Rome, lorsque le cardinal Chigi, neveu du pape Alexandre VII, vint faire au roi de France toutes les réparations que ce monarque exigea. L'affaire du duc de Créqui est le sujet d'une élégie de P. Corneille, intitulée *Plainte de la France à Rome*. L'histoire de ce même démêlé a été écrite par Regnier Desmarais.

 [1] (H.) « On forma une compagnie des Indes occidentales en
« 1664, et celle des grandes Indes fut établie la même année. Avant
« ce temps, il falloit que le luxe de la France fût tributaire de l'in-
« dustrie hollandoise. » (Voltaire, *Siècle de Louis XIV.*)

 [2] (I.) Brossette rapproche de ce vers les lignes suivantes d'une lettre du cardinal Bembo à Hercule Strozzi : « Equidem in his con-
« cludendis elegis, feci idem quod nautæ solent, qui tempestate
« coacti, non eum portum capiunt quem petunt, sed ad illum qui
« proximus est, deferuntur. »

 [3] (Cr.) On a donné de justes éloges à ces derniers vers, et en général au style de tout ce discours. Il est possible néanmoins d'y

reprendre, comme nous avons risqué de le faire, quelques expressions incorrectes ou foibles ou trop hardies. Les tours n'y sont peut-être pas assez variés : le mot *veine* surtout y revient souvent :

> Sur le haut Hélicon leur *veine* méprisée.
> Donne un lustre éclatant à leur *veine* grossière.
> Je vais *de* toutes parts où me guide ma *veine*.
> On ne me verra point, d'une *veine* forcée,
> . . . . déguiser ma pensée, etc.

SATIRES.

DISCOURS
SUR LA SATIRE.
(1668[1])

Quand je donnai la première fois mes satires au public, je m'étois bien préparé au tumulte que l'impression de mon livre a excité sur le Parnasse. Je savois que la nation des poètes, et surtout des mauvais poètes[2], est une nation farouche qui prend feu aisément[3], et que ces

---

[1] (H.) Ce discours parut pour la première fois en 1668, avec la satire IX. Le but de l'auteur étoit de justifier, par l'exemple des plus fameux poètes anciens et modernes, la liberté qu'il s'est donnée de nommer quelques écrivains dans ses satires. (*Note des éditeurs de 1713.*)

[2] (B) Ceci regarde particulièrement Cotin, qui avoit publié une satire contre l'auteur. (1713)

(H.) Charles Cotin, né à Paris, en 1604, devint conseiller et aumônier du roi, et en 1655, membre de l'Académie françoise. Quoiqu'il ait prêché pendant seize ans et publié beaucoup d'écrits, *Théoclès* ou *la vraie Philosophie*, *la Jérusalem désolée*, *la Pastorale sacrée*, des énigmes, des rondeaux, des poésies chrétiennes, des œuvres galantes, une satire contre Ménage, intitulée *la Ménagerie*, etc., il n'est fameux que par le ridicule dont Molière et Despréaux l'ont couvert. Il figure sous le nom de Trissotin dans *les Femmes savantes*, et y récite son sonnet adressé à la princesse Uranie. On a pourtant distingué parmi ses poésies un assez bon madrigal :

> Iris s'est rendue à ma foi :
> Qu'eût-elle fait pour sa défense ?
> Nous n'étions que nous trois, elle, l'Amour et moi ;
> Et l'Amour fut d'intelligence.

L'abbé Cotin mourut en 1682. Voyez, dans nos préliminaires, ce que d'Olivet raconte sur les causes de l'inimitié qui a régné entre Cotin et Boileau.

[3] (V.) ...*qui prend feu très-aisément*, dans les éditions antérieures à 1701.

esprits avides de louanges[1] ne digéreroient pas facilement une raillerie, quelque douce qu'elle pût être. Aussi oserai-je dire, à mon avantage, que j'ai regardé avec des yeux assez stoïques les libelles diffamatoires qu'on a publiés contre moi[2]. Quelques calomnies dont on ait voulu me noircir, quelques faux bruits qu'on ait semés de ma personne, j'ai pardonné sans peine ces petites vengeances au déplaisir d'un auteur irrité, qui se voyoit attaqué par l'endroit le plus sensible d'un poète, je veux dire par ses ouvrages.

Mais j'avoue que j'ai été un peu surpris du chagrin bizarre de certains lecteurs[3], qui, au lieu de se divertir d'une querelle du Parnasse dont ils pouvoient être spectateurs indifférents, ont mieux aimé prendre parti[4], et s'affliger avec les ridicules, que de se réjouir avec les honnêtes gens[5]. C'est pour les consoler que j'ai composé ma neuvième satire[6], où je pense avoir montré assez clairement que, sans blesser l'état ni sa[7] conscience, on peut trouver de méchants vers méchants, et s'ennuyer de plein droit à la lecture d'un sot livre. Mais puisque ces messieurs ont parlé de la liberté que je me suis donnée de nommer, comme d'un attentat inouï et sans

[1] (V.) ....*gourmands de louanges*, dans la première édition de ce discours.

[2] (H.) « Il couroit dès ce temps-là contre notre auteur un libelle « en prose, intitulé *la Critique désintéressée sur les satires du temps*. » BROSSETTE. Cotin étoit l'auteur de cette critique.

[3] (V.) ....*certains auteurs*, dans les éditions antérieures à 1683.

[4] (H.) Ceci regardoit particulièrement le duc de Montausier.

[5] (V.) ....*avec les rieurs*, dans la première édition de ce discours.

[6] (V.) ...*la satire précédente*, dans les éditions antérieures à 1694. Ce discours y suivoit la satire IXe : il suit l'Art poétique dans l'édition de 1694, l'Arrêt burlesque dans celles de 1701 et 1713 ; Saint-Marc l'a placé plus convenablement à la tête des satires.

[7] (V.) ....*la*, dans la première édition de ce discours.

exemples, et que des exemples ne se peuvent pas mettre en rimes, il est bon d'en dire ici un mot, pour les instruire d'une chose qu'eux seuls veulent ignorer, et leur faire voir qu'en comparaison de tous mes confrères les satiriques j'ai été un poète fort retenu.

Et pour commencer par Lucilius [1], inventeur de la satire [2], quelle liberté, ou plutôt quelle licence ne s'est-il point donnée dans ses ouvrages? Ce n'étoit pas seulement des poètes et des auteurs qu'il attaquoit, c'étoit des gens de la première qualité de Rome ; c'étoit des personnes consulaires. Cependant Scipion et Lélius ne jugèrent pas ce poète, tout déterminé rieur qu'il étoit, indigne de leur amitié, et vraisemblablement, dans les occasions ils ne lui refusèrent pas leurs conseils sur ses écrits, non plus qu'à Térence. Ils ne s'avisèrent point de

[1] (H.) Caïus Lucilius, né au second siècle avant l'ère vulgaire, ami, comme Térence, de Lælius et du second Scipion l'Africain, composa trente satires; quelques-uns disent trente livres de satires: il en reste plus de mille vers que F. Douza, Volpi, Havercamp ont rassemblés, mais qui sont en général si détachés les uns des autres qu'il nous est difficile de prendre, en les lisant, une idée bien précise du talent de l'auteur. Nous voyons les anciens fort partagés sur le mérite de ce satirique. Cicéron, qui loue son urbanité, trouve ses écrits légers et son savoir médiocre. Quintilien au contraire admire sa science, et le croit jugé trop sévèrement par Horace. Celui-ci en effet, quoiqu'il rende hommage au goût délicat de Lucilius, au sel de sa plaisanterie, le représente comme un écrivain négligé, qui ne sait pas travailler difficilement, et qui fait deux cents vers en une heure : il le compare à un fleuve bourbeux qui roule et recèle des matières précieuses. Dès le temps d'Horace, on s'étoit récrié contre ce jugement dicté, disoit-on, par l'envie : Horace, dans sa dixième satire, répond à ses propres censeurs en développant les motifs de son opinion sur Lucilius. Le genre satirique manquoit à la littérature grecque ; chez les Romains, Ennius et Pacuvius n'avoient fait que l'essayer : Lucilius passe pour en être le créateur, parce qu'il l'a revêtu de la plupart des formes qu'il a conservées.

[2] (V.) ....*satirique premier du nom*, dans les éditions antérieures à 1683.

prendre le parti de Lupus et de Metellus, qu'il avoit joués dans ses satires; et ils ne crurent pas lui donner rien du leur, en lui abandonnant tous les ridicules de la république :

> Num Lælius, et qui
> Duxit ab oppressâ meritum Carthagine nomen,
> Ingenio offensi, aut læso doluere Metello,
> Famosisque Lupo cooperto versibus.[1]?

En effet Lucilius n'épargnoit ni petits ni grands; et souvent des nobles et des patriciens il descendoit jusqu'à la lie du peuple :

> Primores populi arripuit, populumque tributim[2].

On me dira que Lucilius vivoit dans une république, où ces sortes de libertés peuvent être permises. Voyons donc Horace, qui vivoit sous un empereur, dans les commencements d'une monarchie, où il est bien plus dangereux de rire qu'en un autre temps. Qui ne nomme-t-il point dans ses satires? Et Fabius le grand causeur, et Tigellius le fantasque, et Nasidiénus le ridicule, et Nomentanus le débauché[3], et tout ce qui vient au bout de sa plume. On me répondra que ce sont des noms supposés. Oh! la belle réponse! comme si ceux qu'il attaque n'étoient pas des gens connus d'ailleurs! comme si l'on ne savoit pas que Fabius étoit un chevalier romain qui avoit composé un livre de droit; que Tigellius fut en son temps un musicien chéri d'Auguste; que Nasidiénus Rufus étoit un ridicule célèbre dans Rome; que Cassius Nomentanus étoit un des plus fameux débauchés de

---

[1] (B.) *Hor.*, lib. I, sat. II.

[2] (B.) *Hor.*, ibid.

[3] (V.) *Et Tanaïs le châtré*, éditions antérieures à 1683. — Tanaïs étoit un affranchi de Mécénas. *Ibid.*

l'Italie ¹ ! Certainement il faut que ceux qui parlent de la sorte n'aient pas fort lu les anciens, et ne soient pas fort instruits des affaires de la cour d'Auguste. Horace ne se contente pas d'appeler les gens par leur nom ; il a si peur qu'on ne les méconnoisse, qu'il a soin de rapporter jusqu'à leur surnom, jusqu'au métier qu'ils faisoient, jusqu'aux charges qu'ils avoient exercées. Voyez, par exemple, comme il parle d'Aufidius Luscus, préteur de Fondi :

> Fundos, Aufidio Lusco prætore, libenter
> Linquimus, insani ridentes præmia scribæ,
> Prætextam, et latum clavum, etc. ².

« Nous abandonnâmes, dit-il, avec joie le bourg de « Fondi, dont étoit préteur un certain Aufidius Luscus ; « mais ce ne fut pas sans avoir bien ri de la folie de ce « préteur, auparavant commis, qui faisoit le sénateur et « l'homme de qualité. »

Peut-on désigner un homme plus précisément ? et les circonstances seules ne suffisoient-elles pas pour le faire reconnoître ? On me dira peut-être qu'Aufidius étoit mort alors ; mais Horace parle là d'un voyage fait depuis peu. Et puis, comment mes censeurs répondront-ils à cet autre passage ?

> Turgidus Alpinus jugulat dum Memnona, dumque
> Diffingit Rheni luteum caput, hæc ego ludo ³.

« Pendant, dit Horace, que ce poète enflé d'Alpinus

---

¹ (B.) Voyez *Acr.*, *Porph.*, *Suét.*, *Vie d'Aug.* (1713) Les auteurs que Boileau cite ici sont Acron et Porphyrion, commentateurs d'Horace, et Suétone dans la Vie d'Auguste.

² (B.) *Hor.*, lib. I, sat. v.

³ (B.) *Hor.*, lib. I, sat. x.

« égorge Memnon dans son poème, et s'embourbe dans
« la description du Rhin, je me joue en ces satires. »

Alpinus vivoit donc du temps qu'Horace se jouoit en
ces satires; et si Alpinus en cet endroit est un nom supposé, l'auteur du poème de Memnon pouvoit-il s'y méconnoître? Horace, dira-t-on, vivoit sous le règne du
plus poli de tous les empereurs; mais vivons-nous sous
un règne moins poli [1]? et veut-on qu'un prince qui a tant
de qualités communes avec Auguste soit moins dégoûté
que lui des méchants livres, et plus rigoureux envers
ceux qui les blâment?

Examinons pourtant Perse [2], qui écrivoit sous le règne
de Néron. Il ne raille pas simplement les ouvrages des
poètes de son temps, il attaque les vers de Néron même.
Car enfin tout le monde sait, et toute la cour de Néron
le savoit, que ces quatre vers, *Torva Mimalloneis*, etc.,
dont Perse fait une raillerie si amère dans sa première
satire, étoient des vers de Néron [3]. Cependant on ne remarque point que Néron, tout Néron qu'il étoit, ait fait

---

[1] (V.) ...du plus *doux* de tous les empereurs; mais vivons-nous
sous un règne moins *doux*?

[2] Aulus Persius Flaccus naquit l'an 34 de l'ère vulgaire, à Voltèrra en Toscane, ou au port de Luna. A douze ans, il vint à Rome,
et y reçut les leçons littéraires de Rhemnius Palœmon et de Virginius
Flaccus: il étudia la philosophie sous le stoïcien Cornutus. Perse n'a
vécu que vingt-huit ans : en lisant ses six satires, on sent qu'il aime
la vertu, et surtout qu'il hait le vice. Faut-il attribuer l'obscurité de
ses vers au caractère de ses idées, aux habitudes de son esprit, ou à
la gêne qu'imposoit le gouvernement de Néron? Ce qui est certain,
c'est qu'on ne trouve nulle part plus d'ellipses, de transitions brusques
ou pénibles, de métaphores inusitées ou énigmatiques. Les satires
de Perse ont été traduites en prose françoise par Le Monnier et par
Sélis, en vers françois par M. Raoul.

[3] (H.) Bayle en doute. Voyez son dictionnaire au mot *Perse*.
Boileau s'appuyoit de l'autorité du scoliaste de Perse. Le Monnier
adopte sur ce point l'opinion de Bayle, qui nous paroit la mieux établie.

punir Perse [1]; et ce tyran, ennemi de la raison, et amoureux, comme on sait, de ses ouvrages, fut assez galant homme pour entendre raillerie sur ses vers, et ne crut pas que l'empereur, en cette occasion, dût prendre les intérêts du poète.

Pour Juvénal [2], qui florissoit sous Trajan, il est un peu plus respectueux envers les grands seigneurs de son siècle. Il se contente de répandre l'amertume de ses satires sur ceux du règne précédent; mais, à l'égard des auteurs, il ne les va point chercher hors de son siècle. A peine est-il entré en matière, que le voilà en mauvaise humeur contre tous les écrivains de son temps. Demandez à Juvénal ce qui l'oblige de prendre la plume. C'est qu'il est las d'entendre et la *Théséide* de Codrus, et l'*Oreste* de celui-ci, et le *Télephe* de cet autre [3], et tous les poètes enfin, comme il dit ailleurs, qui récitoient leurs vers au mois d'août:

> Et augusto recitantes mense poetas [4].

Tant il est vrai que le droit de blâmer les auteurs est un

---

[1] (V.)... *ait envoyé Perse aux galères*, 1re édition de ce discours. Brossette dit que ces mots faisoient allusion à une brusquerie de Montausier qui, entendant louer Boileau comme un excellent poète, répondit: Eh bien! il faut l'envoyer aux galères couronné de lauriers.

[2] (H.) Decimus ou Decius Junius Juvenalis, natif ou originaire d'Aquino, vécut, dit-on, sous douze empereurs; on ignore les dates précises de sa naissance et de sa mort. Il avoit été avocat avant de composer des vers. Dans sa vieillesse, il fut envoyé ou exilé en Égypte; et l'on suppose que cette disgrace étoit l'effet des manœuvres d'un histrion nommé Paris, dont Juvénal avoit médit dans sa VIIe satire. Quant au talent de ce grand poète, personne ne l'a mieux caractérisé que Boileau. (*Art. poét.*, ch. II, v. 15-25.) Juvénal a été heureux en traducteurs: Du Saulx l'a traduit en prose françoise, et M. Raoul en vers françois.

[3] (H.) Commencement de la première satire de Juvénal.

[4] *Juv.*, sat. I, v. 9.

droit ancien, passé en coutume parmi tous les satiriques, et souffert dans tous les siècles!

Que s'il faut venir des anciens aux modernes, Régnier, qui est presque notre seul poète satirique, a été véritablement un peu plus discret que les autres. Cela n'empêche pas néanmoins qu'il ne parle hardiment de Gallet, ce célèbre joueur, *qui assignoit ses créanciers sur sept et quatorze* [1]; et du sieur de Provins, *qui avoit changé son balandran* [2] *en manteau court* [3]; et du Cousin, *qui abandonnoit sa maison de peur de la réparer* [4]; et de Pierre du Puis [5], et de plusieurs autres.

Que répondront à cela mes censeurs? Pour peu qu'on les presse, ils chasseront de la république des lettres tous les poètes satiriques, comme autant de perturbateurs du repos public. Mais que diront-ils de Virgile, le sage, le discret Virgile, qui, dans une églogue, où il n'est pas question de satire, tourne d'un seul vers deux poètes de son temps en ridicule?

Qui Bavium non odit, amet tua carmina, Mævi [6],

dit un berger satirique dans cette églogue. Et qu'on ne me dise point que Bavius et Mævius en cet endroit sont des noms supposés, puisque ce seroit donner un trop

---

[1] (H.) Régnier, satire XIV, s'exprime ainsi :

> Comme sur un bon fonds de rente et de recettes,
> Dessus sept ou quatorze il assigne ses dettes.

[2] (B.) Casaque de campagn.

[3] (Cr.) C'est une méprise de Boileau : Régnier dit au contraire que *le sieur de Provins a changé son manteau court à son* (en un) *long balandran*. Satire XIV, v. 134.

[4] (H.) Vers 137, 138 de la même satire de Régnier.

[5] (H.) Aussi perclus d'esprit comme Pierre du Puis,

dit Régnier, satire VI, v. 72.

[6] (B.) *Églogue* III, v. 90.

cruel démenti au docte Servius [1], qui assure positivement le contraire. En un mot, qu'ordonneront mes censeurs de Catulle, de Martial, et de tous les poètes de l'antiquité, qui n'en ont pas usé avec plus de discrétion que Virgile? Que penseront-ils de Voiture, qui n'a point fait conscience de rire aux dépens du célèbre Neuf-Germain [2], quoique également recommandable par l'antiquité de sa barbe et par la nouveauté de sa poésie? Le banniront-ils du Parnasse, lui et tous les poètes de l'antiquité, pour établir la sûreté des sots et des ridicules? Si cela est, je me consolerai aisément de mon exil : il y aura du plaisir à être relégué en si bonne compagnie. Raillerie à part, ces messieurs veulent-ils être plus sages que Scipion et Lælius, plus délicats qu'Auguste, plus cruels que Néron? Mais eux qui sont si rigoureux envers les critiques, d'où vient cette clémence qu'ils affectent pour les méchants auteurs? Je vois bien ce qui les afflige; ils ne veulent pas être détrompés. Il leur fâche d'avoir admiré sérieusement des ouvrages que mes satires exposent à la

---

[1] (H.) Grammairien du quatrième siècle, qui a commenté Virgile.

[2] (H.) « Poète françois (dit Bayle, *Dict.*, art. *Neuf-Germain*), « un peu fou pour ne rien dire de pis, vivoit sous le règne de « Louis XIV. Il servoit de jouet au duc d'Orléans, au cardinal « de Richelieu et aux beaux-esprits de ce temps-là. Il se qualifioit « *poète hétéroclite de Monseigneur, frère unique de sa majesté*. Sa mé- « thode favorite étoit de faire des vers qui finissoient par les syllabes « du nom de ceux qu'il louoit. » Bayle en cite plusieurs exemples. Neuf-Germain dit de Godeau :

Lui seul a trouvé le mu	GO
D'éloquence, prose et ron	DEAU....
Vénus lui donna son ma	GO,
Atlas lui offrit son far	DEAU.... etc.

Bayle ajoute que Voiture fit, pour se moquer de Neuf-Germain, une *ballade en faveur de ses œuvres*; une *plainte des consonnes qui n'ont pas l'honneur d'entrer au nom de Neuf-Germain*, etc.

risée de tout le monde [1], et de se voir condamnés à oublier dans leur vieillesse ces mêmes vers qu'ils ont autrefois appris par cœur [2] comme des chefs-d'œuvre de l'art. Je les plains sans doute ; mais quel remède ? Faudra-t-il, pour s'accommoder à leur goût particulier, renoncer au sens commun ? Faudra-t-il applaudir indifféremment à toutes les impertinences qu'un ridicule aura répandues sur le papier ? Et au lieu qu'en certains pays [3] on condamnoit les méchants poètes à effacer leurs écrits avec la langue, les livres deviendront-ils désormais un asile

---

[1] (V.) Cette phrase se lit autrement dans l'édition in-16 de ce discours, publiée, comme l'in-4°, en 1668 : « Il leur fâche d'avoir « estimé des choses que mes satires font mépriser, et d'avoir récité « en bonne compagnie des vers que j'ai fait passer pour ridicules ; « mais à la fin ils m'en sauront bon gré ; ils me seront obligés de « leur avoir ouvert les yeux et d'avoir démasqué des singes qui « n'étoient beaux que sous des visages empruntés. Doit-on trouver « mauvais que j'examine les auteurs avec rigueur ? Un livre sera-t- « il un asile inviolable, où toutes les sottises auront droit de bour- « geoisie, où l'on n'osera toucher sans profanation ? »

[2] (I.) Vel quia turpa putant parere minoribus, et quæ
Imberbi didicere, senes perdenda fateri.
Hor., lib. II, ep. 1, v. 84, 85.

[3] (B.) Dans le temple qui est aujourd'hui l'abbaye d'Ainay, à Lyon. Brossette ajoute : « Temple célèbre que les soixante nations « des Gaules firent bâtir en l'honneur de l'empereur Auguste, au « confluent du Rhône et de la Saône..... L'empereur Caligula y in- « stitua des jeux, et y fonda des prix pour les disputes d'éloquence « et de poésie qui s'y faisoient en langues grecque et latine ; mais « il établit aussi des peines contre ceux qui ne réussiroient pas en « ces sortes de disputes. Les vaincus étoient obligés de donner des « prix aux vainqueurs et de composer des discours à leur louange ; « mais ceux dont les discours avoient été trouvés les plus mauvais « étoient contraints de les effacer avec la langue ou avec une éponge, « pour éviter d'être battus de verges ou d'être plongés dans le « Rhône. C'est à ces sortes de peines que Juvénal a fait allusion dans « sa première satire, v. 43, 44 :

« Palleat, ut nudis pressit qui calcibus anguem,
« Aut lugdunensem rhetor dicturus ad aram. »

inviolable où toutes les sottises auront droit de bourgeoisie, où l'on n'osera toucher sans profanation?

J'aurois bien d'autres choses à dire sur ce sujet; mais, comme j'ai déjà traité de cette matière dans ma neuvième[1] satire, il est bon d'y renvoyer le lecteur.

[1] (V.) ... *dernière*, dans les éditions antérieures à 1701.

SATIRE I.

(1660[1])

ADIEUX D'UN POËTE A LA VILLE DE PARIS.

Damon, ce grand auteur dont la muse fertile
Amusa si long-temps et la cour et la ville;
Mais qui, n'étant vêtu que de simple bureau,

---

[1] (Cr.) « Les satires de Boileau, dit Marmontel, furent *son premier ouvrage;* et on le voit bien : il a plus d'art, plus d'élégance, plus de talent que Régnier, mais moins de verve, de naturel et de mordant. N'y avoit-il donc rien dans les mœurs du siècle de Louis XIV qui pût lui allumer la bile? *Il n'avoit pas encore vu le monde,* il ne connoissoit que les livres et le ridicule des mauvais écrivains. Son esprit étoit fin et juste; mais son ame étoit lente et froide; et *de tous les genres, celui qui demande le plus de feu, c'est la satire....* Boileau affecte l'humeur âpre et sévère pour être flatteur plus adroit, et en même temps qu'il bafoue quelques méchants écrivains, il *prodigue l'encens de la louange à tout ce qui peut le prôner ou le protéger* à la cour, etc.... » (*Eléments de littérature*, tome VI, page 136.)

Nous croyons avoir répondu, dans le discours préliminaire, à cette critique générale des satires de Boileau; il ne nous reste ici qu'à rappeler quelques faits dont il a plu à Marmontel de ne pas tenir compte.

Il est vrai que Boileau n'avoit que vingt-quatre ans lorsqu'il publia sa première satire, en 1660, ainsi qu'on l'a vu par notre tableau chronologique (ci-dessus, page 31); mais il atteignoit sa trente-unième année, quand il composa les satires VIII et IX; il fit la dixième à cinquante-sept ans; et il n'étoit que trop âgé aux époques où parurent les deux suivantes.

Il est vrai aussi qu'il n'eut accès à la cour qu'après avoir fait les neuf premières; mais la cour n'étoit pas tout *le monde;* et Despréaux avoit porté en beaucoup d'autres sociétés, l'œil attentif, *l'esprit fin et juste* d'un observateur.

Ce n'étoit guère qu'à Louis XIV qu'il prodiguoit ses éloges : en général, il a fort peu courtisé les courtisans : il n'a loué ni les

Passe l'été sans linge, et l'hiver sans manteau[1];
Et de qui le corps sec et la mine affamée
N'en sont pas mieux refaits pour tant de renommée[2];
Las de perdre en rimant et sa peine et son bien,
D'emprunter en tous lieux, et de ne gagner rien,
Sans habits, sans argent, ne sachant plus que faire[3],

Nevers, ni les Saint-Aulaire, ni tant d'autres *protecteurs* et protectrices de ce temps-là.

Si la véhémence et la chaleur ne sont point les principaux caractères des satires de Boileau, le sont-elles plus de celles d'Horace ? Les noms d'Horace et de Juvénal peuvent servir à distinguer deux manières de composer des satires. Dire que ce genre est *celui de tous qui demande le plus de feu*, c'est oublier que la satire s'est montrée, avec un succès presque égal, sous deux aspects très-divers; d'une part, ingénieuse, élégante et maligne, de l'autre, passionnée, implacable et foudroyante.

[1] (I.) Cette satire est imitée de la troisième de Juvénal, où le philosophe Umbritius s'exile de Rome, ne pouvant plus supporter les vices qui ont fait de cette cité superbe un séjour plein d'horreur.

Brossette raconte que lorsque Despréaux lut chez son frère, Gilles Boileau, cette première satire, en présence de Furetière, celui-ci convint de bonne foi qu'elle valoit mieux que toutes celles qu'il avoit composées lui-même.

[2] (B.) J'ai eu en vue Cassandre, celui qui a traduit la rhétorique d'Aristote.

[3] (H.) Quoique Boileau ait désigné Cassandre, Brossette prétend que le portrait tracé dans les vers 3-9, s'appliqueroit mieux à Tristan l'Ermite.

Tristan étoit né, en 1601, à Soliers ou Souliers dans la Marche; et, quoique fils d'un seigneur, il devint si pauvre qu'il n'avoit, dit-on, point de manteau, au lieu que Cassandre en portoit un en toute saison. La Monnoie, dans ses notes sur Baillet (*Jugement des savants*, tome V, page 317), place la mort de Tristan en 1652, plutôt qu'en 1656 ou 1655. Ce poète, qui fut de l'Académie françoise depuis 1648 jusqu'à sa mort, est auteur de plusieurs tragédies, *Mariamne, Panthée, la Mort de Sénèque*, etc. On a aussi de lui trois volumes de poésies, ses *Amours*, sa *Lyre*, ses *vers héroïques;* et en outre l'office de la sainte Vierge en vers françois.

François Cassandre mourut dans l'indigence en 1695; on ne sait point à quel âge. Sa traduction de la rhétorique d'Aristote étoit estimée; il a publié de plus des *Parallèles historiques* (Paris 1680,

Vient de s'enfuir [1], chargé de sa seule misère;
Et, bien loin des sergents, des clercs et du palais,
Va chercher un repos qu'il ne trouva jamais;
Sans attendre qu'ici la justice ennemie
L'enferme en un cachot le reste de sa vie,
Ou que d'un bonnet vert [2] le salutaire affront
Flétrisse les lauriers qui lui couvrent le front.

    Mais le jour qu'il partit, plus défait et plus blême
Que n'est un pénitent sur la fin d'un carême [3],
La colère dans l'ame et le feu dans les yeux,
Il distilla sa rage en ces tristes adieux :

    Puisqu'en ce lieu, jadis aux muses si commode,
Le mérite et l'esprit ne sont plus à la mode;
Qu'un poète, dit-il, s'y voit maudit de Dieu,
Et qu'ici la vertu n'a plus ni feu ni lieu [4],

---

in-12). Cassandre haïssoit les hommes; et lorsque son confesseur l'exhortoit à aimer Dieu, on assure qu'il répondit : « Ah! oui, je lui ai « de grandes obligations! Il m'a fait jouer un joli personnage. Vous « savez comme il m'a fait vivre : voyez comme il me fait mourir. » Ces paroles sont rapportées par Brossette, et en partie par Boileau lui-même dans une lettre à Maucroix. (Voyez tome IV.) Cassandre est l'un des hommes de lettres envers qui la bienfaisance de Despréaux a quelquefois réparé les torts de la fortune.

[1] (V.) *S'en est enfui*, dans les éditions antérieures à 1683. Desmarets critiqua cette expression incorrecte, mais il prétendoit qu'il falloit dire, *s'en est fui*.

[2] (B.) Du temps que cette satire fut faite, un débiteur insolvable pouvoit sortir de prison en faisant cession, c'est-à-dire en souffrant qu'on lui mît, en pleine rue, un bonnet vert sur la tête.

[3] (V.) Mais tandis qu'à loisir tout son pauvre ménage
S'assemble en un bateau qui l'attend au rivage!
                  (*Dans le recueil de Du Marteau.*)

[4] (I.) . . . . . . Quando artibus, inquit, honestis,
Nullus in urbe locus, nulla emolumenta laborum.
                    (*Juv.*, sat. III, v. 21, 22.)

Allons du moins chercher quelque antre ou quelque roche
D'où jamais ni l'huissier ni le sergent n'approche;
Et, sans lasser le ciel par des vœux impuissants,
Mettons-nous à l'abri des injures du temps,
Tandis que, libre encor malgré les destinées,
Mon corps n'est point courbé sous le faix des années,
Qu'on ne voit point mes pas sous l'âge[1] chanceler,
Et qu'il reste à la parque[2] encor de quoi filer[3] :
C'est là dans mon malheur le seul conseil à suivre.
Que George vive ici[4], puisque George[5] y sait vivre,
Qu'un million comptant, par ses fourbes acquis,
De clerc, jadis laquais, a fait comte et marquis[6] :
Que Jaquin[7] vive ici, dont l'adresse funeste
A plus causé de maux que la guerre et la peste;

[1] (Cr.) ... *sous l'âge*, est une foible répétition de *sous le faix des années*, dit Condillac, *Art d'écrire*, livre II, ch. 3.

[2] (Cr.) Le Brun, en rapprochant ce mot de *parque* de celui de Dieu, au vers 23, y voit un mélange du sacré et du profane, qu'il convenoit d'éviter dans un poème chrétien. Cette remarque nous paroit beaucoup trop sévère.

[3] (I.) Dum nova canities, dum prima et recta senectus,
Dum superest Lachesi quod torqueat, et pedibus me
Porto meis, nullo dextram subeunte bacillo.
(*Juv.*, sat. III, v. 26-28.)

[4] (I.) .... Vivant Arturius illic
Et Catulus.
(*Juv.*, sat. III, v. 29, 30.)

[5] (H.) *George* est ici au lieu de *Gorge*, financier, aïeul de la duchesse de Phalaris.

[6] (V.) Qu'Oronte vive ici, puisqu'Oronte y sait vivre;
Puisqu'ici sa fortune, égale à ses souhaits,
Sert d'un indigne prix à ses lâches forfaits.
(*Dans le recueil de Du Marteau.*)

[7] (V.) *Jacquier*, dans le même recueil. Il y avoit en 1660 un fournisseur nommé en effet Jacquier.

Qui¹ de ses revenus écrits par alphabet
Peut fournir aisément un calepin² complet³;
Qu'il règne dans ces lieux, il a droit de s'y plaire.
Mais moi, vivre à Paris! Eh! qu'y voudrois-je faire?
Je ne sais ni tromper, ni feindre, ni mentir⁴,
Et, quand je le pourrois, je n'y puis consentir⁵.
Je ne sais point en lâche essuyer les outrages
D'un faquin orgueilleux qui vous tient à ses gages,
De mes sonnets flatteurs lasser tout l'univers⁶,
Et vendre au plus offrant mon encens et mes vers :
Pour un si bas emploi ma muse est trop altière.
Je suis rustique et fier, et j'ai l'ame grossière :
Je ne puis rien nommer, si ce n'est par son nom;
J'appelle un chat un chat, et Rolet⁷ un fripon.

¹ C'est, à notre avis, fort mal-à-propos que Saint-Marc décide qu'il y a ici une incorrection, et qu'il falloit *lui qui*. Ce dernier tour indiqueroit une sorte d'opposition entre ce qui suit et ce qui précède, tandis qu'il ne s'agit encore que des dilapidations de Jacquier, dont *l'adresse a causé* tant *de maux*, et qui a tellement grossi ses revenus qu'on en feroit un dictionnaire.

² (H.) Calepin ou Ambroise de Calepio est l'auteur d'un dictionnaire.

³ (V.) A, comme on sait partout, un calepin complet.
(*Dans le recueil de Du Marteau.*)

⁴ (I.) Quid Romæ faciam? Mentiri nescio.
(*Juv.*, sat. III, v. 41.)

⁵ (I.) Nec volo, nec possum. . . . .
(*Ibid.*, v. 44.)

⁶ (H.) Selon les commentateurs, c'est une allusion aux sonnets de Pelletier. Voyez ci-dessus, page 36.

⁷ (B.) C'est un hôtelier du pays blaisois. (*Édition de 1667.*)
Procureur très-décrié, qui a été dans la suite condamné à faire amende honorable, et banni à perpétuité. (1713)

La première de ces deux notes, destinée en 1667 à dépayser les lecteurs ou à consoler le procureur Rolet, excita les réclamations

De servir un amant, je n'en ai pas l'adresse [1];
J'ignore ce grand art qui gagne une maîtresse,
Et je suis, à Paris, triste, pauvre et reclus,
Ainsi qu'un corps sans ame, ou devenu perclus [2].

Mais pourquoi, dira-t-on, cette vertu sauvage
Qui court à l'hôpital, et n'est plus en usage?
La richesse permet une juste fierté;
Mais il faut être souple avec la pauvreté [3]:
C'est par là qu'un auteur que presse l'indigence
Peut des astres malins corriger l'influence,
Et que le sort burlesque, en ce siècle de fer [4],

d'un honnête hôtelier blaisois qui portoit en effet le même nom. C'est à la deuxième note qu'il faut s'en tenir.

Le président Lamoignon, quand il vouloit caractériser un fripon insigne, disoit : C'est un Rolet. Ce procureur est dépeint sous le nom de Volichon dans le *Roman bourgeois* de Furetière. Banni par un arrêt du parlement du 12 août 1681, Rolet obtint une place de garde au château de Vincennes.

[1] (I.) .... Ferre ad nuptam, quæ mittit adulter,
Quæ mandat, norint alii.
(*Juv.*, sat. III, v. 45, 46.)

Régnier a imité, avant Boileau, ce vers de Juvénal :

De porter un poulet, je n'ai la suffisance. (*Sat.* III, v. 126.)

[2] (I.) .... Tanquam
Mancus et extincta corpus inutile dextra.
(*Juv.*, sat. III, v. 47, 48.)

[3] (Cr.) « Cela est mal construit; il sembleroit qu'on dît avec les « pauvres, et c'est tout le contraire qu'on veut dire : il faut être « souple quand on est pauvre. D'ailleurs le tour qu'on donne à cette « phrase est démenti par ce qu'on a dit de Damon (v. 8), qu'il savoit « bien *emprunter en tous lieux*. » Ces deux remarques sont de Pradon, (*Triomphe*, page 24.) La seconde est peu fondée; car la souplesse se concilie fort bien avec l'habitude ou l'art d'emprunter; mais la première ne manque pas de justesse : sans le vers 59, on auroit peine à comprendre ce que signifient les mots *souple avec la pauvreté* dans le vers 60.

[4] (Cr.) Le duc de Montausier, et Pradon, page 34 de ses *Nou-*

D'un pédant[1], quand il veut, sait faire un duc et pair[2].
Ainsi de la vertu la fortune se joue[3] :
Tel aujourd'hui triomphe au plus haut de sa roue,
Qu'on verroit, de couleur bizarrement orné,
Conduire le carrosse où l'on le voit traîné,

velles remarques, ont voulu faire un crime à Boileau d'avoir appelé *siècle de fer* le temps où régnoit Louis XIV.

[1] (I.) Si fortuna volet, fies de rhetore consul ;
Si volet hæc eadem, fies de consule rhetor.
(*Juv.*, sat. VII, v. 197, 198.)

[2] (H.) On appliquoit ce vers de Boileau à Louis Barbier, abbé de La Rivière, d'abord régent au collége du Plessis, puis confident de Gaston duc d'Orléans, enfin évêque de Langres, et à ce titre duc et pair.

[3] (V.) Ce vers étoit précédé des vingt-quatre suivants, dans les éditions de 1666 à 69 :

>Je sais bien que souvent un cœur lâche et servile
>A trouvé chez les grands un esclavage utile,
>Et qu'un riche pourroit, dans la suite du temps,
>D'un flatteur affamé payer les soins ardents :
>Mais avant que pour vous il parle ou qu'il agisse,
>Il faut de ses forfaits devenir le complice ;
>Et sachant de sa vie et l'horreur et le cours,
>Le tenir en état de vous craindre toujours,
>De trembler qu'à toute heure un remords légitime
>Ne vous force à le perdre en découvrant son crime.
>Car n'en attendez rien, si son esprit discret
>Ne vous a confié qu'un honnête secret.
>Pour de si hauts projets je me sens trop timide ;
>L'inceste me fait peur, et je hais l'homicide ;
>L'adultère et le vol alarment mes esprits.
>Je ne veux point d'un bien qu'on achète à ce prix.
> Non, non, c'est vainement qu'au mépris du Parnasse
>J'irois de porte en porte étaler ma disgrace.
>Il n'est plus d'honnête homme ; et Diogène en vain
>Iroit, pour en chercher, la lanterne à la main.
>Le chemin aujourd'hui par où chacun s'élève,
>Fut le chemin jadis qui menoit à la Grève :
>Et Mouléron ne doit qu'à ses crimes divers
>Ses superbes lambris, ses jardins toujours verts.

Au lieu de *Mouléron*, on lit Monnerot dans l'édition de 1667.

Si dans les droits du roi sa funeste science
Par deux ou trois avis n'eût ravagé la France.
Je sais qu'un juste effroi l'éloignant de ces lieux
L'a fait pour quelques mois disparoître à nos yeux :
Mais en vain pour un temps une taxe l'exile;
On le verra bientôt, pompeux en cette ville,
Marcher encor chargé des dépouilles d'autrui,
Et jouir du ciel même irrité contre lui [1];
Tandis que Colletet [2], crotté jusqu'à l'échine,
S'en va chercher son pain de cuisine en cuisine [3],
Savant en ce métier, si cher aux beaux esprits,
Dont Montmaur [4] autrefois fit leçon dans Paris.

Monléron et Monnerot étoient deux financiers. Le premier « avoit
« fait bâtir dans la rue Neuve-Saint-Augustin, près de la Porte-Riche-
« lieu, une belle maison qui est à présent l'hôtel de Grammont, »
dit Brossette.

[1] (I.) . . . . Damnatus inani
            Judicio (quid enim salvis infamia nummis) ?
            Exsul ab octava Maïus bibit, et fruitur dîs
            Iratis.
                          (*Juv.*, sat. I, v. 47-50.)

[2] (V.) ....*Pelletier*, dans les éditions de 1667 à 1683.

[3] (H.) Pelletier n'étoit point un parasite : *c'étoit un véritable reclus*, dit Richelet, page 146 du *Traité de la versification françoise*.
Appliqués à Pelletier, les deux vers de Boileau étoient fort injustes;
contre Colletet, ils sont encore indécents.

Il y a eu deux Colletet, tous deux poètes; Guillaume, mort en
1639, et son fils François. C'est de ce dernier qu'il s'agit : il étoit
né en 1628. On ne sait pas bien s'il vivoit encore en 1683; il n'a
rien publié après 1676. Il a fait *la Muse coquette*, des *cantiques spirituels*, des *chansons bachiques*, etc.

[4] (B.) Célèbre parasite dont Ménage a écrit la vie. (1713)
Les savants et les poètes du règne de Louis XIII se sont déchaînés contre ce parasite avec une fureur qu'on prendroit pour de l'envie.
Leurs invectives grossières, en vers et en prose, en latin et en françois, ont été recueillies par Sallengre, en 2 vol. in-8°, publiés à La
Haie en 1716, sous le titre d'*Histoire de Pierre Montmaur*.

Il est vrai que du roi la bonté secourable
Jette enfin sur la muse un regard favorable;
Et, réparant du sort l'aveuglement fatal,
Va tirer désormais Phébus de l'hôpital [1].
On doit tout espérer d'un monarque si juste;
Mais, sans un Mécénas à quoi sert un Auguste?
Et fait comme je suis, au siècle d'aujourd'hui,
Qui voudra s'abaisser à me servir d'appui?
Et puis [2], comment percer cette foule effroyable
De rimeurs affamés dont le nombre l'accable;
Qui, dès que sa main s'ouvre, y courent les premiers,
Et ravissent un bien qu'on devoit aux derniers;
Comme on voit les frelons, troupe lâche et stérile,
Aller piller le miel que l'abeille distille [3]?

---

[1] (B.) Le roi, en ce temps-là, à la sollicitation de M. Colbert, donna plusieurs pensions aux hommes de lettres. (1713)

[2] (Cr.) On a fait remarquer la rencontre des syllabes *appui* et *puis*.

[3] (V.) Ici ont été supprimés en 1674 les huit vers suivants :

> Enfin je ne saurois, pour faire un juste gain,
> Aller bas et rampant fléchir sous C***.
> Cependant, pour flatter ce rimeur tutélaire,
> Le frère en un besoin *va renier son frère;*
> Et Phébus en personne, y faisant la leçon,
> Gagneroit moins ici qu'au métier de maçon;
> Ou, pour être couché sur la liste nouvelle,
> S'en iroit chez *Billaine* admirer la Pucelle.

Au second de ces vers, l'édition de 1668 porte au lieu de C*** Pucelain.

Colbert avoit chargé Chapelain d'indiquer les hommes de lettres les plus dignes des bienfaits du gouvernement. Une telle commission ne pouvoit manquer d'attirer beaucoup d'hommages à Chapelain et à la Pucelle. Gilles Boileau s'inclina, comme un autre, devant le distributeur des faveurs royales, et lui fit sa cour aux dépens de *son frère* Despréaux. (Voyez ci-dessus la vie de Boileau, § I-V.)

Le nom du libraire *Billaine* est remplacé par celui de l'académicien *Conrart* dans l'édition de 1668.

Cessons donc d'aspirer à ce prix tant vanté
Que donne la faveur à l'importunité.
Saint-Amant[1] n'eut du ciel que sa veine en partage :
L'habit qu'il eut sur lui fut son seul héritage ;
Un lit et deux placets composoient tout son bien ;
Ou, pour en mieux parler, Saint-Amand n'avoit rien.
Mais quoi ! las de traîner une vie importune,
Il engagea ce rien pour chercher la fortune,
Et, tout chargé de vers qu'il devoit mettre au jour,
Conduit d'un vain espoir, il parut à la cour[2].
Qu'arriva-t-il enfin de sa muse abusée ?
Il en revint couvert de honte et de risée ;
Et la fièvre, au retour, terminant son destin,
Fit par avance en lui ce qu'auroit fait la faim[3].
Un poète à la cour fut jadis à la mode ;
Mais des fous aujourd'hui c'est le plus incommode :
Et l'esprit le plus beau, l'auteur le plus poli,
N'y parviendra jamais au sort de l'Angéli[4].
 Faut-il donc désormais jouer un nouveau rôle ?

---

[1] (B.) On a plusieurs ouvrages de lui où il y a beaucoup de génie ; il ne savoit pas le latin et étoit fort pauvre. (1713)

[2] (B.) Le poème qu'il y porta étoit intitulé *le Poème de la lune*, et il y louoit le roi surtout de savoir bien nager. (1713)

[3] On lit néanmoins dans l'*Histoire de l'Académie françoise*, tome I, page 324 « que tout ce qui concerne Saint-Amant dans cette satire « pourroit bien n'avoir d'autre fondement que l'imagination de « M. Despréaux. »

Marc-Gérard de Saint-Amant, né à Rouen en 1598, mort à Paris en 1660, est l'auteur du poème de *Moïse sauvé*, et de poésies diverses dont quelques-unes sont satiriques.

[4] (B.) Célèbre fou que feu M. le prince de Condé avoit amené avec lui dans les Pays-Bas, et qu'il donna au roi Louis XIII. (1713)

L'Angéli, qui avoit été en Flandre valet d'écurie du prince de Condé, amassa vingt-cinq mille écus.

Dois-je, las d'Apollon, recourir à Barthole[1]?
Et, feuilletant Louet allongé par Brodeau[2],
D'une robe à longs plis balayer le barreau[3]?
Mais à ce seul penser je sens que je m'égare.
Moi! que j'aille crier dans ce pays barbare,
Où l'on voit tous les jours l'innocence aux abois
Errer dans les détours d'un dédale de lois,
Et, dans l'amas confus des chicanes énormes,
Ce qui fut blanc au fond rendu noir par les formes[4].

[1] (H.) Jurisconsulte italien, au quatorzième siècle, auteur d'un grand nombre de commentaires sur le droit.

[2] (B.) Brodeau a commenté Louet. (1713) — Georges Louet, qui mourut en 1608, avoit publié un recueil d'arrêts avec des notes que Julien Brodeau a éclaircies ou allongées. Brodeau est mort en 1653.

[3] (V.) Ce vers est suivi, dans le recueil de Du Marteau, de douze vers ainsi conçus :

> Car c'est dans ce métier où règne tant d'*hardiesse*,
> Que l'on m'a vu jadis occuper ma jeunesse,
> Avant ce jour fatal que l'amour d'Apollon
> M'entraîna, malgré moi, sur le sacré vallon.
> Mais à ce seul penser tout mon esprit s'égare.
> Moi, retourner encore en ce pays barbare
> Où l'on voit tous les jours l'innocence aux abois
> Réclamer vainement le foible appui des lois,
> L'argent faire sans peine, en ce temps déplorable,
> Un coupable, innocent; un innocent, coupable;
> Le parti le plus juste au plus riche céder,
> La chicane être en règne et Le Mazier plaider!
> Avant qu'un tel dessein....

Il est peu vraisemblable que Boileau eût écrit *d'hardiesse*, en deux syllabes; on imprimoit ses vers en Hollande sur de très-mauvaises copies.

[4] (I.) Candida de nigris et de candentibus atra.
(*Ovid.*, Metam. XI, v. 315.)

.... Qui nigrum in candida vertunt.
(*Juv.*, sat. III, v. 30.)

Où Patru gagne moins qu'Huot et Le Mazier[1],
Et dont les Cicérons se font chez Pé-Fournier[2]!
Avant qu'un tel dessein m'entre dans la pensée,
On pourra voir la Seine à la Saint-Jean glacée;
Arnauld à Charenton devenir huguenot,
Saint-Sorlin janséniste[3], et Saint-Pavin[4] bigot[5].

[1] (H.) Huot et Le Mazier se chargeoient de toutes les causes bonnes ou mauvaises, et les défendoient avec un bruyant bavardage. Ils faisoient fortune, tandis que Patru, homme de lettres distingué, jurisconsulte honnête, mouroit de faim.

Olivier Patru a laissé, outre ses plaidoyers, des observations sur les *Remarques grammaticales* de Vaugelas. Il étoit depuis 1640 jusqu'en 1681, époque de sa mort, l'un des membres les plus éclairés de l'Académie françoise.

[2] (B.) Célèbre procureur: il s'appeloit Pierre Fournier; mais les gens de palais, pour abréger, l'appeloient Pé-Fournier. (1713)

[3] (H.) Antoine Arnauld a écrit contre les calvinistes; et Desmarets de Saint-Sorlin contre les religieuses de Port-Royal. Boileau nous reparlera plus d'une fois de l'un et de l'autre de ces auteurs.

[4] (H.) Sanguin de Saint-Pavin, abbé de Livry, étoit un libertin fameux, disciple de Théophile, émule de Des-Barreaux, de Bardouville, etc.: voici comment il s'est dépeint lui-même:

> Je n'ai l'esprit embarrassé
> De l'avenir ni du passé:
> Ce qu'on dit de moi peu me choque.
> De force choses je me mocque;
> Et sans contraindre mes désirs
> Je me donne entier aux plaisirs;
> Le Jeu, l'Amour, la bonne chère...

Gui Patin écrit sous la date du 11 avril 1670: « Le curé de Saint-« Nicolas n'a pas voulu donner l'absolution à M. de Saint-Pavin, « qu'il n'ait auparavant jeté dans le feu son testament, à cause de la « vie scandaleuse qu'il a menée, et qu'il n'ait fait des legs pieux. » Les sonnets, les rondeaux, et les autres poésies de Saint-Pavin ont été recueillies avec celles de Charleval. (1759 in-12.) C'étoit un ort médiocre poète, quoi qu'en ait dit Voltaire, dans le *Siècle de Louis XIV*.

[5] (V.) Le pape devenir un zélé huguenot,
   Sainte-Beuve jésuite, et Saint-Pavin dévot.
         (*Dans le recueil de Pierre Marteau.*)

Quittons donc pour jamais une ville importune,
Où l'honneur a toujours guerre avec la fortune [1];
Où le vice orgueilleux s'érige en souverain,
Et va la mitre en tête et la crosse à la main [2];
Où la science triste, affreuse, délaissée [3],
Est partout des bons lieux comme infame chassée;
Où le seul art en vogue est l'art de bien voler;
Où tout me choque; enfin, où [4].... Je n'ose parler.
Et quel homme si froid ne seroit plein de bile [5],

Sainte-Beuve né à Paris en 1613, et mort en 1677, étoit docteur de Sorbonne; il avoit perdu sa chaire pour n'avoir pas voulu souscrire à la censure prononcée contre Arnauld. On a de lui des décisions de cas de conscience, 3 vol. in-4°, etc. Il étoit compté au nombre des théologiens jansénistes ennemis des jésuites.

[1] (V.) Où l'honneur est en guerre *avecque* la fortune.
(*Dans les éditions antérieures a* 1713.)

[2] (V.) Suivoient quatre vers supprimés dans l'édition de 1674:

> Où l'argent seul tient lieu d'esprit et de noblesse,
> Où la vertu se pèse au poids de la richesse;
> Où l'on emporte à peine, à suivre les neufs sœurs,
> Un laurier chimérique et de maigres honneurs.

[3] (V.) Où la science triste, affreuse *et* délaissée.
(*Éditions antérieures à* 1713.)

[4] (V.) Ces points n'existoient pas dans les premières éditions. Brossette dit que Racine conseilla de les mettre dans celle de 1694, et de marquer ainsi une suspension après *où*.

[5] (V.) Ce vers et les suivants se lisent ainsi dans le recueil de Du Marteau:

> Eh! quelle ame de fer ici pourroit se plaire?
> Et pour dernière horreur, pour comble de misère,
> Qui pourroit aujourd'hui, sans un juste mépris,
> Voir l'Italie en France, et Rome dans Paris?
> Je sais bien mon devoir, et ce qu'on doit à Rome,
> Pour avoir dans ses murs élevé ce grand homme
> Dont le génie heureux, par un secret ressort,
> Fait mouvoir tout l'état encore après sa mort;
> Mais enfin je ne puis, sans horreur et sans peine,
> Voir le Tibre à grands flots se mêler à la Seine,

A l'aspect odieux des mœurs de cette ville?
Qui pourroit les souffrir? et qui, pour les blâmer,
Malgré muse et Phébus n'apprendroit à rimer?
Non, non, sur ce sujet pour écrire avec grace,
Il ne faut point monter au sommet du Parnasse;
Et, sans aller rêver dans le double vallon
La colère suffit, et vaut un Apollon [1].

Tout beau [2], dira quelqu'un, vous entrez en furie.
A quoi bon ces grands mots? doucement, je vous prie:
Ou bien montez en chaire; et là, comme un docteur,
Allez de vos sermons endormir l'auditeur:
C'est là que bien ou mal on a droit de tout dire.

Ainsi parle un esprit qu'irrite la satire,
Qui contre ses défauts croit être en sûreté
En raillant d'un censeur la triste austérité;
Qui fait l'homme intrépide, et, tremblant de foiblesse,
Attend pour croire en Dieu que la fièvre le presse [3];
Et, toujours dans l'orage au ciel levant les mains,
Dès que l'air est calmé, rit des foibles humains [4].

> Et traîner dans Paris ses momes, ses farceurs,
> Sa langue, ses poisons, ses crimes et ses mœurs, etc.

[1] (L.) *Si natura negat, facit indignatio versum.*
(*Juv.*, sat. I, v. 79.)

[2] (V.) *Mais quoi!* avant 1683.

[3] (H.) Brossette dit que ce vers désigne Jacques Vallée, seigneur Des-Barreaux, à qui l'on attribue le sonnet: *Grand Dieu! tes jugements sont remplis d'équité.* Il étoit conseiller au parlement, et renommé comme très-impie. Né en 1602 à Paris, il mourut à Châlons-sur-Saône en 1673. Voyez Bayle, *Dictionnaire*, article *Des-Barreaux*.

[4] (V.) Au lieu de ce vers et du précédent, on lisoit dans les premières éditions:

> Et rioit, hors de là, du sentiment commun,
> Prêche que trois sont trois, et ne font jamais un.

Car de penser alors[1] qu'un Dieu tourne le monde,
Et règle les ressorts de la machine ronde,
Ou qu'il est une vie au-delà du trépas,
C'est là, tout haut du moins, ce qu'il n'avouera pas[2].

Pour moi, qu'en santé même un autre monde étonne[3],
Qui crois l'ame immortelle, et que c'est Dieu qui tonne,
Il vaut mieux pour jamais me bannir de ce lieu.
Je me retire donc. Adieu, Paris, adieu.

[1] (V.) *Car enfin de penser*, avant 1683.

[2] (V.) C'est là ce qu'il faut croire et ce qu'il ne croit pas.
Pour moi qui suis plus simple, et que l'enfer étonne.

[3] (Cr.) *Étonne* n'est pas le mot propre; c'étoit *alarme*, dit Voltaire, *Dictionnaire philosophique*, article *Tonnerre*.

SATIRE II.

(1664[1])

A MOLIÈRE[2].

ACCORD DE LA RIME ET DE LA RAISON[3].

Rare et fameux esprit, dont la fertile veine
Ignore en écrivant[4] le travail et la peine ;
Pour qui tient Apollon tous ses trésors ouverts,
Et qui sais à quel coin se marquent les bons vers :
Dans les combats d'esprit savant maître d'escrime[5],

---

[1] (H.) Cette satire n'est que la quatrième dans l'ordre chronologique. Voyez notre tableau, ci-dessus, page 31.

[2] (V.) *M. Molière*, dans les premières éditions ; *M. de Molière*, dans celles de 1675-1713.

[3] (H.) Brossette raconte que Despréaux fit une lecture de cette satire chez le comte du Broussin, en présence de Molière, qui devoit lire ensuite des morceaux de sa traduction de *Lucrèce*, mais qui lut, au lieu de cet essai de sa jeunesse, le premier acte de l'un de ses chefs-d'œuvre, c'est-à-dire, du *Misanthrope*. Encore Molière prévint-il « qu'on ne devoit pas s'attendre à des vers aussi parfaits et « aussi achevés que ceux de M. Despréaux, parce qu'il lui faudroit « un temps infini s'il vouloit travailler ses ouvrages comme lui. » On sait que la première représentation du *Misanthrope* eut lieu le 4 juin 1666.

[4] (Cr.) « Une *veine* qui *écrit*, terme impropre », dit Pradon (*Triomphe*, page 34). Le Brun fait la même remarque.

[5] (Cr.) « Ici, dit Voltaire, la figure est juste : il n'en est pas de « même dans ces deux vers de J.-B. Rousseau :

> Et qui jadis, en maint genre d'escrime,
> Vint chez vous seul étudier la rime.

« On n'étudie point la rime en s'escrimant. » *Dictionnaire philosophique*, article *Figure*.

Enseigne-moi, Molière, où tu trouves la rime[1].
On diroit, quand tu veux, qu'elle te vient chercher :
Jamais au bout du vers on ne te voit broncher ;
Et, sans qu'un long détour t'arrête[2], ou t'embarrasse,
A peine as-tu parlé, qu'elle-même s'y place.
Mais moi, qu'un vain caprice, une bizarre humeur,
Pour mes péchés, je crois, fit devenir rimeur,
Dans ce rude métier où mon esprit se tue,
En vain, pour la trouver, je travaille et je sue.
Souvent j'ai beau rêver du matin jusqu'au soir :
Quand je veux dire blanc, la quinteuse dit noir.
Si je veux d'un galant dépeindre la figure,
Ma plume pour rimer trouve l'abbé de Pure[3] ;
Si je pense exprimer un auteur sans défaut,

---

[1] (V.) ...*où se trouve la rime*, recueil de Du Marteau.

[2] (Cr.) « *Arrête* n'est pas le mot propre ; car un long détour n'ar-
« rête pas, il retarde seulement. » (Condillac, *Art d'écrire*, page 143.)
Critique beaucoup trop rigoureuse.

[3] (V.) De Pure a remplacé ici Ménage :

> Si je pense parler d'un galant de notre âge,
> Ma plume, pour rimer, rencontrera Ménage.

Le Page, dans le recueil de Du Marteau.

De P*** rimoit avec *figure* dans plusieurs éditions antérieures à 1683.

De Pure, en toutes lettres, à partir de 1683.

L'abbé Michel de Pure étoit mort en 1680. Il avoit eu l'imprudence de se faire le distributeur d'un libelle contre Boileau : ce fut, dit-on, ce qui lui valut l'inimitié de ce poète et le malheur de figurer dans les satires II, VI et IX. Ses traductions de *Quintilien*, de l'*Histoire des Indes* de J.-P. Maffei, de l'*Histoire africaine* de Birago, etc., sont oubliées, ainsi que sa tragédie d'*Ostorius*, son roman intitulé *la Précieuse* ou *le Mystère de la Ruelle*, etc. Son père étoit prévôt des marchands de la ville de Lyon en 1634. Voyez l'article *de Pure*, par M. Beuchot, dans la *Biographie universelle*, XXXVI, 325, 326.

La raison dit Virgile, et la rime Quinault[1].
Enfin, quoi que je fasse ou que je veuille faire,
La bizarre toujours vient m'offrir le contraire.
De rage quelquefois, ne pouvant la trouver,
Triste, las et confus, je cesse d'y rêver;
Et, maudissant vingt fois le démon qui m'inspire,
Je fais mille serments de ne jamais écrire.
Mais, quand j'ai bien maudit et Muses et Phébus,
Je la vois qui paroît quand je n'y pense plus :
Aussitôt, malgré moi, tout mon feu se rallume;
Je reprends sur-le-champ le papier et la plume;
Et, de mes vains serments perdant le souvenir,
J'attends de vers en vers qu'elle daigne venir.
Encor si pour rimer dans sa verve indiscrète,
Ma muse au moins souffroit une froide épithète,
Je ferois comme un autre; et, sans chercher si loin,
J'aurois toujours des mots pour les coudre au besoin.
Si je louois Philis EN MIRACLES FÉCONDE,
Je trouverois bientôt, A NULLE AUTRE SECONDE;
Si je voulois vanter un objet NOMPAREIL,
Je mettrois à l'instant, PLUS BEAU QUE LE SOLEIL;

---

[1] (V.) *Kainaut, Kynaut*, dans les premières éditions.

(H.) Philippe Quinault, né à Paris (et non à Felletin dans la Marche) en 1635, fit à dix-huit ans, en 1653, sa première pièce de théâtre, *les Rivales :* il en avoit déjà donné seize en 1666, *la Mère coquette*, *l'Astrate*, etc. Il fut reçu à l'Académie françoise en 1670; n'ayant fait encore aucun de ses opéra, qui sont les meilleurs, et, à vrai dire, les seuls titres de sa réputation. En 1674, il devint membre de l'académie des médailles, appelée depuis des inscriptions et belles-lettres. Il mourut à Paris, le 26 novembre 1688, laissant une succession de trois cent mille francs. Ses seize comédies ou tragédies, et ses quatorze opéra ont été recueillis en 1739, et en 1778, en cinq volumes in-12. Boileau nous fournira plusieurs occasions de reparler de Quinault.

Enfin, parlant toujours d'ASTRES[1] et de MERVEILLES,
De CHEFS-D'OEUVRE DES CIEUX, de BEAUTÉS SANS PAREILLES[2],
Avec tous ces beaux mots, souvent mis au hasard,
Je pourrois aisément, sans génie et sans art,
Et transposant cent fois et le nom et le verbe,
Dans mes vers recousus mettre en pièces Malherbe[3].
Mais mon esprit, tremblant sur le choix de ses mots,
N'en dira jamais un, s'il ne tombe à propos,
Et ne sauroit souffrir qu'une phrase insipide
Vienne à la fin d'un vers remplir la place vide;
Ainsi, recommençant un ouvrage vingt fois,
Si j'écris quatre mots, j'en effacerai trois.

Maudit soit le premier dont la verve insensée
Dans les bornes d'un vers renferma sa pensée,
Et, donnant à ses mots une étroite prison,
Voulut avec la rime enchaîner la raison!
Sans ce métier fatal au repos de ma vie,
Mes jours, pleins de loisir, couleroient sans envie[4].

[1] (V.) *...et d'astre et de merveilles*, dans les éditions de 1666 et 1667.

[2] (H.) Hémistiches empruntés des poésies de Ménage.

[3] (H.) On raconte que La Fontaine admira tellement ce vers, qu'il dit après l'avoir entendu : *Je donnerois le plus beau de mes contes pour avoir trouvé cela.* La Fontaine eût trop perdu à ce marché; mais le vers de Boileau est extrêmement heureux.

[4] (V.) Sans ce métier, hélas! si contraire à ma joie,
Mes jours auroient été filés d'or et de soie.

C'est ainsi que se lisent ces vers dans le recueil de Du Marteau; et l'on a lieu de croire qu'en effet le poète les avoit d'abord composés de cette manière. Arnauld d'Andilly lui conseilla de les changer. « Vous blâmez, lui dit-il, ceux qui, dans leurs vers, mettent « en pièces Malherbe, et voilà une expression qui est de ce poète. » Malherbe avoit dit :

Les parques, d'une même soie,

Je n'aurois qu'à chanter, rire, boire d'autant,
Et, comme un gras chanoine, à mon aise et content,
Passer tranquillement, sans souci, sans affaire,
La nuit à bien dormir, et le jour à rien faire [1].
Mon cœur, exempt de soins, libre de passion,
Sait donner une borne à son ambition;
Et, fuyant des grandeurs la présence importune,
Je ne vais point au Louvre adorer la fortune :
Et je serois heureux si, pour me consumer,
Un destin envieux ne m'avoit fait rimer.

   Mais depuis le moment que cette frénésie
De ses noires vapeurs troubla ma fantaisie,
Et qu'un démon jaloux de mon contentement
M'inspira le dessein d'écrire poliment,
Tous les jours malgré moi, cloué sur un ouvrage,
Retouchant un endroit, effaçant une page,
Enfin passant ma vie en ce triste métier,

> Ne dévident pas tous nos jours. (*Ode à Marie de Médicis.*)
> Ainsi de tant d'or et de soie
> Ton âge dévide son cours. (*Ode au duc de Bellegarde.*)
> Nos jours, filés de toutes soies,
> Ont des ennuis comme des joies. (*Ode au card. de Richelieu.*)

[1] (Cr.) Il étoit fort aisé d'écrire :

> La nuit à bien dormir, le jour à *ne* rien faire;

ainsi que La Fontaine a dit :

> L'une à dormir, et l'autre à *ne* rien faire.

L'Académie françoise, consultée par Boileau, approuva, dit Brossette, la suppression de la négative. Les grammairiens sévères n'adoptent point cette décision de l'Académie. Voyez M. Laveaux, *Dictionnaire des difficultés de la langue françoise*, article *Rien*. — Mais Boileau n'étoit pas de l'Académie françoise en 1664; et à aucune époque, il n'a eu coutume de la consulter.

J'envie, en écrivant, le sort de Pelletier[1].

Bienheureux Scudéri[2], dont la fertile plume[3]
Peut tous les mois sans peine enfanter un volume[4] !
Tes écrits, il est vrai, sans art[5] et languissants,
Semblent être formés en dépit du bon sens;
Mais ils trouvent pourtant, quoi qu'on en puisse dire,
Un marchand pour les vendre, et des sots pour les lire;
Et quand la rime enfin se trouve au bout des vers,
Qu'importe que le reste y soit mis de travers?
Malheureux mille fois celui dont la manie
Veut aux règles de l'art asservir son génie!
Un sot, en écrivant, fait tout avec plaisir[6].

[1] (B.) Poète du dernier ordre, qui faisoit tous les jours un sonnet.
(H.) Pelletier prit ce vers pour un éloge, et fit insérer cette satire dans un recueil qui renfermoit quelques-uns de ses propres vers. Le libraire à qui Boileau s'en plaignit, répondit que Pelletier avoit apporté lui-même cette pièce et recommandé de l'imprimer, *parce qu'elle étoit à sa louange.*

[2] (V.) *Scutari,* dans les éditions antérieures à 1683.

[3] (B.) C'est le fameux Scudéri, auteur de beaucoup de romans, et frère de la fameuse mademoiselle de Scudéri. (1713)

[4] (H.) Balzac avoit dit : « O bienheureux écrivains ! M. de Sau-
« maise en latin et M. de Scudéri en françois ! j'admire votre faci-
« lité, etc. » Georges de Scudéri, néanmoins, n'a pas fait tous les ouvrages qui ont porté son nom. *Cyrus, Clélie,* et même l'illustre *Bassa,* sont de Madelaine de Scudéri, sa sœur.

Le frère, né au Havre en 1601 et mort à Paris en 1667, étoit de l'Académie françoise depuis 1650. Ses ouvrages sont *Alaric,* poëme héroïque; *l'Amour tyrannique,* et quinze autres pièces de théâtre, des poésies diverses, des harangues, des traductions, etc.

La sœur mourut en 1701, âgée de 94 ans. On a d'elle plus de quarante volumes de romans, outre des poésies, des conversations, etc.

[5] (V.) ...*sans force,* avant 1683.

[6] (I.) Ridentur mala qui componunt carmina : verum
Gaudent scribentes et se venerantur; et ultro
Si taceas, laudant quidquid scripsere, beati.
(*Hor.,* lib. II, ep. II. v. 106-108.)

Il n'a point en ses vers l'embarras de choisir;
Et, toujours amoureux de ce qu'il vient d'écrire,
Ravi d'étonnement, en soi-même il s'admire.
Mais un esprit sublime en vain veut s'élever [1]
A ce degré parfait qu'il tâche de trouver;
Et, toujours mécontent de ce qu'il vient de faire,
Il plaît à tout le monde, et ne sauroit se plaire [2];
Et tel dont en tous lieux chacun vante l'esprit
Voudroit pour son repos n'avoir jamais écrit.

Toi donc qui vois les maux où ma muse s'abîme,
De grace, enseigne-moi l'art de trouver la rime :
Ou, puisque enfin tes soins y seroient superflus,
Molière, enseigne-moi l'art de ne rimer plus [3].

[1] (I.) At qui legitimum cupiet fecisse poema,
Cum tabulis animum censoris sumet honesti, etc.
(*Hor.*, lib. II, ep. II, v. 109, 110.)

[2] (H.) « Voilà, disoit Molière à Despréaux, la plus belle vérité
« que vous ayez jamais dite: je ne suis pas du nombre de ces esprits
« sublimes dont vous parlez; mais, tel que je suis, je n'ai rien fait
« en ma vie dont je sois véritablement content. »

« La même justesse d'esprit qui nous fait écrire de bonnes choses,
« dit La Bruyère, nous fait appréhender qu'elles ne le soient pas
« assez pour mériter d'être lues. » *Caractères*, chap. Ier.

Santeul, au contraire, croyoit n'avoir jamais rien fait que d'excellent. On dit qu'il en convenoit un jour chez le libraire Thierry, où se trouvoit Boileau, qui lui répondit : Vous êtes donc le seul homme extraordinaire qui ait été pleinement satisfait de ses productions. A ces mots, Santeul changea de langage; et ravi d'être appelé *un homme extraordinaire*, il protesta qu'en effet il n'étoit jamais parvenu à se contenter lui-même.

[3] (Cr.) Arnauld d'Andilly, à qui Despréaux communiqua cette deuxième satire, avant de la livrer à l'impression, se la fit relire trois fois; il étoit vivement frappé des progrès qu'elle faisoit faire à la versification françoise. Il admiroit surtout les vers 53-56, *Maudit soit*, etc. Mais presque tous les autres vers auroient droit aux mêmes éloges; c'étoit une chose neuve en 1664 qu'un poème françois écrit avec tant de pureté, d'élégance et d'énergie.

Cependant c'est contre cette satire II que d'Alembert, Marmontel et d'autres censeurs se sont particulièrement récriés. Boileau, disent-ils, y demande à Molière où il trouve *la rime*, au lieu de lui demander où il a trouvé le caractère admirable du *Misanthrope;* et cela prouve, ajoutent-ils, combien le poète satirique étoit superficiel et commun. C'est lui faire un crime de n'avoir rien dit, en 1664, d'une pièce qui ne fut achevée qu'en 1666. Dans l'Art poétique, dans l'épître VII, il n'est plus question des rimes de Molière, il s'agit du *Misanthrope* et du *Tartufe* qui existoient pour lors; et l'auteur de ces chefs-d'œuvre est représenté comme un philosophe étudiant la ville, connaissant la cour. Mais en 1664, Despréaux n'entreprend encore que d'exposer et à la fois de surmonter les difficultés de la rime : a-t-on droit de lui reprocher d'avoir traité son sujet ?

SATIRE III.

(1665)

DESCRIPTION D'UN REPAS RIDICULE [1].

Quel sujet inconnu vous trouble et vous altère,
D'où vous vient aujourd'hui cet air sombre et sévère [2],
Et ce visage enfin plus pâle qu'un rentier
A l'aspect d'un arrêt qui retranche [3] un quartier [4]?
Qu'est devenu ce teint dont la couleur fleurie
Sembloit d'ortolans seuls et de bisques nourrie,
Où la joie en son lustre attiroit les regards,
Et le vin en rubis brilloit de toutes parts?
Qui vous a pu plonger dans cette humeur chagrine?
A-t-on par quelque édit réformé la cuisine?
Ou quelque longue pluie, inondant vos vallons,
A-t-elle fait couler vos vins et [5] vos melons [6]?

---

[1] (I.) Horace a traité un sujet semblable, liv. II, sat. VIII. Voyez aussi la dixième satire de Régnier.

[2] (I.) Scire velim quare toties mihi, Nœvole, tristis
Occurras fronte obducta........ .....
.... Unde repente
Tot rugæ.   (*Juv.*, sat. I.)

[3] (B.) Le roi, en ce temps-là, avoit supprimé un quartier des rentes. (1713)

[4] (H.) Ces rentes se payoient à l'Hôtel-de-ville, ce qui donna lieu à une épigramme du chevalier de Cailly, que Boileau, dit-on, avoit trouvée bonne, et qui se terminoit par ces trois vers :

> Nous n'aurons qu'à changer de lieu :
> Nous allions à l'Hôtel-de-ville,
> Et nous irons à l'Hôtel-Dieu.

[5] (V.) *Ou* au lieu d'*et*, dans les éditions de 1666 et 1667.

[6] (Cr.) Pradon (*Triomphe*, page 43) demande depuis quand

Répondez donc enfin[1], ou bien je me retire.

Ah! de grace, un moment, souffrez que je respire.
Je sors de chez un fat qui, pour m'empoisonner,
Je pense, exprès chez lui m'a forcé de dîner.
Je l'avois bien prévu. Depuis près d'une année
J'éludois tous les jours sa poursuite obstinée.
Mais hier il m'aborde, et, me serrant la main,
Ah! monsieur, m'a-t-il dit, je vous attends demain.
N'y manquez pas au moins. J'ai quatorze bouteilles
D'un vin vieux.... Boucingo[2] n'en a point de pareilles :
Et je gagerois bien que, chez le commandeur,
Villandri[3] priseroit sa sève et sa verdeur.
Molière avec Tartufe[4] y doit jouer son rôle ;
Et Lambert[5], qui plus est, m'a donné sa parole.
C'est tout dire en un mot, et vous le connoissez. —
Quoi! Lambert? - Oui, Lambert. A demain. - C'est assez.

Ce matin donc, séduit par sa vaine promesse,
J'y cours midi sonnant, au sortir de la messe.
A peine étois-je entré, que, ravi de me voir,
Mon homme, en m'embrassant, m'est venu recevoir ;

l'on choisit les vallons pour y semer les melons et y planter les vignes.

Le Brun doute qu'il soit exact de dire que la pluie *fait couler les melons* ; mais on cite en faveur de cette expression, l'autorité du dictionnaire de l'Académie françoise, et même celle des jardiniers.

[1] (V.)... *du moins* au lieu d'*enfin*, dans les éditions antérieures à 1701. Au vers 19, on lisoit aussi *quand hier*, au lieu de *mais hier*.

[2] (B.) Illustre marchand de vin. (1713)

[3] (B.) Homme de qualité qui alloit fréquemment chez le commandeur de Souvré. (1713)

[4] (B.) La comédie du *Tartufe* avoit été défendue en ce temps-là, et tout le monde vouloit avoir Molière pour la lui entendre réciter.

[5] (B.) Lambert, le fameux musicien, étoit un fort bon-homme qui promettoit à tout le monde de venir, mais qui ne venoit jamais.

Et, montrant à mes yeux une allégresse entière,
Nous n'avons, m'a-t-il dit, ni Lambert ni Molière;
Mais, puisque je vous vois, je me tiens trop content.
Vous êtes un brave homme; entrez, on vous attend.

A ces mots, mais trop tard, reconnoissant ma faute,
Je le suis en tremblant dans une chambre haute,
Où, malgré les volets, le soleil irrité[1]
Formoit un poêle ardent au milieu de l'été.
Le couvert étoit mis dans ce lieu de plaisance,
Où j'ai trouvé d'abord, pour toute connoissance,
Deux nobles campagnards grands lecteurs de romans,
Qui m'ont dit tout Cyrus[2] dans leurs longs compliments.
J'enrageois. Cependant on apporte un potage.
Un coq y paroissoit en pompeux équipage,
Qui, changeant sur ce plat et d'état et de nom,
Par tous les conviés s'est appelé chapon.
Deux assiettes suivoient, dont l'une étoit ornée
D'une langue en ragoût, de persil couronnée;
L'autre, d'un godiveau tout brûlé par-dehors,
Dont un beurre gluant inondoit tous les bords.
On s'assied : mais d'abord notre troupe serrée
Tenoit à peine autour d'une table carrée,
Où chacun, malgré soi, l'un sur l'autre porté,
Faisoit un tour à gauche, et mangeoit de côté[3].
Jugez en cet état si je pouvois me plaire,

---

[1] (Cr.) L'épithète *irrité* est inutile et ridicule, si l'on en croit Pradon (*le satirique expirant*, page 10). — Elle est poétique, si elle représente le soleil comme *irrité* du vain obstacle que lui opposent les volets.

[2] (B.) Roman de dix tomes de mademoiselle de Scudéri.

[3] (Cr.) « Peinture aussi vraie que plaisante : le pinceau de Téniers n'eût pas mieux réussi. » LE BRUN.

Moi qui ne compte rien[1] ni le vin ni la chère,
Si l'on n'est plus au large[2] assis en un festin
Qu'aux sermons de Cassagne[3], ou de l'abbé Cotin[4].

Notre hôte cependant, s'adressant à la troupe,
Que vous semble, a-t-il dit, du goût de cette soupe?
Sentez-vous le citron dont on a mis le jus
Avec des jaunes d'œufs mêlés dans du verjus[5]?
Ma foi, vive Mignot[6] et tout ce qu'il apprête!

[1] (Cr.) « On diroit en prose, *moi qui ne compte pour rien;* mais la poésie est plus légère. » LE BRUN.

[2] (Cr.) Boursault, dans sa *Satire des satires,* sc. VI, prétend que ces deux vers disent, contre l'intention du poète, qu'on n'est POINT *assis à l'aise* aux sermons de Cassagne et de Cotin.

> ......A l'entendre, on diroit qu'on s'y tue,
> Que la foule y fatigue et que chacun y sue.

Mais les deux prédicateurs se sont fâchés; preuve qu'ils ont bien entendu.

[3] (H.) Ce trait satirique eut des suites déplorables, dit l'abbé d'Olivet (*Histoire de l'Académie françoise*). « La tête de Cassagne se « dérangea; on le mit à Saint-Lazare, où il mourut à quarante-six ans. »
Ce nombre est inexact: Jacques Cassagne, Cassagnes, ou Cassaigne, né à Nîmes le 1er août 1636, est mort à Saint-Lazare en 1673, par conséquent à quarante-trois ans. Ses prédications, ses poésies, ses traductions, ses autres œuvres, si peu connues aujourd'hui, et même si peu estimées des hommes éclairés de son temps, lui ont ouvert les portes de l'Académie françoise en 1662. Il fut en l'année suivante l'un des quatre premiers membres de l'Académie des médailles (ou des inscriptions et belles-lettres); les trois autres étoient Chapelain, l'abbé de Bourzéis et Charpentier. Cassagne étoit aussi garde de la bibliothèque du roi.

[4] (V.) Qu'aux sermons de Chassaigne ou de l'abbé Kautin,
édition de 1666. L'hémistiche *ou de l'abbé Cotin* fut, dit-on, suggéré à Boileau par Furetière.

[5] (H.) « Ces sortes de soupes étoient alors à la mode et on les « appeloit des *soupes de l'écu d'argent:* c'étoit l'enseigne d'un traiteur « qui demeuroit dans le quartier de l'université, et qui avoit inventé « la manière de les faire. » BROSSETTE.

[6] Jacques Mignot, pâtissier-traiteur, rue de La Harpe, maître-

Les cheveux cependant me dressoient à la tête :
Car Mignot, c'est tout dire; et dans le monde entier
Jamais empoisonneur ne sut mieux son métier.
J'approuvois tout pourtant de la mine et du geste,
Pensant qu'au moins le vin dût réparer le reste.
Pour m'en éclaircir donc, j'en demande; et d'abord
Un laquais effronté m'apporte un rouge-bord
D'un Auvernat fumeux qui, mêlé de Lignage[1],
Se vendoit chez Crenet[2] pour vin de l'Ermitage,
Et qui, rouge et vermeil[3], mais fade et doucereux,
N'avoit rien qu'un goût plat, et qu'un déboire affreux.
A peine ai-je senti cette liqueur traîtresse,
Que de ces vins mêlés j'ai reconnu l'adresse[4] :
Toutefois avec l'eau que j'y mets à foison
J'espérois adoucir la force du poison.
Mais, qui l'auroit pensé? pour comble de disgrace,
Par le chaud qu'il faisoit nous n'avions point de glace.

---

queux de la maison du roi, écuyer de la bouche de la reine. Un officier tel que lui ne pouvoit souffrir qu'on le traitât d'empoisonneur : il rendit plainte au lieutenant-criminel qui se mit à rire, en l'exhortant à en faire autant. Mignot, pour se venger, enveloppa ses biscuits dans les feuilles de la *Critique désintéressée*, pamphlet de Cotin contre Despréaux. C'étoit l'expédient le plus heureux qu'on eût encore trouvé pour faire circuler les écrits de Cotin. Despréaux se donna souvent le plaisir de faire acheter de ces biscuits.

[1] (B.) Deux fameux vins du terroir d'Orléans.

L'Auvernat ou Auvernas est un vin fort rouge; le Lignage est moins fort en couleur; les cabaretiers mêloient ces deux vins.

[2] (B.) Fameux marchand de vin, logé à la Pomme du pin, près du pont Notre-Dame.

Rabelais parle de ce cabaret (*Pantagruel*, liv. II, chap. VI); et P. Régnier dans sa dixième satire.

[3] (V.)... *rouge en couleur*, dans les éditions antérieures à 1694.

[4] (Cr.) Pradon, soit ignorance, soit mauvaise foi, trouve *de l'impropriété et du galimatias* dans ce vers. (*Triomphe*, page 49.)

Point de glace, bon Dieu! dans le fort de l'été [1]!
Au mois de juin! Pour moi, j'étois si transporté,
Que, donnant de fureur tout le festin au diable,
Je me suis vu vingt fois prêt à quitter la table;
Et, dût-on m'appeler et fantasque et bourru,
J'allois sortir enfin quand le rôt [2] a paru.

Sur un lièvre flanqué de six poulets étiques
S'élevoient trois lapins, animaux domestiques,
Qui, dès leur tendre enfance élevés [3] dans Paris,
Sentoient encor le chou dont ils furent nourris.
Autour de cet amas de viandes entassées
Régnoit un long cordon d'alouettes [4] pressées,
Et sur les bords du plat six pigeons étalés
Présentoient pour renfort leurs squelettes brûlés [5].
A côté de ce plat paroissoient deux salades,
L'une de pourpier jaune, et l'autre d'herbes fades,
Dont l'huile de fort loin saisissoit l'odorat,

---

[1] (H.) L'usage de boire à la glace, connu des anciens Romains, s'est introduit en France, vers le milieu du dix-septième siècle.

[2] (H.) Quand Boileau travailloit à cette satire, il demanda au comte du Broussin s'il falloit dire le *rôt* ou le *rôti* : On dit l'un et l'autre, répondit l'expert du Broussin, mais le *rôt* est plus noble.

[3] (Cr.) Au vers 90, *s'élevoient*; au vers 91, *élevés*. Le Brun a remarqué cette négligence, mais en observant que le mot *élevés* ne revient que pour être pris en un autre sens. Il vaudroit mieux qu'il ne se fût pas si tôt remontré.

[4] (Cr.) Boursault dans la *Satire des satires*, sc. III, dit qu'on ne mange point d'*alouettes au mois de juin;*

> Qu'en mai, juin et juillet on n'en voit point du tout,
> Que chez les rôtisseurs pas une ame ne trouve;
> Que c'est en ce temps-là que l'alouette couve.

[5] (I.) . . . . Tum pectore adusto
Vidimus et merulas poni, et sine clune palumbes.
(*Hor.*, lib. II, sat. VIII, v. 90, 91.)

Et nageoit dans les flots de vinaigre rosat.
Tous mes sots, à l'instant changeant de contenance,
Ont loué du festin la superbe ordonnance ;
Tandis que mon faquin qui se voyoit priser,
Avec un ris moqueur les prioit d'excuser.
Surtout certain hableur [1], à la gueule affamée,
Qui vint à ce festin conduit par la fumée,
Et qui s'est dit profès dans l'ordre des coteaux [2],
A fait en bien mangeant l'éloge des morceaux.
Je riois de le voir avec sa mine étique,

[1] (H.) Brossette nous apprend que le personnage ici désigné étoit un sieur B. D. L., cousin issu de germain du poète, et neveu du grand-audiencier de France, M. de L., qui lui avoit acheté une charge de président à la cour des monnoies. On ajoute que B. D. L., ayant dissipé tout son bien, se vit réduit à vivre chez ses amis, qu'il alloit souvent chez Boileau le greffier, frère de Despréaux; et que ce fut dans la maison de ce greffier que se passa entre ce B. D. L. et la comtesse de Crissé, la scène que Racine a mise au théâtre, dans les *Plaideurs*, sous les noms de Chicaneau et de la comtesse de Pimbesche.

[2] (B.) Ce nom fut donné à trois grands seigneurs tenant table, qui étoient partagés sur l'estime qu'on devoit faire des vins des coteaux qui sont aux environs de Reims : ils avoient chacun leurs partisans.

Ces trois seigneurs étoient, dit-on, le commandeur de Souvré, le duc de Mortemar et le marquis de Sillery. Ménage, dans son *dictionnaire étymologique*, et Desmaiseaux dans la *Vie de Saint-Évremond*, associent à l'ordre des coteaux quelques autres personnages.

On lit dans les *Anecdotes dramatiques* l'article suivant : « Les Co-
« teaux ou les Marquis friands, comédie en un acte, en vers, par
« Villiers, 1665. M. de Lavardin, évêque du Mans et bon épicurien,
« avoit dit que MM. de Saint-Évremond, de Souvré, d'Olonne et de
« Bois-Dauphin ne pouvoient manger que du veau de rivière, des
« perdrix d'Auvergne, des lapins de la Roche-Guyon ou de Versine,
« et qu'ils ne buvoient que du vin des trois coteaux d'Ay, de Haut-
« Villiers et d'Avernay... C'est à ce sujet que Boileau a dit en 1665...
« profès dans l'ordre des coteaux. »

Son rabat jadis blanc, et sa perruque antique,
En lapins de garenne ériger nos clapiers[1],
Et nos pigeons cauchois[2] en superbes ramiers;
Et, pour flatter notre hôte, observant son visage,
Composer sur ses yeux son geste et son langage;
Quand notre hôte charmé, m'avisant sur ce point :
Qu'avez-vous donc, dit-il, que vous ne mangez point?
Je vous trouve aujourd'hui l'ame tout inquiète,
Et les morceaux entiers restent sur votre assiette.
Aimez-vous la muscade? on en a mis partout.
Ah! monsieur, ces poulets sont d'un merveilleux goût,
Ces pigeons sont dodus, mangez, sur ma parole.
J'aime à voir aux lapins cette chair blanche et molle.
Ma foi, tout est passable, il le faut confesser,
Et Mignot aujourd'hui s'est voulu surpasser.
Quand on parle de sauce, il faut qu'on y raffine;
Pour moi, j'aime surtout que le poivre y domine :
J'en suis fourni, Dieu sait! et j'ai tout Pelletier
Roulé dans mon office en cornets de papier.
A tous ces beaux discours j'étois comme une pierre,
Ou comme la statue est au Festin de Pierre[3];

---

[1] Lapins domestiques.

[2] (V.) ...*pigeons cochets*, dans l'édition de 1666; *cauchais*, dans celle de 1667. — Pigeons du pays de Caux en Normandie. Les ramiers sont des pigeons sauvages qui perchent sur les arbres.

[3] (H.) Pièce dramatique originairement espagnole, mise sur le théâtre françois par Molière, et depuis rimée par Thomas Corneille.

Boileau a dû transcrire le titre de la pièce de Molière, jouée en 1665; titre qui signifie, comme l'explique Brossette, le festin où se rend la statue d'un personnage nommé Pierre (don Pedro). Mais le titre espagnol *Combibado de piedra* vouloit dire le convié de pierre (*lapideus*). Dans ce sens *pierre* auroit été tout-à-fait le même mot à la fin des vers 129 et 130 de cette satire. C'étoit à dessein que

Et, sans dire un seul mot, j'avalois au hasard
Quelque aile de poulet dont j'arrachois le lard.
Cependant mon hableur, avec une voix haute,
Porte à mes campagnards la santé de notre hôte,
Qui tous deux pleins de joie, en jetant un grand cri,
Avec un rouge-bord acceptent son défi.
Un si galant exploit réveillant tout le monde,
On a porté partout des verres à la ronde,
Où les doigts des laquais, dans la crasse tracés,
Témoignoient par écrit qu'on les[1] avoit rincés :
Quand un des conviés, d'un ton mélancolique[2],
Lamentant tristement une chanson bachique,
Tous mes sots à la fois ravis de l'écouter,
Détonnant de concert, se mettent à chanter.
La musique sans doute étoit rare et charmante!
L'un traîne en longs fredons une voix glapissante;
Et l'autre, l'appuyant de son aigre fausset,
Semble un violon faux qui jure sous l'archet.
   Sur ce point, un jambon d'assez maigre apparence,
Arrive sous le nom de jambon de Mayence.
Un valet le portoit, marchant à pas comptés,

Molière avoit donné à sa pièce un nom qu'il savoit bien n'être pas une traduction exacte de *Combibado de piedra;* et ce n'est point par erreur qu'on a imprimé à la tête de sa comédie le nom propre Pierre et non le mot pierre.

[1] (Cr.) Pradon (*Triomphe*, page 52) prétend que ce *les* peut se rapporter aux doigts des laquais aussi bien qu'aux verres. Mais il n'y a, dans cet excellent distique, ni ambiguité, ni incorrection.

[2] (H.) « M. de La C. (de La Chapelle), neveu de notre auteur, « avoit la voix assez belle, mais il chantoit toutes sortes d'airs, « même les plus gais, d'un ton si triste et si mélancolique, qu'on eût « dit qu'il lamentoit au lieu de chanter. » BROSSETTE.

Comme¹ un recteur suivi des quatre facultés².
Deux marmitons crasseux, revêtus de serviettes,
Lui servoient de massiers, et portoient deux assiettes,
L'une de champignons avec des ris de veau,
Et l'autre de pois verts qui se noyoient dans l'eau.
Un spectacle si beau surprenant l'assemblée,
Chez tous les conviés la joie est redoublée;
Et la troupe à l'instant, cessant de fredonner,
D'un ton gravement fou s'est mise à raisonner.
Le vin au plus muet fournissant des paroles³,
Chacun a débité ses maximes frivoles,
Réglé les intérêts de chaque potentat,
Corrigé la police, et réformé l'état;
Puis, de là s'embarquant dans la nouvelle guerre,
A vaincu la Hollande ou battu l'Angleterre⁴.

Enfin, laissant en paix tous ces peuples divers,
De propos en propos on a parlé de vers.
Là, tous mes sots, enflés d'une nouvelle audace,

---

¹ (I.) . . . . Ut attica virgo
Cum sacris Cereris, procedit fuscus Hydaspes
Cæcuba vina ferens.
(*Hor.*, lib. II, sat. VIII, v. 13-15.)

² (B.) Le recteur, quand il va en procession, est toujours accompagné de deux massiers. (1713)

La procession du recteur de l'université se faisoit quatre fois par an; le recteur marchoit suivi de la faculté des arts, de la faculté de médecine, de celles de droit et de théologie. Il étoit accompagné de bedeaux ou massiers, c'est-à-dire porte-masses : on appeloit masses, des bâtons à tête, garnis d'argent.

³ (I.) Fœcundi calices, quem non fecere disertum?
(*Hor.*, lib. I, ep. V, v. 19.)

⁴ (B.) L'Angleterre et la Hollande étoient alors en guerre, et le roi avoit envoyé du secours aux Hollandois. (1713)

Ont jugé des auteurs en maîtres du Parnasse[1] :
Mais notre hôte surtout, pour la justesse et l'art,
Élevoit jusqu'au ciel Théophile et Ronsard[2],

[1] (I.) . . . . Ecce inter pocula quærunt
Romulidæ quid dia poemata narrent.
(*Pers.*, sat. I, v. 30, 31.)

[2] (H.) Poètes qu'on ne lit plus, et dont les compositions manquent surtout de justesse et de régularité.

Théophile Viaud, né en 1590 à Boussères Sainte-Radegonde (et non à Clérac), dans l'Agénois, vint à Paris en 1610. Ses poésies licencieuses et ses mœurs déréglées ayant attiré sur lui l'attention du gouvernement, il reçut l'ordre de sortir du royaume en 1619, et se retira en Angleterre. De retour en France, il abjura la religion réformée dans laquelle ses parents l'avoient élevé. Mais on lui attribua le *Parnasse satirique*, recueil publié en 1622, et condamné comme impie en 1623 par le parlement de Paris. La sentence déclaroit Viaud coupable de lèse-majesté divine, en réparation de quoi il seroit, après avoir fait amende honorable, brûlé en place de Grève, ce qui ne s'exécuta qu'en effigie. Il se réfugia en Picardie, y erra durant quelque temps, fut découvert, amené à la conciergerie, et renfermé dans le cachot qu'avoit occupé Ravaillac. Il désavouoit cependant le *Parnasse satirique*, où en effet il n'y avoit qu'un petit nombre de pièces de sa façon. Il obtint la révision de son procès; on commua la peine en un bannissement perpétuel. Mis en liberté après deux ans de prison, il se retira chez M. de Montmorenci son protecteur, et mourut à Paris le 25 septembre 1626, à l'âge de trente-six ans. On peut distinguer parmi les productions de ce malheureux écrivain, ses tragédies de *Pyrame et Thisbé*, et de *Pasiphaé*. Deux vers de la première sont cités dans la sixième préface de Boileau, ci-dessus page 19.

Pierre de Ronsard ou Roussard, naquit le 10 septembre 1524, au château de la Poissonnière dans le Vendômois. A l'âge de neuf ans, il étudioit à Paris, au collége de Navarre; mais bientôt il devint page du duc d'Orléans, puis du roi Jacques Stuart qu'il suivit en Écosse. Revenu en France, il fut employé en quelques affaires secrètes. Il n'avoit que seize ans, lorsqu'il accompagnoit Lazare de Baïf, envoyé à la diète de Spire. Ces courses, et celle qu'il fit peu après en Piémont avec Langey altérèrent sa santé. Une surdité précoce le força de se retirer de la cour et de se consacrer aux lettres. Il étudia le grec et composa des vers françois dont le succès fut si éclatant que François Ier le nomma le poète françois par excellence. Il a été vanté, non-

Quand un des campagnards¹ relevant sa moustache,
Et son feutre à grands poils ombragé d'un panache,
Impose à tous silence, et d'un ton de docteur :
Morbleu ! dit-il, La Serre² est un charmant auteur³ !
Ses vers sont d'un beau style, et sa prose est coulante.
La Pucelle est encore une œuvre bien galante,
Et je ne sais pourquoi je bâille en la lisant⁴.

seulement par des princes et par des savants, mais aussi par l'historien de Thou et par Montaigne. Ronsard dut à la bienveillance de Charles IX deux prieurés et l'abbaye de Bellosane. On ajoute qu'il a été curé, ce qui n'est pas bien vérifié. Il mourut près de Tours le 25 décembre 1595. Sa *Franciade*, poème épique, ses deux livres d'amours, ses cinq livres d'odes, et ses autres productions, ont été recueillis en 1609 en 2 volumes in-folio.

¹ (H.) « M. de B**, gentilhomme de Châlons, cousin de notre « poète. Il vint à Paris quelque temps après la réception de Gilles « Boileau à l'Académie françoise : Ha ! ha ! cousin, lui dit-il, vous « êtes donc parmi ces messieurs de l'Académie ? Combien cela vaut-« il de revenu par année ? » BROSSETTE.

² (B.) Écrivain célèbre pour son galimatias. (1713)

³ (H.) Jean Puget de La Serre, ayant assisté à une harangue, courut embrasser et remercier l'orateur : « Ah ! monsieur, lui dit-« il, j'ai débité bien du galimatias depuis vingt ans ; mais vous venez « d'en débiter encore plus en une heure. » Ce La Serre est auteur du *Secrétaire de la cour* ou *Manuel de Lettres*, qui a eu trente éditions : la première, publiée en 1625, est dédiée à Malherbe. Sa tragédie de *Thomas Morus* eut un grand succès en 1692. Il étoit né à Toulouse vers 1600, il mourut à Paris, conseiller d'état, historiographe, etc., sans avoir été pourtant membre de l'Académie françoise.

Il ne faut pas le confondre avec J.-L. Ignace de La Serre, sieur de Langlade, natif du Quercy, auteur de comédies, d'opéra et de romans, et censeur royal. Celui-ci ne s'est fait connoître qu'après 1700. Né en 1662, il a vécu quatre-vingt-quatorze ans.

⁴ (H.) « Quand Chapelain, l'auteur de *la Pucelle*, en fit lecture « chez le grand Condé, devant tout ce qu'il y avoit de plus distingué « dans les deux sexes, à la cour et à la ville, tout le monde se récrioit : « Que cela est beau ! Madame de Longueville dit tout bas à l'oreille « du prince : Oui, cela est beau, mais cela est bien ennuyeux. » La

Le Pays[1], sans mentir, est un bouffon plaisant[2] :
Mais je ne trouve rien de beau dans ce Voiture[3].
Ma foi, le jugement sert bien dans la lecture.
A mon gré, le Corneille est joli quelquefois[4].
En vérité, pour moi j'aime le beau françois;
Je ne sais pas pourquoi l'on vante l'Alexandre[5].
Ce n'est qu'un glorieux qui ne dit rien de tendre.
Les héros chez Quinault parlent bien autrement,

Harpe, *Lycée*, part. II, liv. I, chap. x. Brossette avoit rapporté le même fait.

[1] (B.) Écrivain estimé chez les provinciaux à cause d'un livre qu'il a fait, intitulé *Amitiés, Amours et Amourettes*. (1713)

[2] Outre le volume que Boileau vient d'indiquer, René Le Pays, sieur du Plessis-Villeneuve, a publié des églogues, des sonnets, des élégies, des stances; *Zélotide*, histoire galante; *le Démélé de l'esprit et du cœur*, etc. Il étoit né à Fougères en 1636; il devint directeur général des gabelles de la Provence et du Dauphiné, et mourut à Paris le 30 avril 1690. Sa prose étoit, selon Boileau, plus supportable que ses vers.

[3] (H.) Écrivain fort peu lu aujourd'hui, mais très-supérieur à ceux qui sont nommés dans les vers précédents. Voiture fut l'un des premiers membres de l'Académie françoise, et cette compagnie prit le deuil à sa mort en 1648. On a de lui deux volumes de lettres et de poésies. Il étoit né à Amiens en 1598.

[4] (H.) Les commentateurs de Boileau disent que ce poète ne fait ici que mettre en vers ce qu'il avoit entendu dire à un magistrat de Château-Thierry, chez lequel il dînoit. La conversation roula sur la littérature, et l'homme de robe, après avoir déclaré *qu'il n'aimoit point ce Voiture*, que *ce Corneille* lui faisoit plaisir quelquefois, ajouta qu'il étoit passionné pour le beau langage, et finit par ces mots : avouez, monsieur, que *le jugement sert bien dans la lecture*.

Mais Régnier (sat. X) avoit fourni quelques-uns de ces détails :

> Que Virgile est passable, encor qu'en quelques pages
> Il méritât au Louvre être sifflé des pages ;
> Que Pline est inégal, Térence un peu joli,
> Mais surtout il estime un langage poli, etc.

[5] (H.) Tragédie de Racine.

Et jusqu'à *Je vous hais*, tout s'y dit tendrement [1].
On dit qu'on l'a drapé dans certaine satire;
Qu'un jeune homme.. Ah! je sais ce que vous voulez dire,
A répondu note hôte : « Un auteur sans défaut,
« La raison dit Virgile, et la rime Quinault [2]. »
— Justement. A mon gré, la pièce est assez plate.
Et puis, blâmer Quinault!.... Avez-vous vu l'Astrate?
C'est là ce qu'on appelle un ouvrage achevé.
Surtout l'anneau royal me semble bien trouvé [3].
Son sujet est conduit d'une belle manière;
Et chaque acte, en sa pièce, est une pièce entière [4].
Je ne puis plus souffrir ce que les autres font.

Il est vrai que Quinault est un esprit profond [5],

[1] (H.) Allusion aux scènes VI et VII de l'acte II de *Stratonice*, tragédie de Quinault. Stratonice y dit tendrement à Antiochus :

>Adieu : croyez toujours que ma haine est extrême,
>Prince; et si *je vous hais,* haïssez-moi de même.

Marmontel, dans ses *Éléments de littérature*, article *Opéra*, semble prendre *Stratonice* pour une tragédie lyrique. Quinault n'avoit point encore fait d'opéra en 1665.

[2] (H.) Vers 19 et 20 de la satire II de Boileau.

[3] (H.) Dans *l'Astrate*, tragédie de Quinault, Élise, héritière du royaume de Tyr, donne à son parent Agénor un anneau, signe de l'autorité royale, pour le remettre à Astrate. Agénor le garde et veut employer contre son rival le pouvoir attaché à cet anneau.

[4] Voici les paroles que Brossette dit avoir retenues de l'un de ses entretiens avec Boileau : « J'ai relu *l'Astrate*, m'a dit M. Des-
« préaux, j'ai été étonné que je n'en aie pas dit davantage dans ma
« satire; car il n'y a rien de plus ridicule, et il semble que tout y ait
« été fait exprès en dépit du bon sens. A la fin, on dit à Astrate que
« sa maîtresse est empoisonnée ; cela se dit devant elle, et il répond
« pour toute chose : *Madame!* Cela n'est-il pas bien touchant? Nous
« disions autrefois qu'il valoit bien mieux mettre *Tredame!* »

[5] (Cr.) Sur ce vers, Le Brun s'écrie : « Un faiseur d'opéra, un
« esprit profond! » Si cette exclamation est une critique, on peut demander à Le Brun pourquoi il trouve étrange que la qualité d'esprit

A repris certain fat qu'à sa mine discrète
Et son maintien jaloux j'ai reconnu poète;
Mais il en est pourtant qui le pourroient valoir.
Ma foi, ce n'est pas vous qui nous le ferez voir,
A dit mon campagnard avec une voix claire,
Et déjà tout bouillant de vin et de colère.
Peut-être, a dit l'auteur pâlissant de courroux :
Mais vous, pour en parler, vous y connoissez-vous?
Mieux que vous mille fois, dit le noble en furie.
Vous? mon Dieu! mêlez-vous de boire, je vous prie,
A l'auteur sur-le-champ aigrement reparti.
Je suis donc un sot, moi? vous en avez menti[1],
Reprend le campagnard; et, sans plus de langage,
Lui jette pour défi son assiette au visage.
L'autre esquive le coup; et l'assiette volant
S'en va frapper le mur, et revient en roulant.
A cet affront l'auteur, se levant de la table,
Lance à mon campagnard un regard effroyable :
Et, chacun vainement se ruant entre deux,

profond soit si mal appliquée par le fat que Boileau fait parler ici. D'ailleurs, il faut toujours se souvenir qu'il n'est point question d'opéra, que Quinault n'avoit pas encore essayé et créé ce genre d'ouvrages dramatiques.

[1] (I.) Régnier, dans sa dixième satire, décrit aussi une dispute et un combat entre les convives ; mais en quel style !

> Comment! votre argument, dit l'un, n'est pas en forme;
> L'autre, tout hors de sens : Mais c'est vous, malotru,
> Qui faites le savant, et n'êtes pas congru.
> L'autre : Monsieur le sot, je vous ferai bien taire....
> Quelle incongruité ! vous mentez par les dents.
> Mais vous. — Ainsi ces gens, à se picquer ardents,
> S'en vinrent du parler à tic, tac, torche, lorgne :
> Qui casse le museau, qui son rival éborgne;
> Qui jette un pain, un plat, une assiette, un couteau;
> Qui pour une rondache empoigne un escabeau.

Nos braves s'accrochant se prennent aux cheveux.
Aussitôt sous leurs pieds les tables renversées
Font voir un long débris de bouteilles cassées :
En vain à lever tout les valets sont fort prompts,
Et les ruisseaux de vin coulent aux environs.

 Enfin, pour arrêter cette lutte barbare,
De nouveau l'on s'efforce, on crie, on les sépare ;
Et, leur première ardeur passant en un moment,
On a parlé de paix et d'accommodement.
Mais, tandis qu'à l'envi tout le monde y conspire,
J'ai gagné doucement la porte sans rien dire,
Avec un bon serment que, si pour l'avenir
En pareille cohue on me peut retenir,
Je consens de[1] bon cœur, pour punir ma folie,
Que tous les vins pour moi deviennent vins de Brie,
Qu'à Paris le gibier manque tous les hivers,
Et qu'à peine au mois d'août l'on mange des pois verts[2].

---

[1] (V.) ...*d'un*, dans les éditions de 1674 et 1675.

[2] (Cr.) En comparant cette satire à celle d'Horace sur le même sujet, La Harpe trouve que Despréaux « a deux avantages sur « le satirique latin ; il a plus de poésie et il raille plus finement. « Horace a fait, comme lui, la description d'un repas ridicule : c'est, « si l'on veut, un bien petit sujet ; mais si le mérite du poète peut « consister quelquefois à relever les petites choses comme à soutenir « les grandes, je saurai gré à Boileau d'avoir été en cette partie bien « plus poète qu'Horace dans le *Récit du festin*. Personne ne lui « avoit donné le modèle de vers tels que ceux-ci : *sur un lièvre flan-* « *qué*, etc. (v. 89-96). C'est là, j'en conviens, un très-mauvais rôt, « mais ce sont de bien bons vers. La pièce entière est écrite de ce style, « et l'auteur l'a égayée par la conversation des campagnards, qui « forme une espèce de scène fort plaisante. Quant à la raillerie, il y « excelle, et personne en ce genre ne l'a surpassé. » (*Lycée*, part. II, liv. I, chap. x.

SATIRE IV.

(1664)

A M. L'ABBÉ LE VAYER[1].

LES FOLIES HUMAINES.

D'où vient, cher Le Vayer, que l'homme le moins sage
Croit toujours seul avoir la sagesse en partage,
Et qu'il n'est point de fou qui, par belles raisons,
Ne loge son voisin aux petites-maisons?

Un pédant, enivré de sa vaine science,
Tout hérissé de grec, tout bouffi d'arrogance,
Et qui, de mille auteurs retenus mot pour mot,
Dans sa tête entassés, n'a souvent fait qu'un sot[2],
Croit qu'un livre fait tout, et que, sans Aristote,
La raison ne voit goutte, et le bon sens radote.

D'autre part un galant, de qui tout le métier
Est de courir le jour de quartier en quartier,
Et d'aller, à l'abri d'une perruque blonde,
De ses froides douceurs fatiguer tout le monde[3],

---

[1] (H.) Cet abbé a traduit et commenté *Florus*. Son père, La Mothe Le Vayer, a laissé un très-grand nombre d'ouvrages. L'abbé Le Vayer mourut à l'âge de quarante-cinq ans, dans l'année même où cette satire lui fut adressée.

[2] (Cr.) Un pédant qui n'a souvent *fait* qu'un sot de mille auteurs entassés dans sa tête, croit qu'un livre *fait* tout, etc. On doit avouer qu'il y a de l'embarras dans cette phrase. Le Brun suppose qu'elle est destinée à représenter, par sa construction pénible, les efforts laborieux d'une tête savante et non pensante. Excuse imaginaire, et qui seroit encore mauvaise, si elle pouvoit être réelle.

[3] (V.) Les anciennes éditions portoient *le beau monde*, et cette

Condamne la science ¹, et, blâmant tout écrit,
Croit qu'en lui l'ignorance est un titre d'esprit ;
Que c'est des gens de cour le plus beau privilége,
Et renvoie un savant dans le fond d'un collége.

Un bigot orgueilleux, qui, dans sa vanité,
Croit duper jusqu'à Dieu par son zèle affecté,
Couvrant tous ses défauts d'une sainte apparence,
Damne tous les humains, de sa pleine puissance.

Un libertin d'ailleurs ², qui, sans ame et sans foi,
Se fait de son plaisir une suprême loi,
Tient ³ que ces vieux propos de démons et de flammes
Sont bons pour étonner des enfants et des femmes,
Que c'est s'embarrasser de soucis superflus,
Et qu'enfin tout dévot a le cerveau perclus.

En un mot, qui voudroit épuiser ces matières,
Peignant de tant d'esprits les diverses manières,
Il ⁴ compteroit plutôt combien, dans un printemps,

leçon valoit peut-être un peu mieux, quoique le mot *beau* revienne au vers 17.

¹ (Cr.) Ces mots se rattachent assez mal aux accessoires qui précèdent : or, le vague des accessoires contribue à rendre le discours froid ; dit Condillac, *Art d'écrire*, liv. II, chap. 1.

² (Cr.) *D'ailleurs* ne s'emploieroit plus ainsi pour *au contraire*, ou *de son côté*.

³ (Cr.) Aux vers 5 et 9, *un pédant... croit* qu'un livre fait tout ; vers 11 et 16, *un galant... croit* que l'ignorance est un titre d'esprit ; vers 19 et 20, *un bigot... croit* duper jusqu'à Dieu : maintenant, vers 23 et 25, *un libertin... tient* que tout dévot a le cerveau perclus. La monotonie du tour et des expressions contribue à refroidir le commencement de cette satire, qui ne deviendra pas très-animée.

⁴ (Cr.) Cet *il* est-il bien nécessaire ? demande Saint-Marc, *Essais philosophiques*, page 317 du tome V des œuvres de Boileau. On pourroit dire que cet *il* est incorrect ; cependant Scévole de Sainte-Marthe avoit dit :

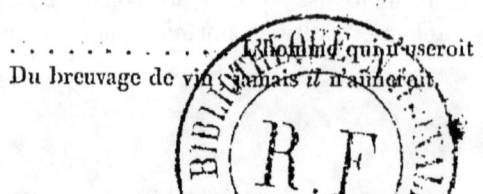

Guenaud[1] et l'antimoine[2] ont fait mourir de gens,
Et combien la Neveu[3] devant[4] son mariage,
A de fois au public vendu son pucelage[5].

Mais, sans errer en vain dans ces vagues propos,
Et pour rimer ici ma pensée en deux mots,
N'en déplaise à ces fous nommés sages de Grèce,
En ce monde il n'est point de parfaite sagesse :
Tous les hommes sont fous, et, malgré tous leurs soins,
Ne diffèrent entre eux que du plus ou[6] du moins.

Comme on voit qu'en un bois que cent routes séparent[7]

Racine a fait dire à Iphigénie :

> Ce même Agamemnon, à qui vous insultez,
> *Il* commande à la Grèce, *il* est mon père, *il* m'aime ;

et dans cet exemple, *il* produit un heureux effet. On lit dans un sermon du *Petit Carême* de Massillon : « Quiconque... s'éloigne... de la sagesse, *il* s'éloigne du seul bonheur.

[1] (V.) *Desnaud*, dans les premières éditions de cette satire. Desnaud étoit un apothicaire.

[2] (H.) Guenaud, médecin de la reine, passoit pour le chef des partisans de l'antimoine ; il a vécu jusqu'en 1667, et son nom n'a remplacé celui de Desnaud, dans cette satire, qu'en 1683.

[3] (B.) Infame débordée, connue de tout le monde. (1713)

[4] (Cr.) Aujourd'hui, il faudroit dire *avant* ; mais *devant* s'employoit alors ainsi. Bossuet, dans son *Discours sur l'Histoire universelle*, publié en 1681, écrit toujours années *devant* l'ère vulgaire, etc.

[5] (I.) Promptius expediam quot amaverit Hippia mœchos,
Quot Themison ægros *autumno* occiderit uno.
(*Juv.*, sat. X, v. 220, 221.)

Au lieu de l'*automne*, Boileau dit, *dans un printemps* ; et ce changement n'est pas heureux, car le poète latin avoit choisi l'automne, comme la saison où il règne le plus de maladies :

Autumnusque gravis, Libitinæ quæstus acerbæ.
(*Hor.*, lib. II, sat. VI.)

[6] (V.) ... *et*, au lieu d'*ou*, dans les éditions antérieures à 1694.

[7] (Cr.) Le mot propre seroit *divisent*, *partagent* : des routes tracées à travers un bois ne le *séparent* point.

Les voyageurs sans guide assez souvent[1] s'égarent[2],
L'un à droit[3], l'autre à gauche, et, courant vainement,
La même erreur les fait errer diversement[4] :
Chacun suit dans le monde une route incertaine,
Selon que son erreur le joue et le promène ;
Et tel y fait l'habile et nous traite de fous,
Qui sous le nom de sage est le plus fou de tous.
Mais, quoi que sur ce point la satire publie,
Chacun veut en sagesse ériger sa folie,
Et, se laissant régler à son esprit tortu,
De ses propres défauts se fait une vertu.
Ainsi, cela soit dit pour qui veut se connoître,
Le plus sage est celui qui ne pense point l'être ;
Qui, toujours pour un autre enclin vers la douceur,
Se regarde soi-même en sévère censeur,
Rend à tous ses défauts une exacte justice,
Et fait sans se flatter le procès à son vice[5].

[1] (Cr.) *Assez souvent* n'est pas une expression très-poétique.

[2] (V.) Brossette assure qu'avant l'impression, Boileau avoit écrit :

> Comme lorsqu'en un bois tout rempli de traverses
> Souvent chacun s'égare en ses routes diverses.

C'est ainsi que ces deux vers se lisent dans le *Recueil* de Du Marteau, sauf quelques changements dans le premier :

> Comme *on voit* qu'en un bois tout *coupé* de traverses.

[3] (Cr.) *A droit*, au lieu d'*à droite*, se rencontre souvent chez les auteurs du dix-septième siècle.

[4] (I.) . . . . Velut sylvis, ubi passim
Palantes error certo de tramite pellit,
Ille sinistrorsum, hic dextrorsum abit ; unus utrique
Error, sed variis illudit partibus.
(*Hor.*, lib. III, sat. III, v. 48-51.)

[5] (Cr.) Phrase un peu traînante, comme l'a observé Condillac.

Mais chacun pour soi-même est toujours indulgent.

Un avare, idolâtre et fou de son argent[1],
Rencontrant la disette au sein de l'abondance[2],
Appelle sa folie une rare prudence,
Et met toute sa gloire et son souverain bien
A grossir un trésor qui ne lui sert de rien[3].
Plus il le voit accru, moins il en sait l'usage[4].

Sans mentir, l'avarice est une étrange rage,
Dira cet autre fou[5] non moins privé de sens,

[1] (V.) Un avare qui n'a pour dieu que son argent.
(*Dans le recueil de Du Marteau.*)

[2] (V.) Au milieu de ses biens rencontrant l'indigence. (*Avant* 1683.)

[3] (I.) Qui nummos aurumque recondit, nescius uti
Compositis, metuensque velut contingere sacrum.
(*Hor.*, lib. II, sat. III, v. 108, 109.)

[4] (V.) Au lieu de ce vers on lisoit les treize vers suivants, avant 1683 :

> Dites-moi, pauvre esprit, ame basse et vénale,
> Ne vous souvient-il plus du tourment de Tantale,
> Qui, dans le triste état où le ciel l'a réduit,
> Meurt de soif au milieu d'un fleuve qui le fuit?
> Vous riez? savez-vous que c'est votre peinture,
> Et que c'est vous par là que la fable figure?
> Chargé d'or et d'argent, loin de vous en servir,
> Vous brûlez d'une soif qu'on ne peut assouvir.
> Vous nagez dans les biens, mais votre ame altérée
> Se fait de la richesse une chose sacrée;
> Et tous ces vains trésors que vous allez cacher
> Sont pour vous un dépôt que vous n'osez toucher.
> Quoi donc! de votre argent ignorez-vous l'usage?

Le premier et le dernier de ces treize vers se lisent différemment dans le *recueil de Du Marteau :*

> Dites-moi, pauvre esprit, et qu'aucun fou n'égale....
> Quoi donc! de tous ces biens ignorez-vous l'usage?

Ces treize vers étoient une traduction foible et prolixe de six vers d'Horace, lib. I, sat. I, v. 68-73.

[5] (V.) Dira cet autre fou, qui, prodigue du sien,
A trois fois en dix ans dévoré tout son bien. (*Avant* 1683.)

Qui jette, furieux, son bien à tous venants,
Et dont l'ame inquiète, à soi-même importune,
Se fait un embarras de sa bonne fortune.
Qui des deux en effet est le plus aveuglé?

L'un et l'autre, à mon sens, ont le cerveau troublé,
Répondra, chez Fredoc[1], ce marquis[2] sage et prude,
Et qui sans cesse au jeu, dont il fait son étude,
Attendant son destin d'un quatorze ou d'un sept,
Voit sa vie ou sa mort sortir de son cornet.
Que si d'un sort fâcheux la maligne inconstance
Vient par un coup fatal faire tourner la chance,
Vous le verrez bientôt, les cheveux hérissés,
Et les yeux vers le ciel de fureur élancés,
Ainsi qu'un possédé que le prêtre exorcise,
Fêter dans ses serments tous les saints de l'église.
Qu'on le lie; ou je crains, à son air furieux,
Que ce nouveau Titan n'escalade les cieux.

Mais laissons-le plutôt en proie à son caprice.
Sa folie, aussi bien, lui tient lieu de supplice.
Il est d'autres erreurs dont l'aimable poison
D'un charme bien plus doux enivre la raison:
L'esprit dans ce nectar heureusement s'oublie.

[3] Chapelain[4] veut rimer, et c'est là sa folie.

---

[1] (H.) Fredoc tenoit une salle de jeu au Palais-Royal. Voyez *la Fille capitaine*, comédie de Mont-Fleury, acte I.

[2] (V.) *Greffier* au lieu de *marquis*, avant l'impression. C'est Brossette qui donne cette variante, en ajoutant qu'il s'agissoit de Jérôme Boileau, greffier au parlement, frère du poète, et *fort emporté dans le jeu*.

[3] (V.) *Ariste* au lieu de *Chapelain*, dans les premières éditions.

[4] (B.) Cet auteur, avant que son poème de *la Pucelle* fût imprimé, passoit pour le premier auteur du siècle. L'impression gâta tout.

Mais bien que ses durs vers[1], d'épithètes enflés,
Soient des moindres grimauds chez Ménage sifflés[2],
Lui-même il s'applaudit, et, d'un esprit tranquille,
Prend le pas au Parnasse au-dessus de Virgile.
Que feroit-il, hélas! si quelque audacieux
Alloit pour son malheur lui dessiller les yeux,
Lui faisant voir ses vers et sans force et sans graces,
Montés sur deux grands mots, comme sur deux échasses[3];
Ses termes sans raison l'un de l'autre écartés,
Et ses froids ornements à la ligne plantés?
Qu'il maudiroit le jour où son ame insensée
Perdit l'heureuse erreur qui charmoit sa pensée!

 Jadis certain bigot, d'ailleurs homme sensé[4],
D'un mal assez bizarre eut le cerveau blessé,
S'imaginant sans cesse, en sa douce manie,
Des esprits bienheureux entendre l'harmonie.
Enfin un médecin fort expert en son art
Le guérit par adresse, ou plutôt par hasard;
Mais voulant de ses soins exiger le salaire,
Moi! vous payer! lui dit le bigot en colère,

---

[1] (Cr.) Hémistiche dont la rudesse imite celle des vers de Chapelain.

[2] (B.) On tenoit chez Ménage toutes les semaines une assemblée où alloient beaucoup de petits esprits. (1713)

Ces assemblées se tenoient le mercredi, et Ménage les appeloit *Mercuriales.* « Il est très-faux, dit-il naïvement dans son *Dictionnaire étymologique,* au mot *Grimaud,* que les assemblées qui se font chez moi soient remplies de grimauds. Elles sont remplies de gens d'un grand mérite dans les lettres, de personnes de naissance, de personnes constituées en dignité. »

[3] (H.) Par exemple : de ce sourcilleux *roc* l'inébranlable *cime.* De sourcilleuses *tours.* D'insupportables *maux,* etc.

[4] (Cr.) Le Brun remarque ici les mots *insensée* et *sensé* qui terminent les vers 101 et 103 : c'est, dit-il, une espèce de négligence.

Vous dont l'art infernal, par des secrets maudits,
En me tirant d'erreur m'ôte du paradis[1]!

J'approuve son courroux; car, puisqu'il faut le dire,
Souvent de tous nos maux la raison est le pire.
C'est elle qui, farouche au milieu des plaisirs,
D'un remords importun vient brider nos désirs.
La fâcheuse a pour nous des rigueurs sans pareilles[2];
C'est un pédant qu'on a sans cesse à ses oreilles[3],
Qui toujours nous gourmande, et, loin de nous toucher,
Souvent, comme Joli[4], perd son temps à prêcher.
En vain certains rêveurs nous l'habillent en reine,
Veulent sur tous nos sens la rendre souveraine,

---

[1] (I.) . . . . Fuit haud ignobilis Argis
Qui se credebat miros audire tragœdos,
In vacuo lætus sessor plausorque theatro;
Cætera qui vitæ servaret munia recto
More; bonus sane vicinus, amabilis hospes,
Comis in uxorem; posset qui ignoscere servis,
Et signo læso non insanire lagenæ;
Posset qui rupem et puteum vitare patentem.
Hic ubi cognatorum opibus curisque refectus,
Expulit helleboro morbum, bilemque meraco,
Et redit ad sese : « Pol, me occidistis, amici,
« Non servastis, ait, cui sic extorta voluptas,
« Et demptus per vim mentis gratissimus error. »
(*Hor.*, lib. II, ep. II, v. 128-140.)

[2] (I.) Ce vers et le suivant rappellent ceux de Malherbe:

La mort a des *rigueurs* à nulle autre *pareilles*....
La cruelle qu'elle est se bouche *les oreilles*, etc.

[3] (Cr.) Jean-Baptiste Rousseau fait remarquer l'harmonie imitative du second hémistiche. Les syllabes qui le composent sont l'image d'un sifflement importun. (*Lettres de Jean-Baptiste Rousseau*, t. II, page 183.)

[4] (B.) Illustre prédicateur, alors curé de Saint-Nicolas-des-Champs à Paris, et depuis évêque d'Agen. (1713)

Né dans le diocèse de Verdun en 1610, Claude Joli est mort dans son évêché d'Agen en 1678. On a huit volumes de ses prônes.

Et, s'en formant en terre une divinité,
Pensent aller par elle à la félicité :
C'est elle, disent-ils, qui nous montre à bien vivre.
Ces discours, il est vrai, sont fort beaux dans un livre :
Je les estime fort ; mais je trouve en effet
Que le plus fou souvent est le plus satisfait[1].

[1] (Cr.) Cette satire nous paroît l'une des plus foibles productions de Boileau. Nous trouverions plus de poésie même dans la onzième et la douzième. Ici le sujet n'est guère qu'un lieu commun ; l'auteur n'a fait aucune observation nouvelle sur les *folies humaines :* après certains détails assez vulgaires et fort monotones, concernant le pédant, le galant, le bigot et le libertin, il emprunte à Horace et à Juvénal quelques vers qu'il ne traduit pas toujours de la manière la plus heureuse ; il se remet à esquisser des portraits, particulièrement ceux d'un avare, d'un joueur et d'un métromane ; et conclut *que le plus fou souvent est le plus satisfait.* Ces 128 vers sont adressés à l'abbé Le Vayer nommé dans le premier, et auquel le poète n'a rien de personnel à dire que son propre nom. On peut cependant distinguer comme élégants ou comme énergiques les vers 6, 20, 22-34, 64 et 65, 69 et 70, 75 et 76, 79 et 80, 91 et 92, 98, 112, 117 et 118.

SATIRE V.

(1665)

A M. LE MARQUIS DE DANGEAU[1].

SUR LA NOBLESSE.

La noblesse, Dangeau, n'est pas une chimère[2],
Quand, sous l'étroite loi d'une vertu sévère,
Un homme issu d'un sang fécond en demi-dieux
Suit, comme toi, la trace où marchoient ses aïeux.
Mais je ne puis souffrir qu'un fat, dont la mollesse
N'a rien pour s'appuyer qu'une vaine noblesse,
Se pare insolemment du mérite d'autrui,
Et me vante un honneur qui ne vient pas de lui[3].
Je veux que la valeur de ses aïeux antiques

---

[1] (H.) Philippe de Courcillon, marquis de Dangeau, gouverneur de Touraine, aide de camp, menin du dauphin, conseiller d'état d'épée, membre de l'Académie françoise, membre honoraire de l'académie des sciences, etc. Malgré tant de titres, il est moins connu que l'abbé Dangeau son frère qui a laissé des dialogues sur l'immortalité de l'ame et de meilleurs opuscules sur la grammaire. On attribue au marquis des mémoires qui, selon Voltaire (*Siècle de Louis XIV*, etc.), sont l'ouvrage d'un vieux valet de chambre imbécile. Ce que nous savons de plus honorable à la mémoire de ce seigneur, c'est qu'une des satires de Boileau lui est adressée. On a imprimé un abrégé de ses mémoires, en 4 vol. in-8°, en 1817, et le public a reconnu que Voltaire avoit assez bien apprécié ce fatras.

[2] (Cr.) C'est plutôt à soutenir la proposition contraire que le reste de la pièce semble destiné.

[3] (I.) . . . . Qui genus jactat suum,
    Aliena laudat.
            (*Sen. trag.*, Herc. fur., act. II, sc. II, v. 340, 341.)

Ait fourni de matière aux plus vieilles chroniques[1],
Et que l'un des Capets, pour honorer leur nom,
Ait de trois fleurs de lis doté[2] leur écusson :
Que sert ce vain amas d'une inutile gloire,
Si, de tant de héros célèbres dans l'histoire,
Il ne peut rien offrir aux yeux de l'univers
Que de vieux parchemins qu'ont épargnés les vers;
Si, tout sorti qu'il est d'une source divine,
Son cœur dément en lui sa superbe origine,
Et, n'ayant rien de grand qu'une sotte fierté,
S'endort dans une lâche et molle oisiveté?
Cependant, à le voir avec tant d'arrogance
Vanter le faux éclat de sa haute naissance,
On diroit que le ciel est soumis à sa loi[3],
Et que Dieu l'a pétri d'autre limon que moi.
Enivré de lui-même, il croit, dans sa folie,
Qu'il faut que devant lui d'abord tout s'humilie.
Aujourd'hui toutefois, sans trop le ménager,
Sur ce ton un peu haut je vais l'interroger :

[1] (Cr.) N'y a-t-il rien d'incorrect dans ce vers, *fournir de matière aux chroniques?*

[2] (V.) *Doré*, au lieu de *doté*, dans quelques éditions, sans doute par erreur.

[3] (I.) Ph. L. Joly, dans ses *Remarques sur Bayle*, page 650, cite deux vers de Dulorens qui ressemblent un peu aux vers 23 et 24 de cette satire de Boileau :

> *Il diroit* volontiers que la divine main
> N'a pas tout d'un *limon pétri* le genre humain.

Ces deux vers se lisent dans la satire XIV de Dulorens, qui en a composé vingt-huit, et qui, né en 1583, est mort en 1648 ou 1655. C'est lui qui avoit fait, dit-on, pour son épouse, l'épitaphe :

> Ci-gît ma femme : oh! qu'elle est bien
> Pour son repos et pour le mien!

Dites-moi [1], grand héros [2], esprit rare et sublime,
Entre tant d'animaux, qui sont ceux qu'on estime?
On fait cas d'un coursier qui, fier et plein de cœur,
Fait paroître en courant sa bouillante vigueur;
Qui jamais ne se lasse, et qui dans la carrière
S'est couvert mille fois d'une noble poussière.
Mais la postérité d'Alfane [3] et de Bayard [4],
Quand ce n'est qu'une rosse, est vendue au hasard,
Sans respect des aïeux dont elle est descendue,
Et va porter la malle, ou tirer la charrue [5].
Pourquoi donc voulez-vous que, par un sot abus,
Chacun respecte en vous un honneur qui n'est plus?
On ne m'éblouit point d'une apparence vaine :

[1] (V.) *Dites-nous*, dans les éditions antérieures à 1713.

[2] (H.) Les quatre vers qui précèdent celui-ci n'existoient pas dans les premières éditions : Boileau les ajouta pour que l'apostrophe ironique, dites-nous, grand *Héros*, ne parût point adressée à Dangeau. Bien des lecteurs y avoient été trompés ; le marquis étoit fort vain.

[3] (B.) Cheval du roi Gradasse dans l'Arioste. (1713)

[4] (B.) Cheval des quatre fils Aimon. (1713)—Ou de l'aîné d'entre eux, Renaud de Montauban.

[5] (I.) Les dix vers 29-38 de cette satire, imitent ceux de Juvénal, 56-67 de la satire VIII :

> Dic mihi, Teucrorum proles, animalia muta
> Quis generosa putet, nisi fortia? Nempe volucrem
> Sic laudamus equum, facili cui plurima palma
> Fervet, et exsultat rauco victoria circo ;
> Nobilis hic, quocumque venit de gramine, cujus
> Clara fuga ante alios, et primus in æquore pulvis.
> Sed venale pecus Corythæ posteritas et
> Hirpini, si rara jugo victoria sedit.
> Nil ibi majorum respectus, gratia nulla
> Umbrarum ; dominos pretiis mutare jubentur
> Exiguis, tritoque trahunt epirhedia collo
> Segnipedes, dignique molam versare nepotis.

La vertu, d'un cœur noble est la marque certaine[1].
Si vous êtes sorti de ces héros fameux,
Montrez-nous cette ardeur qu'on vit briller en eux,
Ce zèle pour l'honneur, cette horreur pour le vice.
Respectez-vous les lois? fuyez-vous l'injustice?
Savez-vous pour la gloire oublier le repos[2],
Et dormir en plein champ le harnois sur le dos?
Je vous connois pour noble[3] à ces illustres marques.
Alors soyez issu des plus fameux monarques,
Venez de mille aïeux[4]; et, si ce n'est assez,
Feuilletez à loisir tous les siècles passés[5];
Voyez de quel guerrier il vous plaît de descendre;
Choisissez de César, d'Achille, ou d'Alexandre :
En vain un faux censeur[6] voudroit vous démentir,
Et si vous n'en sortez, vous en devez sortir.
Mais, fussiez-vous issu d'Hercule en droite ligne,
Si vous ne faites voir qu'une bassesse indigne,
Ce long amas d'aïeux que vous diffamez tous,

[1] (I.) Nobilitas sola est utque unica virtus.
(*Juv.*, sat. VIII, v. 20.)

[2] (V.) Savez-vous sur un mur repousser des assauts? (*Avant* 1701.)

[3] (I.) . . . . Sanctus haberi
Justitiæque tenax factis dictisque mereris?
Agnosco procerem....
(*Ibid.*, v. 24-26.)

[4] (I.) Tunc licet a Pico numeres genus, altaque si te
Nomina delectant, omnem Titanida pugnam
Inter majores ipsumque Promethea ponas :
De quocumque voles proavum tibi sumito libro.
(*Ibid.*, v. 131-134.)

[5] (I.) Tempora si fastosque velis evolvere mundi.
(*Hor.*, lib. I, sat. III, v. 112.)

[6] (V.) *Un lâche esprit*, dans les éditions antérieures à 1701.

Sont autant de témoins qui parlent contre vous;
Et tout ce grand éclat de leur gloire ternie
Ne sert plus que de jour à votre ignominie [1].
En vain, tout fier d'un sang que vous déshonorez,
Vous dormez à l'abri de ces noms révérés;
En vain vous vous couvrez des vertus de vos pères :
Ce ne sont à mes yeux que de vaines chimères;
Je ne vois rien en vous qu'un lâche, un imposteur,
Un traître, un scélérat, un perfide, un menteur,
Un fou dont les accès vont jusqu'à la furie [2],
Et d'un tronc fort illustre une branche pourrie.

Je m'emporte peut-être, et ma muse en fureur
Verse dans ses discours trop de fiel et d'aigreur :
Il faut avec les grands un peu de retenue.
Eh bien! je m'adoucis. Votre race est connue,
Depuis quand? répondez. Depuis mille ans entiers [3];
Et vous pouvez fournir deux fois seize quartiers [4].
C'est beaucoup. Mais enfin les preuves en sont claires,

---

[1] (I.) Incipit ipsorum contra te stare parentum
Nobilitas, claramque facem præferre pudendis.
(*Juv.*, sat. VIII, v. 138, 139.)

[2] (Cr.) « L'expression, dit Le Brun, me semble un peu outrée,
« et d'ailleurs *furie* est trop près de *fureur*, qu'on trouve en rime
« deux vers plus bas. »

[3] (I.) Stemmate quod tusco ramum millesime ducis.
(*Pers.*, sat. III, v. 28.)

[4] (V.) Et vous pouvez fournir au moins trente quartiers.
(*Dans le recueil de Du Marteau.*)

Boileau mit ensuite *plus de trente quartiers*. Ces expressions étoient inexactes, puisque le nombre des quartiers est quatre, ou huit, ou seize, ou trente-deux, etc. L'auteur, avant de livrer cette satire à l'impression en 1666, fit cet hémistiche tel qu'il est resté, *deux fois seize quartiers*.

Tous les livres sont pleins des titres de vos pères ;
Leurs noms sont échappés du naufrage des temps.
Mais qui m'assurera qu'en ce long cercle d'ans,
A leurs fameux époux vos aïeules fidèles,
Aux douceurs des galants furent toujours rebelles ?
Et comment savez-vous si quelque audacieux
N'a point interrompu le cours de vos aïeux ;
Et si leur sang tout pur, ainsi que[1] leur noblesse,
Est passé jusqu'à vous de Lucrèce en Lucrèce[2] ?

Que maudit soit le jour où cette vanité
Vint ici de nos mœurs souiller la pureté !
Dans les temps bienheureux du monde en son enfance,
Chacun mettoit sa gloire en sa seule innocence ;
Chacun vivoit content, et sous d'égales lois,
Le mérite y faisoit la noblesse et les rois ;
Et, sans chercher l'appui d'une naissance illustre,
Un héros de soi-même empruntoit tout son lustre.
Mais enfin par le temps le mérite avili
Vit l'honneur en roture, et le vice ennobli ;
Et l'orgueil, d'un faux titre appuyant sa foiblesse,
Maîtrisa les humains sous le nom de noblesse.
De là vinrent en foule et marquis et barons :
Chacun pour ses vertus n'offrit plus que des noms.
Aussitôt maint esprit fécond en rêveries
Inventa le blason avec les armoiries ;
De ses termes obscurs fit un langage à part ;
Composa tous ces mots de Cimier et d'Écart,

---

[1] (V.) *Avecque*, au lieu d'*ainsi que*, dans les édit. ant. à 1712.

[2] (I) Pope a traduit ces deux vers dans son *Essai sur l'homme :*

> Boast the pure blood of an illustrious race
> In quiet flore from Lucrece to Lucrece.

De Pal, de Contrepal, de Lambel et de Fasce,
Et tout ce que Segoing[1] dans son Mercure entasse[2].
Une vaine folie enivrant la raison,
L'honneur triste et honteux ne fut plus de saison.
Alors, pour soutenir son rang et sa naissance,
Il fallut étaler le luxe et la dépense;
Il fallut habiter un superbe palais,
Faire par les couleurs distinguer ses valets;
Et, traînant en tous lieux de pompeux équipages,
Le duc et le marquis se reconnut aux pages[3].

Bientôt, pour subsister, la noblesse sans bien
Trouva l'art d'emprunter, et de ne rendre rien;
Et, bravant des sergents la timide cohorte,
Laissa le créancier se morfondre à sa porte :
Mais, pour comble[4], à la fin le marquis en prison
Sous le faix des procès vit tomber sa maison.
Alors le noble altier, pressé de l'indigence[5],

[1] (B.) Auteur qui a fait le *Mercure Armorial.* (1713)

[2] (V.) Et tout ce que Vulson dans son Mercure entasse. (*Édit.* de 1666-69.)

Le livre de Vulson est intitulé *Science héroïque*, etc., et non pas *Mercure :* Boileau avoit confondu ces deux auteurs; il n'étoit pas profond dans la science héraldique.

[3] (B.) Tous les gentilshommes considérables, en ce temps-là, avoient des pages. (1713). La Fontaine a dit :

Tout marquis veut avoir des pages.

[4] (Cr.) Pour comble de quoi? demande Le Brun.

[5] (V.) Voici comment se lisoient ce vers et les deux suivants avant 1701 :

Alors pour subvenir à sa triste indigence,
Le noble du faquin rechercha l'alliance;
Et trafiquant d'un nom jadis si précieux, etc.

Brossette dit qu'au lieu de *rechercha*, le poète avoit d'abord écrit *emprunta*.

Humblement du faquin rechercha l'alliance;
Avec lui trafiquant d'un nom si précieux,
Par un lâche contrat vendit tous ses aïeux;
Et, corrigeant ainsi la fortune ennemie,
Rétablit son honneur à force d'infamie.

Car, si l'éclat de l'or ne relève le sang,
En vain l'on[1] fait briller la splendeur de son rang;
L'amour de vos aïeux passe en vous pour manie,
Et chacun pour parent vous fuit et vous renie.
Mais quand un homme est riche il vaut toujours son prix :
Et, l'eût-on vu porter la mandille[2] à Paris;
N'eût-il de son vrai nom ni titre ni mémoire,
D'Hozier[3] lui trouvera cent aïeux dans l'histoire.

Toi donc, qui, de mérite et d'honneurs revêtu,
Des écueils de la cour as sauvé ta vertu,
Dangeau, qui, dans le rang où notre roi t'appelle,
Le vois, toujours orné d'une gloire nouvelle,
Et plus brillant par soi que par l'éclat des lis,
Dédaigner tous ces rois dans la pourpre amollis;
Fuir d'un honteux loisir la douceur importune;
A ses sages conseils asservir la fortune;
Et, de tout son bonheur ne devant rien qu'à soi,
Montrer à l'univers ce que c'est qu'être roi :
Si tu veux te couvrir d'un éclat légitime,
Va par mille beaux faits mériter son estime;
Sers un si noble maître; et fais voir qu'aujourd'hui

---

[1] (V.) *En vain on*, au lieu de *l'on*, avant 1701.

[2] (B.) Petite casaque qu'en ce temps-là portoient les laquais. (1713)

[3] (B.) Auteur très-savant dans les généalogies. (1713) Il s'agit, non de Pierre d'Hozier qui étoit mort en 1660, mais de son fils Charles-René qui, né en 1640, a vécu jusqu'en 1732.

Ton prince[1] a des sujets qui sont dignes de lui[2].

[1] (V.) *La France a des sujets*, dans toutes les éditions antérieures à 1701.

[2] (Cr.) « La satire sur la noblesse est fort belle, mais pourroit « être plus approfondie. » (*La Harpe*, Lycée. Part. II, liv. I, chap. 10.) On a vu, par nos citations, qu'elle est imitée de la huitième de Juvénal. Horace a traité le même sujet dans la sixième de son premier livre.

Boileau avoit eu l'intention d'adresser cette satire au duc de La Rochefoucauld, mais « trouvant, dit Racine fils, que ce nom qui « devoit revenir *plusieurs fois* n'avoit pas de grace en vers, il pré- « féra Dangeau. » Le nom de ce dernier ne paroît pourtant que deux fois, v. 1 et 137.

SATIRE VI.

(1660)

LES EMBARRAS DE PARIS [1].

Qui frappe l'air, bon Dieu! de ces lugubres cris?
Est-ce donc pour veiller qu'on se couche à Paris?
Et quel fâcheux démon, durant les nuits entières,
Rassemble ici les chats de toutes les gouttières?
J'ai beau sauter du lit, plein de trouble et d'effroi,
Je pense qu'avec eux tout l'enfer est chez moi :
L'un miaule en grondant comme un tigre en furie;
L'autre roule sa voix comme un enfant qui crie.
Ce n'est pas tout encor : les souris et les rats
Semblent, pour m'éveiller, s'entendre avec les chats [2],
Plus importuns pour moi, durant la nuit obscure,
Que jamais, en plein jour, ne fut l'abbé De Pure [3].

Tout conspire à la fois à troubler mon repos,
Et je me plains ici du moindre de mes maux :

---

[1] (L.) Juvénal a consacré la fin de sa troisième satire à la description des embarras de Rome, et l'on a vingt-huit vers de Martial sur le même sujet : c'est la cinquante-septième épigramme du livre XII :

Cur sæpe sicci parva rura Nomenti, etc.

[2] Voltaire a critiqué bien rigoureusement ce vers et le précédent : « Si Boileau, dit-il, avoit vécu alors dans la bonne compagnie, elle « lui auroit conseillé d'exercer son talent sur des objets plus dignes « d'elle que des chats, des rats et des souris. » (*Dictionn. philosoph.* article *Goût.*)

[3] (B.) Ennuyeux célèbre. (1713) — Voyez ci-dessus page 73.

Car à peine les coqs, commençant leur ramage,
Auront de cris aigus frappé le voisinage[1],
Qu'un affreux serrurier, laborieux Vulcain,
Qu'éveillera bientôt l'ardente soif du gain[2],
Avec un fer maudit, qu'à grand bruit il apprête[3],
De cent coups de marteau me va fendre[4] la tête.
J'entends déjà partout les charrettes courir[5],
Les maçons travailler, les boutiques s'ouvrir :
Tandis que dans les airs mille cloches émues
D'un funèbre concert font retentir les nues ;
Et, se mêlant au bruit de la grêle et des vents,
Pour honorer les morts font mourir les vivants.

Encor je bénirois la bonté souveraine,
Si le ciel à ces maux avoit borné ma peine[6];

[1] (V.) Nondum cristati rupere silentia galli.
(*Mart.*, lib. IX, ep. LXIX, v. 3.)

[2] (V.) Qu'un affreux serrurier, que le ciel en courroux
A fait, pour mes péchés, trop voisin de chez nous. (*Avant* 1713.)

[3] (I.) Illinc paludis malleator hispanæ
Tritum nitenti fuste verberat saxum.
. . . . . Quot æra verberent manus urbis.
(*Mart.*, lib. XII, ep. LVII, v. 9, 10 et 16.)

Tam grave percussis incudibus æra resultant,
Causidicum medio cum faber aptat equo.
(*Mart.*, lib, IX, ep. LXIX, v. 5, 6.)

[4] Le Brun aimeroit mieux *rompre* : *fendre* va se retrouver au vers 31.

[5] (I.) . . . . Rhedarum transitus arcto
Vicorum inflexu, et stantis convicia mandræ
Eripient somnum.
(*Juv.*, sat. III, v. 236-238.)

[6] (Cr.) « La bonté souveraine et le ciel sont ici précisément la
« même chose » dit Muralt, lettre VI sur les François et les Anglois. Mais l'une de ces expressions est plus développée, et l'autre plus sommaire : le poéte a mieux aimé employer la seconde qu'un

Mais si seul en mon lit je peste avec raison,
C'est encor pis vingt fois en quittant la maison :
En quelque endroit que j'aille, il faut fendre la presse
D'un peuple d'importuns qui fourmillent sans cesse.
L'un me heurte d'un ais dont je suis tout froissé[1] ;
Je vois d'un autre coup mon chapeau renversé.
Là d'un enterrement la funèbre ordonnance
D'un pas lugubre et lent vers l'église s'avance[2] ;
Et plus loin des laquais l'un l'autre s'agaçants[3],
Font aboyer les chiens et jurer les passants.
Des paveurs en ce lieu me bouchent le passage.
Là, je trouve une croix de funeste présage[4] ;

simple pronom pour rappeler la première. La remarque de Muralt, quoique adoptée par Saint-Marc, est aussi déplacée que minutieuse.

[1] (I.) . . . . Nobis properantibus obstat
Unda prior : magno populus premit agmine lumbos
Qui sequitur : ferit hic cubito, ferit assere duro
Alter; et hic tignum capit incutit, ille metretam.
(*Juv.*, sat. III, v. 243-246.)

[2] (I.) Tristia robustis luctantur funera plaustris.
(*Hor.*, lib. II, ep. II, v. 74.)

[3] (Cr.) Il falloit *s'agaçant* sans *s*, à cause du régime direct *se :* mais cette règle, quoiqu'établie dans la *Grammaire générale* de Port-Royal, en 1660, l'année même où fut composée cette satire, n'a pas toujours été observée par les écrivains les plus classiques du dix-septième siècle.

[4] (B.) On faisoit pendre alors du toit de toutes les maisons que l'on couvroit, une croix de lattes pour avertir les passants de s'éloigner. On n'y pend plus maintenant qu'une simple latte. (1713)

Dans une lettre du 5 mai 1709, Boileau dit à Brossette : « Je ne
« sais pas pourquoi vous êtes en peine du sens de ce vers, *Là je*
« *trouve une croix*, etc., puisque c'est une chose que dans tout Paris
« *et pueri sciunt*, que les couvreurs, quand ils sont sur le toit d'une
« maison, laissent pendre du haut de cette maison une croix de
« lattes, pour avertir les passants de prendre garde à eux et de passer
« vite; qu'il y en a quelquefois des cinq ou six dans une même rue

Et des couvreurs grimpés au toit d'une maison
En font pleuvoir l'ardoise et la tuile à foison.
Là sur une charette une poutre branlante
Vient menaçant de loin la foule¹ qu'elle augmente ;
Six chevaux attelés à ce fardeau pesant
Ont peine à l'émouvoir² sur le pavé glissant.
D'un carrosse en tournant³ il accroche une roue,
Et du choc le renverse en un grand tas de boue :
Quand un autre à l'instant s'efforçant de passer
Dans le même embarras se vient embarrasser.
Vingt carrosses bientôt arrivant à la file
Y sont en moins de rien suivis de plus de mille ;
Et, pour surcroît de maux, un sort malencontreux
Conduit en cet endroit un grand troupeau de bœufs⁴ ;
Chacun prétend passer ; l'un mugit, l'autre jure ;
Des mulets en sonnant augmentent le murmure.
Aussitôt cent chevaux dans la foule appelés⁵
De l'embarras qui croît ferment les défilés,
Et partout, des passants enchaînant les brigades,
Au milieu de la paix font voir les barricades⁶.

« et que cela n'empêche pas qu'il y ait souvent des gens blessés ;
« c'est pourquoi j'ai dit : *une croix de funeste présage.* »

¹ (I.) .... Altera pinum
Plaustra vehunt ; nutant altè, populoque minantur.
(*Juv.,* sat. III, v. 255, 256.)

² (Cr.) Le Brun critique *émouvoir*, pris dans le sens physique : ce mot en effet ne s'emploie guère que dans le sens moral.

³ (V.) *En passant* (avant 1713).

⁴ (Cr.) Les rimes *malencontreux* et *bœufs* fixent la prononciation du pluriel *bœufs*.

⁵ (V.) Ce vers et les trois suivants n'étoient pas dans la première édition.

⁶ (H.) Allusion aux barricades qui se firent à Paris au mois d'août 1648, pendant la guerre de la Fronde.

On n'entend que des cris poussés confusément :
Dieu pour s'y faire ouïr tonneroit vainement[1].
Moi donc, qui dois souvent en certain lieu me rendre,
Le jour déjà baissant[2], et qui suis las d'attendre,
Ne sachant plus tantôt à quel saint me vouer,
Je me mets au hasard de me faire rouer.
Je saute vingt ruisseaux, j'esquive, je me pousse ;
Guenaud sur son cheval en passant m'éclabousse[3] :
Et, n'osant plus paroître en l'état où je suis,
Sans songer où je vais, je me sauve où je puis.

Tandis que dans un coin en grondant je m'essuie,
Souvent, pour m'achever, il survient une pluie :
On diroit que le ciel, qui se font tout en eau,
Veuille[4] inonder ces lieux d'un déluge nouveau.
Pour traverser la rue, au milieu de l'orage,
Un ais sur deux pavés forme un étroit passage ;
Le plus hardi laquais n'y marche qu'en tremblant :
Il faut pourtant passer sur ce pont chancelant ;
Et les nombreux torrents qui tombent des gouttières,
Grossissant les ruisseaux, en ont fait des rivières.

---

[1] (V.) Au milieu de cent cris poussés confusément,
Dieu pour se faire ouïr tonneroit vainement. (*Édit. de 1666.*)

[2] (Cr.) Le P. Brumoy, en répondant aux observations critiques de Muralt sur cette satire, s'exprime en ces termes : « Ce participe « isolé, *le jour déjà baissant*, entre deux *qui* liés par le sens, me fait « un scrupule... et je crois cela peu correct ; quoique vous n'en « disiez rien » Le *scrupule* de Brumoy nous paroît bien mal fondé.

[3] (B.) C'étoit le plus célèbre médecin de Paris et qui alloit toujours à cheval. (1713) — Voyez ci-dessus, page 98.

[4] (Cr.) Nous écririons aujourd'hui : *on diroit que le ciel veut* plutôt que *veuille* ; mais les livres françois du dix-septième siècle présentent beaucoup d'exemples du subjonctif ainsi employé : nous en rencontrerons d'autres dans Boileau, qui néanmoins fait le même usage du simple indicatif. Voyez sat. V, v. 23 et 24, sat. IX, v. 7-12, etc.

J'y passe en trébuchant; mais, malgré l'embarras
La frayeur de la nuit précipite mes pas.
   Car, sitôt que du soir les ombres pacifiques
D'un double cadenas font fermer les boutiques;
Que, retiré chez lui, le paisible marchand
Va revoir ses billets et compter son argent;
Que dans le Marché-Neuf[1] tout est calme et tranquille,
Les voleurs à l'instant s'emparent de la ville[2].
Le bois le plus funeste et le moins fréquenté
Est, au prix de Paris, un lieu de sûreté[3].
Malheur donc à celui qu'une affaire imprévue
Engage un peu trop tard au détour d'une rue!
Bientôt quatre bandits lui serrant les côtés,
La bourse!.... Il faut se rendre; ou bien non, résistez[4],
Afin que votre mort, de tragique mémoire,
Des massacres fameux aille grossir l'histoire[5].
Pour moi, fermant ma porte, et cédant au sommeil[6],
Tous les jours je me couche avecque le soleil :

---

[1] (H.) Entre le pont Saint-Michel et le petit pont de l'Hôtel-Dieu.

[2] (I.) . . . . .Nam qui spoliet te
Non deerit, clausis domibus, postquam omnis ubique
Fixa catenatæ siluit compago tabernæ.
Interdum et ferro subitus grassator agit rem, etc.
(*Juv.*, sat. III, v. 302-305.)

[3] (B.) On voloit beaucoup en ce temps-là dans les rues de Paris. (1713)

[4] (I.) Stat contra, starique jubet; parere necesse est.
Nam quid agas? quum te furiosus cogat et idem
Fortior.
(*Juv.*, sat. III, v. 290-292.)

[5] (B.) Il y a une histoire intitulée: *Histoire des larrons.* (1713)

[6] (V.) Pour moi qu'une ombre étonne, accablé de sommeil.
(*Avant* 1701.)

Mais en ma chambre à peine ai-je éteint la lumière,
Qu'il ne m'est plus permis de fermer la paupière.
Des filous effrontés, d'un coup de pistolet,
Ébranlent ma fenêtre, et percent mon volet ;
J'entends crier partout : Au meurtre ! On m'assassine !
Ou : Le feu vient de prendre à la maison voisine !
Tremblant et demi-mort, je me lève à ce bruit,
Et souvent sans pourpoint¹ je cours toute la nuit.
Car le feu, dont la flamme en ondes se déploie,
Fait de notre quartier une seconde Troie,
Où maint Grec affamé, maint avide Argien²,
Au travers des charbons va piller le Troyen.
Enfin sous mille crocs la maison abymée
Entraîne aussi le feu qui se perd en fumée.

Je me retire donc, encor pâle d'effroi :
Mais le jour est venu quand je rentre chez moi.
Je fais pour reposer un effort inutile :
Ce n'est qu'à prix d'argent qu'on dort en cette ville³.
Il faudroit, dans l'enclos d'un vaste logement,
Avoir loin de la rue un autre appartement.

Paris est pour un riche un pays de Cocagne⁴ :

---

¹ (B.) Tout le monde, en ce temps-là, portoit des pourpoints. (1713)—Espèce de veste ou d'habit qui ne descendoit que jusqu'à la ceinture.

² (Cr.) *Argien* n'est ici qu'une sorte de répétition de *grec*, ainsi que Le Brun l'a remarqué.

3 (I.)   Magnis opibus dormitur in urbe.   (*Juv.*, sat. III, v. 235.)
. . . . Nec quiescendi
In urbe locus est pauperi.
(*Mart.*, lib. XII, ep. LVII, v. 3, 4.)

⁴ (H.) Pays imaginaire où l'on vit dans l'oisiveté et dans l'abondance. Mais d'où vient ce nom de *Cocagne ?* On n'en sait trop rien,

Sans sortir de la ville, il trouve la campagne:
Il peut dans son jardin, tout peuplé d'arbres verts,
Recéler le printemps au milieu des hivers;
Et, foulant le parfum de ses plantes fleuries,
Aller entretenir ses douces rêveries [1].

Mais moi, grace au destin, qui n'ai ni feu ni lieu,
Je me loge où je puis, et comme il plaît à Dieu [2].

et il en est ainsi de plusieurs mots très-familiers. Furetière dit que dans le Haut Languedoc, on appelle *cocagne* un petit pain de pastel, et qu'on a pris le nom de ce pain pour désigner un pays fertile, parce que le pastel ne croit qu'en des terres excellentes. Brossette demande si ce nom ne viendroit pas de *Cocagna*, canton agréable et fertile sur la route de Rome à Lorette. La Monnoye est persuadé que ce n'est qu'une altération du nom de Merlin *Cocaie* qui dans sa première Macaronée décrit les monts habités par les Muses, sur lesquels monts coulent des fleuves de vin, des ruisseaux de lait, et même des sauces, des ragoûts, des potages, etc. Huet pense que *Cocagne* vient de *Gogaille* et que *Gogaille* vient de *Gogue*, espèce de saupiquet ou de farce.

Beauchamps (*Recherches sur les théâtres*) cite, sous l'année 1631, une comédie des *Roules-bon-temps de la haute et basse Cocagne*. Ce mot n'est point dans Régnier, ni dans Marot, ni dans Rabelais; mais Du Bartas l'applique au Lauragais en Languedoc, où croit le pastel. Delà pour retrouver ce mot dans notre langage, il faut remonter au *lai de Cocagne* (ou *Coquaigne*, *Qui plus i dort, plus i gaigne*), lai composé au treizième siècle et contenant la description d'un pays, où règne un printemps éternel, où jaillit la fontaine de Jouvence, où coulent des ruisseaux de vin, etc. C'est le pays que Rabelais décrit sous le nom de Papimanie.

[1] (I.) Martial (liv. XII, ép. LVII) dit aussi que le séjour de Rome n'a point, pour le riche Sparsus auquel il s'adresse, les mêmes inconvénients que pour le vulgaire.

> Tu, Sparse, nescis ista nec scire potes,
> Petilianis delicatus in regnis,
> Cui plana summos despicit domus montes,
> Et rus in urbe est.   (v. 18-21.)

[2] (Cr.) Critiquée par Muralt dans la sixième lettre sur les Anglois et les François, cette satire VI a eu pour apologiste le P. Brumoy,

dont l'écrit sur ce sujet se lit à la suite de l'Apologie des Anglois et des François, par Desfontaines ; Paris, 1726, in-12.

Marmontel a depuis censuré fort amèrement cette même satire; et, de tous les poëmes de Boileau, c'est peut-être celui contre lequel il a fait éclater le plus de colère. « Boileau s'amuse, dit-il, à nous « peindre les rues de Paris. C'étoit l'intérieur, et l'intérieur moral, « qu'il falloit peindre ; la dureté des pères qui immolent leurs enfants « à des vues d'ambition, de fortune, et de vanité ; l'avidité des en- « fants, impatients de succéder et de se réjouir sur le tombeau des « pères ; leur mépris dénaturé pour des parents qui ont eu la folie « de les placer au-dessus d'eux ; la fureur universelle de sortir de « son état où l'on seroit heureux, pour aller être ridicule et mal- « heureux dans une classe plus élevée ; la dissipation d'une mère, « que sa fille importuneroit, et qui, n'ayant que de mauvais exem- « ples à lui donner, fait encore bien de l'éloigner d'elle, en atten- « dant que, rappelée dans le monde pour y prendre un mari qu'elle « ne connoît pas, elle y vienne imiter sa mère qu'elle ne va que « trop connoître ; l'insolence d'un jeune homme enrichi par les « rapines de son père, et qui l'en punit en dissipant son bien, et « en rougissant de son nom ; l'émulation de deux époux à qui ren- « chérira, par ses folles dépenses et par sa conduite insensée, sur « les travers, sur les égarements, sur les vices honteux de l'autre ; « en un mot, la corruption, la dépravation des mœurs de tous les « états, où l'oisiveté règne, où le désœuvrement, l'ennui, l'inquié- « tude, le dégoût de soi-même et de tous ses devoirs, la soif ardente « des plaisirs, le besoin d'être remué par des jouissances nouvelles, « les fantaisies, le jeu vorace, le luxe ruineux causent de si tristes « ravages, sans compter tous les sanctuaires fermés aux yeux de la « satire, et où le vice repose en paix. Voilà ce que l'intérieur de « Paris présente au poète satirique ; et ce tableau, à peu de chose « près, étoit le même du temps de Boileau. » (*Éléments de littérature*, article *Satire*.)

Il est fâcheux que cette tirade soit déplacée : car elle est éloquente ; ce langage et ce courroux sont dignes d'un philosophe. Mais c'est en vérité bien du bruit à l'occasion de cent vingt-six vers qu'un jeune homme de vingt-quatre ans a composés dans l'espoir de rendre, avec précision et avec élégance, des détails que notre langue poétique n'avoit encore su ni ennoblir, ni même exprimer. Ce jeune homme qui n'a pas eu le temps d'observer et de juger les mœurs de son siècle, est du moins trop sage pour aspirer à les peindre. Il s'impose un travail moins grave et plus épineux ; et son essai, en un genre jusqu'alors ingrat, est une époque mémorable dans l'histoire de son talent, et dans les fastes de la littérature de sa nation.

La description des embarras de Paris a été détachée de la première satire dont elle faisoit partie. Ces deux pièces sont le véritable début de Boileau. Ses productions antérieures à 1660 avoient mérité peu d'attention : mais ici l'écrivain s'annonce et l'habile versificateur fait espérer le poète.

SATIRE VII.

(1663)

SUR LE GENRE SATIRIQUE[1].

Muse, changeons de style, et quittons la satire;
C'est un méchant métier que celui de médire;
A l'auteur qui l'embrasse il est toujours fatal[2] :
Le mal qu'on dit d'autrui ne produit que du mal.
Maint poète, aveuglé d'une telle manie,
En courant à l'honneur, trouve l'ignominie;
Et tel mot, pour avoir réjoui le lecteur,
A coûté bien souvent des larmes à l'auteur.

Un éloge ennuyeux, un froid panégyrique,
Peut pourrir à son aise au fond d'une boutique,
Ne craint point du public les jugements divers,
Et n'a pour ennemis que la poudre et les vers :
Mais un auteur malin, qui rit et qui fait rire,
Qu'on blâme en le lisant, et pourtant qu'on veut lire,
Dans ses plaisants accès qui se croit tout permis,
De ses propres rieurs se fait des ennemis[3].

---

[1] (I.) Imitation de la satire I, liv. II, d'Horace :

> Sunt quibus in satira videar nimis acer, etc.

[2] (I.) Ecce nocet vati musa jocosa suo.
(*Mart.*, lib. II, ep. XXII.)

[3] (V.) Ce vers et les trois précédents se lisent différemment dans le *Recueil de Du Marteau* :

> Mais un auteur plaisant qui court partout le monde,

Un discours trop sincère aisément nous outrage :
Chacun dans ce miroir pense voir son visage ;
Et tel, en vous lisant, admire chaque trait,
Qui dans le fond de l'ame et vous craint et vous hait [1].

    Muse, c'est donc en vain que la main vous démange [2] :
S'il faut rimer ici, rimons quelque louange ;
Et cherchons un héros [3], parmi cet univers,
Digne de notre encens et digne de nos vers.
Mais à ce grand effort en vain je vous animé :
Je ne puis pour louer rencontrer une rime ;
Dès que j'y veux rêver, ma veine est aux abois [4].
J'ai beau frotter mon front, j'ai beau mordre mes doigts,
Je ne puis [5] arracher du creux de ma cervelle
Que des vers plus forcés que ceux de la Pucelle [6].
Je pense être à la gêne ; et, pour un tel dessein,
La plume et le papier résistent à ma main.
Mais, quand il faut railler, j'ai ce que je souhaite.

    Qui contrôle les mœurs, qui nous mord et nous gronde,
    Dans sa critique ardeur qui se croit tout permis,
    Des lecteurs en tous lieux se fait des ennemis.

[1] (I.) Quum sibi quisque timet, quanquam est intactus, et odit.
                       (*Hor.*, lib. II, sat. 1, v. 23.)

[2] (Cr.) *La main vous démange*, expression triviale, suivant Le Brun.

[3] (I.) . . . . Si tantus amor scribendi te rapit, aude
      Cæsaris invicti res dicere.
                       (*Hor.*, ibid., v. 10, 11.)

[4] (I.) . . . . Cupidum . . . . . vires
      Deficiunt.
                       (*Hor.*, ibid., v. 12, 13.)

[5] (Cr.) Boileau vient de parler à sa *Muse*; et il répond, en son propre nom, *je ne puis*. C'est une bien légère irrégularité.

[6] (B.) Poëme héroïque de Chapelain dont tous les vers semblent faits en dépit de Minerve. (1713)

Alors, certes, alors je me connois poète :
Phébus, dès que je parle, est prêt à m'exaucer ;
Mes mots viennent sans peine, et courent se placer.
Faut-il peindre un fripon fameux dans cette ville?
Ma main, sans que j'y rêve, écrira Raumaville[1].
Faut-il d'un sot parfait montrer l'original ?
Ma plume au bout du vers d'abord trouve Sofal[2] :
Je sens que mon esprit travaille de génie.
Faut-il d'un froid rimeur dépeindre la manie?
Mes vers, comme un torrent, coulent sur le papier :
Je rencontre à la fois Perrin[3] et Pelletier,
Bonnecorse, Pradon[4], Colletet, Titreville[5] ;

[1] (V.) *Saumaville* pour *Somaville*, libraire, dans les éditions de 1668 et 1675.

[2] (V.) *Saufal*, en quelques éditions. Altération du nom de Henri Sauval, auteur des *Amours des rois de France*, mort en 1670. Ses *Antiquités de Paris* n'ont été imprimées qu'en 1721 ; 3 volumes in-folio.

[3] (H.) L'abbé Perrin, natif de Lyon, mort en 1680, traducteur de l'*Énéide* en vers françois, et auteur d'opéra, imités de ceux d'Italie. Il avoit été fort protégé par le cardinal Mazarin, en 1659 et 1660. Boileau parle du même Perrin dans une lettre à Brossette, datée du 8 septembre 1700, tome IV. Sur Pelletier, voyez ci-dessus page 36.

[4] (V.) Avant 1694, ce premier hémistiche se composoit des trois noms *Bardou, Mauroi, Boursault*.

[5] (B.) *Poètes décriés.* (1713) Cette note s'applique aux six personnages dénommés dans les vers 44 et 45.

(V.) Dans le *Recueil de Du Marteau*, on lit ici *Francheville*, au lieu de *Titreville*, auteur dont il existe des pièces de vers en certaines collections, mais qui seroit inconnu, si Boileau ne l'avoit nommé.

(H.) Bardou est auteur de quelques vers ensevelis en divers recueils de poésies du dix-septième siècle : son nom se trouvera, t. IV, dans une lettre de Racine, écrite en 1694.

L'abbé Jean Testu de Mauroi, né en 1626, a été de l'Académie françoise depuis 1688 jusqu'en 1706, époque de sa mort. Il a fait

Et, pour un que je veux, j'en trouve plus de mille.
Aussitôt je triomphe; et ma muse en secret
S'estime et s'applaudit du beau coup qu'elle a fait.
C'est en vain qu'au milieu de ma fureur extrême
Je me fais quelquefois des leçons à moi-même;
En vain je veux au moins faire grace à quelqu'un :
Ma plume auroit regret d'en épargner aucun ;
Et sitôt qu'une fois la verve me domine,
Tout ce qui s'offre à moi passe par l'étamine[1].
Le mérite pourtant m'est toujours précieux :
Mais tout fat me déplaît, et me blesse les yeux;
Je le poursuis partout, comme un chien fait sa proie,
Et ne le sens jamais qu'aussitôt je n'aboie[2].

des poésies chrétiennes. Despréaux n'a jamais livré à l'impression un distique qu'il avoit composé contre Mauroi et Fourcroi :

> Qui ne hait point tes vers, ridicule Mauroi,
> Pourroit bien, pour sa peine, aimer ceux de Fourcroi.

C'étoit une traduction prolixe du vers de Virgile :

> Qui Bavium non odit, amet tua carmina, Mœvi.

Edme Boursault n'étoit point à confondre avec de si médiocres auteurs. Il est mort en 1701, âgé de 63 ans et a laissé des lettres, des pièces de théâtre, etc. Entre ses comédies, on estime le *Mercure galant*, *Ésope à la ville*, *Ésope à la cour*. Nous avons parlé dans nos préliminaires, de ses relations avec Despréaux, contre lequel il a écrit la *Satire des satires*, dont nous avons cité quelques traits dans nos remarques précédentes. Voyez pages 5, 37, 38, etc.

Balthazar de Bonnecorse mourut en 1706 à Marseille, sa patrie. On avoit de lui *La montre d'amour*, et le *Lutrigot*, parodie du Lutrin.

Sur Colletet, voyez ci-dessus page 64. — Le nom de Pradon reparoîtra plusieurs fois dans les vers de Boileau.

[1] (Cr.) Le Brun ne fait point grace à cette locution provinciale, bien peu digne en effet du style de Boileau.

[2] (Cr.) Pradon (*Nouv. remarq.*) n'a pas manqué de relever cette expression et de qualifier Boileau, le *dogue* du Parnasse.

Enfin, sans perdre temps en de si vains propos,
Je sais coudre une rime au bout de quelques mots.
Souvent j'habille en vers une maligne prose[1] :
C'est par là que je vaux, si je vaux quelque chose.
Ainsi, soit que bientôt, par une dure loi[2],
La mort d'un vol affreux vienne fondre sur moi,
Soit que le ciel me garde un cours long et tranquille[3],
A Rome ou dans Paris, aux champs ou dans la ville,
Dût ma muse par là choquer tout l'univers,

[1] (H.) D'Alembert veut conclure de ce vers que Boileau étoit dans l'usage d'écrire d'abord en prose ce qu'il se proposoit de versifier. Nous reviendrons sur ce point, à l'occasion d'une esquisse de la satire IX.

[2] Le morceau compris depuis ce vers 59, jusqu'au vers 80 est imité d'Horace, liv. II, satire I, vers 57-68 :

> Ne longum faciam ; seu me tranquilla senectus
> Exspectat, seu mors atris circumvolat alis ;
> Dives, inops ; Romæ, seu fors ita jusserit, exsul ;
> Quisquis erit vitæ, scribam, color. — O puer, ut sis
> Vitalis metuo, et majorum ne quis amicus
> Frigore te feriat. — Quid ? cum est Lucilius ausus
> Primus in hunc operis componere carmina morem,
> Detrahere et pellem, nitidus qua quisque per ora
> Cederet, introrsum turpis ; num Lælius, aut qui
> Duxit ab oppressa meritum Carthagine nomen,
> Ingenio offensi, aut læso doluere Metello,
> Famosisque Lupo cooperto versibus ? etc.

Vauquelin de la Fresnaie avoit traduit cette satire d'Horace en vers de dix syllabes, et voici comment il rendoit le commencement du morceau qu'on vient de lire :

> Pour dire en bref, ou soit que la vieillesse
> De m'en aller de long-temps ne me presse,
> Soit que la mort aux noires ailes vînt,
> Soit qu'en prison, soit qu'ailleurs on me tînt
> Soit pauvre ou riche, ou soit que hors de France
> Banni, je vive en extrême souffrance,
> (Que Dieu ne veuille !) à jamais j'escriray, etc.

[3] (Cr.) *Me garde un cours*, n'est ni assez clair, ni assez françois, dit Le Brun.

Riche, gueux, triste ou gai, je veux faire des vers[1].

Pauvre esprit, dira-t-on, que je plains ta folie!
Modère ces bouillons de ta mélancolie;
Et garde qu'un de ceux que tu penses blâmer
N'éteigne dans ton sang cette ardeur de rimer.

Eh quoi! lorsqu'autrefois Horace, après Lucile[2],
Exhaloit en bons mots les vapeurs de sa bile,
Et, vengeant la vertu par des traits éclatants,
Alloit ôter le masque[3] aux vices de son temps;
Ou bien quand Juvénal, de sa mordante plume
Faisant couler des flots de fiel et d'amertume,
Gourmandoit en courroux tout le peuple latin,
L'un ou l'autre fit-il une tragique fin?
Et que craindre, après tout, d'une fureur si vaine?
Personne ne connoît ni mon nom ni ma veine:
On ne voit point mes vers, à l'envi de Montreuil[4],

---

[1] (V.) Il y avoit d'abord, *riche, gueux ou content*. Desmarets critiqua cet hémistiche, où rien n'étoit opposé à *content*, et proposa, *riche* ou *gueux*, *triste* ou *gai*: Boileau accepta ce demi-vers, à une syllabe près.

[2] (H.) Sur Lucilius. Voyez ci-dessus page 47.

[3] (I.) L'expression d'Horace est plus énergique:

Detrahere et pellem. (Lib. II, sat. 1, v. 64.)

[4] (H.) Poëte quelquefois tolérable dont le véritable nom est, dit-on, Montereul. Mais il y a eu deux Montereul, frères, Jean et Mathieu. Ils sont, dans l'une des dernières éditions de Boileau, désignés l'un et l'autre comme ayant été membres de l'Académie françoise; mais cet honneur n'a été obtenu que par Jean dont il n'existe aucun écrit. Il mourut en 1651; son frère Mathieu qui lui survécut jusqu'en 1692, est auteur de lettres galantes et de poésies, publiées chez Billaine en 1666 et réimprimées en 1671, in-12. Il jouissoit d'un riche patrimoine, et d'un gros bénéfice en Bretagne.

(B.) Le nom de Montreuil dominoit dans tous les fréquents recueils de poésie qu'on faisoit alors. (1713)

Grossir impunément les feuillets d'un recueil [1].
A peine quelquefois je me force à les lire,
Pour plaire à quelque ami que charme la satire [2],
Qui me flatte peut-être, et, d'un air imposteur,
Rit tout haut de l'ouvrage, et tout bas de l'auteur [3].
Enfin c'est mon plaisir; je veux me satisfaire [4].
Je ne puis bien parler, et ne saurois me taire;
Et, dès qu'un mot plaisant vient luire à mon esprit,
Je n'ai point de repos qu'il ne soit en écrit :
Je ne résiste point au torrent qui m'entraîne.

Mais c'est assez parlé [5]; prenons un peu d'haleine :
Ma main, pour cette fois, commence à se lasser.
Finissons. Mais demain, Muse, à recommencer.

---

[1] (I.) . . . . Cur metuas me ?
Nulla taberna meos habeat, neque pila libellos
Queis manus insudet vulgi Hermogenisque Tigelli.
(*Hor.*, lib. I, sat. IV, v. 70-72.)

[2] (I.) Non recitem quidquam nisi amicis, idque coactus,
Non ubivis coramve quibuslibet.
(*Hor.*, ibid., v. 73.)

[3] (H.) « Par ces derniers vers, Boileau désignoit Furetière. Quand
« Despréaux lut sa première satire à cet abbé, il s'aperçut qu'à
« chaque trait Furetière souriait malignement et laissoit voir une
« joie secrète de la nuée d'ennemis qui alloient fondre sur l'au-
« teur. Cette perfide approbation fut bien remarquée par Despréaux. »
(*D'Alembert*, éloge de Despréaux.)

[4] (V.) Je *me veux* satisfaire, dans les éditions antérieures à 1701.

[5] (Cr.) Vers 90, je ne puis bien *parler;* vers 94, mais c'est assez *parlé;* prenons un peu d'haleine; vers 95, *ma main* commence à se lasser. Ce n'est pas *la main* qui peut se lasser de *parler;* mais il faut supposer apparemment que la main écrit toutes les paroles à mesure qu'elles sont proférées.

SATIRE VIII.
(1667)

A M. M.... (*MOREL*[1]),
DOCTEUR DE SORBONNE.

SUR L'HOMME [2].

De tous les animaux qui s'élèvent dans l'air,
Qui marchent sur la terre, ou nagent dans la mer [3],
De Paris au Pérou, du Japon jusqu'à Rome,

---

[1] Ce docteur étant fort peu connu, et la satire qui lui est adressée ne disant à peu près rien qui le concerne personnellement, nous croyons devoir transcrire la note que Brossette et les autres commentateurs ont placée à la tête de cette pièce.

Le docteur Claude Morel étoit surnommé la *mâchoire d'âne*, parce qu'il avoit la mâchoire fort grande et fort avancée : c'est pour cette raison que notre poète, par le conseil de son frère (Jacques Boileau, autre docteur de Sorbonne) lui adressa cette satire, à la fin de laquelle il met l'homme au dessous de l'âne. Claude Morel étoit grand ennemi des jansénistes, contre lesquels il a composé divers ouvrages, tous assez mauvais. Cependant le poète Santeul fit des vers latins dans lesquels il affecta de louer ce docteur de ce que, par ses discours et par ses écrits, il avoit confondu les disciples de Jansénius, comme Samson défit les Philistins, armé d'une mâchoire d'âne. Le théologien Morel étoit de Châlons-sur-Marne, d'une bonne famille de robe. Il mourut à Paris, le 30 avril 1679, étant doyen de la faculté de théologie et chanoine théologal de Paris. Il avoit refusé l'évêché de Lombez. Nous reparlerons de lui dans notre tome III, à l'occasion de l'Arrêt burlesque.

[2] (B.) Cette satire est tout-à-fait dans le goût de Perse, et marque un philosophe qui ne peut plus souffrir les vices des hommes. (1713)

[3] (I.) On retrouve ce vers dans *Ronsard*, liv. I, hymne VI.

Le plus sot animal, à mon avis, c'est l'homme.

Quoi ! dira-t-on d'abord, un ver, une fourmi,
Un insecte rampant qui ne vit qu'à demi,
Un taureau qui rumine, une chèvre qui broute,
Ont l'esprit mieux tourné que n'a l'homme? Oui sans doute.
Ce discours te surprend, docteur, je l'aperçoi.
L'homme de la nature est le chef et le roi :
Bois, prés, champs, animaux, tout est pour son usage,
Et lui seul a, dis-tu, la raison en partage.
Il est vrai, de tout temps la raison fut son lot :
Mais de là je conclus que l'homme est le plus sot.

Ces propos, diras-tu, sont bons dans la satire,
Pour égayer d'abord un lecteur qui veut rire :
Mais il faut les prouver. En forme. — J'y consens.
Réponds-moi donc, docteur, et mets-toi sur les bancs.

Qu'est-ce que la sagesse? une égalité d'ame
Que rien ne peut troubler, qu'aucun désir n'enflamme,
Qui marche en ses conseils à pas plus mesurés
Qu'un doyen au palais ne monte les degrés.
Or cette égalité dont se forme le sage[1],
Qui jamais moins que l'homme en a connu l'usage?
La fourmi tous les ans traversant les guérets[2]
Grossit ses magasins des trésors de Cérès;
Et dès que l'aquilon, ramenant la froidure,

---

[1] (Cr.) Qu'est-ce qu'*une égalité d'ame, qui marche, et dont se forme le sage ?*

[2] (I.) Parvula, nam exemplo est magni formica laboris,
Ore trahit quodcumque potest, atque addit acervo
Quem struit, haud ignara ac non incauta futuri.
Quæ, simul inversum contristat aquarius annum,
Non usquam prorepit, et illis utitur ante
Quæsitis sapiens.
(*Hor.*, lib. I, sat. 1, v. 33-38.)

Vient de ses noirs frimats attrister la nature,
Cet animal, tapi dans son obscurité,
Jouit l'hiver des biens conquis durant l'été.
Mais on ne la voit point, d'une humeur inconstante,
Paresseuse au printemps, en hiver diligente,
Affronter en plein champ les fureurs de janvier,
Ou demeurer oisive au retour du bélier.
Mais l'homme, sans arrêt dans sa course insensée,
Voltige incessamment de pensée en pensée :
Son cœur, toujours flottant entre mille embarras,
Ne sait ni ce qu'il veut ni ce qu'il ne veut pas.
Ce qu'un jour il abhorre, en l'autre il le souhaite[1].
Moi! j'irois épouser une femme coquette!
J'irois, par ma constance aux affronts endurci,
Me mettre au rang des saints qu'a célébrés Bussi[2]!
Assez de sots sans moi feront parler la ville,
Disoit le mois passé ce marquis indocile,
Qui, depuis quinze jours dans le piége arrêté,
Entre les bons maris pour exemple cité,
Croit que Dieu tout exprès d'une côte nouvelle
A tiré pour lui seul une femme fidèle.

---

[1] (L.) .... Quid mea cum pugnat sententia secum ?
Quod petiit, spernit; repetit quod nuper omisit,
AEstuat et vitæ disconvenit ordine toto.
(*Hor.*, lib. I, ep. 1, v. 97-99.)

[2] (B.) Bussi, dans son *Histoire galante*, raconte beaucoup de galanteries très-criminelles des dames mariées de la cour. (1713)

(H.) Il avoit fait relier fort proprement et comme un livre d'église, un livret qui contenoit le catalogue de certains époux fameux par leurs disgraces ou par leurs complaisances. Il est l'auteur de l'*Histoire amoureuse des Gaules*.

Né en 1618 dans le Nivernois, Roger de Bussi, comte de Rabutin, est mort à Autun en 1693. Il étoit de l'Académie françoise depuis 1665.

Voilà l'homme en effet. Il va du blanc au noir ;
Il condamne au matin ses sentiments du soir :
Importun à tout autre, à soi-même incommode,
Il change à tous moments d'esprit comme de mode :
Il tourne au moindre vent, il tombe au moindre choc,
Aujourd'hui dans un casque[1], et demain dans un froc.

   Cependant à le voir, plein de vapeurs légères,
Soi-même se bercer de ses propres chimères,
Lui seul de la nature est la base et l'appui[2],
Et le dixième ciel ne tourne que pour lui.
De tous les animaux il est, dit-il, le maître. —
Qui pourroit le nier? poursuis-tu. — Moi, peut-être.
Mais, sans examiner si vers les antres sourds[3],
L'ours a peur du passant, ou le passant de l'ours;
Et si, sur un édit des pâtres de Nubie,
Les lions de Barca videroient la Libye;
Ce maître prétendu qui leur donne des lois,
Ce roi des animaux, combien a-t-il de rois!
L'ambition, l'amour, l'avarice[4], la haine,
Tiennent comme un forçat son esprit à la chaîne.

   Le sommeil sur ses yeux commence à s'épancher :
Debout, dit l'avarice, il est temps de marcher[5].

---

[1] (Cr.) Peut-on dire que l'homme est *dans un casque*, comme il est *dans un froc ?*

[2] (Cr.) Expressions bien vagues.

[3] (Cr.) La Monnoie demandoit si cette épithète *sourds* n'étoit pas amenée par la rime plutôt que par le sens.

[4] (V.) ...*l'avarice* ou *la haine*, dans les éditions antérieures à 1713.

[5] (I.)   Mane piger stertis ? surge, inquit avaritia : eia,
       Surge Negas ? instat : Surge, inquit. — Non queo. — Surge. —
       Et quid agam ? — Rogitas ? Saperdas advehe ponto,
       Castoreum, stuppas, ebenum, thus, lubrica coa;

Hé! laisse-moi. - Debout! - Un moment. - Tu répliques? —
A peine le soleil fait ouvrir les boutiques. —
N'importe, lève-toi. — Pour quoi faire après tout? —
Pour courir l'Océan de l'un à l'autre bout,
Chercher jusqu'au Japon la porcelaine et l'ambre,
Rapporter de Goa [1] le poivre et le gingembre. —
Mais j'ai des biens en foule, et je puis m'en passer. —
On n'en peut trop avoir; et pour en amasser
Il ne faut épargner ni crime ni parjure;
Il faut souffrir la faim, et coucher sur la dure;
Eût-on plus de trésors que n'en perdit Galet [2],
N'avoir en sa maison ni meubles ni valet;
Parmi les tas de blé vivre de seigle et d'orge;
De peur de perdre un liard souffrir qu'on vous égorge [3].
— Et pourquoi cette épargne enfin? — L'ignores-tu?
Afin qu'un héritier, bien nourri, bien vêtu,
Profitant d'un trésor en tes mains inutile,
De son train quelque jour embarrasse la ville. —
Que faire? Il faut partir: les matelots sont prêts.

Ou, si pour l'entraîner l'argent manque d'attraits
Bientôt l'ambition et toute son escorte [4]
Dans le sein du repos vient le prendre à main-forte,

> Tolle receus primus piper e sitiente camelo:
> Verte aliquid; jura.
> (*Pers.*, sat. v, v. 132-137.)

[1] (B.) Ville des Portugais dans les Indes orientales. (1713)

[2] (B.) Fameux joueur dont il est fait mention dans Régnier. (1713) Voyez *Régnier*, sat. XIV, v. 112-116.

[3] (H.) Ce vers et le précédent rappellent l'avarice et les aventures du lieutenant-criminel Tardieu et de sa femme, couple fameux dont il sera parlé plus au long dans la satire X.

[4] (V.) *Avec meilleure escorte*, avant 1683.

L'envoie en furieux, au milieu des hasards,
Se faire estropier sur les pas des Césars;
Et cherchant sur la brèche une mort indiscrète,
De sa folle valeur embellir la gazette¹.

Tout beau, dira quelqu'un, raillez plus à propos;
Ce vice fut toujours la vertu des héros.
Quoi donc! à votre avis, fut-ce un fou qu'Alexandre²?—
Qui? cet écervelé qui mit l'Asie en cendre?
Ce fougueux l'Angeli³, qui, de sang altéré,
Maître du monde entier s'y trouvoit trop serré⁴!
L'enragé qu'il étoit, né roi d'une province
Qu'il pouvoit gouverner en bon et sage prince,
S'en alla follement, et pensant être Dieu,
Courir comme un bandit qui n'a ni feu ni lieu;
Et, traînant avec soi les horreurs de la guerre,
De sa vaste folie emplir toute la terre:
Heureux, si de son temps, pour cent bonnes raisons,

---

¹ (Cr.) « Tout ce qu'il y a de braves gens, dit Pradon (*Nouv.* « *Remarq.*, page 47), ont frémi de ces deux vers; et tous les gens « du monde ont dit qu'un poète de cour devoit savoir mieux faire la « sienne. » C'étoit là, dans l'intention de Pradon, une dénonciation, plutôt qu'une critique littéraire; mais nous demanderions quel est ici le vrai sens de l'épithète *indiscrète*, appliquée à la mort.

² (Cr.) Voilà le roi Alexandre qui va être déclaré fou. Or, dans l'Art poétique, chant III, vers 250, Louis XIV ressemble au grand Alexandre :

Qu'il soit tel que César, Alexandre ou Louis.

Pradon et Desmarets ont fait ce rapprochement.

³ (B.) Il en est parlé dans la première satire. (1713) — Voyez ci-dessus, page 66.

4 (I.) Unus Pellæo juveni non sufficit orbis :
Æstuat infelix angusto limite mundi.
(*Juv.*, sat. X, v. 168, 169.)

La Macédoine eût eu des petites maisons [1],
Et qu'un sage tuteur l'eût en cette demeure,
Par avis de parents, enfermé de bonne heure!

Mais, sans nous égarer dans ces digressions,
Traiter [2], comme Senaut [3], toutes les passions;
Et, les distribuant, par classes et par titres,
Dogmatiser en vers, et rimer par chapitres,
Laissons-en discourir La Chambre et Coeffeteau [4],
Et voyons l'homme enfin par l'endroit le plus beau.

Lui seul, vivant, dit-on, dans l'enceinte des villes,
Fait voir d'honnêtes mœurs, des coutumes civiles,
Se fait des gouverneurs, des magistrats, des rois,
Observe une police, obéit à des lois.

Il est vrai. Mais pourtant sans lois et sans police,
Sans craindre archers, prévôt, ni suppôt de justice,
Voit-on les loups brigands, comme nous inhumains,
Pour détrousser les loups courir les grands chemins [5]?
Jamais, pour s'agrandir, voit-on dans sa manie

---

[1] (B.) C'est un hôpital de Paris où l'on enferme les fous. (1713)

[2] (Cr.) Il falloit *sans* traiter, dit Pradon, (*Nouv. remarq.*, page 49). Et cette critique nous semble juste.

[3] (B.) Senaut, La Chambre, et Coeffeteau, ont tous trois fait chacun un *Traité des passions*. (1713)

[4] (H.) J. François Senaut, né à Anvers en 1599, mort à Paris, général de l'Oratoire, en 1672, a laissé un *Traité de l'usage des passions*.

Marin Cureau de La Chambre, naquit au Mans en 1594, et mourut en 1669, membre de l'Académie des sciences, et depuis 1635, de l'Académie françoise. Il a composé cinq volumes in-4°, sur les *Caractères des passions*, et traité ce sujet en physiologiste, autant qu'on pouvoit en ce temps-là.

Nicolas Coeffeteau étoit mort en 1623, âgé de quarante-neuf ans. Il venoit d'être nommé évêque de Marseille. L'un de ses ouvrages est intitulé *Tableau des passions*.

5 (I.) Neque hic lupis mos, nec fuit leonibus,

Un tigre en factions partager l'Hyrcanie[1]?
L'ours a-t-il[2] dans les bois la guerre avec les ours?
Le vautour dans les airs fond-il sur les vautours?
A-t-on vu quelquefois dans les plaines d'Afrique,
Déchirant à l'envi leur propre république,
« Lions contre lions, parents contre parents,
« Combattre follement pour le choix des tyrans[3]? »
L'animal le plus fier qu'enfante la nature
Dans un autre animal respecte sa figure[4],
De sa rage avec lui modère les accès,
Vit sans bruit, sans débats, sans noise, sans procès[5].
Un aigle, sur un champ prétendant droit d'aubaine[6],

> Unquam, nisi in dispar, feris.
> (*Hor.*, epod. VII, v. 11, 12.)

> Sed jam serpentum major concordia : parcit
> Cognatis maculis similis fera. Quando leoni
> Fortior eripuit vitam leo ? Quo nemore unquam
> Exspiravit aper majoris dentibus apri ?
> Indica tigris agit rabida cum tigride pacem
> Perpetuam. Sævis inter se convenit ursis.
> Ast homini, etc. (*Juv.*, sat. XV, v. 159-165.)

[1] (B.) Province de Perse sur les bords de la mer Caspienne. (1713)

[2] (V.) ...*fait-il*, dans les premières éditions. La Fontaine et Racine jugèrent qu'on ne devoit pas dire, *faire* la guerre *avec* quelqu'un.

[3] (I.) « Romains contre Romains, parents contre parents,
« Combattre seulement pour le choix des tyrans. »

(Corneille, *Cinna*, act. I, sc. xiii.) — Une note de Boileau, en diverses éditions de ses œuvres, indique cet emprunt.

[4] (I.) J.-B. Rousseau, dans une ode aux Suisses, a presque transcrit ce vers; il a dit :

> Dans un autre lion respectant son image.

[5] (Cr.) « Quelque beau que soit ce lieu commun, il a néanmoins « son foible, » dit Bayle, *Diction.*, article *Barbe*. N. C. Bayle montre en effet par plusieurs exemples, combien il s'en faut que les animaux d'une même espèce vivent entre eux en pleine paix.

[6] (B.) C'est un droit qu'a le roi de succéder aux biens des étrangers qui meurent en France, et qui n'y sont point naturalisés. (1713)

Ne fait point appeler un aigle à la huitaine;
Jamais contre un renard chicanant un poulet
Un renard de son sac n'alla charger Rolet¹;
Jamais la biche en rut n'a, pour fait d'impuissance,
Traîné du fond des bois un cerf à l'audience;
Et jamais juge, entre eux ordonnant le congrès,
De ce burlesque mot n'a sali ses arrêts².
On ne connoît chez eux ni placets ni requêtes,
Ni haut ni bas conseil, ni chambre des enquêtes.
Chacun l'un avec l'autre en toute sûreté
Vit sous les pures lois de la simple équité.
L'homme seul, l'homme seul, en sa fureur extrême,
Met un brutal honneur à s'égorger soi-même.
C'étoit peu que sa main, conduite par l'enfer,
Eût pétri le salpêtre, eût aiguisé le fer³:
Il falloit que sa rage, à l'univers funeste,
Allât encor de lois embrouiller un Digeste;
Cherchât pour l'obscurcir des gloses, des docteurs,
Accablât l'équité sous des monceaux d'auteurs,
Et pour comble de maux apportât dans la France
Des harangueurs du temps l'ennuyeuse éloquence.

    Doucement, diras-tu ! que sert de s'emporter?
L'homme a ses passions, on n'en sauroit douter;

---

¹ (H.) Voyez sur ce procureur, ci-dessus, pages 61 et 62.

² (B.) Cet usage fut aboli sur le plaidoyer de M. le président de Lamoignon, alors avocat-général. (1713) — Ces deux vers ont contribué à l'abolition d'un usage infame. Ils frappèrent le président Lamoignon et son fils, avocat-général. Depuis la publication de cette satire, ces deux magistrats se déclarèrent toujours contre une si odieuse épreuve et parvinrent enfin à l'abolir en 1677.

³ (I.)   Ast homini ferrum lethale incude nefanda
      Produxisse parum est.
                (*Juv.*, sat. XV, v. 165, 166.)

Il a comme la mer ses flots et ses caprices :
Mais ses moindres vertus balancent tous ses vices.
N'est-ce pas l'homme enfin dont l'art audacieux
Dans le tour d'un compas a mesuré les cieux [1];
Dont la vaste science, embrassant toutes choses,
A fouillé la nature, en a percé les causes?
Les animaux ont-ils des universités?
Voit-on fleurir chez eux des quatre facultés [2]?
Y voit-on des savants en droit, en médecine,
Endosser l'écarlate et se fourrer d'hermine?

Non, sans doute; et jamais chez eux un médecin
N'empoisonna les bois de son art assassin.
Jamais docteur armé d'un argument frivole
Ne s'enroua chez eux sur les bancs d'une école.
Mais, sans chercher au fond si notre esprit déçu
Sait rien de ce qu'il sait, s'il a jamais rien su,
Toi-même réponds-moi : Dans le siècle où nous sommes
Est-ce au pied du savoir qu'on mesure les hommes?
Veux-tu voir tous les grands à ta porte courir?
Dit un père à son fils dont le poil va fleurir [3];
Prends-moi le bon parti : laisse là tous les livres.

---

[1] (I.)   Descripsit radio totum qui gentibus orbem.
(*Virg.*, egl. III, v. 41.)

[2] (B.) L'université est composée de quatre facultés, qui sont les arts, la théologie, le droit et la médecine. Les docteurs portent, dans les jours de cérémonie, des robes rouges fourrées d'hermine. (1713) — Voyez ci-dessus, page 89.

[3] (I.)   Romani pueri longis rationibus assem
Discunt in partes centum diducere. Dicat
Filius Albini, si de quincunce remota est
Uncia, quid superat? Poteras dixisse, Triens. Heus!
Rem poteris servare tuam. Redit uncia, quid fit?
Semis, etc.
(*Hor.*, Art. poet., v. 325-330.)

Cent francs au denier cinq combien font-ils?-Vingt livres.-
C'est bien dit. Va, tu sais tout ce qu'il faut savoir.
Que de biens, que d'honneurs sur toi s'en vont pleuvoir!
Exerce-toi, mon fils, dans ces hautes sciences;
Prends, au lieu d'un Platon, le Guidon des finances[1] :
Sache quelle province enrichit les traitants;
Combien le sel au roi peut fournir tous les ans.
Endurcis-toi le cœur, sois arabe, corsaire,
Injuste, violent, sans foi, double, faussaire.
Ne va point sottement faire le généreux :
Engraisse-toi, mon fils, du suc des malheureux;
Et, trompant de Colbert la prudence importune,
Va par tes cruautés mériter la fortune.
Aussitôt tu verras poètes, orateurs,
Rhéteurs, grammairiens, astronomes, docteurs,
Dégrader les héros pour te mettre en leurs places,
De tes titres pompeux enfler leurs dédicaces,
Te prouver à toi-même, en grec, hébreu, latin[2],
Que tu sais de leur art et le fort et le fin.
Quiconque est riche est tout[3] : sans sagesse il est sage;
Il a, sans rien savoir, la science en partage;

---

[1] (B.) Livre qui traite des finances. (1713)

[2] (Cr.) Selon Saint-Marc, il falloit dire : « *en* grec, *en* hébreu, « *en* latin. » Très-fausse remarque : même en prose, il seroit permis, dans un cas semblable, de ne pas répéter *en*.

[3] (I.)   Scilicet uxorem cum dote, fidemque, et amicos,
              Et genus et formam regina pecunia donat;
              Ac bene nummatum decorat Suadela Venusque.
                                  (*Hor.*, lib. I, ep. vi, v. 36-38.)

Boileau imite aussi, mais de moins près, ces quatre autres vers d'Horace, liv. II, sat. iii, v. 94-98.

. . . . Omnis enim res
Virtus, fama, decus, divina humanaque pulchris
Divitiis parent; quas qui construxerit, ille

Il a l'esprit, le cœur, le mérite, le rang,
La vertu, la valeur, la dignité, le sang;
Il est aimé des grands, il est chéri des belles :
Jamais surintendant ne trouva de cruelles [1].
L'or même à la laideur [2] donne un teint de beauté :
Mais tout devient affreux avec la pauvreté.

C'est ainsi qu'à son fils un usurier habile
Trace vers la richesse une route facile :
Et souvent tel y vient, qui sait, pour tout secret,
Cinq et quatre font [3] neuf, ôtez deux, reste sept.

Après cela, docteur, va pâlir [4] sur la Bible;
Va marquer les écueils de cette mer terrible;
Perce la sainte horreur de ce livre divin;
Confonds dans un ouvrage et Luther et Calvin [5];
Débrouille des vieux temps les querelles célèbres;
Éclaircis des rabbins les savantes ténèbres :
Afin qu'en ta vieillesse un livre en maroquin
Aille offrir ton travail à quelque heureux faquin,
Qui, pour digne loyer de la Bible éclaircie,
Te paie en l'acceptant d'un « Je vous remercie. »
Ou, si ton cœur aspire à des honneurs plus grands,

> Clarus erit, fortis, justus, sapiens etiam, et rex,
> Et quidquid volet.

[1] (H.) Cet excellent vers a été appliqué au surintendant Fouquet.

[2] (V.) Au lieu de *la laideur*, il y avoit *Pellisson*, dans le premier manuscrit de Boileau. On sait que Pellisson *abusoit de la permission que les hommes ont d'être laids.* Il avoit été le premier commis du surintendant Fouquet.

[3] (V.) *Sont*, au lieu de *font*, dans les premières éditions.

[4] (I.) On sait que cette expression vient de Perse :

> Nocturnis... impallescere chartis. (*Sat.* V, v. 52.)

[5] (H.) Deux hérésiarques fort connus. Luther né en 1484, mort en 1546. Calvin né à Noyon en 1509, mort à Genève en 1564.

Quitte là le bonnet, la Sorbonne, et les bancs;
Et, prenant désormais un emploi salutaire,
Mets-toi chez un banquier ou bien chez un notaire :
Laisse là saint Thomas s'accorder[1] avec Scot[2];
Et conclus avec moi qu'un docteur n'est qu'un sot.

   Un docteur! diras-tu. Parlez de vous, poëte :
C'est pousser un peu loin votre muse indiscrète.
Mais, sans perdre en discours le temps hors de saison[3],
L'homme, venez au fait, n'a-t-il pas la raison?
N'est-ce pas son flambeau, son pilote fidèle?

   Oui. Mais de quoi lui sert que sa voix le rappelle,
Si, sur la foi des vents tout prêt à s'embarquer,
Il ne voit point d'écueil qu'il ne l'aille choquer[4]?
Et que sert à Cotin[5] la raison qui lui crie :
N'écris plus, guéris-toi d'une vaine furie[6];

---

[1] (I.) Du Lorens avoit dit dans sa satire XIV :
   De plus concilier Thomas avecque Scot.

[2] (H.) Jean Duns Scot, mort en 1308, et long-temps célèbre dans les écoles, étoit appelé le docteur subtil; ses opinions sont souvent contraires à celles de saint Thomas d'Aquin, mort en 1274 et surnommé le docteur angélique.

[3] (Cr.) La mesure du vers a gêné la construction de la phrase. *Sans perdre le temps en discours hors de saison*, auroit été bien moins embarrassé que *sans perdre en discours* LE TEMPS *hors de saison*.

[4] (Cr.) Saint-Marc dit que lorsqu'on est *prêt à s'embarquer*, on est encore à terre et par conséquent non exposé *à choquer des écueils*. Cette remarque étoit bien peu digne d'être répétée et appuyée par Condillac.

[5] (B.) Il avoit écrit contre moi et contre Molière; ce qui donna occasion à Molière de faire *les Femmes savantes*, et d'y tourner Cotin en ridicule. (1713)

[6] (V.) Ici devoit se placer un morceau finissant par ces vers :
   Il a perdu l'esprit, et demain dès l'aurore
   Il prendra, s'il m'en croit, douze grains d'ellébore.
   C'est bien dit; le conseil est sagement donné,
   Et Guenaud chez Cotin n'eût pas mieux ordonné.

Si tous ces vains conseils, loin de la réprimer,
Ne font qu'accroître en lui la fureur de rimer?
Tous les jours de ses vers, qu'à grand bruit il récite,
Il met chez lui voisins, parents, amis, en fuite[1];
Car, lorsque son démon commence à l'agiter,
Tout, jusqu'à sa servante, est prêt à déserter[2].
Un âne, pour le moins, instruit par la nature,
A l'instinct qui le guide obéit sans murmure,
Ne va point follement de sa bizarre voix
Défier aux chansons les oiseaux dans les bois :
Sans avoir la raison, il marche sur sa route.
L'homme seul, qu'elle éclaire, en plein jour ne voit goutte;
Réglé par ses avis, fait tout à contre temps,
Et dans tout ce qu'il fait n'a ni raison ni sens :
Tout lui plaît et déplaît, tout le choque et l'oblige;
Sans raison il est gai, sans raison il s'afflige;
Son esprit au hasard aime, évite, poursuit,
Défait, refait[3], augmente, ôte, élève, détruit[4].
Et voit-on, comme lui, les ours ni les panthères
S'effrayer sottement de leurs propres chimères,
Plus de douze attroupés craindre le nombre impair[5],

---

[1] (Cr.) Il met, de ses vers, chez lui en fuite, voisins, parents. Construction embarrassée, ainsi que l'observe Condillac, *Art d'écrire*, liv. I, ch. 12.

[2] (I.) Indoctum doctumque fugat recitator acerbus.
(*Hor.*, Art. poet., v. 474.)

[3] (I.) Diruit, ædificat, mutat quadrata rotundis.
(*Hor.*, lib. I, ep. 1, v. 100.)

[4] (V.) Brossette dit qu'avant l'impression Boileau avoit écrit :
Fait, défait et refait, ôte, augmente et détruit.

[5] (B.) Bien des gens croient que lorsqu'on se trouve treize à

Ou croire qu'un corbeau les menace dans l'air [1].
Jamais l'homme, dis-moi, vit-il la bête folle
Sacrifier à l'homme, adorer son idole,
Lui venir, comme au dieu des saisons et des vents,
Demander à genoux la pluie ou le beau temps?
Non, mais cent fois la bête a vu l'homme hypocondre [2]
Adorer le métal que lui-même il fit fondre;
A vu dans un pays les timides mortels
Trembler aux pieds d'un singe assis sur leurs autels;
Et sur les bords du Nil les peuples imbéciles,
L'encensoir à la main, chercher les crocodiles [3].

Mais pourquoi, diras-tu, cet exemple odieux?
Que peut servir ici l'Égypte et ses faux dieux?
Quoi! vous me prouverez par ce discours profane
Que l'homme, qu'un docteur, est au-dessous d'un âne [4]!

table, il y a toujours dans l'année un des treize qui meurt, et qu'un corbeau aperçu dans l'air présage quelque chose de sinistre. (1713)

[1] (V.) Il y avoit dans les premières éditions :

> De fantômes en l'air combattre leurs désirs,
> Et de vains arguments chicaner leurs plaisirs.

Arnauld trouva ce distique trop peu moral.

[2] (Cr.) Desmarets et Pradon prétendoient qu'il falloit *hypocondriaque*; mais l'Académie françoise approuva (peut-être un peu légèrement) *hypocondre* employé comme adjectif. « Je m'attendois « bien, disoit Boileau, à être condamné; car j'avois raison, et « c'étoit moi. »

[3] (I.) Quis nescit, Volusi Bithynice, qualia demens
AEgyptus portenta colat? Crocodilon adorat
Pars hæc; illa pavet saturam serpentibus Ibin.
Effigies sacri nitet aurea Cercopitheci, etc.
(*Juv.*, sat. XV, v. 1-4.)

[4] (H.) A raison de ce vers, on avoit mis dans la table de l'édition de 1694: *Docteur*, voyez *Ane*. Ce renvoi n'a pas été conservé dans les éditions suivantes.

Un âne, le jouet de tous les animaux,
Un stupide animal, sujet à mille maux;
Dont le nom seul en soi comprend une satire!
— Oui, d'un âne : et qu'a-t-il qui nous excite à rire?
Nous nous moquons de lui : mais s'il pouvoit un jour,
Docteur, sur nos défauts s'exprimer à son tour;
Si, pour nous réformer le ciel prudent et sage
De la parole enfin lui permettoit l'usage;
Qu'il pût dire tout haut ce qu'il se dit tout bas;
Ah! docteur, entre nous, que ne diroit-il pas?
Et que peut-il penser lorsque dans une rue,
Au milieu de Paris, il promène sa vue;
Qu'il voit de toutes parts les hommes bigarrés,
Les uns gris, les uns noirs, les autres chamarrés?
Que dit-il quand il voit, avec la mort en trousse,
Courir chez un malade un assassin en housse;
Qu'il trouve de pédants un escadron fourré,
Suivi par un recteur de bedeaux entouré[1];
Ou qu'il voit la Justice, en grosse compagnie,
Mener tuer un homme avec cérémonie?
Que pense-t-il de nous lorsque sur le midi
Un hasard au palais le conduit un jeudi[2];
Lorsqu'il entend de loin, d'une gueule infernale,
La chicane en fureur mugir dans la grand'salle?
Que dit-il quand il voit les juges, les huissiers,
Les clercs, les procureurs, les sergents, les greffiers?
Oh! que si l'âne alors, à bon droit misanthrope[3],

---

[1] (H.) Voyez sat. III, v. 152.

[2] (B.) C'est le jour des grandes audiences.

[3] (Cr.) Un quadrupède peut fort bien haïr l'homme et en conséquence être appelé *misanthrope*; mais comme ce mot s'applique

Pouvoit trouver la voix qu'il eut au temps d'Ésope ;
De tous côtés, docteur, voyant les hommes fous,
Qu'il¹ diroit de bon cœur, sans en être jaloux,
Content de ses chardons, et secouant la tête :
Ma foi, non plus que nous, l'homme n'est qu'une bête² !

ordinairement à un homme qui hait ses semblables, peut-être est-il ici un peu déplacé.

¹ (Cr.) Saint-Marc reprend ce *qu'il* comme incorrect après *oh* QUE *si* du vers 303 ; il falloit, dit-il, *oh que si l'âne* pouvoit parler, *il diroit de bon cœur*...Mais les deux mots *que si* n'équivalent, dans ce vers 303, qu'à la simple conjonction conditionnelle *si* : c'est une expression emphatique, admise dans notre langue et qui est ici très-convenablement employée. C'est mal la comprendre que de supposer qu'elle pût tenir lieu du *que*, pris en un autre sens, qui commence le vers 306. La phrase que Saint-Marc propose ne seroit ni claire ni correcte.

² (Cr.) On regarde, dit La Harpe, *Lycée*, part. II, liv. 1, ch. 10, « on regarde comme une des meilleures de Boileau la satire « *sur l'homme :* c'est une de celles où il y a le plus de mouvement « et de variété, et qui, dans le temps eut le plus de vogue. Desma- « rets et d'autres écrivains de même trempe en firent une critique « très-absurde, en prenant le sens de l'auteur dans une rigueur litté- « rale. Ils crièrent au sacrilége sur le parallèle d'un âne et d'un « docteur ; ils prouvèrent démonstrativement que l'un en savoit plus « que l'autre, et je crois que Boileau en étoit persuadé. Mais qui ne « voit que le fond de cette satire est réellement très-vrai et très- « philosophique ? Qui peut nier que l'homme qui fait un mauvais « usage de sa raison ne soit en effet au-dessous de l'animal qui suit « l'instinct de la nature ? Cette vérité appartient à la satire morale, « et Boileau l'a fort bien développée. »

Le Brun dit que cette satire est admirablement dialoguée, et que Boileau n'en a point de plus forte ni pour le sens, ni pour les vers.

Peut-être néanmoins y a-t-il encore un peu de monotonie dans les transitions. *Quoi ! dira-t-on d'abord,* v. 5. *Ces propos, diras-tu,* v. 15. *Tout-beau, dira quelqu'un,* v. 17. *Lui seul vivant, dit-on,* v. 119. *Doucement, diras-tu,* v. 161. *Un docteur, diras-tu,* v. 231. *Mais pourquoi, diras-tu,* v. 273, etc.

ESQUISSE EN PROSE

DE LA SATIRE IX [1].

J'ai dessein de m'entretenir avec vous, mon esprit, je ne saurois vous passer vos libertés et vous accorder davantage de basses flatteries sur les traits satiriques dont vous piquez les grands auteurs de votre siècle. J'ai donc résolu de ne vous rien cacher de ce que je pense.

---

[1] Saint-Marc a publié en 1747, page 257-281 du tome V de son édition de Boileau, une prétendue esquisse en prose de la satire IX, esquisse *trouvée*, dit-il, *dans le cabinet du poète après sa mort*. En 1809, on en a cherché vainement le manuscrit à la bibliothéque du roi, où il devroit se trouver, si les indications données par Saint-Marc étoient exactes. Cette esquisse, en très-mauvaise prose, est beaucoup trop informe pour que Despréaux ait jamais pu l'écrire ni la lire. C'est quelque régent de collége, qui aura défiguré d'admirables vers par cette insipide paraphrase.

Cependant elle a été remarquée par d'Alembert qui n'a pas craint de dire (note 25 sur l'éloge de Despréaux), qu'on avoit rendu un service à la littérature en la publiant. D'Alembert invite les jeunes littérateurs à faire la comparaison de cette prose avec le chef-d'œuvre dont elle traçoit le plan; et, pour prouver d'ailleurs que Despréaux a écrit en prose quelques-uns de ses ouvrages, avant de les mettre en vers, ainsi que Racine en a usé aussi quelquefois, il cite le vers 61 de la satire VI, ci-dessus, page 128:

   Souvent j'habille en vers une maligne prose.

En conséquence, sans garantir l'authenticité de cette esquisse, et en indiquant au contraire quelques-uns des motifs de la rejeter comme apocryphe, nous l'avons insérée dans notre édition de 1809; et elle a reparu depuis, dans les éditions de 1821.

Nous ne la reproduisons aujourd'hui que pour ne rien omettre de ce qui fait partie, depuis Saint-Marc, des collections d'Œuvres de Boileau. Les notes que nous joindrons à cette pièce, prouveront de plus en plus qu'elle est supposée.

Ne soupçonneroit-on pas en lisant vos bons mots, en vous entendant débiter vos belles maximes, au ton que vous prêtez à vos décisions sur les poëtes, et à la hardiesse avec laquelle vous réfutez des théologiens, que vous êtes l'unique respecté de la médisance, et qu'il n'est permis qu'à vous de décider du bon ou du mauvais sort d'un ouvrage?

Cependant un génie particulier me parle incessamment de vous contre ce procédé. Ma personne ne perd point de vue le haut et le bas de vos pensées [1] ; elle ne peut s'empêcher de sourire en voyant votre foiblesse et votre stérilité se mêler de critiquer la ville de Paris, dans vos coups de dent, plus bourru et plus cynique que le sexe en fureur, et l'avocat Gautier qui plaide.

Néanmoins parlons ensemble. D'où vous est venue votre inspiration médisante? Boit-on de l'eau d'Hippocrène, si l'on n'a les Muses favorables? Étiez-vous agité, répondez-moi, de cette imagination fougueuse dont le dieu des beaux vers transporte les poëtes qu'il aime? La double montagne a-t-elle été rendue facile pour vous seul? Ne devriez-vous pas être instruit que qui ne franchit pas d'abord la hauteur du Parnasse demeure au pied fort long-temps; et que si un auteur n'a pas l'autorité d'Horace et le badinage de Voiture, il croupit avec la traduction de l'Institution de l'Orateur [2]?

Mais, si mes avis ne sauroient retenir le penchant malicieux qui conduit votre plume, sans passer le temps que vous consacrez aux filles de Mémoire en réflexions inutiles, entreprenez l'histoire du roi. Dans un volume,

---

[1] Un génie particulier me parle de vous contre ce procédé! Ma personne ne perd point de vue le haut et le bas de vos pensées! etc. Est-il possible que Despréaux ait écrit de pareilles choses?

[2] Voyez ci-dessus, page 73, l'article de l'abbé de Pure.

employant avec grandeur toutes les connoissances que vous vous êtes faites des routes du sacré mont, chaque année ennobliroit ce recueil, et votre réputation immortelle chargeroit Barbin de toute sa fumée.

Peut-être répondrez-vous que c'est inutilement que j'ose vous chatouiller d'un travail brillant, qui vous semble trop hardi; que tout poète n'a pas la voix du chantre thébain; qu'un autre est extraordinaire [1] de faire entonner la trompette à la touchante élégie; et qu'il n'est pas en la puissance de tout bel esprit de chausser le cothurne, pour faire parler de cette sorte la reine au roi :

> Lille venoit de voir foudroyer ses remparts,
> Et l'Ibère vaincu fuyoit de toutes parts [2].

Avec un vol si téméraire, éloigné de celui d'Icare, le savant élève de Malherbe [3] toucheroit le luth de l'héroïque auteur de l'Iliade; mais, pour le pitoyable traducteur des Lamentations de Jérémie [4] et le caustique Boileau, à qui la passion de la poésie dicte des *impromptu*, et que l'envie de critiquer et l'étude ont rendu versificateur, quoique tous les pédants prennent le parti de notre Minerve, il nous est plus favorable de nous croire dans l'oubli. Des vers froids et un panégyrique bas ôtent en même temps l'honneur au poète et au prince. Je vous le dis, de pareilles entreprises surpassent une légère érudition.

Voilà comme s'exprime un esprit qui languit dans la volupté, et qui, sous l'extérieur d'une fausse humilité, couvre une ironie d'autant plus à craindre qu'elle est

---

[1] Voilà des expressions bien étranges.
[2] Vers d'une élégie de Fléchier.
[3] Racan.
[4] Cotin.

plâtrée d'un respect peu sincère. Cependant ayant envie de risquer votre renommée, ne vous eût-il pas été plus glorieux de lui donner l'essor vers le ciel, que de contenter votre amour pour la satire, par une poésie contraire au christianisme; par là noircir quiconque ne songe pas à vous, et de la gloire dont flatte une satire hardie, faire la fortune d'un imprimeur, en courant risque de la vôtre?

Votre orgueil se met-il en tête de parvenir à l'immortalité d'Horace, et vous pensez-vous arrivé au degré de ces vers inexplicables qui pourroient désespérer les Scaligers à venir [1], par un poème aussi obscur que celui de Lycophron [2]? Quel grand nombre d'auteurs ont été d'abord favorablement approuvés, que l'on a vus ensuite rebutés du public! Combien en voit-on encore pendant un tems se contenter du débit de leur volume, qu'ils savent après dans une balance méprisable [3]? Un poète estimé de son siècle sait que ses ouvrages sont dans la mémoire de tout un peuple; mais après, vieillis dans la poudre et presque inconnus, ils vont, avec *le Sac de Carthage* [4] et les ridicules rimes d'un poète méprisé [5], servir avec d'autres d'enveloppes chez l'épicier, ou, par lui châtrés de toutes les pages favorables au galimatias, courir les quais par lambeaux.

Où est la gloire pour vos écrits de servir d'amusement aux pages et aux laquais; et quelquefois même égarés,

[1] Jules-César Scaliger et son fils Joseph; deux érudits, dont le premier est né près de Vérone en 1484, et le deuxième, mort à Leyde en 1609.

[2] Auteur grec de *l'Alexandra*.

[3] C'est-à-dire, servant d'enveloppe aux paquets que l'on pèse, ou bien pesé lui-même pour être vendu à la livre.

[4] Tragédie de Puget de La Serre. Voyez ci-dessus, page 91.

[5] Neuf-Germain. Voyez ci-dessus, page 53.

de les voir à côté des chansons du Savoyard [1]? Cependant, malgré ce destin si rebutant, je suppose qu'ils se soutiennent par la nouveauté de votre satire, et que leur recueil, satisfaisant vos désirs, serve à faire siffler Cotin jusqu'au dernier siècle; une récompense de si longue durée vaut-elle la peine de médire? et une raillerie ingénieuse est-elle bien soutenue, si elle n'a pour approbateurs que l'épouvante du peuple et la vindication des ignorants?

Quel est donc le génie qui émeut votre bile, et vous met l'aiguillon à la bouche? Tel ouvrage vous ennuie. Vous a-t-on contraint d'en faire la lecture? un mauvais livre ne peut-il pas demeurer sans nom, ni un poète reposer tranquillement dans sa pourriture? La poudre mange le *Jonas* [2], qui n'a pas vu le jour. Il faudroit être Goliath pour lire le *David* [3], et l'on moisiroit sur le *Moïse* [4]. Où est la conséquence de cela? Ceux qui n'ont pas vécu ne meurent pas [5]. Leur obscurité n'est-elle pas assez grande pour obliger votre muse à garder le silence? Quel est le crime de ce grand nombre de glaçants écrits, pour en réchauffer les titres dans vos vers? Quel mal ont commis tant d'auteurs que vous nommez? L'un fait parler la tendre Ariane comme une furie qui poursuit Thésée le flambeau à la main [6]; un autre discourt en gymnosophiste de la science des mœurs [7]; un autre [8]

---

[1] Philipot, chansonnier du Pont-Neuf.

[2] Poème de Coras.

[3] Poème de Lesfargues.

[4] *Moïse sauvé*, poème de Saint-Amant.

[5] Saint-Marc fait remarquer ce trait qui vaut mieux en effet que l'hémistiche, *ceux qui sont morts, sont morts*, qui le remplace dans la satire en vers.

[6] Perrin, dans *le Mariage de Bacchus et d'Ariane*, poème lyrique.

[7] *Le Lycée* de Bardin. — [8] Pradon.

rend la scène françoise le théâtre de Brioché[1]; l'autre avorte d'un madrigal sous le titre de sonnet, enfant mort-né qui noircit l'honneur de son père[2]; un autre déclame en prose et en vers contre la fortune[3], qui le fait voir dans Paris aussi crotté que l'auteur du *Cyminde*[4]; un autre est aussi pauvre en paraphrase qu'en manteau[5]; le dernier se tue de plaire par un tendre qui déplaît à sa femme[6]. Tous ces auteurs, démasqués en vos vers, y servent de rimes malignes. Leurs productions vous font bâiller. Voilà une plaisante excuse. Sa majesté et toute sa suite en ont été bien ennuyées : a-t-on vu pour cela que la moindre déclaration ait condamné la licence de leurs froids panégyriques? Gâte du papier qui en aura envie. Une pareille occupation peut tarir le cornet et user les plumes de quiconque l'embrasse. Une intrigue amoureuse, sans choquer Barthole[7] ni Cujas[8], peut être la matière de plusieurs tomes fort impatientants; c'est pour cela que depuis longues années tous ceux qui se mêlent d'écrire débordent à Paris, où les portails sont masqués de toutes sortes de titres.

Unique de votre clique, plus difficile, sans aucune puissance ni réputation, résoudrez-vous de l'honneur et des places du sacré vallon? Vous cependant qui retouchez les ouvrages de vos confrères, comment vous imaginez-vous que l'on considère vos écrits? Aucun n'é-

---

[1] Arracheur de dents qui, vers 1650, avoit établi un spectacle aux foires de Saint-Germain et de Saint-Laurent.

[2] Hesnault, auteur du sonnet de l'avorton.

[3] Pelletier.

[4] Tragédie de Colletet.

[5] Titreville.

[6] Quinault.

[7] Jurisconsulte. Voyez ci-dessus, page 67.

[8] Jurisconsulte du seizième siècle.

chappe à votre satire; mais vous dit-on les discours que l'on tient contre votre personne? N'approchez-pas, avertit l'un, de ce médisant; il est trop vindicatif pour deviner le sujet de son courroux. Cet écervelé dans ses licences sacrifieroit le plus cher de ses amis à une plaisanterie. Le brave M. Chapelain n'a pu lui faire goûter son poème[1] et il pense réduire tous les savants à son jugement. La chicane a-t-elle jamais mérité qu'il en parlât bien? Sauroit-on entendre d'action oratoire la plus savante, qu'il ne s'y assoupisse? Cependant lui, malgré le souverain pouvoir qu'il s'attribue près d'Apollon, se voit habillé de différents lambeaux d'Horace. Le poète[2] qui lui prête le collet pour déclamer contre les femmes[3], a exprimé avant lui

Qu'on est assis à l'aise aux sermons de Cotin.

Les deux poètes latins ne se sont-ils pas aussi déclarés contre le caprice de la rime; et n'est-ce pas aussi sur ces satiriques qu'il établit son innocence? Il fait en sorte de s'autoriser de Juvénal et d'Horace. Ces deux poètes ont peu passé par mes mains. Cependant tout le monde seroit mieux gouverné, si toute cette engeance, si cette tourbe médisante s'alloit noyer.

C'est ainsi que l'on parle de vous, et que chacun vous croit un poète à vous aller jeter dans la rivière. Inutilement un goguenard, embrassant votre parti, prétend obtenir votre grace. Un lecteur effrayé ne pardonne jamais ces copies de son prochain qu'il reconnoît en sa personne. Vous attirerez-vous tous les jours de nou-

---

[1] De *la Pucelle*.

[2] Juvénal.

[3] La satire X de Boileau contre les femmes, n'est que de 1693; et l'esquisse en prose de la satire IX auroit été rédigée en 1667.

velles querelles? ne verrai-je que poètes se courroucer? vos transports ne s'adouciront-ils point? Composons ensemble, ma Minerve. Trêve de plaisanterie; parlez..... Mais, répondrez-vous, d'où vient vous emportez-vous si fort? Où sont les défenses qui ont été faites de charger les versificateurs arides et froids? Eh! qui, regardant un célèbre ennuyeux vanter ses productions que le raisonnement désavoue à chaque feuillet, ne doive dire au même moment: *L'auteur extravagant! L'écrivain assommant! Le maudit traducteur! Ces épithètes qui ne forment qu'un sens vague, de quoi décident-elles ?*

L'ironie ou la vérité se distribuent-elles ainsi dans le public? ne le pensez pas. On prend un ton plus doux lorsque l'on médit de quelqu'un. Veut-on savoir par quel miracle Alidor a dépensé partie de ses richesses à élever un couvent : *Alidor!* répond un menteur, *je ne connois autre. Avant que d'avoir son emploi, on l'a vu laquais. Sa probité n'est pas moins exemplaire que sa dévotion, et il veut rendre à Dieu l'or qu'il vole à tout Paris.*

Un génie non fardé, qui hait la flatterie, évite ce raffinement si naturel à la satire. Mais de critiquer une poésie languissante, de berner un savant qui berne le raisonnement, de piquer un fade rieur qui ne nous plaît pas, c'est là le pouvoir que se donne tout homme qui achète un livre.

Un marquis ridicule dit tous les jours à la cour son sentiment avec une prévention impertinente, préfère sans aucun goût le style énervé de Théophile au style nerveux de Malherbe et de Racan, et le clinquant de la Jérusalem aux richesses solides de l'Énéide.

Pour quinze sous un clerc de procureur, sans redouter l'insulte, va sur le parterre de la comédie siffler le roi des Huns, et, parce qu'Attila ne chatouille pas ses oreilles, tous les vers de Corneille lui paroissent des Visigoths.

On ne voit à Paris ni copiste ni valet d'auteur à qui toutes sortes d'écrits ne soient sujets pour l'examen. Un poète n'est pas plus tôt imprimé qu'il est réduit à l'esclavage par celui qui en fait l'emplette. Il en passe par où l'on veut; ses vers seuls entreprennent sa défense.

Dans un respectueux avis un poète agenouillé adoucit en vain ses lecteurs par des excuses ennuyeuses; ces critiques chagrins, bien loin de l'écouter, le condamnent sans ressource.

Je serois donc le seul qui garderois le silence? Un impertinent me sera visible, et je ne pourrai le barbouiller? Ma satire a-t-elle rien enfanté d'assez outrageant pour déchaîner contre elle des libelles sanglants? Bien loin de mal parler de ces auteurs, j'ai été le premier à les introduire dans le monde : car, sans ces traits dont je les ai désignés, leurs occupations seroient encore inconnues. Quelqu'un sait-il, d'autre que de moi, que Cotin a monté dans la chaire? Rien n'illustre davantage un fat que la satire; les jours différents qu'elle ajoute à son portrait éclaircissent son tableau. Enfin, en chargeant ces auteurs, j'en ai parlé comme ils me sont connus; et d'autres qui me blâment n'en disent pas moins.

Il n'a pas raison, dit l'un. *A-t-il droit d'écrire les noms? Rire de Chapelain! Eh! c'est le bon-homme du siècle. L'illustre épistolier, le célèbre Balzac l'a rendu le héros de ses lettres galantes. A la vérité s'il eût suivi mon avis, il n'eût jamais composé de poème; il fait des vers trop durs, il devroit écrire en prose.* C'est là comme on en parle; en parlé-je autrement? En raillant ses productions, ma plume a-t-elle répandu sur ses actions une encre maligne? Mon Apollon, en l'entreprenant, ami de sa probité, a jugé bien différemment du faiseur de vers, et de la droiture qu'il a dans le monde. Que l'on flatte sa bonne foi et sa candeur; que l'on mette à prix sa douceur, sa complaisance, sa sincérité, et sa promptitude à obliger ses amis; le veut-on? je m'y soumets, et je me résous à garder le silence. Mais que ses écrits servent de modèle, et qu'il passe pour le plus riche poète du Parnasse; que, pareil à Corneille, on lui cède le sceptre de la poésie : pour lors mon inspiration éclate, et je meurs d'impatience de la satisfaire; et si la prudence ne me permet pas d'écrire, semblable au barbier, je creuserai la terre, et rendant par les roseaux mes oracles, je leur ferai répéter : *Le roi Midas a des oreilles d'âne.*

Enfin, quel chagrin cela lui produit-il? Mes vers ont-ils causé la dureté de sa muse et pétrifié son génie? Lorsqu'un livre s'étale au palais, que le premier venu a droit de le censurer, que le libraire en orne son deuxième pilier, le peu de goût du critique le fera-t-il tomber? Un ministre célèbre cabale inutilement contre le Cid : le peuple entier a pour Chimène les yeux de son amant. Les sentiments de l'Académie censurent vainement l'irrégularité de l'intrigue et la poésie de cette pièce : tout Paris demeure constant à son admiration. Cependant, aussitôt que le père de la Pucelle met quelque nouvel écrit au jour, ses lecteurs lui sont aussi à charge que Linière [1]. En vain a-t-il été flatté par mille éloges, son volume ne paroît pas plus tôt qu'il efface l'encens qu'il a reçu. De cette manière, au lieu de me condamner, lorsque la ville entière le siffle, qu'il en accuse cette influence rebutante de ses vers allemands en françois. Mais oublions son poème, et n'en disons plus rien.

On a dit il y a long-temps que la médisance traîne des

[1] Linière a écrit contre le poème de *la Pucelle.*

suites fort périlleuses après elle, qu'elle divertit force personnes, et qu'elle ne plaît pas à beaucoup d'autres. Son venin est dangereux. Dans ses témérités, la crainte a fort souvent excité du trouble à Regnier. Abandonnez ces divertissements inutiles dont l'éclat surprend. A des occupations plus amies employez votre lyre, et cédez à Feuillet[1] ces prédications outrées qui ne touchent qui que ce soit.

Mais sur quel sujet s'exercera donc dorénavant ma muse? Courrai-je, transporté de l'enthousiasme de Pindare, répéter avec Malherbe après Théophile? irai-je, rassemblant plusieurs de leurs centons ensemble,

> Chanter d'un grave ton dans une ode superbe,
> Faire trembler Memphis? etc.

Chausserai-je le cothurne, pour marcher au milieu d'une troupe rustique? Enflerai-je la simplicité de l'églogue, pour animer ses chalumeaux? et dessus mon papier, rêvant au pied des arbres, mettrai-je dans la bouche d'Écho une langue qu'elle n'a pas? Le cœur glacé, le jugement sain, faudra-t-il sur un nom inventé imaginer une passion ridicule, ne lui pas épargner les épithètes les plus flatteuses; et, rempli des meilleurs morceaux, expirer par métaphore? Je cède aux fades amants l'affectation de cette langue, l'entretien d'une volupté ignorante[2]?

L'ironie abondante en portraits donne seule du sel à la science et à la plaisanterie, et, par une versification que le bon sens embellit, elle sait désabuser les hommes du siècle, des erreurs qui s'y glissent. Le trône n'est pas

---

[1] Prédicateur.
[2] Toutes ces lignes, depuis *chausserai-je*, sont d'une platitude extrême, et ne peuvent jamais être imputées à Boileau.

à l'abri de ses poursuites. Elle ne redoute rien, et, souvent aidée d'une pensée vive, elle prend le parti de la raison attaquée par un butor. Voilà de quelle sorte le premier satirique romain, Lucilius, soutenu de Lélius, jouoit Lupus, Métellus, et les autres Cotins de son temps; et c'est ainsi qu'Horace, prodiguant ses bons mots, parla avec liberté d'Alpinus et des Pelletiers romains. C'est la satire qui, guidant mes études, me fit haïr dès l'âge de quinze ans un mauvais livre, et qui, conduisant mes pas sur le Parnasse, encouragea ma témérité et m'ouvrit l'esprit. C'est pour la satire seule que j'ai pris la plume.

Cependant, s'il est nécessaire, je me démentirai sur ce que j'ai avancé; et, pour apaiser enfin ce monde de mécontents, je distinguerai les noms qui effarouchent tant d'auteurs. D'abord que vous m'imposez silence, je vais parler sur un autre ton. Je le dis donc une bonne fois avec franchise : Quinault fait mieux un opéra [1] que Virgile; le soleil n'est pas plus éclatant que la réputation de Boursault; Pelletier tourne plus facilement un vers que Patru ni d'Ablancourt. Il y a un monde si surprenant aux sermons de Cotin, que la foule de ses auditeurs le fait suer avant qu'il puisse monter en chaire. Rien n'est au-dessus de l'esprit de Sauval, le phénix même : Pomone [2] ou Perrin..... Fort bien, mon esprit, continuez, ne demeurez pas court; mais ne vous apercevez-vous

---

[1] Quinault n'avoit point encore fait d'opéra en 1667.

[2] Opéra de Perrin. Ce fut en 1669, comme l'a rapporté Voltaire, que s'associèrent l'abbé Perrin, le musicien Lambert et un marquis de Sourdéac : ils firent jouer d'abord Pomone, pièce dans laquelle il étoit beaucoup parlé de pommes et d'artichauts. Ainsi cet opéra n'existoit point en 1667, et même il n'a été représenté qu'en 1671, selon les dictionnaires et les histoires des théâtres. C'est une nouvelle preuve de la supposition de l'esquisse attribuée à Boileau.

pas déjà que leur cabale furieuse ne regardera pas de meilleur œil ces derniers vers que les premiers? Et d'abord, que de poètes courroucés vous attaqueront! Fertiles en injures et pauvres en inventions, vous les verrez augmenter contre vous des volumes de remarques. Tel vers sera regardé comme criminel, et tel bon mot comme une hardiesse contre l'état. Le roi sera en vain le sujet de vos veilles, son nom assurera inutilement chaque feuillet de vos écrits: d'abord que Cotin est critiqué par quelqu'un, il n'a pas d'amour pour sa majesté; et ce téméraire, si l'on en croit Cotin, ne connoît pas son Créateur, ni les lois civiles et humaines.

Il vous est facile de répondre : mais quel embarras nous peut causer Cotin à la cour? que ses criailleries produiront-elles? Prétend-il par là frustrer mes vers des pensions que je n'ai jamais demandées? Non, pour faire l'éloge d'un prince estimé de tout le monde entier, ma langue désintéressée ne souffrira point que l'argent lui dicte jamais de panégyrique. Tels que sont mes ouvrages, l'intérêt ne leur a point fait voir le jour, et la gloire de louer le prince est le seul prix que je me suis proposé pour récompense. Retenu dans les libertés de ma plume, avec ce même pinceau dont j'ai peint tant de ridicules auteurs et de vicieux, je n'oublierai point l'hommage que doit ma muse à ses rares vertus. Je veux bien vous croire; cependant on se plaint, les menaces se multiplient. Je me soucie peu, répondrez-vous, de ces souteneurs de muses. Eh! redoutez le fiel d'un poète en fureur, son style glaçant peut vous réduire à un éternel silence.....

Nous n'hésitons point à conclure qu'une si misérable esquisse n'est pas de Boileau; et nous doutons fort qu'il soit l'auteur de l'avertissement qu'on va lire et qui, en quelques éditions, précède la satire IX.

AVERTISSEMENT

DU LIBRAIRE AU LECTEUR.

Voici le dernier ouvrage qui est sorti de la plume du sieur D***. L'auteur, après avoir écrit contre tous les hommes en général[1], a cru qu'il ne pouvoit mieux finir qu'en écrivant contre lui-même, et que c'étoit le plus beau champ de satire qu'il pût trouver. Peut-être que ceux qui ne sont pas fort instruits des démêlés du Parnasse, et qui n'ont pas beaucoup lu les autres satires du même auteur, ne verront pas tout l'agrément de celle-ci, qui n'en est, à bien parler, qu'une suite; mais je ne doute point que les gens de lettres, et ceux surtout qui ont le goût délicat, ne lui donnent le prix, comme à celle où il y a le plus d'art, d'invention et de finesse d'esprit. Il y a déjà du temps qu'elle est faite; l'auteur s'étoit en quelque sorte résolu de ne la jamais publier. Il vouloit bien épargner ce chagrin aux auteurs qui s'en pourront choquer. Quelques libelles diffamatoires que l'abbé Kautain[2] et plusieurs autres[3] eussent

---

[1] Satire VIII.

[2] Cotin.

[3] Coras, l'auteur anonyme du *Satirique berné*, etc. Pradon n'avoit pas encore écrit contre Despréaux en 1668, et Boursault ne fit imprimer qu'en 1669 sa comédie intitulée *la Satire des satires*, mais il avoit tenté de la faire jouer; et l'on sait qu'un arrêt obtenu par Boileau empêcha cette représentation. Voici comment Boursault s'exprime à ce sujet dans l'avis *au lecteur* qui précède sa pièce. « Qu'on ne m'allègue point que j'ai voulu faire pis que « M. Despréaux n'a fait; et que s'il y a du crime à mettre du monde sous la « presse, il y en a encore davantage à en vouloir traduire sur un théâtre. Je « n'ai pas vécu jusqu'à présent sans le savoir aussi-bien que ceux qui me l'al-« légueroient; mais outre que, pour se bien venger, on doit faire un peu plus « de mal qu'on n'en a reçu, M. Despréaux méritoit bien d'être joué en pré-« sence de toute la terre qu'il joue; et le tribunal auguste, où il a mendié les « défenses dont il s'est servi, et qui a coutume de se déclarer contre toutes « sortes d'agresseurs, ne lui auroit pas été si favorable, n'étoit qu'il en a surpris « la religion. Ceux qui se donneront la peine de lire la pièce que je mets au

fait imprimer contre lui, il s'en tenoit assez vengé par le mépris que tout le monde a fait de ses ouvrages, qui n'ont été lus de personne, et que l'impression même n'a pu rendre publics; mais une copie de cette satire étant tombée, par une fatalité inévitable, entre les mains des libraires, ils ont réduit l'auteur à recevoir encore la loi d'eux. C'est donc à moi qu'il a confié l'original de sa pièce, et il l'a accompagnée d'un petit discours en prose[1], où il justifie, par l'autorité des poètes anciens et modernes, la liberté qu'il s'est donnée dans ses satires. Je ne doute donc point que le lecteur ne soit bien aise du présent que je lui en fais.

« jour verront bien que je n'y ai rien mis de diffamatoire contre son honneur
« ni contre sa personne, comme il le suppose dans l'arrêt qui fait défense aux
« comédiens de la représenter. Je ne sais rien de lui qui soit à son désavantage,
« que ce que toute la France sait aussi, c'est-à-dire, cette liberté qu'il prend
« d'offenser les gens qui ne lui ont jamais fait de mal; et je pense qu'il n'y en
« auroit guère qui lui refusassent leur estime s'il faisoit un meilleur usage de
« son génie. »

[1] C'est celui qu'on a lu ci-dessus, page 45-55, avant la satire I.

SATIRE IX.

COMPOSÉE EN 1667, PUBLIÉE EN 1668.

A SON ESPRIT[1].

C'est à vous, mon Esprit, à qui je veux parler[2].
Vous avez des défauts que je ne puis celer :
Assez et trop long-temps ma lâche complaisance
De vos jeux criminels a nourri l'insolence;
Mais, puisque vous poussez ma patience à bout,
Une fois en ma vie il faut vous dire tout.
  On croiroit à vous voir dans vos libres caprices
Discourir en Caton des vertus et des vices,
Décider du mérite et du prix[3] des auteurs,
Et faire impunément la leçon aux docteurs,
Qu'étant seul à couvert des traits de la satire[4]
Vous avez tout pouvoir de parler et d'écrire.
Mais moi, qui dans le fond sais bien ce que j'en crois,
Qui compte tous les jours vos défauts par mes doigts,

---

[1] (B.) Cette satire est entièrement dans le goût d'Horace et d'un homme qui se fait son procès à soi-même pour le faire à tous les autres. (1713)

[2] (Cr.) C'est à vous... à qui. La plus belle satire de Boileau commence par une phrase incorrecte.

[3] (Cr.) Du mérite et du prix. N'y auroit-il pas là quelque pléonasme ?

[4] (V.) Les vers 7-10 n'ont été composés que peu de temps avant l'impression; et jusqu'alors le vers 11 qui se trouvoit le septième avoit été lu par Boileau de cette manière :

    Vous croyez qu'à couvert des traits de la satire.

Je ris quand je vous vois si foible et si stérile,
Prendre sur vous le soin de réformer la ville,
Dans vos discours chagrins plus aigre et plus mordant
Qu'une femme en furie, ou Gautier[1] en plaidant[2].

Mais répondez un peu. Quelle verve indiscrète
Sans l'aveu des neuf sœurs vous a rendu poète?
Sentiez-vous, dites-moi, ces violents transports
Qui d'un esprit divin font mouvoir les ressorts?
Qui vous a pu souffler une si folle audace?
Phébus a-t-il pour vous aplani le Parnasse?
Et ne savez-vous pas que, sur ce mont sacré,
Qui ne vole au sommet tombe au plus bas degré[3],
Et qu'à moins d'être au rang d'Horace ou de Voiture[4],
On rampe dans la fange avec l'abbé de Pure?

Que si tous mes efforts ne peuvent réprimer
Cet ascendant malin qui vous force à rimer,
Sans perdre en vains discours tout le fruit de vos veilles,
Osez chanter du roi les augustes merveilles :

[1] (B.) Avocat célèbre et très-mordant. (1713)

[2] (H.) Cet avocat étoit surnommé Gautier-la-Gueule. Il mourut en 1674, et jusqu'alors son nom avoit été écrit *Gotier* dans les éditions de cette satire.

[3] (I.) Si paulum a summo discessit, vergit ad imum.
(*Hor.*, Art. poet., v. 375.)

[4] (Cr.) Voiture au sommet du mont sacré! Voiture à côté d'Horace! « Le goût de Boileau pour Voiture, dit d'Alembert, est une « énigme pour ceux qui adoptent ses autres jugements presque tou- « jours si équitables. » Voyez notre discours préliminaire.

Rien n'est plus bizarre que le commentaire imaginé par Clément pour justifier ce vers. « L'abbé de Pure vouloit, dit Clément, imi- « ter la galanterie de Voiture, et Boileau faisoit des satires dans le « goût d'Horace. L'auteur qui s'égaie dans les remontrances qu'il se « fait à lui-même, dit à son esprit qu'il prenne garde d'avoir le « même sort en imitant Horace que celui de l'abbé de Pure en imi- « tant Voiture. »

Là, mettant à profit vos caprices divers,
Vous verriez tous les ans fructifier vos vers [1];
Et par l'espoir du gain votre muse animée
Vendroit au poids de l'or une once de fumée.
Mais en vain, direz-vous, je pense vous tenter
Par l'éclat d'un fardeau [2] trop pesant à porter.
Tout chantre ne peut pas, sur le ton d'un Orphée,
Entonner en grands vers la Discorde étouffée [3];
Peindre Bellone en feu tonnant de toutes parts,
Et le Belge effrayé fuyant sur ses remparts [4].
Sur un ton si hardi, sans être téméraire,
Racan [5] pourroit chanter au défaut d'un Homère [6];

[1] (I.) Aut si tantus amor scribendi te rapit, aude
Cæsaris invicti res dicere, multa laborum
Præmia laturus. — Cupidum, pater optime, vires
Deficiunt; neque enim quivis horrentia pilis
Agmina, nec fracta pereuntes cuspide Gallos,
Aut labentis equo describat vulnera Parthi.
(*Hor.*, lib. II, sat. 1, v. 10-15.)

[2] (Cr.) On a critiqué *l'éclat d'un fardeau*.

[3] (Cr.) *Entonner* la discorde étouffée. Hardiesse poétique, qui n'est peut-être pas très-heureuse. Il y a *tonnant* dans le vers suivant.

[4] (B.) Cette satire a été faite dans le temps que le roi prit Lille en Flandre (*Édit. de* 1701), et plusieurs autres villes. (1713)

[5] (H.) Honorat de Bueil, marquis de Racan, né en Touraine, l'an 1589, ne put jamais apprendre le latin, pas même, dit-on, retenir le *confiteor*; mais devenu page et placé sous les ordres du duc de Bellegarde, il rencontra chez ce seigneur le poète Malherbe et le prit pour maître. Racan fut l'un des premiers membres de l'Académie françoise, et mourut en 1670, laissant des lettres diverses, des bergeries, des poésies chrétiennes et autres qu'on ne lit guère aujourd'hui.

[6] (Cr.) Dans l'*Art poétique*, ch. I, v. 18, Boileau charge Racan de *chanter Philis, les bergers et les bois*. Passe encore : mais demander à Racan une Iliade, assurer qu'il peut l'entreprendre *sans être téméraire*, c'est l'être beaucoup trop soi-même. La réputation de Racan est du petit nombre de celles que Despréaux a trop respectées.

Mais pour Cotin[1] et moi[2], qui rimons au hasard,
Que l'amour de blâmer[3] fit poètes par art,
Quoiqu'un tas de grimauds vante notre éloquence,
Le plus sûr est pour nous de garder le silence.
Un poème insipide et sottement flatteur
Déshonore à la fois le héros et l'auteur :
Enfin de tels projets passent notre foiblesse.

Ainsi parle un esprit languissant de mollesse,
Qui, sous l'humble dehors d'un respect affecté,
Cache le noir venin de sa malignité.
Mais, dussiez-vous en l'air voir vos ailes fondues,
Ne valoit-il pas mieux vous perdre dans les nues,
Que d'aller sans raison, d'un style peu chrétien,
Faire insulte en rimant à qui ne vous dit rien[4],
Et du bruit dangereux d'un livre téméraire
A vos propres périls enrichir le libraire ?

Vous vous flattez peut-être, en votre vanité,
D'aller comme un Horace à l'immortalité;
Et déjà vous croyez dans vos rimes obscures
Aux Saumaises[5] futurs[6] préparer des tortures[7].

[1] (V.) *Kautin*, dans plusieurs éditions.

[2] (I.) . . . . Versum
Qualemcumque potest, quales ego vel Cluvienus.
(*Juv.*, sat. I, v. 79, 80.)

[3] (Cr.) *L'amour de blâmer*, n'est pas une expression très-heureuse, ni surtout très-poétique.

[4] (I.) Quanto rectius hoc quam tristi lædere versu
Pantolabum scurram, Nomentanumque nepotem !
(*Hor.*, lib. III, sat. 1, v. 21, 22.)

[5] (B.) Fameux commentateur.—*Célèbre comm.*, dans l'éd. de 1713.

[6] (Cr.) Obscures, *futurs*, tortures, consonnance peu agréable de trois hémistiches consécutifs.

[7] (H.) « C'est ce vers, dit Brossette, qui m'a inspiré la pensée

Mais combien d'écrivains, d'abord si bien reçus,
Sont de ce fol espoir honteusement déçus!
Combien, pour quelques mois, ont vu fleurir leur livre,
Dont les vers en paquet se vendent à la livre!
Vous pourrez voir, un temps, vos écrits estimés
Courir de main en main par la ville semés;
Puis de là, tout poudreux, ignorés sur la terre [1],
Suivre chez l'épicier Neuf-Germain [2] et La Serre [3];
Ou, de trente feuillets réduits peut-être à neuf,
Parer, demi-rongés, les rebords du Pont-Neuf [4]
Le bel honneur pour vous, en voyant vos ouvrages
Occuper le loisir des laquais et des pages,
Et souvent dans un coin renvoyés à l'écart
Servir de second tome aux airs du Savoyard [5]!

« de faire un commentaire historique sur les *OEuvres de Boileau*,
« afin de donner une entière connoissance des endroits sur lesquels
« l'éloignement des temps ne manqueroit pas de jeter de l'obscurité. »

Mais Saumaise, malgré ses travers, avoit infiniment plus de savoir et de sagacité que Brossette. Claude Saumaise est mort en 1653, âgé de soixante-sept ans.

[1] (V.) Au lieu de ce vers et du suivant, Boileau avoit d'abord fait ceux-ci :

> Pour suivre avec..., ce rebut de notre âge,
> Et la lettre à Costar, et l'avis à Ménage.

L'avis à Ménage et la lettre à Costar étoient deux productions, de Gilles Boileau, frère aîné de Despréaux. Gilles s'étoit montré jaloux des succès de son jeune frère; il parloit des satires avec dédain et faisoit semblant de croire qu'elles tomberoient bientôt dans l'oubli. Mais ils se réconcilièrent, et les deux vers furent changés aux dépens de Neuf-Germain et de La Serre, sur lesquels on peut voir les notes ci-dessus, pages 53 et 91.

[2] (B.) Poète extravagant. (1713)

[3] (B.) Auteur peu estimé. (1713)

[4] (B.) Où l'on vend d'ordinaire les livres de rebut. (1713)

[5] (B.) Fameux chantre du Pont-Neuf, dont on vante encore les chansons. — Il se nommoit Philipot.

Mais je veux que le sort, par un heureux caprice,
Fasse de vos écrits prospérer la malice,
Et qu'enfin votre livre aille, au gré de vos vœux,
Faire siffler Cotin chez nos derniers neveux :
Que vous sert-il qu'un jour l'avenir vous estime,
Si vos vers aujourd'hui vous tiennent lieu de crime,
Et ne produisent rien, pour fruit de leurs bons mots,
Que l'effroi du public et la haine des sots?
Quel démon vous irrite, et vous porte à médire?
Un livre vous déplaît : qui vous force à le lire?
Laissez mourir un fat dans son obscurité :
Un auteur ne peut-il pourrir en sûreté?
Le Jonas inconnu sèche dans la poussière :
Le David imprimé n'a point vu la lumière;
Le Moïse[1], commence à moisir[2] par les bords.
Quel mal cela fait-il? Ceux qui sont morts sont morts[3] :
Le tombeau contre vous ne peut-il les défendre?

---

[1] (B.) Poëmes héroïques qui n'ont point été vendus. Ces trois poëmes avoient été faits, le *Jonas* par Coras, le *David* par Las-Fargues, et le *Moïse* par Saint-Amant. (1713)

(H.) Jacques Coras, auteur de *Jonas* ou *Ninive pénitente*, a fait aussi des poëmes intitulés *Josué*, *Samson* et *David*, et des traités de controverse. Il est mort en 1677; il étoit né à Toulouse vers 1630.

Bernard Las Fargues ou plutôt Les Fargues, car Boileau a mal écrit son nom, est un autre Toulousain qui a publié, outre le poëme de *David*, des traductions des controverses de Sénèque le père, des verrines de Cicéron, et de l'*Histoire d'Alexandre* par Quinte-Curce. On ne sait quand naquit ni quand mourut cet auteur, mais ses livres ont été imprimés en 1639, 1640, 1656, 1660, 1665, 1685.

Sur Saint-Amant, voyez ci-dessus page 66.

[2] (Cr.) Est-il vrai que Boileau ait voulu jouer sur les mots *Moïse* et moisir, comme Pradon et Le Brun le supposent? Nous ne saurions le penser.

[3] (Cr.) Voyez l'esquisse en prose, ci-dessus page 153.

Et qu'ont fait tant d'auteurs, pour remuer leur cendre?
Que vous ont fait Perrin, Bardin, Pradon, Hainaut [1],
Colletet, Pelletier, Titreville, Quinault [2],
Dont les noms en cent lieux, placés comme en leurs niches
Vont de vos vers malins remplir les hémistiches?
Ce qu'ils font vous ennuie. O le plaisant détour!
Ils ont bien ennuyé le roi, toute la cour,
Sans que le moindre édit ait, pour punir leur crime,
Retranché les auteurs, ou supprimé la rime.
Écrive qui voudra. Chacun à ce métier
Peut perdre impunément de l'encre et du papier.

[1] J. Hainault, ou plutôt Hesnault, né à Paris, y est mort en 1682, on ignore à quel âge. Il est connu par une imitation en vers des actes II et IV de *la Troade de Sénèque;* par une traduction en vers du commencement du poème de *Lucrèce;* par le sonnet de l'*Avorton;* par un meilleur sonnet contre Colbert:

> Ministre avare et lâche, esclave malheureux,
> Qui gémis sous le faix des affaires publiques,
> Victime dévouée aux chagrins politiques,
> Fantôme respecté sous un titre onéreux,
> Vois combien des grandeurs le comble est dangereux!
> Contemple de Fouquet les funestes reliques;
> Et, tandis qu'à sa perte en secret tu t'appliques,
> Crains qu'on ne te prépare un destin plus affreux.
> Il part plus d'un revers des mains de la Fortune:
> La chute, comme à lui, te peut être commune;
> Nul ne tombe innocent d'où l'on te voit monté.
> Cesse donc d'animer ton prince à son supplice;
> Et lorsqu'il a besoin de toute sa bonté,
> Ne le fais pas user de toute sa justice.

Les traits satiriques de Boileau contre Hesnault sont extrêmement injustes. Voyez *Goujet,* Biblioth. franç. tome V. page 22. « C'étoit, dit Bayle, un homme d'esprit et d'érudition, aimant le « plaisir avec raffinement; mais il se piquoit d'athéisme, et avoit fait « le voyage de Hollande exprès pour voir Spinosa, etc. » *Diction. crit.*, article de *Hesnault.*

[2] (V.) Au lieu de *Pradon, Hainault,* les premières éditions portoient, Mauroy, Boursaut ou Bursaut; et dans quelques-unes les noms de Perrin et de Quinault étoient écrits *Perrain, Kainaut,* etc.

Un roman, sans blesser les lois ni la coutume,
Peut conduire un héros au dixième¹ volume².
De là vient que Paris voit chez lui de tout temps
Les auteurs à grands flots déborder tous les ans;
Et n'a point de portail où, jusques aux corniches,
Tous les piliers ne soient enveloppés d'affiches.
Vous seul, plus dégoûté, sans pouvoir et sans nom,
Viendrez régler les droits et l'état d'Apollon!

Mais vous, qui raffinez sur les écrits des autres,
De quel œil pensez-vous qu'on regarde les vôtres?
Il n'est rien en ce temps à couvert de vos coups,
Mais savez-vous aussi comme on parle de vous?

Gardez-vous, dira l'un, de cet esprit critique:
On ne sait bien souvent quelle mouche le pique.
Mais³ c'est un jeune fou qui se croit tout permis,
Et qui pour un bon mot va perdre vingt amis⁴.
Il ne pardonne pas aux vers de la Pucelle,
Et croit régler le monde au gré de sa cervelle.

---

¹ (V.) *Douzième*, dans les éditions antérieures à 1694.

² (B.) Les romans de *Cyrus*, de *Clélie* et de *Pharamond*, sont chacun de dix volumes. (1713)

³ (Cr.) Vers 115, MAIS *vous*; vers 118, MAIS *savez-vous*; vers 121, MAIS *c'est* un jeune fou; et plus bas, vers 127, MAIS *lui*: l'usage si fréquent de cette conjonction *mais* peut donner ici quelque monotonie à la diction, ou bien peut-être de l'embarras et de trop brusques mouvements au style.

⁴ (I.) Omnes hi metuunt versus, odere poetas.
Fœnum habet in cornu, longe fuge; dummodo risum
Excutiat sibi, non hic cuiquam parcet amico.
(*Hor.*, lib. I, sat. IV, v. 33-35.)

. . . . Fuyez ce médisant,
Fâcheuse est son humeur, son parler est cuisant.
Quoi, monsieur! n'est-ce pas cet homme à la satire,
Qui perdroit son ami plutôt qu'un mot pour rire?
(*Regnier*, sat. XII, v. 51-54.)

Jamais dans le barreau trouva-t-il rien de bon?
Peut-on si bien prêcher qu'il ne dorme au sermon?
Mais lui, qui fait ici le régent du Parnasse,
N'est qu'un gueux revêtu des dépouilles d'Horace[1].
Avant lui Juvénal avoit dit en latin
Qu'on est assis à l'aise aux sermons de Cotin.
L'un et l'autre avant lui s'étoient plaints de la rime,
Et c'est aussi sur eux qu'il rejette son crime :
Il cherche à se couvrir de ces noms glorieux.
J'ai peu lu ces auteurs, mais tout n'iroit que mieux,
Quand de ces médisants l'engeance toute entière[2]
Iroit la tête en bas rimer dans la rivière[3].

 Voilà comme on vous traite : et le monde effrayé
Vous regarde déjà comme un homme noyé.
En vain quelque rieur, prenant votre défense,
Veut faire au moins, de grace, adoucir la sentence :
Rien n'apaise un lecteur toujours tremblant d'effroi,
Qui voit peindre en autrui ce qu'il remarque en soi.

 Vous ferez-vous toujours des affaires nouvelles?
Et faudra-t-il sans cesse essuyer des querelles?
N'entendrai-je qu'auteurs se plaindre et murmurer?
Jusqu'à quand vos fureurs doivent-elles durer?

---

[1] (B.) Saint-Pavin reprochoit à l'auteur qu'il n'étoit riche que des dépouilles d'Horace, de Juvénal et de Regnier. (1713)

[2] (Cr.) Boileau a toujours fait imprimer TOUTE *entière :* les éditions nouvelles qui portent *tout*, sont infidèles en ce point, sans rendre peut-être le texte plus correct. Il importe à l'histoire de la langue que les manières d'écrire des auteurs du dix-septième siècle soient scrupuleusement conservées, surtout lorsqu'il y a matière à une discussion grammaticale.

[3] (H.) Propos attribué au duc de Montausier qui pourtant avoit lui-même, dans son jeune âge, composé des satires *vives et âcres* (*vividæ atque acres*), dit Ménage.

Répondez, mon Esprit; ce n'est plus raillerie :
Dites.... Mais, direz-vous, pourquoi cette furie?
Quoi! pour un maigre auteur que je glose en passant,
Est-ce un crime, après tout, et si noir et si grand?
Et qui, voyant un fat s'applaudir d'un ouvrage
Où la droite raison trébuche à chaque page,
Ne s'écrie aussitôt : L'impertinent auteur!
L'ennuyeux écrivain! Le maudit traducteur!
A quoi bon mettre au jour tous ces discours frivoles,
Et ces riens enfermés dans de grandes paroles?

    Est-ce donc là médire, ou parler franchement?
Non, non, la médisance y va plus doucement.
Si l'on vient à chercher pour quel secret mystère[1]
Alidor à ses frais bâtit un monastère[2] :
Alidor! dit un fourbe, il est de mes amis,
Je l'ai connu laquais avant qu'il fût commis[3] :
C'est un homme d'honneur, de piété profonde,
Et qui veut rendre à Dieu ce qu'il a pris au monde.

---

[1] (I.) . . . . Mentio si qua
De Capitolini furtis injecta Petilli
Te coram fuerit, defendas, ut tuus est mos :
Me Capitolinus convictore usus amicoque
A puero est, causaque mea permulta rogatus
Fecit; et incolumis lætor quod vivit in urbe;
Sed tamen admiror quo pacto judicium illud
Fugerit. Hic nigræ succus loliginis, hæc est
AErugo mera, etc.
              (*Hor.*, lib, I, sat. IV, v. 93-101.)

[2] (H.) On applique ordinairement ce vers à Pinette qui a bâti à ses frais la maison de l'*Institution* de l'Oratoire, rue d'Enfer, maison qu'on appeloit de *la Restitution*, dit Racine fils.

[3] (Cr.) Excellent vers de satire, dans lequel on peut remarquer la locution très-correcte *avant qu'il fût*, au lieu de *avant qu'il* NE *fût*. La négation est en pareil cas, non-seulement inutile, mais contraire à la logique du langage.

Voilà jouer d'adresse, et médire avec art;
Et c'est avec respect enfoncer le poignard.
Un esprit né sans fard, sans basse complaisance,
Fuit ce ton radouci que prend la médisance.
Mais de blâmer des vers ou durs ou languissants,
De choquer un auteur qui choque le bon sens,
De railler d'un plaisant qui ne sait pas nous plaire,
C'est ce que tout lecteur eut toujours droit de faire.
 Tous les jours à la cour un sot de qualité
Peut juger de travers avec impunité;
A Malherbe, à Racan, préférer Théophile [1],
Et le clinquant du Tasse [2] à tout l'or de Virgile.
 Un clerc, pour quinze sous, sans craindre le holà,
Peut aller au parterre attaquer Attila [3];
Et, si le roi des Huns ne lui charme l'oreille,
Traiter de visigoths tous les vers de Corneille [4].
 Il n'est valet d'auteur, ni copiste à Paris,
Qui, la balance en main, ne pèse les écrits.
Dès que l'impression fait éclore un poète,
Il est esclave né de quiconque l'achète :
Il se soumet lui-même aux caprices d'autrui,

---

[1] (B.) Un homme de qualité fit un jour ce beau jugement en ma présence. (1713) — Brossette ajoute que le poète ne voulant pas répondre à ce gentilhomme d'une manière qui pût l'offenser, lui dit : « Vous savez bien que j'ai raison; or dites-vous à vous-même ce que « vous me diriez, si vous étiez à ma place : » galimatias plus digne de Brossette que de Boileau.

[2] On s'est fort récrié contre ce trait. Les observations que nous aurions à faire sur cet article seront mieux placées parmi celles qui concerneront le troisième chant de l'*Art poétique*.

[3] (H.) Tragédie de P. Corneille, jouée en 1667.

[4] (H.) On dit que Corneille a pris ces deux vers en bonne part et les a regardés comme un éloge. V. le comment. de Voltaire sur *Attila*.

Et ses écrits tout seuls doivent parler pour lui.
Un auteur à genoux, dans une humble préface,
Au lecteur qu'il ennuie a beau demander grace[1] ;
Il ne gagnera rien sur ce juge irrité,
Qui lui fait son procès de pleine autorité.

Et je serai le seul qui ne pourrai rien dire !
On sera ridicule, et je n'oserai rire !
Et qu'ont produit mes vers de si pernicieux,
Pour armer contre moi tant d'auteurs furieux ?
Loin de les décrier, je les ai fait paroître :
Et souvent, sans ces vers qui les ont fait connoître,
Leur talent dans l'oubli demeureroit caché.
Et qui sauroit sans moi que Cotin a prêché[2] ?
La satire ne sert qu'à rendre un fat illustre :
C'est une ombre au tableau, qui lui donne du lustre.
En les blâmant enfin j'ai dit ce que j'en croi ;
Et tel qui m'en reprend en pense autant que moi.

Il a tort, dira l'un; pourquoi faut-il qu'il nomme ?
Attaquer Chapelain[3] ! ah ! c'est un si bon homme !

---

[1] (I.) Ces vers, dans l'édition donnée par M. Viollet-le-Duc, ont été rapprochés de quelques lignes de la préface de Don Quichotte. Cervantes y dit : « No quiero irme con la corriente del uso, ni « supplicarte casi con las lagrimas en los ojos, como otros hazen, « letor mio, que perdones ò dissimules las faltas que en este mi hijo « vieres. »

[2] (H.) Brossette raconte que l'abbé Cassagnes étant devenu fameux par le vers 60 de la satire III, un auditoire nombreux vint assister à l'un de ses sermons dans l'église de Saint-Benoît; et que Boileau répondit à ceux qui l'informèrent de cette affluence inusitée : « C'est « un honneur dont Cassagnes m'est redevable ; car sans moi, l'on « n'auroit pas su qu'il prêchoit. » Il applique ici ce mot à Cotin.

[3] (V.) *Patelain*, dans certaines éditions, P***, en quelques autres. Pourquoi, dit Chapelain, défigurer mon nom? C'étoit le seul point dont il se plaignit, suivant Louis Racine.

Balzac[1] en fait l'éloge en cent endroits divers.
Il est vrai, s'il m'eût cru, qu'il n'eût point fait de vers.
Il se tue à rimer : que n'écrit-il en prose?
Voilà ce que l'on dit. Et que dis-je autre chose[2]?
En blâmant ses écrits, ai-je d'un style affreux
Distillé sur sa vie un venin dangereux?
Ma muse en l'attaquant, charitable et discrète,
Sait de l'homme d'honneur distinguer le poète.
Qu'on vante en lui la foi, l'honneur, la probité;
Qu'on prise sa candeur et sa civilité;
Qu'il soit doux, complaisant, officieux, sincère :
On le veut, j'y souscris, et suis prêt de[3] me taire.
Mais que pour un modèle on montre ses écrits;
Qu'il soit le mieux renté de tous les beaux esprits[4],
Comme roi des auteurs qu'on l'élève à l'empire :
Ma bile alors s'échauffe, et je brûle d'écrire[5];

---

[1] (H.) G. L. Guez de Balzac naquit en 1594, à Angoulême. Richelieu le fit conseiller d'état et lui donna une pension de deux mille livres. En 1635, il fut l'un des premiers membres de l'Académie françoise. Retiré dans une terre qu'il possédoit sur les bords de la Charente, il y mourut en 1655, laissant des lettres et d'autres œuvres que l'abbé Cassagnes a réunis, en 1665, en deux volumes in-folio.

[2] Selon Brossette, Boileau ne fait ici que mettre en vers une conversation qu'il avoit eue avec un abbé. Celui-ci prenoit le parti de Chapelain. « Il est de mes amis, disoit-il, et je suis fâché que vous « l'ayez nommé dans vos satires. Il est vrai que s'il m'en avoit cru, « il n'auroit jamais fait de vers; la prose lui convenoit mieux. Voilà « ce que l'on dit, repartit Despréaux, et que dis-je autre chose? Je « suis le secrétaire du public. »

[3] (V.) ...à dans les éditions postérieures à 1767. Boileau a mis de dans toutes celles qu'il a données lui-même.

[4] (B.) Chapelain avoit de divers endroits huit mille livres de pension. (1713) — A sa mort on trouva chez lui une somme de cinquante mille écus.

[5] (Cr.) « Le généreux courage, s'écrie Marmontel, que d'attaquer « Chapelain ! Et qu'est-ce qui le révolte ? qu'il soit le mieux renté

Et, s'il ne m'est permis de le dire au papier,
J'irai creuser la terre¹, et, comme ce barbier²,
Faire dire aux roseaux par un nouvel organe :
Midas, le roi Midas a des oreilles d'âne³.
Quel tort lui fais-je enfin? Ai-je par un écrit
Pétrifié sa veine et glacé son esprit?

« de tous les beaux esprits. Passe encore, s'il eût voulu le punir d'a-
« voir osé se déclarer pour Scudéri contre Corneille et de s'être mêlé
« de critiquer le *Cid*. » (*Éléments de littérature*, au mot *Satire*.)

Il faut que Marmontel ait lu avec bien peu d'attention les satires de Boileau, et surtout celle-ci, puisque c'est précisément Corneille, censuré par l'Académie, que le satirique oppose (v. 231-235) au tout puissant monsieur Chapelain. Boileau ne couroit point après les pensions ; son désintéressement est bien connu : il avoit le droit d'être révolté de voir l'auteur de *la Pucelle* quatre fois mieux récompensé que l'auteur du *Cid*, et il se sentoit assez de courage et d'indépendance pour attaquer dans le premier, le distributeur des graces et même des réputations.

¹ (I.)   Men' mutire nefas nec clam, nec clum scrobe? — Nusquam.
— Hic tamen infodiam : vidi, vidi ipse, libelle :
Auriculas asini Mida rex habet.
(*Pers.*, sat. I, v. 119-121.)

² (I.)   Sed, solitus longos ferro resecare capillos,
Viderat hoc famulus.
(*Ovid.*, Metam. XI, v. 182-193.)

Ovide raconte dans ces douze vers, comment Apollon donna des oreilles d'âne à Midas, roi de Phrygie, pour le punir d'avoir décerné à Pan le prix du chant.

³ (H.) Claude Perrault prétendoit que Louis XIV étoit désigné dans ce vers ; et, si nous en croyons Brossette, Pellisson appuyoit cette accusation.

Boileau répondoit : « Ce sera toujours mal-à-propos que mes enne-
« mis m'accuseront de parler contre les puissances ; mais pour juger
« des auteurs, c'est un droit qui m'appartient, et quand il ne m'ap-
« partiendroit pas, je l'usurperois. — J'étois audacieux dans ma jeu-
« nesse, disoit-il, et je parlois avec une courageuse liberté. »

Au fond, ce n'est qu'ainsi qu'on peut exercer une influence utile et sensible sur la morale et sur le bon goût.

Quand un livre au Palais se vend et se débite[1],
Que chacun par ses yeux juge de son mérite,
Que Bilaine[2] l'étale au deuxième pilier,
Le dégoût d'un censeur peut-il le décrier?
En vain contre le Cid un ministre se ligue :
Tout Paris pour Chimène a les yeux de Rodrigue.
L'académie en corps[3] a beau le censurer[4] :
Le public révolté s'obstine à l'admirer.
Mais lorsque Chapelain met une œuvre en lumière,

[1] (Cr.) Pourquoi *et se débite*, après *se vend* ?

[2] (B.) Libraire du palais. (1713)—Bilaine étoit chargé de vendre *la Pucelle*.

[3] (B.) Voyez l'*Histoire de l'Académie*, par Pellisson. (1713)

[4] (H.) Jaloux des succès de Corneille, le cardinal de Richelieu enjoignit à l'Académie françoise de prononcer entre le *Cid* et la critique qui en avoit été faite par Scudéri. Il étoit fort permis à Scudéri et à tout autre particulier d'apprécier à sa guise et à ses risques et périls, cette grande composition tragique. Mais un jugement solennel par un corps littéraire étoit un acte en soi ridicule, et d'autant plus inconvenant en 1637, qu'aucun des académiciens de ce temps-là n'auroit pu se dire l'émule de celui dont on le déclaroit juge. Toute censure académique du *Cid*, même la plus prudente, la plus modérée, devoit passer pour un outrage à un chef-d'œuvre et au public qui l'avoit admiré, puisqu'elle tendoit à diminuer le juste enthousiasme que cette tragédie avoit excité. Comparez le *Cid* à toutes les pièces du théâtre françois antérieures à 1636 : jamais, dans aucun art, le génie n'avoit franchi, d'un seul pas, tant d'espace. Et c'étoient Philippe Habert, Mauléon de Granet, Arbaud de Porchères, Nicolas Faret et leurs pareils qui alloient juger entre Scudéri et Corneille !

Il faut pourtant dire que les *Sentimens de l'Académie sur le Cid* sont encore aujourd'hui le meilleur ouvrage qui ait paru sous le nom collectif de cette compagnie; car elle n'a pas cru à propos d'attacher ce nom au tableau de la littérature françoise par Chénier, quoique cet excellent travail ait été fait pour elle et soumis à son examen.

Pour revenir aux quatre vers de Boileau, *En vain contre le Cid... Le public révolté s'obstine à l'admirer*, ils se recommanderont à jamais par la franchise des idées, par la précision, la grace et l'énergie de toutes les expressions.

Chaque lecteur d'abord lui devient un Linière [1].
En vain il a reçu l'encens de mille auteurs :
Son livre en paroissant dément tous ses flatteurs.
Ainsi, sans m'accuser, quand tout Paris le joue,
Qu'il s'en prenne à ses vers que Phébus désavoue;
Qu'il s'en prenne à sa muse allemande en françois [2].
Mais laissons Chapelain pour la dernière fois.

La satire, dit-on, est un métier funeste,
Qui plaît à quelques gens, et choque tout le reste.
La suite en est à craindre : en ce hardi métier
La peur plus d'une fois fit repentir Regnier [3].
Quittez ces vains plaisirs dont l'appât [4] vous abuse :
A de plus doux emplois occupez votre muse;
Et laissez à Feuillet [5] réformer l'univers [6].

[1] (B.) Auteur qui a écrit contre Chapelain. — Linière avoit composé une épigramme contre *la Pucelle*, avant 1667. — Il sera fait d'autres mentions de Linière, (né en 1628, mort en 1704.)

[2] (Cr.) On doit conclure de cette rime que la diphtongue *oi*, dans la dernière syllabe de franç*ois* (aujourd'hui franç*ais*), se prononçoit alors comme dans *fois*.

[3] (H.) Et moi aussi, ajoutoit Boileau, si nous en croyons Brossette.

[4] (V.) Malgré l'exemple des premières éditions, on doit écrire ici *appât* et non *appas* qui est un tout autre mot.

[5] (B.) Fameux prédicateur, fort outré dans ses prédications.

[6] (H.) Feuillet, véhément sermonaire et docteur rigide, étoit un très-*gras chanoine* de Saint-Cloud. Boileau demandoit un jour, devant mademoiselle de Lamoignon, si l'embonpoint de Feuillet ne contrastoit pas un peu trop avec l'austérité de la morale qu'il prêchoit aux autres. Oh ! répondit la charitable demoiselle, on dit qu'il commence à devenir maigre. (*D'Alembert*, note IX sur l'éloge de Despréaux.)

Nicolas Feuillet mourut en 1693, âgé de soixante-onze ans. Il avoit converti M. de Chanteau et publié l'histoire de cette conversion. On lui reproche l'extrême dureté avec laquelle il traita la duchesse d'Orléans agonisante. Il a fait toutefois une oraison funèbre de cette princesse.

Et sur quoi donc faut-il que s'exercent mes vers?
Irai-je dans une ode, en phrases de Malherbe[1],
Troubler dans ses roseaux le Danube superbe;
Délivrer de Sion le peuple gémissant;
Faire trembler Memphis, ou pâlir le croissant;
Et, passant du Jourdain les ondes alarmées,
Cueillir mal à propos, les palmes idumées?
Viendrai-je en une églogue, entouré de troupeaux[2],
Au milieu de Paris enfler mes chalumeaux,
Et, dans mon cabinet assis au pied des hêtres,
Faire dire aux échos des sottises champêtres?
Faudra-t-il de sang froid, et sans être amoureux,
Pour quelque Iris en l'air faire le langoureux,
Lui prodiguer les noms de Soleil et d'Aurore,
Et, toujours bien mangeant, mourir par métaphore?
Je laisse aux doucereux ce langage affété[3],

---

[1] (H.) Brossette dit que Despréaux veut désigner ici Charles Du Perrier. Ce versificateur, qui mourut en 1692, faisoit des odes dans lesquelles il affectoit d'imiter ou plutôt de copier les phrases de Malherbe. Voyez ép. I, v. 26-28.

[2] (I.) Sunt etiam nulla qui fixi cuspide, nullas
  Experti faculas, veros imitantur amores.
  Nescio quam ficta Chlorim vel Phillida flamma
  Commemorant, falsos gemitus, suspiria fundunt
  Ludicra, mendacique incusant astra querela.

Ces vers se lisent dans l'idylle III de Saint-Geniès, dont les poésies furent imprimées à Paris chez Courbé, en 1654, in-4°; et qui, né à Avignon, en 1606, mourut chanoine d'Orange en 1663. M. Viollet le duc, en citant ces vers (*OEuv. de Boil.*, tom. I, p. 337), avoue qu'on ne peut pas assurer positivement que Despréaux les ait imités. Il est à notre avis fort douteux qu'il les ait connus. Cette imitation prétendue a été remarquée pour la première fois par Desforges-Maillard dans une lettre adressée au président Bouhier. Voyez *Amusements du cœur et de l'esprit*, tome XI, page 550.

[3] *Affété* et non *affecté*. L'affectation est un terme plus générique:

Où s'endort un esprit de mollesse hébété.

La satire, en leçons, en nouveautés fertile,
Sait seule assaisonner le plaisant et l'utile,
Et, d'un vers qu'elle épure aux rayons du bon sens,
Détromper[1] les esprits des erreurs de leur temps.
Elle seule, bravant l'orgueil et l'injustice,
Va jusque sous le dais faire pâlir le vice;
Et souvent sans rien craindre, à l'aide d'un bon mot,
Va venger la raison des attentats d'un sot.
C'est ainsi que Lucile[2], appuyé de Lélie[3],
Fit justice en son temps des Cotins d'Italie,
Et qu'Horace, jetant le sel à pleines mains,
Se jouait aux dépens des Pelletiers romains[4].
C'est elle qui, m'ouvrant le chemin qu'il faut suivre,
M'inspira dès quinze ans la haine d'un sot livre;
Et sur ce mont fameux, où j'osai la chercher,
Fortifia mes pas et m'apprit à marcher.
C'est pour elle, en un mot, que j'ai fait vœu d'écrire.

Toutefois, s'il le faut, je veux bien m'en dédire,

---

l'affèterie est la recherche des formes délicates ou mignardes. L'adjectif *affété* est peu employé aujourd'hui. Il est, dans le vocabulaire de Boileau, du très-petit nombre des mots qui ont un peu vieilli.

[1] (V.)... *détrompe*, dans les éditions antérieures à 1713. *Détromper* vaut mieux ici pour l'harmonie et rentre mieux dans le tour de la phrase.

[2] (B.) Poète latin satirique. (1713)

[3] (B.) Consul romain. (1713)

[4] (I.) Perse avoit cité ainsi, pour se justifier, l'exemple de Lucilius et d'Horace :

> . . . . Secuit Lucilius urbem,
> Te, Lupe, te, Muti, et genuinum fregit in illis.
> Omne vafer vitium ridenti Flaccus amico
> Tangit, et admissus circum præcordia ludit,
> Callidus excusso populum suspendere naso.
> (Sat. I, v. 114-118.)

Et, pour calmer enfin tous ces flots d'ennemis,
Réparer en mes vers les maux qu'ils ont[1] commis.
Puisque vous le voulez, je vais changer de style.
Je le déclare donc[2] : Quinault[3] est un Virgile[4] ;
Pradon[5] comme un soleil en nos ans[6] a paru ;
Pelletier écrit mieux qu'Ablancourt[7] ni Patru ;
Cotin, à ses sermons traînant toute la terre,
Fend les flots d'auditeurs pour aller à sa chaire;
Saufal[8] est le phénix des esprits relevés ;

[1] (V.) *Que j'ai*, au lieu de *qu'ils ont*, est une faute d'impression dans l'édition de 1701.

[2] (I.) .... Per me equidem sint omnia protinus alba
Nil moror. Euge, omnes, omnes bene miræ eritis res
Hoc juvat ?
(*Pers.*, sat. I, v. 110-112.)

Le Monnier fait sur le second de ces vers latins la note suivante : « Perse, pour dire que tous les poètes vont lui sembler autant de « merveilles, a fait le vers le plus plat qu'il soit possible de faire : « il a voulu les satiriser encore en les louant et leur donner des « éloges en se servant de leur style. » Sélis qui a retraduit Perse après Le Monnier a répété cette remarque ; mais nous doutons fort qu'elle soit juste.

[3] (V.) *Q....* ou *Kaynault*, dans plusieurs éditions.

[4] (H.) Rétractation ironique du vingtième vers de la satire II :

La raison dit Virgile ; et la rime, Quinault.

[5] (V.) *Boursault* ou *Boursaut*, au lieu de *Pradon*, avant 1694.

[6] (Cr.) *En nos ans a* est un peu dur, dit Le Brun.

[7] (H.) Nicolas Perrot d'Ablancourt, naquit à Châlons-sur-Marne en 1606, il fut reçu à l'Académie françoise en 1637, et mourut en 1664. Il avoit traduit *Thucydide, Xénophon, Lucien, Arrien, César, Tacite, Frontin*, etc... On appeloit ses traductions *les belles Infidèles*. Aujourd'hui l'on seroit, en les lisant, plus frappé de leurs infidélités que de leurs beautés. Cependant Perrot d'Ablancourt étoit en 1664, l'un des meilleurs écrivains en prose françoise ; et c'est comme tel que le nomme ici Despréaux.

Sur Patru, voyez ci-dessus, page 68.

[8] (V.) *Sofal, Sauvalle*, en quelques éditions : le véritable nom de cet auteur est Sauval. Voyez ci-dessus, page 126.

Perrin[1]…. Bon, mon Esprit! courage! poursuivez.
Mais ne voyez-vous pas que leur troupe en furie
Va prendre encor ces vers pour une raillerie?
Et Dieu sait aussitôt que d'auteurs en courroux,
Que de rimeurs blessés s'en vont fondre sur vous!
Vous les verrez bientôt, féconds en impostures,
Amasser contre vous des volumes d'injures,
Traiter en[2] vos écrits chaque vers d'attentat,
Et d'un mot innocent faire un crime d'état[3].
Vous aurez beau vanter le roi dans vos ouvrages,
Et de ce nom sacré sanctifier vos pages;
Qui méprise Cotin n'estime point son roi[4],
Et n'a, selon Cotin[5], ni Dieu, ni foi, ni loi.

Mais quoi! répondrez-vous, Cotin nous peut-il nuire?
Et par ses cris enfin que sauroit-il produire?
Interdire à mes vers, dont peut-être il fait cas,
L'entrée aux pensions où je ne prétends pas[6]?

---

[1] (B) Saufal, Perrin, auteurs médiocres. (1713)

[2] (V.)… *dans*, au lieu de *en*, édition de 1668.

[3] (B.) Cotin, dans un de ses écrits, m'accusoit d'être criminel de lèse-majesté divine et humaine.

[4] (H.) On voit, en lisant la *Critique désintéressée des satires du temps*, par Cotin, que l'art des dénonciations calomnieuses remonte chez nous au dix-septième siècle : il est même beaucoup plus ancien. La médiocrité feroit toujours volontiers de ses querelles littéraires des affaires d'état ; elle appelle l'autorité au secours des mauvaises causes : mais Louis XIV mérite beaucoup d'éloges pour avoir constamment méprisé ces insinuations perfides.

[5] (Cr.) C'est la neuvième fois que le nom de Cotin revient dans cette satire. Les amis de Boileau lui en firent l'observation. Il faut voir, dit-il, de quel endroit on pourra l'ôter. On lut la satire, on la relut; et le nom de Cotin fut trouvé si bien en tout lieu, qu'on ne put se résoudre à l'effacer en aucun.

[6] (H.) Cotin jouissoit d'une de ces pensions : Chapelain l'avoit

Non, pour louer un roi que tout l'univers loue,
Ma langue n'attend point que l'argent la dénoue;
Et, sans espérer rien de mes foibles écrits,
L'honneur de le louer m'est un trop-digne prix :
On me verra toujours, sage dans mes caprices,
De ce même pinceau dont j'ai noirci les vices
Et peint du nom d'auteur tant de sots revêtus,
Lui marquer mon respect, et tracer ses vertus.
Je vous crois; mais pourtant on crie, on vous menace.
Je crains peu, direz-vous, les braves du Parnasse.
Hé! mon Dieu, craignez tout d'un auteur en courroux,
Qui peut...-Quoi?-Je m'entends.-Mais encor?-Taisez-vous[1].

inscrit en 1662 parmi les écrivains les plus dignes d'éloges et de récompenses. C'étoit, selon Chapelain, un homme d'esprit et de savoir, habile humaniste, profond théologien, écrivant aussi bien en vers qu'en prose. Il faut pourtant savoir gré à Boileau d'avoir renversé, brisé toutes ces idoles qui se soutenoient l'une l'autre, échappoient à l'opprobre par l'intrigue, et usurpoient les hommages dûs au talent et au génie.

[1] (I.) Brossette prétend que la fin de cette satire ressemble aux deux premiers vers de la septième pièce macaronique de Teofilo Folengo, dit Merlin Cocaïe :

> Siste labrum. — Quare? — Cupies tacuisse : tacendum est
> Quod nocet ; imo nocet vatem esse loquacem.

Cette imitation seroit assurément fort éloignée et fort peu sensible : nous ne la citons que comme un exemple des rapprochements chimériques que les commentateurs ont imaginés pour grossir leurs notes.

Boileau, dans cette satire, a fait à Horace, à Perse, à Juvénal, de plus véritables emprunts, que nous avons remarqués, et qui ne sont pas d'ailleurs très-nombreux, En général, cette excellente pièce lui appartient tout entière, et l'on a droit de la regarder comme le chef-d'œuvre du genre satirique. C'est l'opinion commune des juges les plus éclairés : quelques-uns pensent néanmoins que ce titre lui pourroit être disputé par la satire VIII.

AVERTISSEMENT
SUR LA SATIRE X.

Voici enfin la satire qu'on me demande depuis si long-temps. Si j'ai tant tardé à la mettre au jour, c'est que j'ai été bien aise qu'elle ne parût qu'avec la nouvelle édition qu'on faisoit de mon livre [1], où je voulois qu'elle fût insérée. Plusieurs de mes amis, à qui je l'ai lue, en ont parlé dans le monde avec de grands éloges, et ont publié que c'étoit la meilleure de mes satires [2]. Ils ne m'ont pas en cela fait plaisir. Je connois le public : je sais que naturellement il se révolte contre ces louanges outrées qu'on donne aux ouvrages avant qu'ils aient paru, et que la plupart des lecteurs ne lisent ce qu'on leur a élevé si haut qu'avec un dessein formé de le rabaisser.

Je déclare donc que je ne veux point profiter de ces discours avantageux; et non-seulement je laisse au public son jugement libre, mais je donne plein pouvoir à tous ceux qui ont tant critiqué mon ode sur Namur d'exercer aussi contre ma satire toute la rigueur de leur critique. J'espère qu'ils le feront avec le même succès; et je puis les assurer que tous leurs discours ne m'obligeront point à rompre l'espèce de vœu que j'ai fait de ne jamais défendre mes ouvrages, quand on n'en attaquera que les mots et les syllabes. Je saurai fort bien soutenir contre ces censeurs Homère, Horace, Virgile, et tous ces autres grands personnages dont j'admire les écrits; mais pour mes écrits, que je n'admire point, c'est à ceux qui les approuveront à trouver des raisons pour les défendre. C'est tout l'avis que j'ai à donner ici au lecteur.

[1] En 1694.

[2] « C'est, ce me semble, le chef-d'œuvre de M. Despréaux. » (*Dictionnaire de Bayle*, article *Barbe*, n. A.) Cet éloge conviendroit beaucoup mieux à la neuvième satire ou à la huitième.

La bienséance néanmoins voudroit, ce me semble, que je fisse quelque excuse au beau sexe de la liberté que je me suis donnée de peindre ses vices; mais, au fond, toutes les peintures que je fais dans ma satire sont si générales, que, bien loin d'appréhender que les femmes s'en offensent [1], c'est sur leur approbation et sur leur curiosité que je fonde la plus grande espérance du succès de mon ouvrage. Une chose au moins dont je suis certain qu'elles me loueront, c'est d'avoir trouvé moyen, dans une matière aussi délicate que celle que j'y traite, de ne pas laisser échapper un seul mot qui pût le moins du monde blesser la pudeur. J'espère donc que j'obtiendrai aisément ma grace, et qu'elles ne seront pas plus choquées des prédications que je fais contre leurs défauts dans cette satire, que des satires que les prédicateurs font tous les jours en chaire contre ces mêmes défauts.

[1] « Vous avez attaqué, disoit Racine à Boileau, tout un corps qui n'est « composé que de langues, sans compter celles des galants, qui prennent parti « dans la querelle. Attendez que le beau sexe ait dormi sur sa colère, vous « verrez qu'il se rendra à la raison, et votre satire reviendra à sa juste va- « leur. » (*Bolæana*, n. CXV.)

SATIRE X.

(1693)

LES FEMMES [1];

Enfin bornant [2] le cours de tes galanteries,
Alcippe, il est donc vrai, dans peu tu te maries;
Sur l'argent, c'est tout dire, on est déjà d'accord;
Ton beau-père futur vide son coffre-fort;
Et déjà le notaire a, d'un style énergique,
Griffonné de ton joug l'instrument [3] authentique.
C'est bien fait. Il est temps de fixer tes désirs :
Ainsi que ses chagrins l'hymen a ses plaisirs.
Quelle joie en effet, quelle douceur extrême,
De se voir caressé d'une épouse qu'on aime!
De s'entendre appeler petit cœur, ou mon bon [4]!
De voir autour de soi croître dans sa maison,
Sous les paisibles lois d'une agréable mère,

---

[1] (H.) Juvénal a traité le même sujet dans sa première satire.

[2] (Cr.) Racine et J.-B. Rousseau ont été blessés de ce début, de ce gérondif, *bornant*, qui commence un poème. J.-B. Rousseau eût mieux aimé :

> Enfin, désabusé de tes galanteries,
> Alcippe,....
> (*Lettres de J. B. Rousseau*, t. II, p. 184.)

[3] (B.) Instrument, en style de pratique, veut dire toutes sortes de contrats.

[4] (Cr.) Madame Colbert appeloit ainsi son mari. « Cette manière « de parler, bourgeoise à l'excès, dit J.-B. Rousseau, ne répond point « à la noblesse du reste de cette satire, qui est écrite avec tant d'art « et de force. » Voyez *Lettres de J.-B. Rousseau*, tome II, page 148.

De petits citoyens dont on croit être père[1] !
Quel charme, au moindre mal qui nous vient menacer,
De la voir aussitôt accourir, s'empresser,
S'effrayer d'un péril qui n'a point d'apparence,
Et souvent de douleur se pâmer par avance[2] !
Car tu ne seras point de ces jaloux affreux,
Habiles à se rendre inquiets, malheureux,
Qui, tandis qu'une épouse à leurs yeux se désole,
Pensent toujours qu'un autre en secret la console.

Mais quoi! je vois déjà que ce discours t'aigrit.
Charmé de Juvénal[3], et plein de son esprit,
Venez-vous, diras-tu, dans une pièce outrée,
Comme lui nous chanter que, dès le temps de Rhée[4],
La chasteté déjà, la rougeur sur le front,
Avoit chez les humains reçu plus d'un affront[5];

---

[1] (Cr.) Cet hémistiche semble un peu dur à Le Brun, qui aimeroit mieux : dont on se croit le père.

[2] Suivant les commentateurs, le poète a eu particulièrement en vue la femme de son frère, Jérôme Boileau, laquelle, au moindre mal dont son mari étoit menacé, s'effrayoit, se pâmoit, tomboit en syncope ou en convulsions : il falloit lui jeter de l'eau sur le visage.

[3] (B.) Juvénal a fait une satire contre les femmes, qui est son plus bel ouvrage.

[4] (B.) Paroles du commencement de la satire de Juvénal.

[5] (Cr.) Juvénal dit :

> Credo pudicitiam saturno rege moratam
> In terris.
> (Sat. I, v. 42.)

Boileau lui fait dire tout le contraire, ainsi que l'a remarqué Charles Perrault dans le prologue de l'*Apologie des femmes*. Saint-Marc prétend que pour justifier Boileau, il suffiroit d'effacer la note que l'on vient de lire, et dans laquelle ce poète dit que ce sont les *paroles* de Juvénal, ou bien d'y substituer ces mots : *allusion au commencement de la satire de Juvénal;* mais Boileau, dans ses vers même,

Qu'on vit avec le fer naître les injustices,
L'impiété, l'orgueil et tous les autres vices :
Mais que la bonne foi dans l'amour conjugal
N'alla point jusqu'au temps du troisième métal ?
Ces mots ont dans sa bouche une emphase admirable :
Mais, je vous dirai, moi, sans alléguer la fable,

déclare que c'est la pensée du satirique latin qu'il veut rendre : COMME LUI, *nous chanter*. (v. 26.) Saint-Marc ajoute qu'au surplus ce n'est pas Boileau qui fait ce contresens, mais son interlocuteur Alcippe, un homme du monde qui n'est pas tenu de citer à-propos les auteurs classiques. L'excuse est déplorable, et Saint-Marc qui est ordinairement sévère et souvent injuste à l'égard de Despréaux, pouvoit se dispenser de le défendre si mal. La critique de Perrault étoit fondée.

Dire que Juvénal parle ironiquement, que *credo* doit se traduire, comme l'a fait Du Saulx, par *je veux croire*, c'est-à-dire, *je doute fort*; et que Boileau laissant là l'ironie qui masquoit la pensée du poète latin, n'a voulu exprimer que cette pensée même, c'est, à notre avis, la plus ingénieuse apologie que l'on ait faite du contresens que semble offrir la traduction poétique du satirique françois. Mais nous pensons que Juvénal a dit expressément et sérieusement, que la chasteté régnoit sous le premier empire de Saturne, et qu'elle n'a disparu que dans les âges suivants. Car il ajoute qu'elle s'est fait long-temps voir, *visamque diu*; qu'elle ne se retira que peu à peu dans l'Olympe avec sa sœur Astrée, *paulatim... Astræa recessit... atque duæ pariter fugere sorores*; et qu'enfin les premiers adultères datent des siècles d'argent :

Viderunt primos argentea sæcula mœchos.

Pour trouver un sens raisonnable aux vingt-quatre premiers vers de la satire de Juvénal, il faut se reporter à la distinction fabuleuse des quatre âges. Les mythologistes conviennent que l'âge d'or est proprement le règne de Saturne ; c'est le temps que le poète latin rappelle dans ses neuf premiers vers. La chasteté demeuroit alors intacte : *Pudicitiam Saturno rege moratam in terris*. Les vestiges de cette vertu restèrent nombreux et sensibles encore dans le second âge, c'est-à-dire quand Saturne s'étoit réfugié en Italie, et durant les premières années du règne de Jupiter. *Multa Pudicitiæ veteris vestigia forsan... sub Jove... nondum barbato*. Mais les progrès, quoique lents, du vice, forcèrent *Astræa* et *Pudicitia* de s'exiler, et l'âge d'argent ne s'écoula point sans avoir vu de premiers attentats à la fidélité

Que si sous Adam même, et loin avant Noé[1],
Le vice audacieux, des hommes avoué,
A la triste innocence en tous lieux fit la guerre,
Il demeura pourtant de l'honneur sur la terre;
Qu'aux temps les plus féconds en Phrynés[2], en Laïs[3],
Plus d'une Pénélope honora son pays;
Et que, même aujourd'hui, sur ce fameux modèle[4],
On peut trouver encor quelque femme fidèle.

Sans doute, et dans Paris, si je sais bien compter,
Il en est jusqu'à trois[5] que je pourrois citer[6].

çonjugale. Vint l'âge d'airain, puis l'âge de fer qui enfanta tous les autres genres de désordres et de crimes :

> Omne aliud crimen mox ferrea protulit ætas.

Telle est la suite des idées de Juvénal; il les exprime énergiquement et sans le plus léger accent d'ironie ou de plaisanterie.

Despréaux, il faut l'avouer, a brouillé tout ce système, et confondu surtout les deux premiers âges. La chasteté, dit-il,

> N'alla point jusqu'au temps du troisième métal:

Il est vrai que Juvénal lui fait subir quelques éclipses durant le second :

> Viderunt primos argentea sæcula mœchos;

Mais Boileau affirme que dès le premier *elle avoit reçu des affronts;* il l'affirme au nom de Juvénal qui dit formellement le contraire.

[1] Ce vers manque d'harmonie; et *loin avant Noé* a paru cheville après *sous Adam même.*

[2] (B.) Phryné, courtisane d'Athènes. (1713)

[3] (B.) Laïs, courtisane de Corinthe. (1713)

[4] (V.) . . . . Sur *ces* fameux modèle*s*,
On peut trouver encor quelque*s* femme*s* fidèle*s.*

[5] (B.) Ceci est dit figurément. (1713) — Brossette rapporte que le poète disoit en plaisantant : « A la rigueur on en trouveroit *peut-être* davantage. »

[6] (Cr.) La Harpe et d'autres censeurs ne pardonnent point cette

Ton épouse dans peu sera la quatrième :
Je le veux croire ainsi. Mais, la chasteté même
Sous ce beau nom d'épouse entrât-elle chez toi,
De retour d'un voyage, en arrivant, crois-moi,
Fais toujours du logis avertir la maîtresse.
Tel partit tout baigné des pleurs de sa Lucrèce,
Qui, faute d'avoir pris ce soin judicieux,
Trouva.... tu sais. — Je sais que d'un conte odieux
Vous avez comme moi sali votre mémoire.
Mais laissons là, dis-tu, Joconde et son histoire [1] :
Du projet d'un hymen déjà fort avancé,
Devant vous aujourd'hui criminel dénoncé,
Et mis sur la sellette aux pieds de la critique,
Je vois bien tout de bon qu'il faut que je m'explique.

Jeune autrefois par vous dans le monde conduit,
J'ai trop bien profité pour n'être pas instruit
A quels discours malins le mariage expose :
Je sais que c'est un texte où chacun fait sa glose ;
Que de maris trompés tout rit dans l'univers,
Épigrammes, chansons, rondeaux, fables en vers,
Satire, comédie ; et, sur cette matière,
J'ai vu tout ce qu'ont fait La Fontaine et Molière [2] ;

---

hyperbole à Boileau, quoiqu'il ait affoibli celle de Juvénal qui comparoit la femme vertueuse à un cygne noir :

Rara avis in terris, nigroque simillima cycno.
(Sat. III, v. 165.)

[1] (H.) Conte de La Fontaine tiré de l'*Arioste*. Voyez, sur ce sujet, une dissertation de Boileau dans notre tome III.

[2] (H.) Des notices historiques sur deux hommes si célèbres seroient ici superflues. Voyez notre discours préliminaire, la vie de Boileau, et la table qui termine notre IVe tome.

J'ai lu tout ce qu'ont dit Villon[1] et Saint-Gelais[2],
Arioste[3], Marot, Bocace, Rabelais,

[1] (H.) François Corbueil-Villon naquit à Paris en 1431. Accusé, et à ce qu'il paroît, convaincu de friponnerie, il fut condamné à être pendu : la peine ayant été commuée en bannissement, il retomba dans de nouveaux désordres qui lui attirèrent une seconde sentence pareille à la première ; mais Louis XI lui fit grace du supplice. On ne sait pas bien en quel lieu et en quel temps il mourut. Rabelais dit qu'il se retira en Angleterre et y devint le favori d'Édouard IV. Ses poésies, que nous retrouverons louées par Boileau dans l'Art poétique, ont plu à François 1er qui chargea Marot d'en donner une édition correcte : elle a paru en 1533. Les poésies de Villon, rondeaux, ballades, testaments grand et petit, ont été réimprimées en 1723, à Paris, chez Coustelier, et à La Haye, en 1742, avec des notes.

[2] (H.) Mellin de Saint-Gelais, naquit en 1491 à Angoulême, fils naturel de l'évêque de cette ville, Octavien de Saint-Gelais. François 1er le gratifia d'une abbaye et le fit aumônier du dauphin qui fut depuis Henri II. Mellin mourut à Paris en 1548, laissant des poésies diverses, entre lesquelles on distingue *la Déploration du bel Adonis*, une imitation de trois chants de *l'Arioste*, etc.

[3] (H.) Lodovico Ariosto, né à Reggio (près de Modène) en 1474, est un des plus célèbres poètes italiens. Son grand ouvrage, *l'Orlando furioso*, parut en 1516. Personne, dit Ginguené, ne l'a égalé dans un genre d'épopée où l'imagination a bien une autre carrière à fournir que dans l'épopée purement héroïque. Nul n'a mêlé avec tant d'art le sérieux et le plaisant, le gracieux et le terrible, le sublime et le familier. L'Arioste mourut en 1533.

(H.) Clément Marot étoit de Cahors, où il naquit en 1495 d'un père qui avoit cultivé les muses, mais qu'il a surpassé. Conduit à la cour de François 1er, il célébra les belles et les princes, suivit le roi à la bataille de Pavie, y reçut une blessure, et eut le malheur plus grand d'embrasser la religion réformée. Ne pouvant durer en France où ses croyances religieuses et sa causticité lui faisoient beaucoup d'ennemis, il se réfugia à Gênes, puis à Turin où il mourut dans l'indigence en 1544. La Fontaine l'a nommé son maître. Nous entendrons Despréaux louer son élégant badinage ; son nom est, suivant La Harpe, la première époque remarquable dans l'histoire de notre poésie.

(H.) De tous les ouvrages de Bocace, le plus connu est son *Décaméron*, recueil de contes où La Fontaine a puisé les sujets de la plupart des siens. Giovanni Boccacio ajoutoit à son nom *da Cer-*

Et tous ces vieux recueils de satires naïves,
Des malices du sexe immortelles archives[1].
Mais, tout bien balancé, j'ai pourtant reconnu
Que de ces contes vains le monde entretenu

taldo, parce que sa famille étoit originaire de Certaldo, village de Toscane ; mais il naquit en 1313 à Paris, où son père avoit été attiré par des affaires de commerce, et fut bientôt conduit à Florence, où il fit ses premières études. Son père qui le destinoit au négoce le renvoya vers 1323 à Paris, d'où il ne revint qu'en 1329. Depuis ce temps, Bocace se consacra aux lettres : il leur doit une réputation brillante ; il a été l'ami de Pétrarque. Après avoir habité Naples et Florence, il vint mourir à Certaldo le 21 décembre 1375. « Il « étoit né poète, dit Ginguené, et il le fut dans tous ses ouvrages « d'imagination, du moins par l'invention si ce n'est par le style. « Tout ce qu'il a écrit en vers est médiocre ; plusieurs de ses ou- « vrages italiens en prose le sont aussi : il n'est supérieur et inimi- « table que dans ses nouvelles (*le Décaméron*) dont il faisoit cependant « lui-même peu de cas. »

(H.) François Rabelais naquit à Chinon en 1483, l'année même où mourut en Italie le curé Arlotto, fameux par ses *Facéties*. Rabelais, fils d'un apothicaire, se fit cordelier à Fontenai-le-Comte, puis bénédictin à Maillezais, ensuite médecin à Montpellier. Après avoir accompagné le cardinal du Bellay à Rome, il revint en France, habita Lyon et Paris, obtint une prébende dans la collégiale de Saint-Maur-des-Fossés, et enfin la cure de Meudon : il mourut à Paris probablement, en 1553. Toute sa vie, du moins telle qu'on la raconte, n'avoit été qu'un tissu de bouffonneries licencieuses : ses écrits ont le même caractère et ont fait néanmoins les délices de Molière et de La Fontaine. La Bruyère a dit de lui : « Où il est mau- « vais, il passe bien loin au-delà du pire, c'est le charme de la ca- « naille : où il est bon, il va jusqu'à l'exquis et à l'excellent, il peut « être le mets des plus délicats. » La meilleure édition de ses écrits étoit celle de 1741, 3 volumes in-4°, avec les remarques de Le Duchat, de La Monnoye, etc. : MM. Esmangart et Johanneau en donnent une nouvelle en 8 volumes in-8°.

[1] (B.) *Les Contes de la reine de Navarre*, etc. (1713)

(H.) Marguerite de Valois, sœur de François Ier, étoit née à Angoulême en 1492 : elle épousa le duc d'Alençon, puis Henri d'Albret, roi de Navarre, et fut mère de Jeanne d'Albret qui a donné le jour à Henri IV. Marguerite mourut en 1549. Voyez *Brantôme*, art. VI du discours sur Mesdames filles de France.

N'en a pas de l'hymen moins vu fleurir l'usage;
Que sous ce joug moqué tout à la fin s'engage;
Qu'à ce commun filet les railleurs mêmes pris
Ont été très-souvent de commodes maris;
Et que, pour être heureux sous ce joug salutaire,
Tout dépend, en un mot, du bon choix qu'on sait faire[1].
Enfin, il faut ici parler de bonne foi:
Je vieillis, et ne puis regarder sans effroi
Ces neveux affamés dont l'importun visage
De mon bien à mes yeux fait déjà le partage.
Je crois déjà les voir, au moment annoncé
Qu'à la fin sans retour leur cher oncle est passé,
Sur quelques pleurs forcés qu'ils auront soin qu'on voie,
Se faire consoler du sujet de leur joie.
Je me fais un plaisir, à ne vous rien celer,
De pouvoir, moi vivant, dans peu les désoler,
Et, trompant un espoir pour eux si plein de charmes,
Arracher de leurs yeux de véritables larmes.
Vous dirai-je encor plus? Soit foiblesse ou raison,
Je suis las de me voir le soir[2] en ma maison
Seul avec des valets, souvent voleurs et traîtres,
Et toujours, à coup sûr, ennemis de leurs maîtres.
Je ne me couche point qu'aussitôt dans mon lit
Un souvenir fâcheux n'apporte à mon esprit
Ces histoires de morts lamentables, tragiques,
Dont Paris tous les ans peut grossir ses chroniques[3].

---

[1] (H.) Voyez, dans notre tome IV, une lettre du 15 juillet 1706, où Boileau félicite Brossette qui venoit de s'engager *sous le joug salutaire.*

[2] (V.) ....*les soirs*, avant 1713.

[3] (B.) Blandin et du (*de*) Rosset ont composé ces ouvrages. (1713)

Dépouillons-nous ici d'une vaine fierté :
Nous naissons, nous vivons pour la société.
A nous-mêmes livrés dans une solitude,
Notre bonheur bientôt fait notre inquiétude ;
Et, si durant un jour notre premier aïeul,
Plus riche d'une côte[1], avoit vécu tout seul,
Je doute, en sa demeure alors si fortunée,
S'il n'eût point prié Dieu d'abréger la journée.
N'allons donc point ici réformer l'univers,
Ni, par de vains discours et de frivoles vers[2],
Étalant au public notre misanthropie,
Censurer le lien le plus doux de la vie.
Laissons là, croyez-moi, le monde tel qu'il est.
L'hyménée est un joug, et c'est ce qui m'en plaît :
L'homme en ses passions toujours errant sans guide
A besoin qu'on lui mette et le mors et la bride :
Son pouvoir malheureux ne sert qu'à le gêner ;
Et, pour le rendre libre, il le faut enchaîner[3].

[1] (Cr.) Brossette dit que Boileau aimoit ces deux vers et les préféroit aux vers 47 et 48 de sa satire VIII.

[2] (Cr.) Perrault, dans la préface de son *Apologie des femmes*, fait remarquer ce mot *vers*. Selon lui, Despréaux oublie que dans cette pièce il met en scène deux interlocuteurs qui ne sont point censés converser en *vers*. C'est, dit-il, comme si Auguste disoit à Cinna : prête l'oreille *à mes vers*, au lieu de *à mes discours*. L'observation n'est point à mépriser : cependant l'interlocuteur peut fort bien parler, non-seulement de ses propres *discours*, mais aussi des *vers* qu'on a faits sur le même sujet. Mais c'est, à notre avis, fort mal excuser Boileau, que de le représenter comme se parlant ici à lui-même, dans le feu de sa composition.

[3] (I.) . . . . Animum rege, qui, nisi paret,
    Imperat : hunc frænis, hunc tu compesce catena.
                            (*Hor.*, lib. I, ep. II, v. 62, 63.)

En citant ces vers latins, Despréaux disoit qu'Horace étoit janséniste. Brossette.

C'est ainsi que souvent la main de Dieu l'assiste.

Ha! bon! voilà parler en docte janséniste,
Alcippe; et, sur ce point si savamment touché,
Desmâres¹ dans Saint-Roch² n'auroit pas mieux prêché.
Mais c'est trop t'insulter; quittons la raillerie;
Parlons sans hyperbole et sans plaisanterie.
Tu viens de mettre ici l'hymen en son beau jour:
Entends donc³; et permets que je prêche à mon tour.

L'épouse que tu prends, sans tache en sa conduite,
Aux vertus, m'a-t-on dit, dans Port-Royal⁴ instruite,
Aux lois de son devoir règle tous ses désirs.
Mais qui peut t'assurer qu'invincible aux plaisirs,
Chez toi, dans une vie ouverte à la licence,
Elle conservera sa première innocence?
Par toi-même bientôt conduite à l'Opéra,

---

¹ (B.) Le père Desmâres, fameux prédicateur. L'édition de 1713 porte : « Célèbre prédicateur. »

(H.) Toussaint-Gui-Joseph Desmâres, naquit à Vire en 1599. Oratorien et disciple zélé de l'abbé de Saint-Cyran, il fut relégué à Quimper par une lettre de cachet de 1643 : il avoit prêché avec édification depuis 1638 dans les églises de Paris. En 1653, il se rendit à Rome, et prononça, devant Innocent X, un discours sur la grace efficace, qui a été imprimé ainsi que d'autres opuscules de sa composition. Revenu en France, il se tint long-temps caché; et lorsque, par ordre de l'archevêque de Paris Péréfixe, il eut prêché à Saint-Roch l'avent de 1668, il essuya des persécutions nouvelles, et fut contraint de disparoître. Il mourut à Liancourt en 1669, et par conséquent c'est par erreur qu'on a dit dans l'une des dernières éditions de Boileau, que Desmâres avoit travaillé au *Nécrologe de Port-Royal* avec dom Rivet qui n'est venu au monde qu'en 1683.

² (B.) Paroisse de Paris. (1713)

³ (Cr.) On a critiqué *entends donc* comme dur et impropre; on a proposé d'y substituer : *or écoute*.

⁴ (H.) Monastère de filles accusées de jansénisme, et détruit en 1709 : on avoit auparavant dispersé les religieuses. Voyez l'*Histoire de Port-Royal* par Racine, etc., et notre discours préliminaire.

De quel air penses-tu que ta sainte verra
D'un spectacle enchanteur la pompe harmonieuse,
Ces danses, ces héros à voix luxurieuse;
Entendra ces discours sur l'amour seul roulants,
Ces doucereux Renauds, ces insensés Rolands,
Saura d'eux qu'à l'amour, comme au seul dieu suprême,
On doit immoler tout, jusqu'à la vertu même [1];
Qu'on ne sauroit trop tôt se laisser enflammer;
Qu'on n'a reçu du ciel un cœur que pour aimer [2];
Et tous ces lieux communs de morale lubrique [3]
Que Lulli [4] réchauffa des sons de sa musique [5] ?

[1] (I.) Ce vers est à quelques syllabes près, celui de Racine :

Il faut immoler tout, et même la vertu.
(*Phèdre*, act. III, sc. III.)

[2] (B.) Maximes fort ordinaires dans les opéra de Quinault.

[3] (H.) Par exemple :

Il faut souvent, pour devenir heureux,
Qu'il en coûte un peu d'innocence.
(*Atys*, act. III, sc. II.)

[4] (H.) J. B. Lulli, né à Florence en 1633, mort à Paris en 1687; musicien célèbre du dix-septième siècle : il est un des personnages de l'excellente comédie de M. Andrieux, intitulée *le Souper d'Auteuil*.

[5] (Cr.) Dans *le Bolœana* de Monchesnay, Boileau dit que « Lulli « a énervé la musique, que la sienne amollit les ames, que s'il excelle, « c'est surtout dans le mode lydien.

Ici au contraire, la musique de Lulli semble préférée à la poésie de Quinault; et c'est l'une des injustices ou des erreurs que l'on peut reprocher au satirique.

Boileau, je l'avouerai, se trompa quelquefois;
Mais aucun intérêt ne corrompit sa voix;
Et s'il a dans Atys méconnu l'art de plaire,
Du moins en se trompant son erreur fut sincère.
Boileau crut que Lulli, qu'on a tant surpassé,
Faisoit valoir Quinault, qu'on n'a point effacé.
Il falloit que le temps vengeât l'auteur d'Armide :
Ce juge des talents en sa faveur décide;
Chaque jour à sa gloire il paroit ajouter.

Mais de quels mouvements, dans son cœur excités,
Sentira-t-elle alors tous ses sens agités!
Je ne te réponds pas qu'au retour, moins timide,
Digne écolière enfin d'Angélique et d'Armide[1],
Elle n'aille à l'instant, pleine de ces doux sons,
Avec quelque Médor pratiquer ces leçons.
 Supposons toutefois qu'encor fidèle et pure
Sa vertu de ce choc revienne sans blessure :
Bientôt dans ce grand monde où tu vas l'entraîner,
Au milieu des écueils qui vont l'environner,
Crois-tu que, toujours ferme aux bords du précipice,
Elle pourra marcher sans que le pied lui glisse;
Que, toujours insensible aux discours enchanteurs
D'un idolâtre amas de jeunes séducteurs,
Sa sagesse jamais ne deviendra folie?
D'abord tu la verras, ainsi que dans Clélie[2],
Recevant ses amants sous le doux nom d'amis[3],
S'en tenir avec eux aux petits soins permis;
Puis bientôt en grande eau sur le fleuve de Tendre[4]

> Aux dépens du poète, on n'entend plus vanter
> Ces accords languissants, cette foible harmonie,
> Que réchauffa Quinault du feu de son génie.
>   (La Harpe, *Disc. sur les préjugés et les injustices littéraires.*)

[1] (B.) Voyez les opéra de Quinault intitulés *Roland* et *Armide.* (1713)

[2] (B.) Roman de *Clélie,* et autres romans du même auteur. (1713)

[3] (H.) « Clélie, cette admirable fille, vivoit de façon qu'elle n'a-« voit pas un *amant* qui ne fût obligé de se cacher sous le nom « d'*ami*, et d'appeler *son amour amitié :* car autrement ils eussent été « chassés de chez elle. » *Clélie,* (par mademoiselle de Scudéri) part. I, liv. 1, page 389.

[4] (H.) On trouve dans la première partie du roman de Clélie, la carte du pays de *Tendre. Petits-Soins* est un des villages indiqués sur cette carte.

Naviger[1] à souhait, tout dire et tout entendre.
Et ne présume pas que Vénus, ou Satan[2],
Souffre qu'elle en demeure aux termes du roman :
Dans le crime il suffit qu'une fois on débute ;
Une chute toujours attire une autre chute.
L'honneur est comme une île escarpée et sans bords :
On n'y peut plus rentrer dès qu'on en est dehors[3].
Peut-être avant deux ans, ardente à te déplaire,
Éprise d'un cadet[4], ivre d'un mousquetaire[5],
Nous la verrons hanter les plus honteux brelans,
Donner chez la Cornu[6] rendez-vous aux galants ;
De Phèdre dédaignant la pudeur enfantine[7],
Suivre à front découvert Z....[8] et Messaline ;

[1] (Cr.) Vaugelas veut qu'on dise *naviger* et non pas *naviguer*, mot qui s'est établi néanmoins dans le langage commun, après n'avoir été employé que par les marins.

[2] (Cr.) Les ennemis de Boileau trouvoient dans ce vers un parallèle impie du profane et du sacré. Il a méprisé cette critique et le public en a fait de même.

[3] (Cr.) Deux admirables vers.

[4] (H.) Des compagnies de jeunes gens, qu'on nommoit *Cadets* furent créées en 1682.

[5] (H.) Compagnies à cheval, établies sous le nom de *Mousquetaires* en 1622 et en 1660.

[6] (B.) Une infame, dont le nom étoit alors connu de tout le monde. (1713)

[7] (I.) Infans namque pudor.
(*Hor.*, lib. I, sat. vi, v. 57.)

Phèdre dit, dans Racine, act. III, sc. iii :

> . . . . Je sais mes perfidies,
> OEnone, et ne suis point de ces femmes hardies
> Qui, goûtant dans le crime une tranquille paix,
> Ont su se faire un front qui ne rougit jamais.

[8] (Cr.) On croit que cette initiale n'a été mise ici que pour dépayser le lecteur.

« Je ne sais, dit Jean-Baptiste Rousseau, pourquoi l'auteur, au

Compter pour grands exploits vingt hommes ruinés,
Blessés, battus pour elle, et quatre assassinés :
Trop heureux si, toujours femme[1] désordonnée,
Sans mesure et sans règle au vice abandonnée,
Par cent traits d'impudence aisés à ramasser
Elle t'acquiert au moins un droit pour la chasser !

 Mais que deviendras-tu si, folle en son caprice,
N'aimant que le scandale et l'éclat dans le vice,
Bien moins pour son plaisir que pour t'inquiéter,
Au fond peu vicieuse, elle aime à coqueter[2] ?
Entre nous, verras-tu d'un esprit bien tranquille
Chez ta femme aborder et la cour et la ville ?
Hormis toi, tout chez toi[3] rencontre un doux accueil :
L'un est payé d'un mot, et l'autre d'un coup d'œil.
Ce n'est que pour toi seul qu'elle est fière et chagrine :
Aux autres elle est douce, agréable, badine ;
C'est pour eux qu'elle étale et l'or et le brocard,
Que chez toi se prodigue et le rouge et le fard,
Et qu'une main savante, avec tant d'artifice,
Bâtit de ses cheveux le galant édifice[4].

« lieu d'estropier son vers par un nom en blanc, qui peut d'ailleurs
« donner lieu à de malignes interprétations, ne s'est pas avisé de
« mettre *Julie* et *Messaline*, qui sont deux noms anciens. J'ai eu
« plusieurs fois envie de lui en parler et je l'ai toujours oublié. »
Lettres, tome II, page 185 et 211.

[1] (V.) Trop heureux si, toujours ainsi désordonnée....
        (*Édition in-4° de* 1694.)

[2] (Cr.) Verbe qui ne s'emploieroit point aujourd'hui dans le style soutenu.

[3] (V.) Tout, hormis toi, chez toi. (*Avant* 1713.)

[4] (I.) Tot premit ordinibus, tot adhuc compagibus altum
    AEdificat caput.
       (*Juv.*, sat. VI, v. 502, 503.)

Dans sa chambre, crois-moi, n'entre point tout le jour.
Si tu veux posséder ta Lucrèce à ton tour,
Attends, discret mari, que la belle en cornette
Le soir ait étalé son teint sur la toilette,
Et dans quatre mouchoirs, de sa beauté salis,
Envoie au blanchisseur[1] ses roses et ses lis.
Alors tu peux entrer; mais, sage en sa présence,
Ne va pas murmurer de sa folle dépense.
D'abord, l'argent en main, paie et vite et comptant.
Mais non, fais mine un peu d'en être mécontent,
Pour la voir aussitôt, de douleur oppressée[2],
Déplorer sa vertu si mal récompensée.
Un mari ne veut pas fournir à ses besoins!
Jamais femme, après tout, a-t-elle coûté moins?
A cinq cents louis d'or, tout au plus, chaque année,
Sa dépense en habits n'est-elle pas bornée?
Que répondre? Je vois qu'à de si justes cris,
Toi-même convaincu, déjà tu t'attendris,
Tout prêt à la laisser, pourvu qu'elle s'apaise,
Dans ton coffre, à[3] pleins sacs, puiser tout à son aise.
 A quoi bon en effet t'alarmer de si peu?
Eh! que seroit-ce donc si, le démon du jeu[4]
Versant dans son esprit sa ruineuse rage,

---

[1] (Cr.) « Le *blanchisseur* au masculin ennoblit tout, la *blanchisseuse* eût tout gâté. » LE BRUN.

[2] (V.) Pour la voir aussitôt, sur ses deux pieds haussée. (*Avant* 1713.)

[3] (V.) ... *en pleins sacs*, dans les éditions antérieures à 1713.

[4] (H.) Les commentateurs conjecturent qu'en peignant la joueuse, Despréaux avoit pris pour modèle une dame de Miramion, chez laquelle le greffier Jérôme Boileau, frère du poète, alloit perdre son argent.

Tous les jours, mis par elle à deux doigts du naufrage,
Tu voyois tous tes biens, au sort abandonnés,
Devenir le butin d'un pique¹ ou d'un sonnez²?
Le doux charme pour toi de voir, chaque journée,
De nobles champions ta femme environnée,
Sur une table longue et façonnée exprès,
D'un tournoi de bassette ordonner les apprêts!
Ou, si par un arrêt la grossière police
D'un jeu si nécessaire interdit l'exercice,
Ouvrir sur cette table un champ au lansquenet,
Ou promener trois dés chassés de son cornet!
Puis sur une autre table, avec un air plus sombre,
S'en aller méditer une vole au jeu d'hombre;
S'écrier sur un as mal à propos jeté;
Se plaindre d'un gâno³ qu'on n'a point écouté!
Ou, querellant tout bas le ciel qu'elle regarde,
A la bête gémir d'un roi venu sans garde!
Chez elle, en ces emplois, l'aube du lendemain
Souvent la trouve encor les cartes à la main:
Alors, pour se coucher, les quittant, non sans peine,
Elle plaint le malheur de la nature humaine,
Qui veut qu'en un sommeil où tout s'ensevelit
Tant d'heures sans jouer se consument au lit⁴.
Toutefois en partant la troupe la console,

---

¹ (B.) Terme du jeu de piquet.

² (B.) Terme du jeu de trictrac.

³ (B.) Terme du jeu d'hombre.

⁴ (H.) Brossette rapporte ici une anecdote, qui tient peu au vers de Boileau, mais qui peut sembler piquante. Une dévote se confessoit de sa passion pour le jeu. Le confesseur lui remontra qu'elle devoit en premier lieu considérer la perte du temps... Hélas! oui, répondit-elle, on en perd tant à mêler les cartes!

Et d'un prochain retour chacun donne parole.
C'est ainsi qu'une femme en doux amusements
Sait du temps qui s'envole employer les moments;
C'est ainsi que souvent par une forcenée
Une triste famille à l'hôpital traînée
Voit ses biens en décret sur tous les murs écrits
De sa déroute illustre[1] effrayer tout Paris.

   Mais que plutôt son jeu mille fois te ruine,
Que si, la famélique et honteuse lésine
Venant mal à propos la saisir au collet,
Elle te réduisoit à vivre sans valet,
Comme ce magistrat[2] de hideuse mémoire
Dont je veux bien ici te crayonner l'histoire.

   Dans la robe on vantoit son illustre[3] maison[4] :
Il étoit plein d'esprit, de sens et de raison;
Seulement pour l'argent un peu trop de foiblesse
De ces vertus en lui ravaloit la noblesse.
Sa table toutefois, sans superfluité,
N'avoit rien que d'honnête en sa frugalité.
Chez lui deux bons chevaux, de pareille encolure,
Trouvoient dans l'écurie une pleine pâture,
Et, du foin que leur bouche au râtelier laissoit,

---

[1] (Cr.) Saint-Marc condamne cette épithète comme impropre; un autre commentateur la justifie en disant qu'elle est ici employée ironiquement. La critique est peu fondée, et l'apologie encore moins plausible. *Illustre* équivaut ici à *éclatante*.

[2] (B.) Le lieutenant criminel Tardieu. (1713)
Ce Tardieu avoit été le parrain de Jacques Boileau, le docteur de Sorbonne, frère du poète.

[3] (Cr.) Nous venons de remarquer le même mot *illustre*, au vers 248.

[4] (H.) Tardieu étoit neveu de Jacques Gillot, conseiller-clerc au parlement de Paris, l'un des auteurs de la satire *Ménippée*.

De surcroît une mule[1] encor se nourrissoit.
Mais cette soif de l'or qui le brûloit dans l'ame
Le fit enfin songer à choisir une femme,
Et l'honneur dans ce choix ne fut point regardé.
Vers son triste penchant son naturel guidé
Le fit[2], dans une avare et sordide famille,
Chercher un monstre affreux[3] sous l'habit d'une fille :
Et, sans trop s'enquérir d'où la laide venoit,
Il sut, ce fut assez, l'argent qu'on lui donnoit.
Rien ne le rebuta, ni sa vue éraillée,
Ni sa masse de chair bizarrement taillée :
Et trois cents mille francs avec elle obtenus
La firent[4] à ses yeux plus belle que Vénus.
Il l'épouse; et bientôt son hôtesse nouvelle
Le prêchant lui fit voir qu'il étoit, au prix d'elle,
Un vrai dissipateur, un parfait débauché.
Lui-même le sentit, reconnut son péché,
Se confessa prodigue, et plein de repentance,
Offrit sur ses avis de régler sa dépense.
Aussitôt de chez eux tout rôti disparut.
Le pain bis, renfermé, d'une moitié décrut;
Les deux chevaux, la mule, au marché[5] s'envolèrent;
Deux grands laquais, à jeun, sur le soir s'en allèrent:

[1] (H.) Le lieutenant criminel suivoit, monté sur une mule, les criminels condamnés à mort.

[2] (Cr.) Ces deux mêmes monosyllabes viennent de commencer aussi le vers 266.

[3] (H.) La fille de Jérémie Ferrier qui avoit été ministre de la religion réformée à Nimes.

[4] (Cr.) *La firent plus belle* est une expression hardie, sans le paroître.... *la rendirent plus belle* affoibliroit bien l'idée. Le Brun.

[5] (V.) Voyez, tome IV, une lettre de Racine du 30 mai 1693.
La mule et deux chevaux *au* marché s'envolèrent.

De ces coquins déjà l'on se trouvoit lassé,
Et pour n'en plus revoir le reste fut chassé.
Deux servantes déjà, largement souffletées,
Avoient à coups de pied descendu les montées,
Et se voyant enfin hors de ce triste lieu,
Dans la rue en avoient rendu graces à Dieu.
Un vieux valet restoit, seul chéri de son maître,
Que toujours il servit, et qu'il avoit vu naître,
Et qui de quelque somme amassée au bon temps
Vivoit encor chez eux, partie à ses dépens.
Sa vue embarrassoit : il fallut s'en défaire;
Il fut de la maison chassé comme un corsaire.
Voilà nos deux époux sans valets, sans enfants,
Tout[1] seuls dans leur logis libres et triomphants.
Alors on ne mit plus de borne à la lésine :
On condamna la cave, on ferma la cuisine;
Pour ne s'en point servir aux plus rigoureux mois,
Dans le fond d'un grenier on séquestra le bois.
L'un et l'autre dès-lors vécut à l'aventure
Des présents qu'à l'abri de la magistrature
Le mari quelquefois des plaideurs extorquoit,
Ou de ce que la femme aux voisins escroquoit[2].

Mais, pour bien mettre ici leur crasse en tout son lustre[3]

---

[1] (V.) ....*tous*, dans les anciennes éditions, jusqu'en 1775.

[2] (V.) ... *excroquoit*, dans les mêmes éditions.

(H.) Brossette dit que Racine avoit en vue la dame Tardieu, lorsqu'il écrivoit, dans ses *Plaideurs*, act. I, sc. IV :

> Elle eût du buvetier emporté les serviettes,
> Plutôt que de rentrer au logis les mains nettes.

[3] (V.) Ce vers et les dix-neuf suivants avoient déplu à Racine; ils ne parurent point dans les éditions antérieures à 1701. Voyez dans le tome IV, une lettre de Boileau à Racine du 7 octobre 1692.

Il faut voir du logis sortir ce couple illustre :
Il faut voir le mari tout poudreux, tout souillé,
Couvert d'un vieux chapeau de cordon dépouillé,
Et de sa robe, en vain de pièces rajeunie,
A pied dans les ruisseaux traînant l'ignominie.
Mais qui pourroit compter le nombre de haillons,
De pièces, de lambeaux, de sales guenillons,
De chiffons ramassés dans la plus noire ordure,
Dont la femme, aux bons jours, composoit sa parure?
Décrirai-je ses bas en trente endroits percés,
Ses souliers grimaçants[1], vingt fois rapetassés,
Ses coiffes d'où pendoit au bout d'une ficelle
Un vieux masque pelé presque aussi hideux qu'elle[2]?
Peindrai-je son jupon bigarré de latin,
Qu'ensemble composoient trois thèses de satin;
Présent qu'en un procès sur certain privilége
Firent à son mari les régents d'un collége,
Et qui, sur cette jupe à maint rieur encor,
Derrière elle faisoit lire ARGUMENTABOR?

Mais peut-être j'invente une fable frivole[3].
Démens donc tout Paris, qui, prenant la parole,
Sur ce sujet encor de bons témoins pourvu,
Tout prêt à le prouver, te dira : Je l'ai vu ;
Vingt ans j'ai vu ce couple, uni d'un même vice,
A tous mes habitants montrer que l'avarice
Peut faire dans les biens trouver la pauvreté,

---

[1] (V.) ...*grimassants*, dans les anciennes éditions.

[2] (B.) La plupart des femmes portoient alors un masque de velours noir quand elles sortoient.

[3] (V.) Voyez, sur les changements que ce vers et les quarante-trois suivants ont éprouvés avant l'impression, la lettre de Boileau à Racine, datée du 7 octobre 1692.

Et nous réduire à pis que la mendicité.
Des voleurs, qui chez eux pleins d'espérance entrèrent,
De cette triste vie enfin les délivrèrent[1] :
Digne et funeste fruit du nœud le plus affreux
Dont l'hymen ait jamais uni deux malheureux !

   Ce récit passe un peu l'ordinaire mesure :
Mais un exemple enfin si digne de censure
Peut-il dans la satire occuper moins de mots ?
Chacun sait son métier. Suivons notre propos.
Nouveau prédicateur aujourd'hui, je l'avoue,
Écolier ou plutôt singe de Bourdaloue[2],
Je me plais à remplir mes sermons de portraits.
En voilà déjà trois peints d'assez heureux traits[3] :
La femme sans honneur, la coquette et l'avare.
Il faut y joindre encor la revêche bizarre[4],
Qui sans cesse, d'un ton par la colère aigri,
Gronde, choque, dément, contredit un mari.

---

[1] (V.) A la fin un beau jour tous deux les massacrèrent. (*Avant* 1701.)

(H.) Tardieu et sa femme furent assassinés dans leur maison sur le quai des Orfèvres, le 24 août 1665, par René et François Touchet, frères, qui, arrêtés dans cette même maison, furent rompus vifs trois jours après. Quelques jours avant leur crime, le roi avoit ordonné au premier président Lamoignon de faire informer contre le lieutenant criminel Tardieu, soupçonné de malversations.

[2] (B.) Célèbre jésuite. (1713)

(H.) Louis Bourdaloue, né à Bourges en 1632, mort à Paris en 1704, a laissé plusieurs volumes de sermons.

[3] (Cr.) *Un tel exemple peut-il occuper moins de mots dans la satire? Chacun sait son métier. Je me plais à remplir mes sermons de portraits. En voilà déjà trois.* Pour le coup, Boileau ne se souvient plus du tout qu'il rend compte d'une conversation : il ne parle plus à Alcippe, il s'adresse à des lecteurs ; il n'est plus l'un des interlocuteurs d'un dialogue ; il compose une satire.

[4] Brossette dit que le modèle de ce quatrième portrait, étoit la belle-sœur du poète, la femme du greffier Jérôme Boileau.

Il n'est point de repos ni de paix avec elle.
Son mariage n'est qu'une longue querelle.
Laisse-t-elle un moment respirer son époux,
Ses valets sont d'abord l'objet de son courroux;
Et sur le ton grondeur lorsqu'elle les harangue,
Il faut voir de quels mots elle enrichit la langue[1] :
Ma plume ici, traçant ces mots par alphabet,
Pourroit d'un nouveau tome augmenter Richelet[2].

Tu crains peu d'essuyer cette étrange furie :
En trop bon lieu, dis-tu, ton épouse nourrie
Jamais de tels discours ne te rendra martyr.
Mais, eût-elle sucé la raison dans Saint-Cyr[3],
Crois-tu que d'une fille humble, honnête, charmante,
L'hymen n'ait jamais fait de femme extravagante?
Combien n'a-t-on point vu de belles aux doux yeux,
Avant le mariage anges si gracieux,
Tout-à-coup se changeant en bourgeoises sauvages,
Vrais démons apporter l'enfer dans leurs ménages,
Et, découvrant l'orgueil de leurs rudes esprits,
Sous leur fontange[4] altière asservir leurs maris!

---

[1] (H.) Selon Brossette, les mots *Frelampier*, *Pimbesche*, *Orbesche*, etc., sont de l'invention de madame Jérôme Boileau.

[2] (B.) Auteur qui a donné un dictionnaire françois (1713)
(H.) Richelet a fait aussi un *dictionnaire des Rimes*. Il étoit né près de Châlons-sur-Marne en 1631; il est mort à Paris en 1698.

[3] (B.) Célèbre maison près de Versailles, où on élève un grand nombre de jeunes demoiselles. (1713)
(H.) Elle a été bâtie en 1686, pour deux cent cinquante demoiselles nobles.

[4] (B.) C'est un nœud de ruban que les femmes mettent sur le devant de la tête pour attacher leur coiffure. (1713)
(H.) Cette parure doit son nom à la duchesse de Fontanges, l'une des maîtresses de Louis XIV, morte à l'âge de vingt ans en 1661.

Et puis, quelque douceur dont brille[1] ton épouse,
Penses-tu, si jamais elle devient jalouse,
Que son ame livrée à ses tristes soupçons
De la raison encore écoute les leçons?
Alors, Alcippe, alors, tu verras de ses œuvres :
Résous-toi, pauvre époux, à vivre de couleuvres;
A la voir tous les jours, dans ses fougueux accès,
A ton geste, à ton rire, intenter un procès;
Souvent, de ta maison gardant les avenues,
Les cheveux hérissés, t'attendre au coin des rues;
Te trouver en des lieux de vingt portes fermés,
Et, partout où tu vas, dans ses yeux enflammés
T'offrir non pas d'Isis la tranquille Euménide[2],
Mais la vraie Alecto[3], peinte dans l'Énéide,
Un tison à la main, chez le roi Latinus,
Soufflant sa rage au sein d'Amate et de Turnus[4].

Mais quoi! je chausse ici le cothurne tragique!
Reprenons au plus tôt le brodequin comique,
Et d'objets moins affreux songeons à te parler.
Dis-moi donc, laissant là cette folle hurler,
T'accommodes-tu mieux de ces douces Ménades[5],
Qui, dans leurs vains chagrins, sans mal toujours malades[6],

---

[1] (Cr.) Doit-on dire *briller de douceur?*

[2] (B.) Furie, dans l'opéra d'Isis, qui demeure presque toujours à ne rien faire.

[3] (B.) Une des furies.

[4] (B.) Voyez le livre VII de l'*Énéide*.

[5] (B.) Bacchantes. (1713) — Elles célébroient par des orgies les fêtes de Bacchus.

[6] (Cr.) On a peine à comprendre pourquoi ces femmes qui feignoient d'être *malades* sont appelées des *Ménades*. Le choix de ce mot ne s'explique ici que par la rime.

Se font des mois entiers, sur un lit effronté[1],
Traiter d'une visible et parfaite santé ;
Et douze fois par jour, dans leur molle indolence,
Aux yeux de leurs maris tombent en défaillance ?
Quel sujet, dira l'un, peut donc si fréquemment
Mettre ainsi cette belle aux bords du monument ?
La Parque, ravissant ou son fils ou sa fille,
A-t-elle moissonné l'espoir de sa famille ?
Non : il est question de réduire un mari
A chasser un valet dans la maison chéri,
Et qui, parce qu'il plaît, a trop su lui déplaire ;
Ou de rompre un voyage utile et nécessaire,
Mais qui la priveroit huit jours de ses plaisirs,
Et qui, loin d'un galant, objet de ses désirs....
Oh ! que pour la punir de cette comédie
Ne lui vois-je une vraie et triste maladie !

---

[1] (Cr.) Cette expression poétique condamnée par La Harpe, l'a été plus récemment par M. Amar dans son édition de Boileau, et par M. Raynouard dans le *Journal des Savants* (mars 1824.) Elle a été louée, quoique avec quelque restriction, par Le Brun et par Fontanes.

Sur un lit effronté, dit Le Brun, est beau en dépit de toutes les « critiques, parce qu'il peint l'objet effronté que ce lit renferme. « Seulement on attendoit après cette épithète énergique, autre chose « qu'*une visible santé*: c'est le deuxième vers qui rend presque trop « fort le premier. »

Mais l'effronterie étoit précisément d'étaler sur un lit une santé si visible ; et quand Despréaux attribue, transporte au lit même l'impudence de la personne qui s'y montre, il trouve ou il invente l'expression la plus vive et la plus poétiquement juste de ce qu'il veut peindre. Aussi n'a-t-il eu aucun égard à la critique que ses contemporains n'avoient pas manqué de faire de cette épithète: vous verrez, dit-il à ses vers, dans son épître X:

> Mille auteurs pointilleux.....
> Vous soutenir qu'un lit ne peut être effronté.

Mais ne nous fâchons point. Peut-être avant deux jours,
Courtois et Denyau[1], mandés à son secours,
Digne ouvrage de l'art dont Hippocrate traite,
Lui sauront bien ôter cette santé d'athlète;
Pour consumer l'humeur qui fait son embonpoint,
Lui donner sagement le mal qu'elle n'a point;
Et, fuyant de Fagon[2] les maximes énormes[3],
Au tombeau mérité la mettre dans les formes.
Dieu veuille avoir son ame, et nous délivrer[4] d'eux!
Pour moi, grand ennemi de leur art hasardeux,
Je ne puis cette fois que je ne les excuse.
Mais à quels vains discours est-ce que je m'amuse?
Il faut sur des sujets plus grands, plus curieux,
Attacher de ce pas ton esprit et tes yeux.

Qui s'offrira d'abord? Bon, c'est cette savante
Qu'estime Roberval, et que Sauveur fréquente[5].

[1] (B.) Deux médecins de la faculté de Paris.
(V.) *Dunyau*, dans les premières éditions.

[2] (B.) Premier médecin du roi. (1713)
(H.) Fagon, né en 1638, mort en 1718, membre de l'Académie des sciences, auteur des livres intitulés: *Les qualités du Quinquina, Hortus regius*, etc., a été l'un des médecins de Boileau qui parlera de lui en plusieurs endroits de ses lettres; tome IV.

[3] (Cr.) Cette expression n'est pas heureuse, elle n'est pas même assez claire. On voit pourtant que Boileau veut louer Fagon en opposant ses maximes à celles de Courtois et Denyau, et l'on comprend bien qu'il les appelle *énormes*, irrégulières, pour faire entendre qu'elles sont raisonnables; mais il y a peu de finesse et même de justesse dans cet hémistiche.

[4] (V.) *Délivre* n'est probablement qu'une faute d'impression dans les éditions anciennes. L'harmonie réclame *délivrer* qui d'ailleurs se construit mieux avec *Dieu veuille*.

[5] (B.) Illustres mathématiciens. (1713)
(H.) Tous deux étoient membres de l'Académie des sciences.
Giles Personne prit le nom de Roberval, du village où il étoit né,

D'où vient qu'elle a l'œil trouble et le teint si terni?
C'est que sur le calcul, dit-on, de Cassini[1],
Un astrolabe en main, elle a, dans sa gouttière,
A suivre Jupiter[2] passé la nuit entière.
Gardons de la troubler. Sa science, je croi,
Aura pour s'occuper ce jour plus d'un emploi :
D'un nouveau microscope on doit, en sa présence,
Tantôt chez Dalancé[3] faire l'expérience,
Puis d'une femme morte avec son embryon
Il faut chez du Verney[4] voir la dissection.
Rien n'échappe aux regards de notre curieuse[5].

dans le Beauvaisis en 1602 : il mourut en 1676, ayant fait un *Traité de mécanique*, etc. Il est assez étonnant que Boileau ait parlé de lui en 1693 comme d'un homme qui vivoit encore.

Joseph Sauveur né à La Flèche en 1653, n'est mort qu'en 1716 : il avoit occupé, après Roberval, une chaire de mathématiques au collége royal de France.

[1] (B.) Fameux astronome. (1713)

(H.) Jean Dominique Cassini, né à Perinaldo, dans le comté de Nice, en 1625, fut attiré en France par Louis XIV en 1669, et y mourut en 1712, membre de l'Académie des sciences. Voyez son éloge par Fontenelle.

[2] (B.) Une des sept planètes. (1713)

[3] (B.) Chez qui on faisoit beaucoup d'expériences de physique. (1713)

(H.) Dalancé avoit hérité de son père, l'un des plus habiles chirurgiens de Paris, des biens considérables, qu'il dissipa par ses expériences.

[4] (B.) Médecin du roi, connu pour être très-savant dans l'anatomie. (1713)

(H.) Guichard-Joseph du Verney, naquit à Feurs, dans le Forez, en 1648, et mourut en 1730, membre de l'Académie des sciences. Fontenelle a fait son éloge.

[5] (H.) La savante ou la curieuse que Boileau vient de peindre est madame de La Sablière : elle avoit relevé, d'une manière un peu pédantesque, une faute que nous remarquerons au vers 28 de l'épître V de Boileau.

Mais qui vient sur ses pas? c'est une précieuse[1],
Reste de ces esprits jadis si renommés
Que d'un coup de son art Molière a diffamés[2].
De tous leurs sentiments cette noble héritière
Maintient encore ici leur secte façonnière[3].
C'est chez elle toujours que les fades auteurs
S'en vont se consoler du mépris des lecteurs.
Elle y reçoit leur plainte; et sa docte demeure
Aux Perrins, aux Coras[4], est ouverte à toute heure.
Là, du faux bel esprit se tiennent les bureaux :
Là, tous les vers sont bons pourvu qu'ils soient nouveaux.
Au mauvais goût public la belle y fait la guerre;
Plaint Pradon opprimé des sifflets du parterre;
Rit des vains amateurs du grec et du latin;

[1] (H.) On dit que dans le portrait de la précieuse, Boileau avoit en vue madame Deshoulières, qui étoit une des protectrices de Pradon, et qui fit un sonnet contre la Phèdre de Racine.
  Antoinette Du Ligier de La Garde Deshoulières naquit en 1638 à Paris où elle mourut en 1694. Ses poésies et celles de sa fille ont été plusieurs fois imprimées (1753, 2 vol., in-12; 1799, 2 vol., in-12, etc.) On y distingue une *Idylle aux Moutons;* mais en 1735, le président Bouhier déféra cette pièce à l'abbé Le Clerc qui travailloit à un *traité du Plagiat.* Bouhier avertissoit Le Clerc que cette idylle se trouvoit presque mot pour mot dans un recueil publié sous le nom de Coutel en 1649, quand la demoiselle Antoinette du Ligier n'avoit encore que onze ans. Pour montrer qu'elle n'est point plagiaire, on soutient d'une part qu'elle est née en 1634; de l'autre que le livre, sans date, de Coutel, n'a paru qu'après 1661, ou même qu'en 1676 : la question n'a pas encore été parfaitement éclaircie. Ce qui est incontestable, c'est que madame Deshoulières s'est fort exercée à épuiser les rimes *en ailles, en eilles, oilles, ime, if,* etc.; et que si Despréaux en eût fait autant, on ne manqueroit pas de lui reprocher ces futilités qu'on a cependant pardonnées aussi à Chaulieu.

[2] (B.) Voyez la comédie des *Précieuses.* (1713)

[3] (Cr.) *Secte façonnière,* expression peu naturelle et peu énergique.

[4] (H.) Voyez les notes sur Perrin et Coras, ci-dessus, pages 126 et 170.

Dans la balance met Aristote et Cotin [1];
Puis, d'une main encor plus fine et plus habile,
Pèse sans passion Chapelain [2] et Virgile [3];
Remarque en ce dernier beaucoup de pauvretés,
Mais pourtant confessant qu'il a quelques beautés;
Ne trouve en Chapelain, quoi qu'ait dit la satire,
Autre défaut, sinon qu'on ne le sauroit lire;
Et, pour faire goûter son livre à l'univers [4],
Croit qu'il faudroit en prose y mettre tous les vers.

A quoi bon m'étaler cette bizarre école
Du mauvais sens, dis-tu, prêché par une folle?

---

[1] (H.) Voyez ci-dessus, page 45.

[2] (H.) Voyez pages 63, 91, 92.

[3] (I.) Laudat Virgilium, perituræ ignoscit Elisæ;
Committit vates et comparat; inde Maronem,
Atque alia parte in trutina suspendit Homerum.
(*Juv.*, sat. VI, v. 435-437.)

[4] (V.) Au lieu de ce vers et du suivant, la première édition offroit ce morceau:

> Et croit qu'on pourra même enfin le lire un jour,
> Quand la langue vieillie ayant changé de tour,
> On ne sentira plus la barbare structure
> De ses expressions mises à la torture;
> S'étonne cependant d'où vient que chez Coignard
> Le Saint-Paulin écrit avec un si grand art,
> Et d'une plume douce, aisée et naturelle,
> Pourrit, vingt fois encor moins lu que la Pucelle.
> Elle en accuse alors notre siècle infecté
> Du pédantesque goût qu'ont pour l'antiquité
> Magistrats, princes, ducs, et même fils de France,
> Qui lisent sans rougir et Virgile et Térence;
> Et toujours pour P** pleins d'un dégoût malin,
> Ne savent pas s'il est au monde un Saint-Paulin.

Sur le premier de ces vers, Boileau disoit, en note: paroles de M. P***, dans ses dialogues; sur le sixième: Saint-Paulin, poème de M. P*** (c'est-à-dire Perrault). Ces quatorze vers ont été supprimés quand Ch. Perrault et Despréaux eurent été réconciliés.

De livres et d'écrits bourgeois admirateur,
Vais-je épouser ici quelque apprentive¹ auteur?
Savez-vous que l'épouse avec qui je me lie
Compte entre ses parents des princes d'Italie;
Sort d'aïeux dont les noms....? Je t'entends, et je voi
D'où vient que tu t'es fait secrétaire du roi :
Il falloit de ce titre appuyer ta naissance.
Cependant, (t'avouerai-je ici mon insolence?)
Si quelque objet pareil chez moi, deçà les monts,
Pour m'épouser entroit avec tous ces grands noms,
Le sourcil rehaussé d'orgueilleuses chimères;
Je lui dirois bientôt : Je connois tous vos pères;
Je sais qu'ils ont brillé dans ce fameux combat²
Où sous l'un des Valois Enghien sauva l'état.
D'Hozier n'en convient pas³; mais, quoi qu'il en puisse être,
Je ne suis point si sot que d'épouser mon maître⁴.
Ainsi donc, au plus tôt délogeant de ces lieux,
Allez, princesse, allez, avec tous vos aïeux,

¹ (V.)... *apprentie*, avant 1713.

² (B.) Combat de Cérisoles, gagné par le duc d'Enghien, en Italie, le 14 avril 1544.

3 (V.) Varillas n'en dit rien. (*Édit. de* 1694.)

Varillas, qui avoit écrit l'*Histoire de France* depuis Louis XI jusqu'à Henri III, crut que cet hémistiche l'accusoit de n'avoir rien dit de la bataille de Cérisoles. Le nom du généalogiste d'Hosier convenoit ici beaucoup mieux.

4 (I.)   Uxorem quare locupletem ducere nolim
          Quæritis, uxori nubere nolo meæ.
                    (*Mart.*, lib. VIII, ep. xii.)

Par les mots épouser *mon maître*, Boileau rend l'idée que Martial exprime par l'opposition de *ducere uxorem*, à *nubere uxori*. En latin, *ducere uxorem* signifie l'action de l'homme qui prend une épouse, et *nubere uxori*, l'état de la femme prise par un mari.

Sur le pompeux débris des lances espagnoles,
Coucher, si vous voulez, aux champs de Cérisoles :
Ma maison ni mon lit ne sont point faits pour vous[1].

J'admire, poursuis-tu, votre noble courroux.
Souvenez-vous pourtant que ma famille illustre
De l'assistance au sceau ne tire point son lustre[2];
Et que, né dans Paris de magistrats connus,
Je ne suis point ici de ces nouveaux venus,
De ces nobles sans nom, que, par plus d'une voie,
La province souvent en guêtres nous envoie.
Mais eussé-je comme eux des meuniers pour parents,
Mon épouse vînt-elle encor d'aïeux plus grands,
On ne la verroit point, vantant son origine,
A son triste mari reprocher la farine.
Son cœur, toujours nourri dans la dévotion,
De trop bonne heure apprit l'humiliation :
Et, pour vous détromper de la pensée étrange
Que l'hymen aujourd'hui la corrompe et la change,
Sachez qu'en notre accord elle a, pour premier point,
Exigé qu'un époux ne la contraindroit point
A traîner après elle un pompeux équipage,
Ni surtout de souffrir, par un profane usage,
Qu'à l'église jamais devant le Dieu jaloux,
Un fastueux carreau soit vu sous ses genoux.
Telle est l'humble vertu qui, dans son ame empreinte...

[1] (I.) Malo Venusinam, quam te, Cornelia mater
Gracchorum, si cum magnis virtutibus affers
Grande supercilium, et numeras in dote triumphos.
Tolle tuum, precor, Annibalem, victumque Syphacem
In castris, et cum tota Carthagine migra.
(*Juv.*, sat. VI, v. 166-171.)

[2] (H.) Les secrétaires du roi, nouvellement anoblis, assistaient au sceau.

Je le vois bien, tu vas épouser une sainte;
Et dans tout ce grand zèle il n'est rien d'affecté.
Sais-tu bien cependant, sous cette humilité,
L'orgueil que quelquefois nous cache une bigote,
Alcippe, et connois-tu la nation dévote?
Il te faut de ce pas en tracer quelques traits,
Et par ce grand portrait finir tous mes portraits.
 A Paris[1], à la cour, on trouve, je l'avoue,
Des femmes dont le zèle est digne qu'on le loue,
Qui s'occupent du bien, en tout temps, en tout lieu.
J'en sais une chérie et du monde et de Dieu,
Humble dans les grandeurs, sage dans la fortune,
Qui gémit, comme Esther, de sa gloire importune,
Que le vice lui-même est contraint d'estimer,
Et que sur ce tableau d'abord tu vas nommer[2].
Mais pour quelques vertus si pures, si sincères,
Combien y trouve-t-on d'impudentes faussaires,
Qui, sous un vain dehors d'austère piété,
De leurs crimes secrets cherchent l'impunité;
Et couvrent de Dieu même, empreint sur leur visage,
De leurs honteux plaisirs l'affreux libertinage!
N'attends pas qu'à tes yeux j'aille ici l'étaler;
Il vaut mieux le souffrir que de le dévoiler.
De leurs galants exploits les Bussys[3], les Brantômes[4],

---

[1] (V.) ... *à la ville*, dans l'édition de 1694.

[2] (H.) La lettre de Racine à Boileau du 31 mai 1693 (V.T.IV) montre assez qu'il s'agit ici de Françoise d'Aubigné, marquise de Maintenon, née dans une prison de Niort en 1635, épouse de Scarron en 1652, de Louis XIV en 1685, morte à Saint-Cyr en 1719.

[3] (H.) Voyez ci-dessus, page 133.

[4] (H.) Pierre Bourdeille de Brantôme, né en Périgord vers

Pourroient avec plaisir te compiler des tomes :
Mais pour moi, dont le front trop aisément rougit,
Ma bouche a déjà peur de t'en avoir trop dit.
Rien n'égale en fureur, en monstrueux caprices,
Une fausse vertu qui s'abandonne aux vices.

De ces femmes pourtant l'hypocrite noirceur
Au moins pour un mari garde quelque douceur.
Je les aime encor mieux qu'une bigote altière,
Qui, dans son fol orgueil, aveugle et sans lumière [1],
A peine sur le seuil de la dévotion,
Pense atteindre au sommet de la perfection [2];
Qui du soin qu'elle prend de me gêner sans cesse
Va quatre fois par mois se vanter à confesse ;
Et, les yeux vers le ciel, pour se le faire ouvrir,
Offre à Dieu les tourments qu'elle me fait souffrir.
Sur cent pieux devoirs aux saints elle est égale ;
Elle lit Rodriguez [3], fait l'oraison mentale,
Va pour les malheureux quêter dans les maisons,
Hante les hôpitaux, visite les prisons,
Tous les jours à l'église entend jusqu'à six messes :
Mais de combattre en elle et dompter ses foiblesses,
Sur le fard, sur le jeu, vaincre sa passion,
Mettre un frein à son luxe, à son ambition,
Et soumettre l'orgueil de son esprit rebelle,

1527, mort en 1614, auteur de *Mémoires sur les dames galantes*, etc.

[1] (Cr.) *Sans lumière* est amené par le besoin de la rime. Le Brun.

[2] (Cr.) *Le seuil* et *le sommet* contrastent dans ces deux vers de la manière la plus heureuse. Le Brun.

[3] (H.) Alfonse Rodriguez, jésuite espagnol, mort en 1616 à l'âge de quatre-vingt-dix ans, a composé un *traité sur la perfection chrétienne*, traduit en françois par Regnier Desmarais.

C'est ce qu'en vain le ciel voudroit exiger d'elle.

 Et peut-il, dira-t-elle, en effet l'exiger ?
Elle a son directeur, c'est à lui d'en juger :
Il faut sans différer savoir ce qu'il en pense.
Bon! vers nous à propos je le vois qui s'avance.
Qu'il paroît bien nourri! Quel vermillon! quel teint!
Le printemps dans sa fleur sur son visage est peint.
Cependant, à l'entendre, il se soutient à peine;
Il eut encore hier la fièvre et la migraine;
Et, sans les prompts secours qu'on prit soin d'apporter,
Il seroit sur son lit peut-être à trembloter.
Mais de tous les mortels, grace aux dévotes ames,
Nul n'est si bien soigné qu'un directeur de femmes.
Quelque léger dégoût vient-il le travailler,
Une froide vapeur le fait-elle bâiller,
Un escadron coiffé d'abord court à son aide :
L'une chauffe un bouillon, l'autre apprête un remède;
Chez lui sirops exquis, ratafias vantés,
Confitures surtout, volent de tous côtés :
Car de tous mets sucrés, secs, en pâte, ou liquides,
Les estomacs dévots toujours furent avides :
Le premier massepain pour eux, je crois, se fit,
Et le premier citron[1] à Rouen fut confit[2].

 Notre docteur bientôt va lever tous ses doutes,
Du paradis pour elle il aplanit les routes;
Et, loin sur ses défauts de la mortifier,
Lui-même prend le soin de la justifier.
Pourquoi vous alarmer d'une vaine censure ?

---

[1] (B.) Les plus exquis citrons confits se font à Rouen.

[2] (Cr.) « Vers charmants où la rime caresse agréablement l'oreille;
« et le *je crois* est bien aimable. » LE BRUN.

Du rouge qu'on vous voit on s'étonne, on murmure :
Mais a-t-on, dira-t-il, sujet de s'étonner?
Est-ce qu'à faire peur on veut vous condamner?
Aux usages reçus il faut qu'on s'accommode :
Une femme surtout doit tribut à la mode.
L'orgueil brille, dit-on, sur vos pompeux habits;
L'œil à peine soutient l'éclat de vos rubis;
Dieu veut-il qu'on étale un luxe si profane?
Oui, lorsqu'à l'étaler notre rang nous condamne.
Mais ce grand jeu chez vous comment l'autoriser?
Le jeu fut de tout temps permis pour s'amuser;
On ne peut pas toujours travailler, prier, lire :
Il vaut mieux s'occuper à jouer qu'à médire.
Le plus grand jeu, joué dans cette intention,
Peut même devenir une bonne action :
Tout est sanctifié par une ame pieuse.
Vous êtes, poursuit-on, avide, ambitieuse;
Sans cesse vous brûlez de voir tous vos parents
Engloutir à la cour charges, dignités, rangs.
Votre bon naturel en cela pour eux brille;
Dieu ne nous défend point d'aimer notre famille.
D'ailleurs tous vos parents sont sages, vertueux :
Il est bon d'empêcher ces emplois fastueux
D'être donnés peut-être à des ames mondaines,
Éprises du néant des vanités humaines.
Laissez là, croyez-moi, gronder les indévots,
Et sur votre salut demeurez en repos.

 Sur tous ces points douteux c'est ainsi qu'il prononce.
Alors, croyant d'un ange entendre la réponse,
Sa dévote s'incline, et, calmant son esprit,
A cet ordre d'en haut sans réplique souscrit.

Ainsi, pleine d'erreurs qu'elle croit légitimes,
Sa tranquille vertu conserve tous ses crimes ;
Dans un cœur tous les jours nourri du sacrement
Maintient la vanité, l'orgueil, l'entêtement,
Et croit que devant Dieu ses fréquents sacriléges
Sont pour entrer au ciel d'assurés priviléges.
Voilà le digne fruit des soins de son docteur.
Encore est-ce beaucoup si ce guide imposteur,
Par les chemins fleuris d'un charmant quiétisme,
Tout-à-coup l'amenant au vrai molinosisme [1],
Il [2] ne lui fait bientôt, aidé de Lucifer,
Goûter en paradis les plaisirs de l'enfer.

Mais dans ce doux état, molle, délicieuse [3],
La hais-tu plus, dis-moi, que cette bilieuse
Qui, follement outrée en sa sévérité,
Baptisant son chagrin du nom de piété,
Dans sa charité fausse où l'amour-propre abonde,
Croit que c'est aimer Dieu que haïr tout le monde ?
Il n'est rien où d'abord son soupçon attaché
Ne présume du crime et ne trouve un péché.

[1] (H.) Miguel Molinos, né dans le diocèse de Saragosse en 1627, mourut à Rome dans la prison de l'inquisition en 1696. On avoit condamné soixante-huit propositions extraites de son livre intitulé, *la Guide spirituelle*. Molinos est le chef de la secte des quiétistes, à laquelle Fénélon fut accusé d'appartenir, quoiqu'il eût désavoué, même combattu la doctrine du théologien espagnol.

[2] (Cr.) Si ce guide imposteur.... l'amenant.... *Il* ne lui fait trouver. *Il* est de trop, ainsi que l'a remarqué Desforges-Maillard dans une lettre au président Bouhier.

[3] (Cr.) « *Molle* ne fait pas ici un très-bel effet, et *délicieuse*, dans « le sens où il est pris, est un terme un peu néologue (néologique) ; « mais il est cependant placé avec quelque intention. » Le Brun.

Délicieux se dit des choses qui procurent des délices, plutôt que des personnes qui en éprouvent.

Pour une fille honnête et pleine d'innocence
Croit-elle en ses valets voir quelque complaisance?
Réputés criminels, les voilà tous chassés,
Et chez elle à l'instant par d'autres remplacés.
Son mari, qu'une affaire appelle dans la ville,
Et qui chez lui sortant a tout laissé tranquille,
Se trouve assez surpris, rentrant dans la maison,
De voir que le portier lui demande son nom;
Et que, parmi ses gens, changés en son absence[1],
Il cherche vainement quelqu'un de connoissance[2].

Fort bien! le trait est bon! dans les femmes, dis-tu,
Enfin vous n'approuvez ni vice ni vertu.
Voilà le sexe peint d'une noble manière:
Et Théophraste même, aidé de La Bruyère[3],
Ne m'en pourroit pas faire un plus riche tableau.
C'est assez: il est temps de quitter le pinceau;
Vous avez désormais épuisé la satire.
Épuisé, cher Alcippe! Ah! tu me ferois rire!
Sur ce vaste sujet si j'allois tout tracer,
Tu verrois sous ma main des tomes s'amasser.

---

[1] (V.) Et que dans son logis, *fait neuf* en son absence.
(*Dans les deux premières éditions.*)

Ch. Perrault critiqua *fait neuf*, et Boileau changea le vers. Le Brun paroît regretter la première leçon.

[2] (I.) Je cours à mon logis, je heurte, je tempête;
Et croyez à frapper que je n'étois perclus.
On m'ouvre; et mon valet ne me reconnoît plus, etc.
(*Régnier*, sat. XI.)

[3] (B.) La Bruyère a traduit les *Caractères* de Théophraste, et a fait ceux de son siècle.

(H.) La Bruyère, né à Dourdan en 1639, est mort à Versailles en 1696: il étoit de l'Académie françoise depuis 1693, et l'un des plus grands écrivains en prose.

Dans le sexe j'ai peint la piété caustique :
Et que seroit-ce donc si, censeur plus tragique,
J'allois t'y faire voir l'athéisme établi,
Et, non moins que l'honneur, le ciel mis en oubli ;
Si j'allois t'y montrer plus d'une Capanée[1]
Pour souveraine loi mettant la destinée,
Du tonnerre dans l'air bravant les vains carreaux,
Et nous parlant de Dieu du ton de Desbarreaux[2] ?

Mais sans aller chercher cette femme infernale,
T'ai-je encor peint, dis-moi, la fantasque inégale
Qui, m'aimant le matin, souvent me hait le soir ?
T'ai-je peint la maligne aux yeux faux, au cœur noir ?
T'ai-je encore exprimé[3] la brusque impertinente ?
T'ai-je tracé la vieille à morgue dominante,
Qui veut, vingt ans encore après le sacrement,
Exiger d'un mari les respects d'un amant ?
T'ai-je fait voir de joie une belle animée,
Qui souvent d'un repas sortant tout enfumée,
Fait, même à ses amants, trop foibles d'estomac,
Redouter ses baisers pleins d'ail et de tabac ?
T'ai-je encore décrit la dame brelandière
Qui des joueurs chez soi se fait cabaretière[4],

---

[1] (B.) Capanée étoit un des sept chefs de l'armée qui mit le siége devant Thèbes. Les poètes ont dit que Jupiter le foudroya à cause de son impiété.

(Cr.) Charles Perrault demande s'il est permis de dire *une Thésée, une Cicéron, une Socrate, une Capanée*. Cette critique est fort juste : si l'on n'est pas choqué de ce vers de Boileau, c'est à cause de la terminaison féminine de Capanée et parce que ce personnage est peu connu.

[2] (B.) On dit qu'il se convertit avant que de mourir. — Voyez ci-dessus, page 70.

[3] (Cr.) *Exprimé* n'est pas ici le mot propre.

[4] (B.) Il y a des femmes qui donnent à souper aux joueurs, de peur de ne les plus revoir s'ils sortoient de leurs maisons.

Et souffre des affronts que ne souffriroit pas
L'hôtesse d'une auberge à dix sous par repas?
Ai-je offert à tes yeux ces tristes Tisiphones,
Ces monstres pleins d'un fiel que n'ont point les lionnes,
Qui, prenant en dégoût les fruits nés de leur flanc,
S'irritent sans raison contre leur propre sang;
Toujours en des fureurs que les plaintes aigrissent,
Battent dans leurs enfants l'époux qu'elles haïssent;
Et font de leur maison, digne de Phalaris [1],
Un séjour de douleur, de larmes et de cris?
Enfin t'ai-je dépeint la superstitieuse,
La pédante au ton fier, la bourgeoise ennuyeuse,
Celle qui de son chat fait son seul entretien,
Celle qui toujours parle et ne dit jamais rien?
Il en est des milliers; mais ma bouche enfin lasse
Des trois quarts pour le moins veut bien te faire grace.

J'entends, c'est pousser loin la modération.
Ah! finissez, dis-tu, la déclamation.
Pensez-vous qu'ébloui de vos vaines paroles,
J'ignore qu'en effet tous ces discours frivoles
Ne sont qu'un badinage, un simple jeu d'esprit
D'un censeur dans le fond [2] qui folâtre et qui rit,

---

[1] (B.) Tyran en Sicile très-cruel.

[2] (Cr.) *Dans le fond*, pour *au fond :* construction louche et irrégulière. LE BRUN. — L'expression *dans le fond* seroit fort admissible si la construction n'étoit pas un peu embarrassée.

On a fait à ce vers, ou plus généralement à toute cette satire, un reproche plus sérieux. « Celui-là, a-t-on dit, s'est mis dans l'esprit « de blâmer : il ne se met point en peine s'il condamne le mariage, « et s'il en éloigne ceux à qui il a été donné comme un remède : « pourvu qu'avec de beaux vers il sacrifie la pudeur des femmes à son « humeur satirique, et qu'il fasse de belles peintures d'actions bien « souvent très-laides, il est content. » Ces paroles sont tirées du

Plein du même projet qui vous vint dans la tête
Quand vous plaçâtes l'homme au-dessous de la bête?
Mais enfin vous et moi c'est assez badiner,
Il est temps de conclure; et, pour tout terminer,
Je ne dirai qu'un mot. La fille qui m'enchante,
Noble, sage, modeste, humble, honnête, touchante,
N'a pas un des défauts que vous m'avez fait voir.
Si, par un sort pourtant qu'on ne peut concevoir,
La belle, tout-à-coup rendue insociable,
D'ange, ce sont vos mots, se transformoit en diable,
Vous me verriez bientôt, sans me désespérer,
Lui dire: Eh bien! madame, il faut nous séparer;
Nous ne sommes pas faits, je le vois, l'un pour l'autre.
Mon bien se monte à tant: tenez; voilà le vôtre.
Partez: délivrons-nous d'un mutuel souci.

 Alcippe, tu crois donc qu'on se sépare ainsi?
Pour sortir de chez toi sur cette offre offensante,
As-tu donc oublié qu'il faut qu'elle y consente?
Et crois-tu qu'aisément elle puisse quitter
Le savoureux plaisir de t'y persécuter?
Bientôt son procureur, pour elle usant sa plume,
De ses prétentions va t'offrir un volume:
Car, grace au droit reçu chez les Parisiens [1],

Traité de la concupiscence, par Bossuet, traité dans lequel on assure que *la plus haute philosophie est alliée à la plus sublime théologie*. Perrault, dans la préface de son *Apologie des femmes*, parle de la satire X à peu près dans les mêmes termes que Bossuet. Mais le théologien Arnault, et Louis Racine, l'auteur des poèmes de *la Religion* et de *la Grace*, ont pris la défense du satirique; ils ont montré que la censure de Bossuet et de Perrault étoit fort injuste. Voyez *les Réflexions de L. Racine sur la poésie*, dans les Mémoires de l'Académie des Inscriptions.

[1] (H.) La coutume de Paris étoit favorable aux femmes. « Parmi

Gens de douce nature, et maris bons chrétiens[1],
Dans ses prétentions une femme est sans borne.
Alcippe, à ce discours je te trouve un peu morne.
Des arbitres, dis-tu, pourront nous accorder.
Des arbitres !.... Tu crois l'empêcher de plaider[2] !
Sur ton chagrin déjà contente d'elle-même,
Ce n'est point tous ses droits, c'est le procès qu'elle aime.
Pour elle un bout d'arpent qu'il faudra disputer
Vaut mieux qu'un fief entier acquis sans contester.
Avec elle il n'est point de droit qui s'éclaircisse,
Point de procès si vieux qui ne se rajeunisse;
Et sur l'art de former un nouvel embarras,
Devant elle Rolet mettroit pavillon bas.
Crois-moi, pour la fléchir trouve enfin quelque voie,
Ou je ne réponds pas dans peu qu'on ne te voie
Sous le faix des procès abattu, consterné,
Triste, à pied, sans laquais, maigre, sec, ruiné,
Vingt fois dans ton malheur résolu de te pendre,
Et, pour comble de maux, réduit à la reprendre[3].

« nous, dit Patru (*Plaidoyer IX*), les femmes ont des douaires et
« des préciputs ; elles partagent la communauté, où pourtant elles
« n'apportent presque rien que le bonheur de leur sexe et la faveur
« de nos coutumes. Enfin, à bien parler, elles sont les principales
« héritières de leurs maris. »

[1] (L.) Corneille avoit dit :

> Il est riche, et de plus il demeure à Paris,
> Où des dames, dit-on, est le vrai paradis;
> Et, ce qui vaut bien mieux que toutes ces richesses,
> Les maris y sont bons et les femmes maîtresses.
>
> (*Suite du Menteur*, acte. II, sc. I.)

[2] (H.) Ce portrait de la plaideuse, l'un des mieux amenés, est celui de la comtesse de Crissé. Voyez la satire III, page 86, note 9.

[3] (Cr.) La satire que l'on vient de lire a été amèrement critiquée au moment de sa publication. Charles Perrault publia, dès 1694,

une *Apologie des femmes*, poème de deux cent quarante-huit vers, précédé d'une préface en prose, dont nous avons extrait quelques lignes qui pouvoient sembler dignes d'attention. Saint-Marc a imprimé l'*Apologie* tout entière dans son édition de Boileau : il nous suffira d'en transcrire dix vers pour donner une idée de la poésie de Charles Perrault :

> Peux-tu ne savoir pas que la civilité
> Chez la femme naquit avec l'honnêteté ;
> Que chez elle se prend la fine politesse,
> Le bon air, le bon goût et la délicatesse ?....
> Si sa bouche enfantine, et d'un corail sans prix,
> A tous les agréments que forme un doux souris ;
> Si sa main le dispute à celles de l'Aurore ;
> Et si le bout des doigts est plus vermeil encore ;
> Faudra-t-il déplorer le sort de son époux,
> Et pourrois-tu le voir sans en être jaloux ?

Regnard, vers le même temps, fit en meilleurs vers, une satire des *Maris*, et peu après une autre satire, assez foible, qu'il intitula, *le Tombeau de M. Boileau Despréaux*. Voici les vers de la satire des *Maris*, qui concernent personnellement l'auteur de la satire des *Femmes* :

> Ne t'imagine pas que l'ardeur de médire
> Arme aujourd'hui ma main des traits de la satire,
> Ni que par un censeur le beau sexe outragé
> Ait besoin de mes vers pour en être vengé.
> Ce sexe plein d'attraits, sans secours et sans armes,
> Peut assez se défendre avec ses propres charmes ;
> Et les traits d'un critique affoibli par les ans
> Sont tombés de ses mains sans force et languissants.
> Mon esprit autrefois, enchanté de ses rimes,
> Lui comptoit pour vertus ses satiriques crimes,
> Et livroit avec joie, à ses nobles fureurs,
> Un tas infortuné d'insipides auteurs ;
> Mais je n'ai pu souffrir qu'une indiscrète veine
> Le forçât, vieux athlète, à rentrer dans l'arène ;
> Et que, laissant en paix tant de mauvais écrits,
> Nouveau prédicateur, il vint, en cheveux gris,
> D'un esprit peu chrétien blâmer de chastes flammes,
> Et par des vers malins nous faire horreur des femmes.

Regnard ne tarda point à se réconcilier avec Despréaux ; il lui dédia ses *Menechmes* en 1705. Une réconciliation peut-être un peu moins sincère, s'opéra aussi entre Despréaux et Perrault, par l'entremise d'amis communs. C'est en cette qualité qu'Arnauld a écrit la lettre que nous allons placer à la suite de la satire X dont elle fait l'apologie : Boileau lui-même l'a insérée, en 1701, dans l'édition de ses œuvres ; et dès 1695, il avoit dit, dans son épître XI, v. 122 :

> Arnauld, le grand Arnauld fit mon apologie.

Racine aussi s'étoit déclaré l'admirateur de cette satire : rassurez-vous, disoit-il à Boileau, l'orage passera ; ci-dessus, p. 188. Bientôt en effet de pareils suffrages eurent assuré le succès d'une pièce qui se seroit assez défendue d'elle-même ; car s'il est possible d'y remarquer des taches, on est encore plus frappé des traits malins et poétiques dont elle est parsemée.

D'Alembert cependant nous dit qu'elle est restée *marquée* des coups violents qu'elle a essuyés *dans* sa naissance ; et La Harpe lui-même l'a jugée fort sévèrement. « La satire contre *les Femmes*, « dit-il, quoique plus travaillée que la onzième et la douzième ; « quoiqu'elle offre des portraits bien frappés, entre autres, celui du « directeur ; quoique les transitions y soient ménagées avec un art « dont le poète avoit raison de s'applaudir, n'est pourtant qu'un « lieu commun qui rebute par la longueur et révolte par l'injustice. « Tout y est appuyé sur l'hyperbole, et Boileau qui en a reproché « l'excès à Juvénal, n'auroit pas dû l'imiter dans ce défaut. » En un mot, La Harpe excepte cette satire X du nombre de celles qu'il lit avec plaisir. Nous dirions plutôt avec Le Brun qu'elle n'est pas la meilleure de Boileau, mais qu'elle étincelle pourtant de beautés dignes de ce grand poète. Le Brun y admire surtout les vers 5, 6, 69, 70, 81, 82, 104, 194, 199, 200, 370, 395, 448, 473, 575 et 576.

La lettre d'Arnauld à Perrault ayant été jointe aux œuvres de Boileau, non-seulement dans l'édition de 1701, mais aussi dans celles de 1713, 1747, 1772, 1775, 1821, nous la réimprimons ici, de peur qu'on ne nous en reproche l'omission. Cette lettre est l'un des derniers écrits d'Antoine Arnauld qui mourut à Bruxelles en 1694, âgé de quatre-vingt-deux ans. On trouvera peut-être qu'elle tient plus à la théologie qu'à la littérature.

LETTRE

D'ANTOINE ARNAULD,
DOCTEUR DE SORBONNE,

A CHARLES PERRAULT.

De Bruxelles, 5 mai 1694.

Vous pouvez être surpris, monsieur, de ce que j'ai tant différé à vous faire réponse, ayant à vous remercier de votre présent, et de la manière honnête dont vous me faites souvenir de l'affection que vous m'avez toujours témoignée, vous et messieurs vos frères, depuis que j'ai le bien de vous connoître. Je n'ai pu lire votre lettre sans m'y trouver obligé; mais, pour vous parler franchement, la lecture que je fis ensuite de la préface de votre apologie des femmes me jeta dans un grand embarras, et me fit trouver cette réponse plus difficile que je ne pensois. En voici la raison.

Tout le monde sait que M. Despréaux est de mes meilleurs amis, et qu'il m'a rendu des témoignages d'estime et d'amitié en toutes sortes de temps. Un de mes amis m'avoit envoyé sa dernière satire. Je témoignai à cet ami la satisfaction que j'en avois eue, et lui marquai en particulier que ce que j'en estimois le plus, par rapport à la morale, c'étoit la manière si ingénieuse et si vive dont il avoit représenté les mauvais effets que pouvoient produire dans les jeunes personnes les opéra et les romans. Mais comme je ne puis m'empêcher de parler à cœur ouvert à mes amis, je ne lui dissimulai pas que j'aurois souhaité qu'il n'y eût point parlé de l'auteur de Saint-Paulin[1]. Cela a été écrit avant que j'eusse rien su de l'apologie des femmes, que je n'ai reçue qu'un mois après. J'ai fort approuvé ce que vous y dites en faveur des pères et mères qui portent

---

[1] Poëme héroïque, publié par Charles Perrault en 1688.

leurs enfants à embrasser l'état du mariage par des motifs honnêtes et chrétiens ; et j'y ai trouvé beaucoup de douceur et d'agrément dans les vers.

Mais ayant rencontré dans la préface diverses choses que je ne pouvois approuver sans blesser ma conscience, cela me jeta dans l'inquiétude de ce que j'avois à faire. Enfin je me suis déterminé à vous marquer à vous-même quatre ou cinq points qui m'y ont fait le plus de peine, dans l'espérance que vous ne trouverez pas mauvais que j'agisse à votre égard avec cette naïve et cordiale sincérité que les chrétiens doivent pratiquer envers leurs amis.

La première chose que je n'ai pu approuver, c'est que vous ayez attribué à votre adversaire cette proposition générale : « que « l'on ne peut manquer en suivant l'exemple des anciens », et que vous ayez conclu « que parce que Horace et Juvénal ont « déclamé contre les femmes d'une manière scandaleuse, il avoit « pensé qu'il étoit en droit de faire la même chose. » Vous l'accusez donc d'avoir déclamé contre les femmes d'une manière scandaleuse, et en des termes qui blessent la pudeur, et de s'être cru en droit de le faire à l'exemple d'Horace et de Juvénal ; mais bien loin de cela, il déclare positivement le contraire : car après avoir dit dans sa préface « qu'il n'appréhende « pas que les femmes s'offensent de sa satire », il ajoute « qu'une « chose au moins dont il est certain qu'elles le loueront, c'est « d'avoir trouvé moyen, dans une matière aussi délicate que « celle qu'il y traitoit, de ne pas laisser échapper un seul mot « qui pût blesser le moins du monde la pudeur. » C'est ce que vous-même, monsieur, avez rapporté de lui dans votre préface, et ce que vous prétendez avoir réfuté par ces paroles : « Quelle erreur ! Est-ce que des héros à voix luxurieuse, des « morales lubriques, des rendez-vous chez la Cornu, et les « plaisirs de l'enfer qu'on goûte en paradis, peuvent se pré- « senter à l'esprit sans y faire des images dont la pudeur est « offensée ? »

Je vous avoue, monsieur, que j'ai été extrêmement surpris de vous voir soutenir une accusation de cette nature contre l'auteur de la satire avec si peu de fondement : car il n'est point vrai que les termes que vous rapportez soient des termes déshonnêtes, et qui blessent la pudeur ; et la raison que vous en donnez ne le prouve point. S'il étoit vrai que la pudeur fût offensée de tous les termes qui peuvent présenter à notre esprit certaines choses dans la matière de la pureté, vous l'auriez bien offensée vous-même, quand vous avez dit « que les anciens « poëtes enseignoient divers moyens pour se passer du ma- « riage, qui sont des crimes parmi les chrétiens, et des crimes « abominables. » Car y a-t-il rien de plus horrible et de plus infame que ce que ces mots de *crimes abominables* présentent à l'esprit ? Ce n'est donc point par-là qu'on doit juger si un mot est déshonnête ou non.

On peut voir sur cela une lettre de Cicéron à Papirius Pætus [1], qui commence par ces mots : *Amo verecundiam, tu potius libertatem loquendi* ; car c'est ainsi qu'il faut lire, et non pas *Amo verecundiam, vel potius libertatem loquendi*, qui est une faute visible qui se trouve presque dans toutes les éditions de Cicéron. Il y traite fort au long cette question, sur laquelle les philosophes étoient partagés : s'il y a des paroles qu'on doive regarder comme malhonnêtes, et dont la modestie ne permette pas que l'on se serve. Il dit que les stoïciens nioient qu'il y en eût ; il rapporte leurs raisons. Ils disoient que l'obscénité, pour parler ainsi, ne pouvoit être que dans les mots ou dans les choses ; qu'elle n'étoit point dans les mots, puisque plusieurs mots étant équivoques, et ayant diverses significations, ils ne passoient point pour déshonnêtes selon une de leurs significations, dont il apporte plusieurs exemples ; qu'elle n'étoit point aussi dans les choses, parce que la même chose pouvant être signifiée par plusieurs façons de parler, il y en avoit quelques-unes dont les personnes les plus modestes ne faisoient point de difficulté de se servir : comme, dit-il, personne ne se blessoit d'entendre dire *Virginem me quondam invitam is per vim violat*, au lieu que si on se fût servi d'un autre mot que Cicéron laisse sous-entendre, et qu'il n'a eu

---

[1] *Ep. fam.*, lib. IX, ep. XXII.

garde d'écrire, *nemo*, dit-il, *tulisset*, personne ne l'auroit pu souffrir.

Il est donc constant, selon tous les philosophes et les stoïciens mêmes, que les hommes sont convenus que la même chose étant exprimée par de certains mots, elle ne blesseroit pas la pudeur, et qu'étant exprimée par d'autres, elle la blesseroit. Car les stoïciens mêmes demeuroient d'accord de cette sorte de convention ; mais la croyant déraisonnable, ils soutenoient qu'on n'étoit point obligé de la suivre. Ce qui leur faisoit dire : *nihil esse obscœnum nec in verbo nec in re*, et que le sage appeloit chaque chose par son nom.

Mais comme cette opinion des stoïciens est insoutenable, et qu'elle est contraire à saint Paul, qui met entre les vices *turpiloquium*, les mots sales, il faut nécessairement reconnoître que la même chose peut être exprimée par de certains termes qui seroient fort déshonnêtes ; mais qu'elle peut aussi être exprimée par de certains termes qui ne le sont point du tout, au jugement de toutes les personnes raisonnables. Que si on veut en savoir la raison, que Cicéron n'a point donnée, on peut voir ce qui en a été écrit dans l'*Art de penser*, première partie, chap. 13.

Mais sans nous arrêter à cette raison, il est certain que dans toutes les langues policées, car je ne sais pas s'il en est de même des langues sauvages, il y a de certains termes que l'usage a voulu qui fussent regardés comme déshonnêtes, et dont on ne pourroit se servir sans blesser la pudeur ; et qu'il y en a d'autres qui, signifiant la même chose ou les mêmes actions, mais d'une manière moins grossière, et pour ainsi dire, plus voilée, n'étoient point censés déshonnêtes. Et il falloit bien que cela fût ainsi : car si certaines choses qui font rougir, quand on les exprime trop grossièrement, ne pouvoient être signifiées par d'autres termes dont la pudeur n'est point offensée, il y a de certains vices dont on n'auroit point pu parler, quelque nécessité qu'on en eût, pour en donner de l'horreur, et pour les faire éviter.

Cela étant donc certain, comment n'avez-vous point vu que

les termes que vous avez repris ne passeront jamais pour déshonnêtes? Les premiers sont *les voix luxurieuses* et *la morale lubrique* de l'opéra. Ce que l'on peut dire de ces mots *luxurieux* et *lubrique*, est qu'ils sont un peu vieux : ce qui n'empêche pas qu'ils ne puissent trouver place dans une satire ; mais il est inouï qu'ils aient jamais été pris pour des mots déshonnêtes et qui blessent la pudeur. Si cela étoit, auroit-on laissé le mot de *luxurieux* dans les commandements de Dieu que l'on apprend aux enfants? *Les rendez-vous chez la Cornu* sont assurément de vilaines choses pour les personnes qui les donnent. C'est aussi dans cette vue que l'auteur de la satire en a parlé, pour les faire détester. Mais quelle raison auroit-on de vouloir que cette expression soit malhonnête? Est-ce qu'il auroit mieux valu nommer le métier de la Cornu par son propre nom? C'est au contraire ce qu'on n'auroit pu faire sans blesser un peu la pudeur. Il en est de même *des plaisirs de l'enfer goûtés en paradis*; et je ne vois pas que ce que vous en dites soit bien fondé. *C'est*, dites-vous, *une expression fort obscure*. Un peu d'obscurité ne sied pas mal dans ces matières ; mais il n'y en a point ici que les gens d'esprit ne développent sans peine. Il ne faut que lire ce qui précède dans la satire, qui est la fin de la fausse dévote[1] :

> Voilà le digne fruit des soins de son docteur[2].
> Encore est-ce beaucoup si ce guide imposteur,
> Par les chemins fleuris d'un charmant quiétisme
> Tout-à-coup l'amenant au vrai molinosisme,
> Il ne lui fait bientôt, aidé de Lucifer,
> Goûter en paradis les plaisirs de l'enfer.

N'est-il pas louable d'avoir cherché les plus noires couleurs qu'il a pu, pour donner de l'horreur d'un si détestable abus, dont on a vu depuis peu de si terribles exemples? On voit assez que ce qu'il a entendu par ce que nous venons de rapporter, est le crime d'un directeur hypocrite qui, aidé du dé-

---

[1] Il a voulu dire: « la fin du portrait de la fausse dévote. » Brossette.
[2] Vers 619-24.

mon, fait goûter des plaisirs criminels, dignes de l'enfer, à une malheureuse qu'il auroit feint de conduire en paradis. *Mais*, dites-vous, *on ne peut creuser cette pensée que l'imagination ne se salisse effroyablement*. Si creuser une pensée de cette nature, c'est s'en former dans l'imagination une image sale, quoiqu'on n'en eût donné aucun sujet, tant pis pour ceux qui, comme vous dites, creuseroient celle-ci. Car ces sortes de pensées revêtues de termes honnêtes, comme elles le sont dans la satire, ne présentent rien proprement à l'imagination, mais seulement à l'esprit, afin d'inspirer de l'aversion pour la chose dont on parle ; ce qui, bien loin de porter au vice, est un puissant moyen d'en détourner[1]. Il n'est donc pas vrai qu'on ne puisse lire cet endroit de la satire, sans que l'imagination en soit salie : à moins qu'on ne l'ait fort gâtée par une habitude vicieuse d'imaginer ce que l'on doit seulement connoître pour le fuir, selon cette belle parole de Tertullien, si ma mémoire ne me trompe : *spiritualia nequitiæ non amica conscientia, sed inimica scientia novimus*.

Cela me fait souvenir de la scrupuleuse pudeur du P. Bouhours, qui s'est avisé de condamner tous les traducteurs du nouveau Testament, pour avoir traduit *Abraham genuit Isaac*, *Abraham engendra Isaac*; parce, dit-il, que ce mot *engendra* salit l'imagination. Comme si le mot latin *genuit* donnoit une autre idée que le mot *engendrer* en françois. Les personnes sages et modestes ne font point de ces sortes de réflexions, qui banniroient de notre langue une infinité de mots, comme celui de *concevoir*, d'*user du mariage*, de *consommer le mariage*, et plusieurs autres. Et ce seroit aussi en vain que les Hébreux loueroient la chasteté de la langue sainte dans ces façons de parler : *Adam connut sa femme, et elle enfanta Caïn*. Car ne peut-on pas dire qu'on ne peut creuser ce mot *connoître sa femme*, que l'imagination n'en soit salie ? Saint Paul a-t-il eu

---

[1] « Nous croyons, dit d'Alembert, qu'avec de tels principes on justifieroit « des ouvrages très-licencieux ; et nous soupçonnons qu'Arnauld auroit été « moins complaisant, si les vers qu'on vient de lire eussent été d'un jésuite. »
(*Note 36 sur l'éloge de Despréaux.*)

cette crainte, quand il a parlé en ces termes, dans la première épître aux Corinthiens, ch. vi : « Ne savez-vous pas », dit-il, « que vos corps sont les membres de Jésus-Christ? Arracherai-« je donc à Jésus-Christ ses propres membres, pour en faire « les membres d'une prostituée? A Dieu ne plaise! Ne savez-« vous pas que celui qui se joint à une prostituée devient un « même corps avec elle? Car ceux qui étoient deux ne seront « plus qu'une même chair, dit l'Écriture; mais celui qui de-« meure attaché au Seigneur est un même esprit avec lui. « Fuyez la fornication. » Qui peut douter que ces paroles ne présentent à l'esprit des choses qui feroient rougir, si elles étoient exprimées en certains termes que l'honnêteté ne souffre point? Mais outre que les termes dont l'apôtre se sert sont d'une nature à ne point blesser la pudeur, l'idée qu'on en peut prendre est accompagnée d'une idée d'exécration, qui non-seulement empêche que la pudeur n'en soit offensée, mais qui fait de plus que les chrétiens conçoivent une grande horreur du vice dont cet apôtre a voulu détourner les fidèles. Mais veut-on savoir ce qui peut être un sujet de scandale aux foibles? C'est quand un faux délicat leur fait appréhender une saleté d'imagination, où personne avant lui n'en avoit trouvé; car il est cause par-là qu'ils pensent à quoi ils n'auroient point pensé, si on les avoit laissés dans leur simplicité. Vous voyez donc, monsieur, que vous n'avez pas eu sujet de reprocher à votre adversaire qu'il avoit eu tort de se vanter *qu'il ne lui étoit pas échappé un seul mot qui pût blesser le moins du monde la pudeur.*

La seconde chose qui m'a fait beaucoup de peine, monsieur, c'est que vous blâmiez dans votre préface les endroits de la satire qui m'avoient paru les plus beaux, les plus édifiants et les plus capables de contribuer aux bonnes mœurs et à l'honnêteté publique. J'en rapporterai deux ou trois exemples. J'ai été charmé, je vous l'avoue, de ces vers de la page sixième :

L'épouse que tu prends, sans tache en sa conduite, etc [1].

[1] Vers 125-144.

On trouvera quelque chose de semblable dans un livre imprimé il y a dix ans : car on y fait voir, par l'autorité des païens mêmes, combien c'est une chose pernicieuse de faire un dieu de l'amour, et d'inspirer aux jeunes personnes qu'il n'y a rien de plus doux que d'aimer. Permettez-moi, monsieur, de rapporter ici ce qui est dit dans ce livre qui est assez rare : « Peut-on avoir un peu de zèle pour le salut des ames, qu'on « ne déplore le mal que font, dans l'esprit d'une infinité de « personnes, les romans, les comédies et les opéra ? Ce n'est « pas qu'on n'ait soin présentement de n'y rien mettre qui soit « grossièrement déshonnête ; mais c'est qu'on s'y étudie à faire « paroître l'amour comme la chose du monde la plus charmante « et la plus douce. Il n'en faut pas davantage pour donner une « grande pente à cette malheureuse passion. Ce qui fait souvent « de si grandes plaies, qu'il faut une grace bien extraordinaire « pour en guérir. Les païens mêmes ont reconnu combien cela « pouvoit causer de désordres dans les mœurs. Car Cicéron « ayant rapporté les vers d'une comédie[1], où il est dit que « l'amour est le plus grand des dieux (ce qui ne se dit que trop « dans celles de ce temps-ci), il s'écrie avec raison : O la « belle réformatrice des mœurs que la poésie, qui nous fait « une divinité de l'amour, qui est une source de tant de folies « et de déréglements honteux[2] ! Mais il n'est pas étonnant de « lire de telles choses dans une comédie, puisque nous n'en « aurions aucune si nous n'approuvions ces désordres : *de co-« mœdia loquor, quæ, si hæc flagitia non approbaremus, nulla « esset omnino.* »

Mais ce qu'il y a de particulier dans l'auteur de la satire, et en quoi il est le plus louable, c'est d'avoir représenté avec tant d'esprit et de force le ravage que peuvent faire dans les bonnes mœurs les vers de l'opéra, qui roulent tous sur l'amour, chantés sur des airs qu'il a eu grande raison d'appeler *luxurieux*, puisqu'on ne sauroit s'en imaginer de plus propres

[1] Du poète Cæcilius.
[2] O præclaram emendatricem vitæ, poeticam ! quæ amorem, flagitii et levitatis auctorem, in concilio deorum collocandum putat. *Tuscul.*, IV, 32.

à enflammer les passions, et à faire entrer dans les cœurs *la morale lubrique* des vers; et ce qu'il y a de pis, c'est que le poison de ces chansons lascives ne se termine pas au lieu où se jouent ces pièces, mais se répand par toute la France, où une infinité de gens s'appliquent à les apprendre par cœur, et se font un plaisir de les chanter partout où ils se trouvent.

Cependant, monsieur, bien loin de reconnoître le service que l'auteur de la satire a rendu par-là au public, vous voudriez faire croire que c'est pour donner un coup de dent à M. Quinault, auteur de ces vers de l'opéra, qu'il en a parlé si mal; et c'est dans cet endroit-là même que vous avez cru avoir trouvé des mots déshonnêtes dont la pudeur est offensée.

Ce qui m'a aussi beaucoup plu dans la satire, c'est ce qu'il dit contre les mauvais effets de la lecture des romans. Trouvez bon, Monsieur, que je le rapporte encore ici:

Supposons toutefois qu'encor fidèle et pure, etc [1].

Peut-on mieux représenter le mal que sont capables de faire les romans les plus estimés, et par quels degrés insensibles ils peuvent mener les jeunes gens qui s'en laissent empoisonner, bien loin au-delà des termes du roman, et jusqu'aux derniers désordres? Mais parce qu'on y a nommé la Clélie, il n'y a presque rien dont vous fassiez un plus grand crime à l'auteur de la satire. « Combien dites-vous, a-t-on été in-« digné de voir continuer son acharnement sur la Clélie? « L'estime qu'on a toujours faite de cet ouvrage, et l'extrême « vénération qu'on a toujours eue pour l'illustre personne [2] « qui l'a composé, ont fait soulever tout le monde contre une « attaque si souvent et si inutilement répétée. Il paroît bien « que le vrai mérite est bien plutôt une raison pour avoir « place dans ses satires, qu'une raison d'en être exempt. »

Il ne s'agit point, monsieur, du mérite de la personne qui a composé la Clélie, ni de l'estime qu'on a faite de cet ou-

---

[1] Vers 149-168.
[2] Mademoiselle de Scudéri.

vrage. Il en a pu mériter pour l'esprit, pour la politesse, pour l'agrément des inventions, pour les caractères bien suivis, et pour les autres choses qui rendent agréable à tant de personnes la lecture des romans. Que ce soit, si vous voulez, le plus beau de tous les romans; mais enfin c'est un roman: c'est tout dire[1]. Le caractère de ces pièces est de rouler sur l'amour, et d'en donner des leçons d'une manière ingénieuse, et qui soit d'autant mieux reçue, qu'on en écarte le plus, en apparence, tout ce qui pourroit paroître de trop grossièrement contraire à la pureté. C'est par-là qu'on va insensiblement jusqu'au bord du précipice, s'imaginant qu'on n'y tombera pas, quoiqu'on y soit déjà à demi tombé par le plaisir qu'on a pris à se remplir l'esprit et le cœur de la doucereuse morale qui s'enseigne au pays de Tendre. Vous pouvez dire, tant qu'il vous plaira, que cet ouvrage est en vénération à tout le monde; mais voici deux faits dont je suis très-bien informé. Le premier est que feue madame la princesse de Conti et madame de Longueville, ayant su que M. Despréaux avoit fait une pièce en prose[2] contre les romans, où la Clélie n'étoit pas épargnée, comme ces princesses connoissoient mieux que personne combien ces lectures sont dangereuses, elles lui firent dire qu'elles seroient bien aises de la voir. Il la leur récita; et elles en furent tellement satisfaites, qu'elles témoignèrent souhaiter beaucoup qu'elle fût imprimée; mais il s'en excusa pour ne pas s'attirer sur les bras de nouveaux ennemis.

L'autre fait est qu'un abbé de grand mérite, et qui n'avoit pas moins de piété que de lumières, se résolut de lire la Clélie, pour en juger avec connoissance de cause; et le jugement qu'il en porta fut le même que celui de ces deux princesses. Plus on estime l'illustre personne à qui on attribue cet ouvrage, plus on est porté à croire qu'elle n'est pas à cette heure d'un autre sentiment que ces princesses, et qu'elle a un vrai repentir de ce qu'elle a fait autrefois, lorsqu'elle étoit moins éclairée. Tous

---

[1] On voit ici à quelles préventions les meilleurs esprits peuvent se laisser entraîner.

[2] *Les héros de roman*, dialogue (dans le tome III).

les amis de M. de Gomberville, qui avoit aussi beaucoup de mérite, et qui a été un des premiers académiciens, savent que c'a été sa disposition à l'égard de son Polexandre; et qu'il eût voulu, si cela eût été possible, l'avoir effacé de ses larmes[1]. Supposé que Dieu ait fait la même grace à la personne que l'on dit auteur de la Clélie, c'est lui faire peu d'honneur que de la représenter comme tellement attachée à ce qu'elle a écrit autrefois, qu'elle ne puisse souffrir qu'on y reprenne ce que les règles de la piété chrétienne y font trouver de répréhensible.

Enfin, monsieur, j'ai fort estimé, je vous l'avoue, ce qui est dit dans la satire contre un misérable directeur, qui feroit passer sa dévote du quiétisme au vrai molinosisme; et nous avons déjà vu que c'est un des endroits où vous avez trouvé le plus à redire. Je vous supplie, monsieur, de faire sur cela de sérieuses réflexions.

Vous dites à l'entrée de votre préface que « dans cette dis- « pute entre vous et M. Despréaux, il s'agit non-seulement de « la défense de la vérité, mais encore des bonnes mœurs et de « l'honnêteté publique. » Permettez-moi, monsieur, de vous demander si vous n'avez point sujet de craindre que ceux qui compareront ces trois endroits de la satire avec ceux que vous y opposez, ne soient portés à juger que c'est plutôt de son côté que du vôtre qu'est la défense des bonnes mœurs et de l'honnêteté publique. Car ils voient du côté de la satire, 1° une très-juste et très-chrétienne condamnation des vers de l'opéra, soutenus par les airs efféminés de Lulli; 2° les pernicieux effets des romans, représentés avec une force capable de porter les pères et les mères qui ont quelque crainte de Dieu à ne les pas laisser entre les mains de leurs enfants; 3° le paradis, le démon et l'enfer mis en œuvre pour faire avoir plus d'horreur d'une abominable profanation des choses saintes. Voilà, diront-ils, comme la satire de M. Despréaux est contraire aux bonnes mœurs et à l'honnêteté publique.

---

[1] Tout au contraire, le médecin Dodart écrit au docteur Arnauld, le 6 août 1694 : « Je me souviens que feu M. de Gomberville me releva rudement sur le « compliment que je lui fis exprès sur son regret d'avoir fait *le Polexandre*. »

Ils verront d'autre part dans votre préface, 1° ces mêmes vers de l'opéra, jugés si bons ou au moins si innocents, qu'il y a selon vous, monsieur, sujet de croire qu'ils n'ont été blâmés par M. Despréaux, que pour donner un coup de dent à M. Quinault, qui en est l'auteur ; 2° un si grand zèle pour la défense de la Clélie, qu'il n'y a guère de chose que vous blâmiez plus fortement dans l'auteur de la satire, que de n'avoir pas eu pour cet ouvrage assez de respect et de vénération ; 3° un injuste reproche que vous lui faites d'avoir offensé la pudeur, pour avoir eu soin de bien faire sentir l'énormité du crime d'un faux directeur. En vérité, monsieur, je ne sais si vous avez lieu de croire que ce qu'on jugeroit sur cela vous pût être favorable.

Ce que vous dites de plus fort contre M. Despréaux paroît appuyé sur un fondement bien foible. Vous prétendez que sa satire est contraire aux bonnes mœurs, et vous n'en donnez pour preuve que ces deux endroits. Le premier est ce qu'il dit en badinant avec son ami :

> Quelle joie. . . . .
> De voir autour de soi croître dans sa maison
> De petits citoyens dont on croit être père[1] !

l'autre est dans la page suivante, où il ne fait encore que rire :

> On peut trouver encor quelques femmes fidèles,
> Sans doute ; et dans Paris, si je sais bien compter,
> Il en est jusqu'à trois que je pourrois citer[2].

Vous dites sur le premier, « qu'il fait entendre par-là qu'un « homme n'est guère fin ni guère instruit des choses du monde, « quand il croit que ses enfants sont ses enfants » ; et vous dites sur le second, « qu'il fait aussi entendre que, selon son calcul « et le raisonnement qui en résulte, nous sommes presque tous « des enfants illégitimes. »

Plus une accusation est atroce, plus on doit éviter de s'y engager, à moins qu'on n'ait de bonnes preuves. Or, c'en est

---

[1] Vers 9-14. — [2] Vers 42-44.

une assurément fort atroce d'imputer à l'auteur de la satire d'avoir fait entendre « qu'un homme n'est guère fin quand il « croit que les enfants de sa femme sont ses enfants, et qu'il « n'y a que trois femmes de bien dans une ville où il y en a « plus de deux cent mille. » Cependant, monsieur, vous ne donnez pour preuve de ces étranges accusations que les deux endroits que j'ai rapportés. Mais il vous étoit aisé de remarquer que l'auteur de la satire a clairement fait entendre qu'il n'a parlé qu'en riant dans ces endroits, et surtout dans le dernier ; car il n'entre dans le sérieux qu'à l'endroit où il fait parler Alcippe en faveur du mariage, qui commence par ces vers :

> Jeune autrefois par vous dans le monde conduit [1],
> J'ai trop bien profité, pour n'être pas instruit
> A quels discours malins le mariage expose. . . .

et finit par ceux-ci qui contiennent une vérité que les païens n'ont point connue, et que saint Paul nous a enseignée, *qui se non continet, nubat; melius est nubere, quam uri:*

> L'hyménée est un joug ; et c'est ce qui m'en plaît.
> L'homme en ses passions toujours errant sans guide,
> A besoin qu'on lui mette et le mors et la bride :
> Son pouvoir malheureux ne sert qu'à le gêner ;
> Et pour le rendre libre, il le faut enchaîner [2].

Que répond le poëte à cela ? Le contredit-il ? Le réfute-t-il ? Il l'approuve au contraire en ces termes :

> Ha, bon ! voilà parler en docte janséniste,
> Alcippe, et sur ce point si savamment touché,
> Desmâres, dans Saint-Roch, n'auroit pas mieux prêché [3].

et c'est ensuite qu'il témoigne qu'il va parler sérieusement et sans raillerie :

> Mais, c'est trop t'insulter : quittons la raillerie ;
> Parlons sans hyperbole et sans plaisanterie [4].

[1] Vers 59-61. — [2] Vers 112-116. — [3] Vers 118-120. — [4] Vers 121, 122.

Peut-on plus expressément marquer que ce qu'il avoit dit auparavant, de ces trois femmes fidèles dans Paris, n'étoit que pour rire? Des hyperboles si outrées ne se disent qu'en badinant. Et vous-même, monsieur, voudriez-vous qu'on vous crût quand vous dites « que pour deux ou trois femmes dont « le crime est avéré, on ne doit pas les condamner toutes? »

De bonne foi, croyez-vous qu'il n'y en ait guère davantage dans Paris qui soient diffamées par leur mauvaise vie? Mais une preuve évidente que l'auteur de la satire n'a pas cru qu'il y eût si peu de femmes fidèles, c'est que dans une vingtaine de portraits qu'il en fait, il n'y a que les deux premiers qui aient pour leur caractère l'infidélité; si ce n'est que dans celui de la fausse dévote il dit seulement que son directeur pourroit l'y précipiter.

Pour ce qui est de ces termes : *dont on croit être père*, il n'est pas vrai qu'ils fassent entendre « qu'un mari n'est guère « fin ni guère instruit des choses du monde, quand il croit que « ses enfants sont ses enfants » : car outre que l'auteur parle là en badinant, ils ne disent au fond que ce qui est marqué par cette règle de droit : *pater est quem nuptiæ demonstrant;* c'est-à-dire que le mari doit être regardé comme le père des enfants nés dans son mariage, quoique cela ne soit pas toujours vrai. Mais cela fait-il qu'un mari doive croire, à moins que de passer pour peu fin, et pour peu instruit des choses du monde, qu'il n'est pas le père des enfants de sa femme? C'est tout le contraire; car à moins qu'il n'en eût des preuves certaines, il ne pourroit croire qu'il ne l'est pas, sans faire un jugement téméraire très-criminel contre son épouse.

Cependant, monsieur, comme c'est de ces deux endroits que vous avez pris sujet de faire passer la satire de M. Despréaux pour une déclamation contre le mariage, et qui blessoit l'honnêteté et les bonnes mœurs, jugez si vous l'avez pu faire sans blesser vous-même la justice et la charité.

Je trouve dans votre préface deux endroits très-propres à justifier la satire, quoique ce soit en la blâmant. L'un est ce que vous dites en la page 5, « que tout homme qui compose

« une satire doit avoir pour but d'inspirer une bonne morale, « et qu'on ne peut, sans faire tort à M. Despréaux, présumer « qu'il n'a pas eu ce dessein. » L'autre est la réponse que vous faites à ce qu'il avoit dit à la fin de la préface de sa satire, « que les femmes ne seront pas plus choquées des prédications « qu'il leur fait dans cette satire contre leurs défauts, que des « satires que les prédicateurs font tous les jours en chaire contre « ces mêmes défauts. »

Vous avouez qu'on peut comparer les satires avec les prédications, et qu'il est de la nature de toutes les deux de combattre les vices; mais que ce ne doit être qu'en général, sans nommer les personnes. Or, M. Despréaux n'a point nommé les personnes en qui les vices qu'il décrit se rencontroient; et on ne peut nier que les vices qu'il a combattus ne soient de véritables vices. On le peut donc louer avec raison d'avoir travaillé à inspirer une bonne morale, puisque c'en est une partie de donner de l'horreur des vices, et d'en faire voir le ridicule. Ce qui souvent est plus capable que les discours sérieux d'en détourner plusieurs personnes, selon cette parole d'un ancien :

. . . . Ridiculum acri
Fortius ac melius magnas plerumque secat res [1].

et ce seroit en vain qu'on objecteroit qu'il ne s'est point contenté, dans son quatrième portrait, de combattre l'avarice en général, l'ayant appliquée à deux personnes connues : car ne les ayant point nommées, il n'a rien appris au public qu'il ne sût déjà. Or, comme ce seroit porter trop loin cette prétendue règle de ne point nommer les personnes, que de vouloir qu'il fût interdit aux prédicateurs de se servir quelquefois d'histoires connues de tout le monde, pour porter plus efficacement leurs auditeurs à fuir de certains vices; ce seroit aussi en abuser que d'étendre cette interdiction jusqu'aux auteurs de satires.

Ce n'est point aussi comme vous le prenez. Vous prétendez que M. Despréaux a encore nommé les personnes dans cette

[1] Hor., lib. I, sat. x, v. 14.

dernière satire, et d'une manière qui a déplu aux plus enclins à la médisance; et toute la preuve que vous en donnez est qu'il a fait revenir sur les rangs Chapelain, Cotin, Pradon, Coras et plusieurs autres : « ce qui est, dites-vous, la chose du monde « la plus ennuyeuse et la plus dégoûtante. » Pardonnez-moi, si je vous dis que vous ne prouvez point du tout par-là ce que vous aviez à prouver. Car il s'agissoit de savoir si M. Despréaux n'avoit pas contribué à inspirer une bonne morale, en blâmant dans sa satire les mêmes défauts que les prédicateurs blâment dans leurs sermons. Vous aviez répondu que pour inspirer une bonne morale, soit par les satires, soit par les sermons, on doit combattre les vices en général, sans nommer les personnes. Il falloit donc montrer que l'auteur de la satire avoit nommé les femmes dont il combattoit les défauts. Or, Chapelain, Cotin, Pradon, Coras ne sont pas des noms de femmes, mais de poètes. Ils ne sont donc pas propres à montrer que M. Despréaux, combattant différents vices de femmes, ce que vous avouez lui avoir été permis, se soit rendu coupable de médisance, en nommant des femmes particulières à qui il les auroit attribués.

Voilà donc M. Despréaux justifié selon vous-même sur le sujet des femmes, qui est le capital de sa satire. Je veux bien cependant examiner avec vous s'il est coupable de médisance à l'égard des poètes.

C'est ce que je vous avoue ne pouvoir comprendre. Car tout le monde a cru jusqu'ici qu'un auteur pouvoit écrire contre un auteur, remarquant les défauts qu'il croyoit avoir trouvés dans ses ouvrages, sans passer pour médisant, pourvu qu'il agisse de bonne foi, sans lui imposer et sans le chicaner, lors surtout qu'il ne reprend que de véritables défauts.

Quand, par exemple, le P. Goulu, général des Feuillants, publia, il y a plus de soixante ans, deux volumes contre les lettres de M. de Balzac, qui faisoient grand bruit dans le monde, le public s'en divertit. Les uns prenoient parti pour Balzac, les autres pour le feuillant; mais personne ne s'avisa de l'accuser de médisance; et on ne fit point non plus de reproche à Javersac, qui avoit écrit contre l'un et contre l'autre. Les guerres entre les auteurs passent pour innocentes, quand elles ne s'attachent qu'à la critique de ce qui regarde la littérature, la grammaire, la poésie, l'éloquence; et que l'on n'y mêle point de calomnies et d'injures personnelles. Or, que fait autre chose M. Despréaux à l'égard de tous les poètes qu'il a nommés dans ses satires, Chapelain, Cotin, Pradon, Coras et autres, sinon d'en dire son jugement, et d'avertir le public que ce ne sont pas des modèles à imiter? Ce qui peut être de quelque utilité pour faire éviter leurs défauts, et peut contribuer même à la gloire de la nation, à qui les ouvrages d'esprit font honneur, quand ils sont bien faits; comme au contraire, c'a été un déshonneur à la France d'avoir fait tant d'estime des pitoyables poésies de Ronsard.

Celui dont M. Despréaux a le plus parlé, c'est M. Chapelain; mais qu'en a-t-il dit? Il en rend lui-même compte au public dans sa neuvième satire :

« Il a tort, dira l'un; pourquoi faut-il qu'il nomme? etc. [1]

Cependant, monsieur, vous ne pouvez pas douter que ce ne soit être médisant, que de taxer de médisance celui qui n'en seroit pas coupable. Or, si on prétendoit que M. Despréaux s'en fût rendu coupable, en disant que M. Chapelain, quoique d'ailleurs honnête, civil et officieux, n'étoit pas un fort bon poète, il lui seroit bien aisé de confondre ceux qui lui feroient ce reproche; il n'auroit qu'à leur faire lire ces vers de ce grand poète sur la belle Agnès :

> On voit hors des deux bouts de ses deux courtes manches
> Sortir à découvert deux mains longues et blanches,
> Dont les doigts inégaux, mais tout ronds et menus,
> Imitent l'embonpoint des bras ronds et charnus.

Enfin, monsieur, je ne comprends pas comment vous n'avez point appréhendé qu'on ne vous appliquât ce que vous dites de M. Despréaux dans vos vers [2] : « qu'il croit avoir droit de mal-

---

[1] Vers 203-220.
[2] Il falloit dire : « dans votre préface. »

« traiter dans ses satires ce qu'il lui plaît, et que la raison a beau
« lui crier sans cesse que l'équité naturelle nous défend de faire
« à autrui ce que nous ne voudrions pas qui nous soit fait à
« nous-mêmes : cette voix ne l'émeut point. » Car si vous le
trouvez blâmable d'avoir fait passer la Pucelle et le Jonas pour
de méchants poèmes, pourquoi ne le seriez-vous pas d'avoir
parlé avec tant de mépris de son ode pindarique, qui paroît
avoir été si estimée, que trois des meilleurs poètes latins de ce
temps[1] ont bien voulu prendre la peine d'en faire chacun une
ode latine. Je ne vous en dis pas davantage. Vous ne voudriez
pas sans doute, contre la défense que Dieu en fait, avoir deux
poids et deux mesures.

Je vous supplie, monsieur, de ne pas trouver mauvais qu'un
homme de mon âge vous donne ce dernier avis en vrai ami.

On doit avoir du respect pour le jugement du public; et
quand il s'est déclaré hautement pour un auteur ou pour un
ouvrage, on ne peut guère le combattre de front et le contredire ouvertement, qu'on ne s'expose à en être maltraité. Les
vains efforts du cardinal de Richelieu contre le Cid en sont un
grand exemple; et on ne peut rien voir de plus heureusement
exprimé que ce qu'en dit votre adversaire :

> En vain contre le Cid un ministre se ligue,
> Tout Paris pour Chimène a les yeux de Rodrigue;
> L'académie en corps a beau le censurer,
> Le public révolté s'obstine à l'admirer[2].

Jugez par-là, monsieur, de ce que vous devez espérer du
mépris que vous tâchez d'inspirer pour les ouvrages de M. Despréaux dans votre préface. Vous n'ignorez pas combien ce qu'il
a mis au jour a été bien reçu dans le monde, à la cour, à
Paris, dans les provinces, et même dans tous les pays étrangers où l'on entend le françois. Il n'est pas moins certain que
tous les bons connoisseurs trouvent le même esprit, le même
art et les mêmes agréments dans ses autres pièces que dans

---

[1] Rollin, Lenglet et Saint-Remi.
[2] Sat. IX, v. 231-234.

ses satires. Je ne sais donc, monsieur, comment vous vous êtes pu promettre qu'on ne seroit point choqué de vous en voir parler d'une manière si opposée au jugement du public. Avez-vous cru que, supposant sans raison que tout ce que l'on dit librement des défauts de quelque poète doit être pris pour médisance, on applaudiroit à ce que vous dites : « que ce ne sont « que ces médisances qui ont fait rechercher ses ouvrages avec « tant d'empressement ; qu'il va toujours terre à terre, comme « un corbeau qui va de charogne en charogne ; que tant qu'il « ne fera que des satires comme celles qu'il nous a données, « Horace et Juvénal viendront toujours revendiquer plus de la « moitié des bonnes choses qu'il y aura mises; que Chapelain, « Quinault, Cassagne et les autres qu'il y aura nommés, pré-« tendront aussi qu'une partie de l'agrément qu'on y trouve « viendra de la célébrité de leurs noms qu'on se plaît d'y voir « tournés en ridicule; que la malignité du cœur humain, qui « aime tant la médisance et la calomnie, parce qu'elles élèvent « secrètement celui qui lit au-dessus de ceux qu'elles rabaissent, « dira toujours que c'est elle qui fait trouver tant de plaisir dans « les OEuvres de M. Despréaux, etc. ? »

Vous reconnaissez donc, monsieur, que tant de gens qui lisent les ouvrages de M. Despréaux, les lisent avec grand plaisir. Comment n'avez-vous donc pas vu que de dire, comme vous faites, que ce qui fait trouver ce plaisir est la malignité du cœur humain, qui aime la médisance et la calomnie, c'est attribuer cette méchante disposition à tout ce qu'il y a de gens d'esprit à la cour et à Paris?

Enfin, vous devez attendre qu'ils ne seront pas moins choqués du peu de cas que vous faites de leur jugement, lorsque vous prétendez que M. Despréaux a si peu réussi, quand il a voulu traiter des sujets d'un autre genre que ceux de la satire, qu'il pourroit y avoir de la malice à lui conseiller de travailler à d'autres ouvrages.

Il y a d'autres choses dans votre préface que je voudrois que vous n'eussiez point écrites; mais celles-là suffisent pour m'acquitter de la promesse que je vous ai faite d'abord de vous parler avec la sincérité d'un ami chrétien, qui est sensiblement touché de voir cette division entre deux personnes qui font tous deux profession de l'aimer. Que ne donnerois-je pas pour être en état de travailler à leur réconciliation plus heureusement que les gens d'honneur que vous m'apprenez n'y avoir pas réussi! Mais mon éloignement ne m'en laisse guère le moyen. Tout ce que je puis faire, monsieur, est de demander à Dieu qu'il vous donne à l'un et à l'autre cet esprit de charité et de paix, qui est la marque la plus assurée des vrais chrétiens. Il est bien difficile que dans ces contestations on ne commette de part et d'autre des fautes, dont on est obligé de demander pardon à Dieu. Mais le moyen le plus efficace que nous avons de l'obtenir, c'est de pratiquer ce que l'apôtre nous recommande : « de nous supporter les uns les autres, chacun remettant à son » frère le sujet de plainte qu'il pourroit avoir contre lui, et nous « entre-pardonnant, comme le Seigneur nous a pardonné. » On ne trouve point d'obstacle à entrer dans des sentiments d'union et de paix, lorsqu'on est dans cette disposition : car l'amour-propre ne règne point où règne la charité; et il n'y a que l'amour-propre qui nous rende pénible la connoissance de nos fautes, quand la raison nous les fait apercevoir. Que chacun de vous s'applique cela à soi-même, et vous serez bientôt bons amis. J'en prie Dieu de tout mon cœur, et suis très-sincèrement,

Monsieur, etc.

SATIRE XI.

(1698[1])

A VALINCOUR[2],

SUR L'HONNEUR.

Oui, l'honneur, Valincour, est chéri dans le monde :
Chacun, pour l'exalter, en paroles abonde ;
A s'en voir revêtu chacun met son bonheur ;
Et tout crie ici-bas : L'honneur ! Vive l'honneur !
 Entendons discourir, sur les bancs des galères,
Ce forçat abhorré même de ses confrères ;
Il plaint, par un arrêt injustement donné,
L'honneur en sa personne à ramer condamné[3] :

---

[1] (H.) Cette satire fut composée à l'occasion du procès soutenu par Despréaux et ses parents contre une compagnie de financiers qui leur contestoit leurs titres de noblesse. Voyez ce que nous avons dit de ce procès, dans la vie de Boileau.

[2] (H.) Jean-Baptiste-Henri Du Trousset de Valincour, conseiller du roi *en ses conseils*, secrétaire-général de la marine, secrétaire des commandements de monseigneur le comte de Toulouse. Il étoit né en 1653 à Paris, au sein d'une famille noble, originaire de Picardie ; après la mort de Racine, il devint membre de l'Académie françoise, et historiographe avec Boileau dont il a fait l'éloge, en répondant à l'abbé d'Estrées inscrit au nombre des quarante en 1711. Valincour étoit aussi de l'Académie des sciences ; il mourut en 1736 ; et ne seroit guère connu aujourd'hui, comme l'a remarqué Voltaire, *Siècle de Louis XIV*, sans la satire qui lui a été adressée par Despréaux.

[3] (Cr.) « Nous ignorons, dit Voltaire, s'il y a beaucoup de galériens qui se plaignent du peu d'égard qu'on a eu pour leur honneur. » (*Dictionnaire philosophique*, article *Honneur*.)— Cependant Brossette

En un mot, parcourons et la mer et la terre ;
Interrogeons marchands, financiers, gens de guerre,
Courtisans, magistrats : chez eux, si je les croi,
L'intérêt ne peut rien, l'honneur seul fait la loi.

Cependant, lorsqu'aux yeux leur portant la lanterne[1],
J'examine au grand jour l'esprit qui les gouverne,
Je n'aperçois partout que folle ambition,
Foiblesse, iniquité, fourbe, corruption,
Que ridicule orgueil de soi-même idolâtre.
Le monde, à mon avis, est comme un grand théâtre,
Où chacun en public, l'un par l'autre abusé,
Souvent à ce qu'il est joue un rôle opposé.
Tous les jours on y voit, orné d'un faux visage,
Impudemment le fou représenter le sage ;
L'ignorant s'ériger en savant fastueux,
Et le plus vil faquin trancher du vertueux.
Mais, quelque fol espoir dont leur orgueil les berce,
Bientôt on les connoît, et la vérité perce.
On a beau se farder aux yeux de l'univers :
A la fin sur quelqu'un de nos vices couverts
Le public malin jette[2] un œil inévitable ;

prétend que ce vers fait allusion à ce qui s'étoit passé à Naples, quand le vice-roi d'Ossone y visitoit les galères. Les forçats qu'il interrogeoit se déclaroient tous innocents : un seul avoua que si on lui avoit fait justice, il auroit été pendu. Qu'on m'ôte d'ici ce coquin là, dit le vice-roi, en lui donnant la liberté, il gâteroit tous ces honnêtes gens. Quand Boileau, ce qui est fort douteux, auroit eu en vue cette *action mémorable,* comme dit Brossette, la remarque de Voltaire seroit encore fort juste.

[1] (B.) Allusion au mot de Diogène le cynique, qui portoit une lanterne en plein jour, et qui disoit qu'il cherchoit un homme. (1713)

[2] (Cr.) La césure est brisée par le mot *jette ;* mais la faute en fait le charme. LE BRUN.

Et bientôt la censure, au regard formidable [1],
Sait, le crayon en main, marquer nos endroits faux,
Et nous développer avec tous nos défauts [2].
Du mensonge toujours le vrai demeure maître [3].
Pour paroître honnête homme, en un mot, il faut l'être;
Et jamais, quoi qu'il fasse, un mortel ici-bas
Ne peut aux yeux du monde être ce qu'il n'est pas.
En vain ce misanthrope, aux yeux tristes et sombres [4],
Veut, par un air riant, en éclaircir les ombres :
Le ris sur son visage est en mauvaise humeur [5];
L'agrément fuit ses traits, ses caresses font peur;
Ses mots les plus flatteurs paroissent des rudesses,

[1] (V.) Et bientôt la censure, épagneule admirable.

Et bientôt la censure, au regard admirable.

C'est Brossette qui rapporte que ce vers avoit été fait de ces deux manières avant l'impression : la première est si ridicule qu'il n'est guère permis de l'attribuer à Despréaux.

[2] (Cr.) *La censure nous développe avec tous nos défauts* : expression qu'il ne faut ni condamner, ni recommander.

[3] (Cr.) Très-dur vers dont le sens est vague; mais le vers qui suit est excellent.

[4] (H.) On veut que Despréaux ait eu l'intention d'indiquer un personnage de son temps. J.-B. Rousseau et Louis Racine nomment le premier président de Harlay qui avoit écouté froidement la lecture d'un ouvrage du poète et s'étoit contenté de dire : voilà de beaux vers. Monchesnai dit, avec moins d'invraisemblance, qu'il s'agit d'un grand seigneur devant qui Despréaux avoit lu des vers à Baville, chez Lamoignon. Mais Brossette écrit le 18 juillet 1701, qu'il connoît l'original de ce portrait ; Boileau ne lui répond rien sur cet article, et Brossette qui aime assez à dire ce qu'il sait comme ce qu'il ne sait pas, n'attache aucun nom à ce vers dans son commentaire.

Au lieu des mots *ce misanthrope*, Despréaux, à ce qu'on assure, disoit *ce faux Caton* en récitant cette pièce.

[5] (Cr.) « Boileau a dû être bien satisfait quand ce vers charmant « est venu sourire à son imagination. Avec quelle adresse ensuite il « encadre sa pensée ! » Le Brun.

Et la vanité brille en toutes ses bassesses.
Le naturel toujours sort et sait se montrer :
Vainement on l'arrête, on le force à rentrer;
Il rompt tout, perce tout, et trouve enfin passage[1].

Mais loin de mon projet je sens que je m'engage.
Revenons de ce pas à mon texte égaré.
L'honneur partout, disois-je, est du monde admiré;
Mais l'honneur en effet qu'il faut que l'on admire,
Quel est-il, Valincour? Pourras-tu me le dire?
L'ambitieux le met souvent à tout brûler;
L'avare, à voir chez lui le Pactole[2] rouler;
Un faux brave, à vanter sa prouesse frivole;
Un vrai fourbe, à jamais ne garder sa parole[3];
Ce poète, à noircir d'insipides papiers[4];
Ce marquis, à savoir frauder ses créanciers;
Un libertin, à rompre et jeûnes et carême;
Un fou perdu d'honneur, à braver l'honneur même.
L'un d'eux a-t-il raison? Qui pourroit le penser?
Qu'est-ce donc que l'honneur que tout doit embrasser?
Est-ce de voir, dis-moi, vanter notre éloquence,
D'exceller en courage, en adresse, en prudence;

---

[1] (I.) Naturam expellas furcâ; tamen usque recurret,
Et mala perrumpet furtim fastidia victrix.
(*Hor.*, lib. I, ep. x, v. 24.)

Dans les trois vers de Boileau, l'imitation est un peu traînante.

[2] (B.) Fleuve de Lydie, où l'on trouve de l'or, ainsi que dans plusieurs autres fleuves.

[3] (Cr.) « Il nous semble, dit Voltaire, qu'un vrai fourbe met son « intérêt à manquer de foi, et son honneur à cacher ses fourberies. » (*Dict. philos.*, article *Honneur.*)

[4] (V.) En récitant cette pièce, Boileau disoit quelquefois :
Linière, à barbouiller d'insipides papiers.

Mais ce n'est encore là qu'une révélation de Brossette.

De voir à notre aspect tout trembler sous les cieux ;
De posséder enfin mille dons précieux ?
Mais avec tous ces dons de l'esprit et de l'ame
Un roi même souvent peut n'être qu'un infame [1],
Qu'un Hérode, un Tibère effroyable à nommer.
Où donc est cet honneur qui seul doit nous charmer ?
Quoi qu'en ses beaux discours Saint-Évremond [2] nous prône,
Aujourd'hui j'en croirai Sénèque [3] avant Pétrone [4].

 Dans le monde il n'est rien de beau que l'équité [5] :
Sans elle la valeur, la force, la bonté,
Et toutes les vertus dont s'éblouit la terre,
Ne sont que faux brillants, et que morceaux de verre.
Un injuste guerrier [6], terreur de l'univers [7],

---

[1] (Cr.) Le Brun trouve « ce vers beau de liberté dans un siècle tout royal. »

[2] (B.) Saint-Évremond a fait une dissertation dans laquelle il donne la préférence à Pétrone sur Sénèque.

[3] (H.) Sénèque, né à Cordoue vers l'an 2 de l'ère vulgaire, mort à Rome l'an 65, victime de Néron dont il avoit été le précepteur, est auteur de lettres et de traités sur divers sujets de morale. Nous aurons occasion de parler des tragédies qui portent son nom. Ses livres en prose tiennent un rang honorable dans la littérature latine : ils s'y recommandent par le caractère ingénieux et souvent énergique des pensées et des expressions. Depuis long-temps, les rhéteurs, au lieu de l'étudier, l'ont déprécié ; ils ont inspiré contre lui à la jeunesse des préventions fort injustes.

[4] (H.) Pétrone, écrivain très-immoral du premier siècle de l'ère vulgaire, intendant des plaisirs de Néron, mourut l'an 66, proscrit par cet empereur.

[5] (Cr.) A partir de ce vers prosaïque, le reste de cette satire n'est plus aux yeux de La Harpe « qu'un sermon froid et languis-« sant, où les tournures monotones avertissent de la foiblesse de « l'âge. » — Peut-être néanmoins retrouverons-nous quelques traits poétiques vers la fin de la pièce.

[6] (B.) Alexandre.

[7] (Cr.) « Seroit-ce, dit Le Brun, dans ce vers et dans les sui-« vants que J.-B. Rousseau a puisé les plus mâles pensées de son

Qui, sans sujet, courant chez cent peuples divers,
S'en va tout ravager jusqu'aux rives du Gange,
N'est qu'un plus grand voleur que du Terte et Saint-Ange.
Du premier des Césars on vante les exploits;
Mais dans quel tribunal, jugé suivant les lois,
Eût-il pu disculper son injuste manie[2]?
Qu'on livre son pareil[3] en France à la Reynie[4],
Dans trois jours nous verrons le phénix des guerriers
Laisser sur l'échafaud sa tête et ses lauriers.
C'est d'un roi[5] que l'on tient cette maxime auguste,
Que jamais on n'est grand qu'autant que l'on est juste.
Rassemblez à la fois Mithridate et Sylla;
Joignez-y Tamerlan, Genséric, Attila :

« ode à la fortune? Je l'ignore ; mais il ne semble que la copie, et
« Boileau est toujours original. » On aperçoit trop dans cette remarque, l'envie de rabaisser J.-B. Rousseau : c'est un rival qui le juge.

[1] (B.) Deux fameux voleurs de grands chemins. Ils ont péri sur la roue.

[2] (Cr.) Deux lignes de pure prose, qui ne sont pas d'ailleurs très-correctes.

[3] (V.) *Qu'on trouve son pareil,* mauvaise leçon des éditions de 1713 et de 1740.

[4] (B.) Célèbre lieutenant de police de Paris.

(H.) « Gabriel-Nicolas de La Reynie étoit né à Limoges en 1625.
« Il fut pourvu de la charge de maître des requêtes en 1661. Six
« ans après, le roi voulant établir un bon ordre dans la ville de
« Paris, ôta la police au lieutenant civil et créa une charge de lieu-
« tenant de police dont M. de La Reynie fut pourvu en 1667. En
« 1680, le roi récompensa ses services dans cette charge, d'un
« brevet de conseiller d'état ordinaire. Il mourut le 14 juin 1790,
« âgé de quatre-vingt-un ans. Il avoit été l'un des commissaires
« de la chambre ardente établie à l'arsenal pour la recherche des
« personnes accusées de sortilége et de poison. » (*Note extraite de l'édition de Saint-Marc.*)

[5] (B.) Agésilas, roi de Sparte.

Tous ces fiers conquérants, rois, princes, capitaines,
Sont moins grands à mes yeux que ce bourgeois d'Athènes[1]
Qui sut, pour tous exploits, doux, modéré, frugal,
Toujours vers la justice aller d'un pas égal.

Oui, la justice en nous est la vertu qui brille :
Il faut de ses couleurs qu'ici-bas tout s'habille[2] ;
Dans un mortel chéri, tout injuste qu'il est,
C'est quelque air d'équité qui séduit et qui plaît.
A cet unique appas[3] l'ame est vraiment sensible :
Même aux yeux de l'injuste un injuste est horrible ;
Et tel qui n'admet point la probité chez lui
Souvent à la rigueur l'exige chez autrui.
Disons plus : il n'est point d'ame livrée au vice
Où l'on ne trouve encor des traces de justice.
Chacun de l'équité ne fait pas son flambeau ;
Tout n'est pas[4] Caumartin, Bignon, ni Daguesseau[5].

---

[1] (B.) Socrate.

[2] (Cr.) Un nouveau commentateur trouve dans ce vers une *charmante image.*

[3] (Cr.) Appas ou appât : on ne sait trop lequel préférer ; il ne faudroit ici ni l'un ni l'autre.

[4] (Cr.) Le Brun dit que le tour *naïf* de cet éloge fait mieux croire à sa vérité.

[5] (H.) « Urbain-Louis Le Febvre de Caumartin, conseiller d'état, « intendant des finances, mort sous-doyen du conseil le 2 septembre « 1720, âgé de soixante-sept ans. » (*Saint-Marc.*)
Caumartin, à qui une ode de J.-B. Rousseau est adressée, a contribué à nous conserver les mémoires du cardinal de Retz et de Joly ; et c'est dans son château de Saint-Ange que l'idée du poème de *la Henriade* a été conçue par Voltaire. Voyez l'article *U. L. Caumartin* dans la *Biographie universelle*, tome VII, page 431.

« Jean-Paul Bignon, abbé de Saint-Quentin, doyen de l'église
« collégiale de Saint-Germain-l'Auxerrois, l'un des quarante de
« l'Académie françoise depuis 1693, et ancien président des deux
« Académies des sciences et des inscriptions, bibliothécaire du roi

Mais jusqu'en ces pays où tout vit de pillage,
Chez l'Arabe et le Scythe, elle est de quelque usage;
Et du butin, acquis en violant les lois,
C'est elle entre eux qui fait le partage et le choix.

Mais allons voir le vrai jusqu'en sa source même.
Un dévot aux yeux creux, et d'abstinence blême,
S'il n'a point le cœur juste, est affreux devant Dieu.
L'Évangile au chrétien ne dit en aucun lieu :
Sois dévot : elle[1] dit : Sois doux, simple, équitable.
Car d'un dévot souvent au chrétien véritable
La distance est deux fois plus longue, à mon avis[2],
Que du pôle antarctique au détroit de Davis[3].
Encor par ce dévot ne crois pas que j'entende
Tartufe, ou Molinos[4] et sa mystique bande :

« et doyen des conseillers d'état, mourut dans sa maison de l'Isle-
« Belle sous Mantes, le 14 mars 1743, dans sa quatre-vingt-unième
« année. » (*Saint-Marc.*)

Henri-François Daguesseau, né à Limoges en 1668, avocat-général en 1688, puis procureur-général, et en 1717, chancelier de France, mourut à Auteuil en 1751. Ses œuvres remplissent treize volumes in-4°. C'est le jurisconsulte qui a écrit en françois avec le plus de pureté, d'élégance et de talent. Il n'a point été de l'Académie françoise ; mais il avoit été admis de très-bonne heure dans la société de Racine et de Boileau.

[1] (Cr.) Boileau fait *évangile* féminin ; ce nom est toujours masculin aujourd'hui.

[2] (Cr.) Condillac (*Art d'écrire*, liv. II, chap. IV) critique cette comparaison : elle est froide, dit-il ; il n'y a point là d'image que l'esprit puisse saisir. Le Brun, au contraire, y trouve de la grace, de la gaieté, une adroite plaisanterie.

Il est dit, dans un nouveau commentaire, que Boileau ne plaisante point ici, qu'il ne cherche pas à déguiser sa pensée, etc. Sérieuse ou non, sa comparaison est commune, peu spirituelle, et même peu juste.

[3] (B.) Détroit sous le pôle arctique près de la nouvelle Zemble.

[4] (H.) Sur Molinos, voyez ci-dessus page 223. — Tartufe est connu de tout le monde.

J'entends un faux chrétien, mal instruit, mal guidé,
Et qui de l'Évangile en vain persuadé,
N'en a jamais conçu l'esprit ni la justice;
Un chrétien qui s'en sert pour disculper le vice;
Qui toujours près des grands, qu'il prend soin d'abuser,
Sur leurs foibles honteux sait les autoriser,
Et croit pouvoir au ciel, par ses folles maximes,
Avec le sacrement faire entrer tous les crimes.
Des faux dévots pour moi voilà le vrai héros[1].

Mais, pour borner enfin tout ce vague propos,
Concluons qu'ici-bas le seul honneur solide,
C'est de prendre toujours la vérité pour guide;
De regarder en tout la raison et la loi;
D'être doux pour tout autre, et rigoureux pour soi;
D'accomplir tout le bien que le ciel nous inspire;
Et d'être juste enfin : ce mot seul[2] veut tout dire.
Je doute que le flot des vulgaires humains
A ce discours pourtant donne aisément les mains[3];
Et, pour t'en dire ici la raison historique,
Souffre que je l'habille en fable allégorique.

Sous le bon roi Saturne, ami de la douceur,

---

[1] (H.) Brossette qui veut mettre un nom au bas de chaque portrait, écrit à Despréaux le 15 juillet 1701 : « Je ne vous demande rien sur celui-là, car je pense avoir *attrapé* l'original que vous copiez, et à qui vous levez le masque. Je crois bien que je ne me trompe pas dans ma conjecture. » Cependant le commentaire de Brossette ne nomme ici aucun personnage.

[2] (V.) . . . . Ce seul mot veut tout dire.
(*Dans l'édition de 1701.*)

[3] Ce *flot qui donne les mains à un discours*, ne déplait point à Le Brun, parce que c'est un flot de vulgaires humains. Peut-être en effet réussiroit-on à justifier ce langage figuré, tout incohérent qu'il est, s'il exprimoit quelque pensée grande et poétique.

L'honneur, cher Valincour, et l'équité, sa sœur,
De leurs sages conseils, éclairant tout le monde,
Régnoient, chéris du ciel, dans une paix profonde.
Tout vivoit en commun sous ce couple adoré :
Aucun n'avoit d'enclos ni de champ séparé [1].
La vertu n'étoit point sujette à l'ostracisme [2],
Ni ne s'appeloit point alors un jansénisme [3].
L'honneur, beau par soi-même, et sans vains ornements,
N'étaloit point aux yeux l'or ni les diamants ;
Et, jamais ne sortant de ses devoirs austères,
Maintenoit de sa sœur les règles salutaires.
Mais une fois au ciel par les dieux appelé,
Il demeura long-temps au séjour étoilé [4].

Un fourbe cependant, assez haut de corsage,

[1] (I.) Nec signare quidem aut partiri limite campum
Fas erat ; in medium quærebant, etc.
(*Virg.*, *Georg.*, lib. I, v. 126, 127.)

. . . . Quum furem nemo timeret
Caulibus et pomis, sed aperto viveret horto.
(*Juv.*, sat. VI, v. 17, 18.)

[2] (B.) Loi par laquelle les Athéniens avoient droit de reléguer tel de leurs citoyens qu'ils vouloient.

[3] (V.) Ni ne s'appeloit point alors un * * * *

Jansénisme est ainsi laissé en blanc dans les éditions de 1701, 1713, et même dans celles de Brossette.

(Cr.) Pourquoi *un* avant jansénisme ?

[4] (V.) « Ce *séjour étoilé*, dit Saint-Marc, ne me plaît nullement
« dans un poète tel que Despréaux : et dans un ouvrage tel que celui-
« ci. C'est un terme du jargon poétique, qu'il faut réserver pour les
« genres de poésie, où l'on peut se parer impunément de toutes les
« phrases usées et rebattues de ce jargon. » (*Essais philologiques*,
tome V, page 434.)

Cette critique nous paroît judicieuse ; et nous ajouterions que *le séjour étoilé* n'est ici qu'une répétition emphatique du mot *ciel* employé dans le vers précédent.

Et qui lui ressembloit de geste et de visage,
Prend son temps, et partout ce hardi suborneur
S'en va chez les humains crier qu'il est l'honneur;
Qu'il arrive du ciel, et que, voulant lui-même
Seul porter désormais le faix du diadème,
De lui seul il prétend qu'on reçoive la loi.
A ces discours trompeurs le monde ajoute foi.
L'innocente équité, honteusement bannie,
Trouve à peine un désert où fuir l'ignominie.
Aussitôt sur un trône éclatant de rubis
L'imposteur monte, orné de superbes habits.
La hauteur, le dédain, l'audace l'environnent;
Et le luxe et l'orgueil de leurs mains le couronnent.
Tout fier il montre alors un front plus sourcilleux:
Et le Mien et le Tien, deux frères pointilleux[1],
Par son ordre amenant les procès et la guerre,
En tous lieux de ce pas vont partager la terre;
En tous lieux, sous les noms de bon droit et de tort,
Vont chez elle établir le seul droit du plus fort.
Le nouveau roi triomphe, et, sur ce droit inique,
Bâtit de vaines lois un code fantastique;
Avant tout aux mortels prescrit de se venger,
L'un l'autre au moindre affront les force à s'égorger,

---

[1] (Cr.) « Le *mien* et le *tien* : ces deux adjectifs sont habilement
« relevés par ces mots *deux frères pointilleux*. » LE BRUN. — Ce vers
est en effet l'un de ceux où reparoît le poète.

Régnier avoit dit, satire VI, vers 115-120 :

> Lors, du Mien et du Tien naquirent les procès,
> A qui l'argent départ bon ou mauvais succès.
> Le fort battit le foible, et lui livra la guerre.
> De là l'ambition fit envahir la terre,
> Qui fut, avant le temps que survinrent ces maux,
> Un hôpital commun à tous les animaux, etc.

Et dans leur ame, en vain de remords combattue,
Trace en lettres de sang ces deux mots : Meurs ou tue[1].
Alors, ce fut alors, sous ce vrai Jupiter,
Qu'on vit naître ici-bas le noir siècle de fer.
Le frère au même instant s'arma contre le frère;
Le fils trempa ses mains dans le sang de son père;
La soif de commander enfanta les tyrans,
Du Tanaïs[2] au Nil porta les conquérants;
L'ambition passa pour la vertu sublime;
Le crime heureux fut juste et cessa d'être crime :
On ne vit plus que haine et que division,
Qu'envie, effroi, tumulte, horreur, confusion[3].

   Le véritable honneur sur la voûte céleste
Est enfin averti de ce trouble funeste.
Il part sans différer, et, descendu des cieux,
Va partout se montrer dans les terrestres lieux :
Mais il n'y fait plus voir qu'un visage incommode;
On n'y peut plus souffrir ses vertus hors de mode;
Et lui-même, traité de fourbe et d'imposteur,
Est contraint de ramper aux pieds du séducteur.

---

[1] (I.) Mots empruntés à Corneille, chez qui don Diègue dit à Rodrigue :

> Va contre un arrogant éprouver ton courage;
> Ce n'est que dans le sang qu'on lave un tel outrage;
> Meurs ou tue.
>   (*Le Cid*, act. I, sc. VIII.)

[2] (B.) Le Tanaïs est un fleuve du pays des Scythes. (1713)

[3] (I.)   Protinus irrupit venæ pejoris in ævum
        Omne nefas; fugere pudor, verumque, fidesque;
        In quorum subiere locum fraudesque, dolique,
        Insidiæque, et vis et amor sceleratus habendi, etc.
        . . . . Fratrum quoque gratia rara est....
        Filius ante diem patrios inquirit in annos.
               (*Ovid.*, Metam., lib. I, v. 128-148.)

Enfin, las d'essuyer outrage sur outrage,
Il livre les humains à leur triste esclavage;
S'en va trouver sa sœur[1], et dès ce même jour,
Avec elle s'envole au céleste séjour.
Depuis, toujours ici riche de leur ruine,
Sur les tristes mortels le faux honneur domine,
Gouverne tout, fait tout, dans ce bas univers;
Et peut-être est-ce lui qui m'a dicté ces vers.
Mais en fut-il l'auteur, je conclus de sa fable
Que ce n'est qu'en Dieu seul qu'est l'honneur véritable[2].

[1] (Cr.) « *S'en va trouver sa sœur* est lourd et lent, et presque « opposé à l'action du personnage jaloux de s'envoler au ciel. »
LE BRUN.

[2] (Cr.) Brossette affirme que Boileau devoit insérer dans cette satire un portrait du financier Bourvalais, qui, dix-huit ans plus tard, fut condamné à payer 4,400,000 livres en réparation de ses exactions. Nous devons fort regretter ce portrait, s'il est vrai qu'il ait été supprimé. Il eût infailliblement amené au milieu ou à la fin de cette pièce quelques vers piquants dont elle avoit grand besoin. On est forcé de souscrire au jugement sévère prononcé par La Harpe contre les 176 derniers vers : il n'y auroit du moins d'exception à réclamer qu'en faveur de 3 ou 4. En comparant la satire XI à la dixième, on voit que Despréaux avoit beaucoup perdu de son talent poétique en quatre ou cinq ans, de l'âge de cinquante-sept ans à soixante-deux. Dès qu'il n'est plus poète, il cesse d'être un excellent versificateur : concluons-en, contre l'opinion de certains critiques, que sans poésie, l'art d'écrire en vers ne peut s'élever et se maintenir au plus haut degré de sa perfection. L'un des malheurs de la satire XI consiste dans l'indétermination du sujet et dans le caractère vague des idées. La satire XII aura le même défaut : peut-être y règnera-t-il un peu moins ; et quoiqu'elle soit l'ouvrage d'un septuagénaire, ou peu s'en faut, on y pourra distinguer encore des accents poétiques.

AVERTISSEMENT[1]
SUR LA SATIRE XII.

Quelque heureux succès qu'aient eu mes ouvrages, j'avois résolu depuis leur dernière édition [2] de ne plus rien donner au public; et quoiqu'à mes heures perdues, il y a environ cinq ans, j'eusse encore fait contre l'*équivoque* une satire que tous ceux à qui je l'ai communiquée ne jugeoient pas inférieure à mes autres écrits[3], bien loin de la publier, je la tenois soigneusement cachée, et je ne croyois pas que, moi vivant, elle dût jamais voir le jour. Ainsi donc, aussi soigneux désormais de me faire oublier, que j'avois été autrefois curieux de faire parler de moi, je jouissois, à mes infirmités près, d'une assez grande tranquillité, lorsque tout d'un coup j'ai appris qu'on débitoit dans le monde, sous mon nom, quantité de méchants écrits, et entre autres une pièce en vers contre les jésuites, également odieuse et insipide, et où l'on me faisoit, en mon propre nom, dire à toute leur société les injures les plus atroces et les plus grossières[4]. J'avoue que cela m'a donné un très-

---

[1] (H.) Composé en 1710, lorsque Boileau préparoit une nouvelle édition de ses ouvrages.

[2] (H.) En 1701.

[3] (Cr.) On rend aujourd'hui plus de justice aux autres écrits de Boileau.

[4] (H.) « L'ouvrage dont il s'agit ici étoit une épître d'environ soixante vers. « M. Despréaux fut très-mortifié d'apprendre qu'on l'en croyoit l'auteur. « Voici dans quels termes il en marqua sa pensée à un jésuite du collége de « Louis-le-Grand : Je déclare qu'il ne s'est jamais rien fait de plus mauvais ni « de plus sottement injurieux que cette grossière boutade de quelque cuistre de « collége de l'Université, et que si je l'avois faite, je me mettrois moi-même bien « au-dessous des Coras, des Pelletiers et des Cotins. Il ajoutoit, dans une autre « lettre au même : Je ne perdrai jamais la mémoire du service considérable que « vous m'avez rendu en contribuant si bien à détromper les hommes de l'hor- « rible affront que l'on me vouloit faire en m'attribuant le plus plat et le plus « monstrueux libelle qui ait jamais été fait. Ces lettres sont entre les mains de « l'auteur de cette remarque. » BROSSETTE.

grand chagrin : car, bien que tous les gens sensés aient connu sans peine que la pièce n'étoit point de moi, et qu'il n'y ait eu que de très-petits esprits qui aient présumé que j'en pouvois être l'auteur, la vérité est pourtant que je n'ai pas regardé comme un médiocre affront de me voir soupçonné, même par des ridicules, d'avoir fait un ouvrage si ridicule.

J'ai donc cherché les moyens les plus propres pour me laver de cette infamie; et, tout bien considéré, je n'ai point trouvé de meilleur expédient que de faire imprimer ma satire contre l'ÉQUIVOQUE; parce qu'en la lisant, les moins éclairés, même de ces petits esprits, ouvriroient peut-être les yeux, et verroient manifestement le peu de rapport qu'il y a de mon style, même en l'âge où je suis, au style bas et rampant de l'auteur de ce pitoyable écrit. Ajoutez à cela que je pouvois mettre à la tête de ma satire, en la donnant au public, un avertissement en manière de préface, où je me justifierois pleinement, et tirerois tout le monde d'erreur. C'est ce que je fais aujourd'hui ; et j'espère que le peu que je viens de dire produira l'effet que je me suis proposé. Il ne me reste donc plus maintenant qu'à parler de la satire pour laquelle est fait ce discours.

Je l'ai composée par le caprice du monde le plus bizarre, et par une espèce de dépit et de colère poétique, s'il faut ainsi dire, qui me saisit à l'occasion de ce que je vais raconter. Je me promenois dans mon jardin à Auteuil, et rêvois en marchant à un poème que je voulois faire contre les mauvais critiques de notre siècle [1]. J'en avois même déjà composé quelques vers, dont j'étois assez content. Mais voulant continuer, je m'aperçus qu'il y avoit dans ces vers une équivoque de langue; et m'étant sur-le-champ mis en devoir de la corriger, je n'en pus jamais venir à bout. Cela m'irrita de telle manière, qu'au lieu de m'appliquer davantage à réformer cette équivoque, et de poursuivre mon poème contre les faux critiques, la folle pensée me vint de faire contre l'équivoque même une satire, qui pût me venger de tous les chagrins qu'elle m'a causés depuis que

---

[1] (H.) C'est à peu près le sujet que Pope a traité dans son *Essai sur la critique*.

je me mêle d'écrire. Je vis bien que je ne rencontrerois pas de médiocres difficultés à mettre en vers un sujet si sec; et même il s'en présenta d'abord une qui m'arrêta tout court: ce fut de savoir duquel des deux genres, masculin ou féminin, je ferois le mot d'équivoque, beaucoup d'habiles écrivains, ainsi que le remarque Vaugelas, le faisant masculin [1]. Je me déterminai pourtant assez vite au féminin, comme au plus usité des deux : et bien loin que cela empêchât l'exécution de mon projet, je crus que ce ne seroit pas une méchante plaisanterie de commencer ma satire par cette difficulté même. C'est ainsi que je m'engageai dans la composition de cet ouvrage. Je croyois d'abord faire tout au plus cinquante ou soixante vers, mais ensuite les pensées me venant en foule, et les choses que j'avois à reprocher à l'équivoque se multipliant à mes yeux, j'ai poussé ces vers jusqu'à près de trois cent cinquante [2].

C'est au public maintenant à voir si j'ai bien ou mal réussi. Je n'emploierai point ici, non plus que dans les préfaces de mes autres écrits, mon adresse et ma rhétorique à le prévenir en ma faveur. Tout ce que je lui puis [3] dire, c'est que j'ai travaillé cette pièce avec le même soin que toutes mes autres poésies. Une chose pourtant dont il est bon que les jésuites soient avertis, c'est qu'en attaquant l'équivoque, je n'ai pas pris ce mot dans toute l'étroite rigueur de sa signification grammaticale; le mot d'équivoque, en ce sens-là, ne voulant dire qu'une ambiguïté de paroles; mais que je l'ai pris, comme le prend ordinairement le commun des hommes, pour toutes sortes d'ambiguités de sens, de pensées, d'expressions, et enfin pour tous ces abus et toutes ces méprises de l'esprit humain qui font qu'il prend souvent une chose pour une autre [4]. Et c'est dans ce sens que j'ai dit que l'idolâtrie avoit pris naissance de l'équivoque; les hommes, à mon avis, ne pouvant pas s'équivo-

---

[1] (Cr.) « Quelques-uns encore, dit Vaugelas, le font masculin. » (*Remarques sur la langue françoise*, 1738, tome I, page 144.) En 1704 l'Académie françoise décida que ce mot étoit féminin. — [2] Trois cent quarante-six.

[3] (V.) *Puis lui*, par erreur, dans quelques-unes des dernières éditions.

[4] (Cr.) C'est là le principal défaut du poème : le sujet qui n'étoit pas très-heureux avoit besoin d'être mieux circonscrit.

quer[1] plus lourdement que de prendre des pierres, de l'or et du cuivre pour Dieu. J'ajouterai à cela que la Providence divine, ainsi que je l'établis clairement dans ma satire, n'ayant permis chez eux cet horrible aveuglement qu'en punition de ce que leur premier père avoit prêté l'oreille aux promesses du démon, j'ai pu conclure infailliblement que l'idolâtrie est un fruit, ou, pour mieux dire, un véritable enfant de l'équivoque. Je ne vois donc pas qu'on me puisse faire sur cela aucune bonne critique ; surtout ma satire étant un pur jeu d'esprit[2], où il seroit ridicule d'exiger une précision géométrique de pensées et de paroles.

Mais il y a une autre objection plus importante et plus considérable qu'on me fera peut-être au sujet des propositions de morale relâchée que j'attaque dans la dernière partie de mon ouvrage : car ces propositions ayant été, à ce qu'on prétend, avancées par quantité de théologiens, même célèbres, la moquerie que j'en fais peut, dira-t-on, diffamer en quelque sorte ces théologiens, et causer ainsi une espèce de scandale dans l'église. A cela je réponds premièrement qu'il n'y a aucune des propositions que j'attaque qui n'ait été plus d'une fois condamnée par toute l'église, et tout récemment encore par deux des plus grands papes qui aient depuis long-temps rempli le Saint-Siége. Je dis en second lieu qu'à l'exemple de ces célèbres vicaires de Jésus-Christ, je n'ai point nommé les auteurs de ces propositions, ni aucun de ces théologiens dont on dit que je puis causer la diffamation, et contre lesquels même j'avoue que je ne puis rien décider, puisque je n'ai point lu ni ne suis d'humeur à lire leurs écrits, ce qui seroit pourtant absolument nécessaire pour prononcer sur les accusations que l'on forme contre eux ; leurs accusateurs pouvant les avoir mal entendus, et s'être trompés dans l'intelligence des passages où ils préten-

---

[1] (Cr.) C'est *équivoquer* au moins autant, que d'appeler *équivoque* le culte qu'on rend à une pierre ou à un métal, au lieu de le rendre à Dieu. Il y a beaucoup d'erreurs qui ne proviennent en effet que de l'ambiguïté ou des illusions du langage ; mais il n'est pas vrai que toutes les erreurs et tous les mensonges ne soient que des équivoques.

[2] (Cr.) On pourroit dire même *un pur jeu de mots*.

dent que sont ces erreurs dont ils les accusent[1]. Je soutiens en troisième lieu qu'il est contre la droite raison de penser que je puisse exciter quelque scandale dans l'église, en traitant de ridicules des propositions rejetées de toute l'église, et plus dignes encore, par leur absurdité, d'être sifflées de tous les fidèles, que réfutées sérieusement. C'est ce que je me crois obligé de dire pour me justifier. Que si après cela il se trouve encore quelques théologiens qui se figurent qu'en décriant ces propositions j'ai eu en vue de les décrier eux-mêmes, je déclare que cette fausse idée qu'ils ont de moi ne sauroit venir que des mauvais artifices de l'équivoque, qui, pour se venger des injures que je lui dis dans ma pièce, s'efforce d'intéresser dans sa cause ces théologiens, en me faisant penser ce que je n'ai pas pensé, et dire ce que je n'ai point dit.

Voilà, ce me semble, bien des paroles, et peut-être trop de paroles employées pour justifier un aussi peu considérable ouvrage qu'est la satire qu'on va voir. Avant néanmoins que de finir, je ne crois pas me pouvoir dispenser d'apprendre aux lecteurs qu'en attaquant, comme je fais dans ma satire, ces erreurs, je ne me suis point fié à mes seules lumières; mais qu'ainsi que je l'ai pratiqué, il y a environ dix ans, à l'égard de mon épître de l'Amour de Dieu, j'ai non-seulement consulté sur mon ouvrage tout ce que je connois de plus habiles docteurs, mais que je l'ai donné à examiner au prélat de l'église qui, par l'étendue de ses connoissances et par l'éminence de sa dignité, est le plus capable et le plus en droit de me prescrire ce que je dois penser

---

[1] (H.) Pascal ne s'est point trompé en attribuant aux jésuites une détestable doctrine. Il est vrai que certains membres de cette société enseignoient une morale moins perverse: la politique avoit fait entre eux une habile distribution de tous les rôles. « Les jésuites, dit Bossut (*Disc. sur la vie et les ouvrages*
« *de Pascal*) s'étoient fait une théologie moitié chrétienne, moitié mondaine,
« mélange adroit de rigorisme et de condescendance... Malheureusement *pour*
« *eux*, dans le temps que les lettres provinciales parurent, ils n'avoient aucun
« bon écrivain. Les réponses qu'ils opposèrent à cet ouvrage étoient aussi mi-
« sérables par le style que répréhensibles par le fond des choses. » Malgré l'influence des Ferrier, des La Chaise, des Tellier, à la cour de Louis XIV, les jésuites ont eu pour ennemis durant ce règne presque tout ce qu'on distinguoit d'hommes éclairés dans les parlements, dans les corps ecclésiastiques, et parmi les gens de lettres; Arnauld, Nicole, Pascal, Racine... Boileau.

sur ces matières : je veux dire M. le cardinal de Noailles, mon archevêque [1]. J'ajouterai que ce pieux et savant cardinal a eu trois semaines ma satire entre les mains, et qu'à mes instantes prières, après l'avoir lue et relue plus d'une fois, il me l'a enfin rendue en me comblant d'éloges, et m'a assuré qu'il n'y avoit trouvé à redire qu'un seul mot [2], que j'ai corrigé sur-le-champ, et sur lequel je lui ai donné une entière satisfaction. Je me flatte donc qu'avec une approbation si authentique, si sûre et si glorieuse [3], je puis marcher la tête levée, et dire hardiment des critiques qu'on pourra faire désormais contre la doctrine de mon ouvrage, que ce ne sauroient être que de vaines subtilités d'un tas de misérables sophistes formés dans l'école du mensonge, et aussi affidés amis de l'équivoque, qu'opiniâtres ennemis de Dieu, du bon sens et de la vérité [4].

[1] (H.) Louis-Antoine de Noailles, né en 1651, devint évêque de Cahors en 1679, et peu de mois après évêque de Châlons-sur-Marne, archevêque de Paris en 1695, cardinal en 1700, et mourut en 1729. Il avoit siégé, en 1682, dans l'assemblée du clergé qui proclama les quatre articles. L'honnêteté naturelle de ses penchants et la droiture de son esprit le disposoient à préférer les doctrines pures, à tolérer les opinions particulières sincèrement professées, et à calmer l'effervescence des controverses. Mais on a plus d'une fois abusé de la foiblesse de son caractère pour l'entraîner à des démarches moins honorables que celles auxquelles il s'étoit déterminé de lui-même. Il craignoit et n'aimoit point les jésuites.

[2] (H.) Voyez, ci-dessous, la note sur le vers 148.

[3] (H.) Cette approbation a pu être l'un des motifs qui firent refuser la permission d'imprimer la satire XII. Le jésuite Tellier profita de cette occasion de mortifier à la fois le poète et l'archevêque.

[4] (H.) Boileau s'abstenoit de prendre parti dans les querelles théologiques : (Voyez sa lettre à Brossette, du 7 septembre 1703, tome IV.) mais Brossette abuse de cette lettre et de celles que nous avons citées ci-dessus, page 265, lorsqu'il en conclut que Despréaux n'a pas eu l'intention de désigner et d'attaquer, dans sa satire XII, les casuistes de la société de Jésus. Voici à ce sujet une remarque fort sensée de Du Monteil :

« Le commentateur, Brossette, emploie tout l'artifice dont il est capable
« pour faire accroire que Boileau n'avoit point en vue ces pères. Ce procédé
« ne convient guère à un homme qui se fait honneur d'avoir eu ce grand poète
« pour ami particulier. Les jésuites ont été plus sincères : ils ont reconnu qu'ils
« étoient vraiment l'objet de cette satire. Tout le monde sait que Boileau ayant
« commencé de faire imprimer en 1710 une édition de ses œuvres où cette
« pièce sur l'Équivoque devoit entrer, ils obtinrent un ordre du roi pour em-
« pêcher qu'elle n'y parût ; et cela fit que Boileau ne voulut point que l'on con-

« tinuât cette nouvelle édition. Par la même raison on n'a pas permis que cette
« pièce fût insérée dans l'édition posthume de 1713. »

Saint-Marc n'a pas transcrit, il a, au contraire, expressément réprouvé cette
remarque de Du Monteil : elle est omise aussi en deux des éditions de 1821 ;
mais elle a été recueillie en cette même année par M. Viollet-le-Duc.

SATIRE XII.

(1705)

L'ÉQUIVOQUE.

Du langage françois bizarre hermaphrodite,
De quel genre te faire, équivoque maudite,
Ou maudit¹? car sans peine aux rimeurs hasardeux²
L'usage encor, je crois, laisse le choix des deux.
Tu ne me réponds rien. Sors d'ici, fourbe insigne,
Mâle aussi dangereux que femelle maligne,
Qui crois rendre innocents les discours imposteurs;
Tourment des écrivains, juste effroi des lecteurs;
Par qui de mots confus sans cesse embarrassée
Ma plume, en écrivant, cherche en vain ma pensée.
Laisse-moi; va charmer de tes vains agréments
Les yeux faux et gâtés de tes louches amants,
Et ne viens point ici de ton ombre grossière
Envelopper mon style, ami de la lumière.
Tu sais bien que jamais chez toi, dans mes discours,

---

¹ (Cr.) Équivoque est aujourd'hui féminin, et l'étoit déjà en 1694 dans la première édition du *Dictionnaire de l'Académie françoise*. Mais Despréaux ne consultoit guère ce lexique; et d'ailleurs le doute grammatical qu'il exprime ou qu'il suppose lui fournissoit une manière assez heureuse de commencer sa satire.

² (Cr.) Selon Saint-Marc, on ne doit pas dire qu'un rimeur est *hasardeux*, pas plus qu'on ne diroit qu'il est *périlleux*; mais il appartient à la poésie de transporter aux personnes les épithètes qui ne conviennent immédiatement qu'aux actions ou aux choses. *Hasardeux* est ici une très-bonne expression poétique.

Je n'ai d'un faux brillant emprunté le secours :
Fuis donc. Mais non, demeure; un démon qui m'inspire
Veut qu'encore une utile et dernière satire,
De ce pas en mon livre exprimant tes noirceurs,
Se vienne, en nombre pair, joindre à ses onze sœurs[1];
Et je sens que ta vue échauffe mon audace.
Viens, approche : voyons, malgré l'âge et sa glace,
Si ma muse aujourd'hui sortant de sa langueur,
Pourra trouver encore un reste de vigueur[2].

Mais où tend, dira-t-on, ce projet fantastique?
Ne vaudroit-il pas mieux dans mes vers, moins caustique,
Répandre de tes jeux le sel divertissant[3],
Que d'aller contre toi, sur ce ton menaçant,
Pousser jusqu'à l'excès ma critique boutade?

Je ferois mieux, j'entends, d'imiter Benserade[4].
C'est par lui qu'autrefois, mise en ton plus beau jour,
Tu sus, trompant les yeux du peuple et de la cour,
Leur faire, à la faveur de tes bluettes folles,
Goûter comme bons mots tes quolibets frivoles.

---

[1] (Cr.) Très-heureux vers. On dit qu'en le récitant, Boileau ne faisoit pas sentir la consonne s qui termine *ses* avant *onze*, et qui auroit nui à l'harmonie. Cependant on écrivoit encore quelquefois *d'onze, l'onzième*; et Despréaux en a usé ainsi lui-même en prose. La prétendue aspiration de *onze*, établie par l'usage, est dénuée de toute raison, et jette un embarras de plus dans l'orthographe et dans la prononciation de notre langue.

[2] (Cr.) Ces 24 premiers vers ne sont point en effet sans énergie.

[3] (V.) ...*réjouissant*, dans l'édition de Brossette : ce commentateur prétend que c'étoit le mot que prononçoit Boileau, en récitant cette *pièce*.

[4] (H.) Furetière, dans son second *Factum* contre l'Académie françoise, dit que pendant le règne du mauvais goût, Benserade s'étoit acquis de la réputation par des chansonnettes, des vers de ballets, des équivoques et des pointes. Cette remarque est répétée dans le troisième *Factum* du même Furetière.

Mais ce n'est plus le temps : le public détrompé
D'un pareil enjouement ne se sent plus frappé.
Tes bons mots, autrefois délices des ruelles,
Approuvés chez les grands, applaudis chez les belles,
Hors de mode aujourd'hui chez nos plus froids badins,
Sont des collets montés et des vertugadins [1].
Le lecteur ne sait plus admirer dans Voiture
De ton froid jeu de mots [2] l'insipide figure :
C'est à regret qu'on voit cet auteur si charmant,
Et pour mille beaux traits vanté si justement,
Chez toi toujours cherchant quelque finesse aiguë,
Présenter au lecteur sa pensée ambiguë,
Et souvent du faux sens d'un proverbe affecté [3]
Faire de son discours la piquante beauté.

   Mais laissons là le tort qu'à ses brillants ouvrages
Fit le plat agrément de tes vains badinages [4].
Parlons des maux sans fin que ton sens de travers,
Source de toute erreur, sema dans l'univers :
Et, pour les contempler jusque dans leur naissance,
Dès le temps nouveau-né, quand la Toute-Puissance
D'un mot forma le ciel, l'air, la terre et les flots,
N'est-ce pas toi, voyant le monde à peine éclos,

---

[1] (H.) Anciens ajustements de femmes. Vertugadin vient de l'espagnol *vertugado*, bourrelet placé vers le haut d'une jupe.

[2] (Cr.) Qu'est-ce que *le jeu de mots de l'équivoque* ? L'équivoque est-elle autre chose, elle-même, qu'un jeu de mots, qu'une illusion du langage ?

[3] (Cr.) C'est la rime seule, à ce qu'il nous semble, qui amène au bout de ce vers le mot *affecté*.

[4] (V.) Mais laissons là le mal qu'à de tels discours jointe,
    Tu fis en mille endroits sous le beau nom de Pointe.

Tels avoient été les vers 49 et 50 avant l'impression.

Qui, par l'éclat trompeur d'une funeste pomme,
Et tes mots ambigus, fis croire au premier homme
Qu'il alloit, en goûtant de ce morceau fatal,
Comblé de tout savoir, à Dieu se rendre égal?
Il en fit sur-le-champ la folle expérience :
Mais tout ce qu'il acquit de nouvelle science
Fut que, triste et honteux de voir sa nudité,
Il sut qu'il n'étoit plus, grace à sa vanité [1],
Qu'un chétif animal pétri d'un peu de terre,
A qui la faim, la soif partout faisoient la guerre,
Et qui, courant toujours de malheur en malheur,
A la mort arrivoit enfin par la douleur.
Oui, de tes noirs complots et de ta triste rage
Le genre humain perdu fut le premier ouvrage :
Et bien que l'homme alors parût si rabaissé,
Par toi contre le ciel un orgueil insensé
Armant de ses neveux la gigantesque engeance,
Dieu résolut enfin, terrible en sa vengeance,
D'abîmer sous les eaux tous ces audacieux.
Mais avant qu'il lâchât les écluses des cieux,
Par un fils de Noé fatalement sauvée,
Tu fus, comme serpent, dans l'arche conservée.
Et d'abord poursuivant tes projets suspendus,
Chez les mortels[2] restants[3], encor tout éperdus,

---

[1] (Cr.) La cacophonie *gra-ça-sa-va*, que Du Monteil fait remarquer, peut disparoître dans la prononciation au moyen d'un très court repos après le mot *grace*.

Du reste, personne ne croira, quoique Brossette l'assure « que « l'auteur avoit été un mois à trouver ce demi-vers. »

[2] (V.) ... *hommes*, avant l'impression.

[3] (V.) ... *restant encor*, dans quelques éditions. Pour autoriser la leçon *restants, encor tout éperdus*, on a recours au témoignage de

De nouveau tu semas tes captieux mensonges,
Et remplis leurs esprits de fables et de songes.
Tes voiles offusquant[1] leurs yeux de toutes parts,
Dieu disparut lui-même à leurs troubles regards.
Alors tout ne fut plus[2] que stupide ignorance,
Qu'impiété sans borne[3] en son extravagance,
Puis, de cent dogmes faux la superstition
Répandant l'idolâtre et folle illusion
Sur la terre en tout lieu disposée à les suivre,
L'art se tailla des dieux d'or, d'argent et de cuivre;
Et l'artisan lui-même, humblement prosterné
Aux pieds du vain métal par sa main façonné,
Lui demanda les biens, la santé, la sagesse.
Le monde fut rempli de dieux de toute espèce :
On vit le peuple fou qui du Nil boit les eaux
Adorer les serpents, les poissons, les oiseaux,
Aux chiens, aux chats, aux boucs[4] offrir des sacrifices,
Conjurer l'ail, l'oignon, d'être à ses vœux propices[5];

Brossette qui affirme que l'auteur faisoit un long repos après *restants* :
le vers, de quelque manière qu'on le lise, *reste* foible et peu correct.

[1] (Cr.) Vers 78 Tu fus, comme serpent....
          79 Et d'abord poursuivant....
          80 Chez les mortels restant (ou restants...)
          83 Tes voiles offusquant....

Cette monotonie décèle un travail pénible et infructueux.

[2] (V.) Alors *ce* ne fut plus (dans les éditions de 1711).

[3] (Cr.) *Sans bornes*, au pluriel, eût été plus correct, si la mesure du vers l'eût admis. Après *qu'impiété* (sans article), on ne doit pas ajouter *en son extravagance*.

[4] (V.) ...*aux rats*, dans les éditions de 1711. Brossette dit que « Boileau, en récitant ce vers, appuyoit sur le mot BOUCS, *pour en « faire sentir la force et l'énergie.* »

[5] (Cr.) Despréaux avoit exprimé déjà, mais bien plus poétiquement, les mêmes idées dans les vers 267-272 de la satire VIII.

Et croire follement maîtres de ses destins
Ces dieux nés du fumier porté dans ses jardins[1].

Bientôt te signalant par mille faux miracles,
Ce fut toi qui partout fis parler les oracles[2] :
C'est par ton double sens dans leurs discours jeté
Qu'ils surent, en mentant, dire la vérité;
Et sans crainte, rendant leurs réponses normandes[3],
Des peuples et des rois engloutir les offrandes.

Ainsi, loin du vrai jour par toi toujours conduit,
L'homme ne sortit plus de son épaisse nuit.
Pour mieux tromper ses yeux, ton adroit artifice
Fit à chaque vertu prendre le nom d'un vice;
Et par toi, de splendeur faussement revêtu,
Chaque vice emprunta le nom d'une vertu[4].

Selon Brossette, il se félicitoit *d'avoir dit deux fois la même chose, et de ne s'être pas copié.* Il s'étoit seulement affoibli.

[1] (L.) On voit bien que Boileau se souvient des vers 9-11 de la satire XV de Juvénal :

> Porrum et cepe nefas violare et frangere morsu :
> O sanctas gentes quibus hæc nascuntur in hortis
> Numina !

Mais l'imitation n'est pas brillante. Le Brun trouve cependant que le mot de *dieux* ennoblit le vers et fait passer avec lui *le fumier.*

[2] (H.) J.-B. Rousseau, dans une lettre à Brossette, datée du 15 juillet 1717, semble s'attribuer l'honneur d'avoir suggéré à Despréaux l'idée de parler, en cette satire, de l'ambiguité des oracles payens. Il seroit étonnant que Boileau n'y eût pas songé; car ce détail tenoit de plus près au sujet que beaucoup d'autres.

[3] (Cr.) Y-a-t-il assez de justesse et de bon goût à dire qu'on rendoit à *Delphes*, à *Délos*, des réponses *normandes?*

[4] (L.) Gombault avoit dit, liv. I, épigr. 53 :

> Les vertus passent pour des vices,
> Et les vices pour des vertus.

Mais cette idée est mieux exprimée, quoique avec quelque prolixité, par Despréaux.

Par toi l'humilité devint une bassesse;
La candeur se nomma grossièreté, rudesse.
Au contraire, l'aveugle et folle ambition
S'appela des grands cœurs la belle passion;
Du nom de fierté noble on orna l'impudence,
Et la fourbe passa pour exquise prudence:
L'audace brilla seule aux yeux de l'univers;
Et pour vraiment héros, chez les hommes pervers,
On ne reconnut plus qu'usurpateurs iniques,
Que tyranniques rois censés grands politiques,
Qu'infâmes scélérats à la gloire aspirants,
Et voleurs revêtus du nom de conquérants [1].

Mais à quoi s'attacha ta savante malice?
Ce fut surtout à faire ignorer la justice.
Dans les plus claires lois ton ambiguité [2]
Répandant son adroite et fine obscurité,
Aux yeux embarrassés des juges les plus sages
Tout sens devint douteux, tout mot eut deux visages [3].

---

[1] (Cr.) « C'est avoir, dit Voltaire, une terrible envie de rendre l'é-
« quivoque responsable de tout, que de dire qu'elle a fait les pre-
« miers tyrans. » L'observation est en soi fort juste; mais il se mêle
pourtant, sinon des équivoques proprement dites, du moins quelques abus du langage dans les entreprises et les succès des usurpateurs
et des conquérants. Le nom de conquête déguise les brigandages; et
l'usurpation une fois qualifiée audace, héroïsme, ne semble plus
odieuse. Ce morceau est l'un des meilleurs de la pièce; il est plein
de raison; et quoique un peu traînant, il ne manque pas toujours
d'énergie; les deux derniers vers surtout nous semblent mériter cet
éloge, quand même on y reprendroit, comme incorrecte, la lettre
s à la fin de l'avant dernier: *à la gloire aspirants*.

L'expression *tyranniques rois*, dans le vers 122 a été aussi critiquée.

[2] (Cr.) *L'ambiguité de l'équivoque*, autre pléonasme.

[3] (Cr.) Excellent hémistiche.

Plus on crut pénétrer, moins on fut éclairci ;
Le texte fut souvent par la glose obscurci :
Et, pour comble de maux, à tes raisons frivoles
L'éloquence prêtant l'ornement des paroles,
Tous les jours accablé[1] sous leur commun effort,
Le vrai passa pour faux, et le bon droit eut tort.
Voilà comme, déchu de sa grandeur première,
Concluons[2], l'homme enfin perdit toute lumière,
Et, par tes yeux trompeurs se figurant tout voir,
Ne vit, ne sut plus rien, ne put[3] plus rien savoir.

De la raison[4] pourtant, par le vrai Dieu guidée,
Il resta quelque trace encor dans la Judée.
Chez les hommes ailleurs sous ton joug gémissants
Vainement on chercha la vertu, le droit sens :
Car, qu'est-ce, loin de Dieu, que l'humaine sagesse?
Et Socrate, l'honneur de la profane Grèce,
Qu'étoit-il en effet, de près examiné,
Qu'un mortel par lui-même au seul mal entraîné[5],
Et, malgré la vertu dont il faisoit parade,

---

[1] (V.) *Chaque jour accablés*, avant l'impression.

[2] (Cr.) Formule scholastique jetée ici pour remplir le vers.

[3] (Cr.) *Ne sut plus... ne put plus...* Syllabes peu agréables à l'oreille.

[4] (V.) *De l'équité*, avant l'impression.

[5] (V.) Qu'un mortel, comme un autre, au mal déterminé.

Tel étoit le vers qui déplut au cardinal de Noailles. Voyez ci-dessus page 270. Le prélat jugea qu'il seroit plus orthodoxe de dire : par lui-même au seul mal entraîné. « Ce changement, dit « Du Monteil, est fondé sur l'hypothèse que sans une grace particu- « lière et efficace, l'homme ne peut pas ne pas pécher. » — On sait que Despréaux avouoit qu'il ne comprenoit pas très-bien ces matières. Voyez, tome IV, sa lettre à Brossette du 7 septembre 1703.

Très-équivoque ami du jeune Alcibiade[1]?
Oui, j'ose hardiment l'affirmer contre toi,
Dans le monde idolâtre, asservi sous ta loi,
Par l'humaine raison de clarté dépourvue
L'humble et vraie équité fut à peine entrevue :
Et, par un sage altier, au seul faste attaché,
Le bien même accompli souvent fut un péché[2].

Pour tirer l'homme enfin de ce désordre extrême,
Il fallut qu'ici-bas Dieu, fait homme lui-même,
Vînt du sein lumineux de l'éternel séjour
De tes dogmes trompeurs dissiper le faux jour.
A l'aspect de ce Dieu les démons disparurent;
Dans Delphes, dans Délos, tes oracles se turent :
Tout marqua, tout sentit sa venue en ces lieux ;
L'estropié marcha[3], l'aveugle ouvrit les yeux.
Mais bientôt contre lui ton audace rebelle,

---

[1] (Cr.) C'est une calomnie peut-être, mais poétiquement exprimée. Voyez ci-dessus, vie de Boileau, § V.

[2] (V.) Ce vers et le précédent ont été tournés et retournés de trois manières : d'abord,

>   Et faite avec un cœur au seul faste attaché,
>   La bonne action même au fond fut un péché ;

Ensuite,

>   Et fait avec un cœur au seul faste attaché,
>   Le bien même, le bien au fond fut un péché ;

Enfin,

>   Et par un sage altier, au seul faste attaché,
>   Le bien même accompli, souvent fut un péché.

Malgré ces trois tentatives, le poète n'est pas venu à bout de bien exprimer la maxime théologique qui dit que les actions les plus vertueuses des payens ne sont que de brillants et splendides péchés, *splendida peccata.*

[3] (V.) Un *estropié* marche, sans qu'il y ait là rien de miraculeux. On en fit l'observation à Boileau qui essaya de changer cet hémis-

Chez la nation[1] même à son culte fidèle,
De tous côtés arma tes nombreux sectateurs,
Prêtres[2], pharisiens, rois, pontifes, docteurs.
C'est par eux[3] que l'on vit la vérité suprême
De mensonge et d'erreur accusée elle-même,
Au tribunal humain le Dieu du ciel traîné,
Et l'auteur de la vie à mourir condamné.
Ta fureur toutefois à ce coup fut déçue,
Et pour toi ton audace eut une triste issue.
Dans la nuit du tombeau ce Dieu précipité
Se releva soudain tout brillant de clarté;
Et partout sa doctrine en peu de temps portée
Fut du Gange et[4] du Nil et du Tage écoutée.
Des superbes autels à leur gloire dressés
Tes ridicules dieux tombèrent renversés :
On vit en mille endroits leurs honteuses statues
Pour le plus bas[5] usage utilement fondues;
Et gémir vainement Mars, Jupiter, Vénus,

tiche. Il mit d'abord, *le foible devint fort*, puis *le muet discourut;* mais n'étant pas satisfait de ces changements qui en effet n'étoient pas très-heureux, il s'en tint à la première manière, quoiqu'il sentît bien qu'elle manquoit d'exactitude.

[1] (Cr.) *Chez la nation*, et en d'autres endroits de cette satire, *chez toi, chez lui, chez eux, chez Satan, chez les grands*. Le retour si fréquent de cette expression est critiqué dans une pièce de vers composée par un avocat de Vienne en Dauphiné, nommé de Nantes, et insérée dans les *Mémoires de l'abbé d'Artigny*, t. VII, p. 376-385.

[2] (V.) La première leçon étoit *Scribes*.

[3] (Cr.) *Par eux*, et ailleurs, *par toi, par lui*, etc. De Nantes remarque aussi que cette expression revient sans cesse et contribue à la monotonie de l'ouvrage.

[4] (V.) Cet *et* n'est point dans les éditions de 1711, il y est remplacé par une virgule.

[5] (V.) *Vil* étoit la première leçon.

Urnes, vases, trépieds, vils[1] meubles devenus[2].
Sans succomber pourtant tu soutins cet orage,
Et, sur l'idolâtrie enfin perdant courage,
Pour embarrasser l'homme en des nœuds plus subtils,
Tu courus chez Satan brouiller de nouveaux fils.

   Alors, pour seconder ta triste frénésie,
Arriva de l'enfer ta fille l'hérésie.
Ce monstre, dès l'enfance à ton école instruit,
De tes leçons bientôt te fit goûter le fruit.
Par lui l'erreur, toujours finement apprêtée,
Sortant pleine d'attraits de sa bouche empestée,
De son mortel poison tout courut s'abreuver,
Et l'église elle-même eut peine à s'en sauver.
Elle-même deux fois, presque tout[3] arienne,
Sentit chez soi trembler la vérité chrétienne[4];
Lorsqu'attaquant le Verbe et sa divinité,
D'une syllabe impie un saint mot augmenté
Remplit tous les esprits d'aigreurs si meurtrières,
Et fit de sang chrétien couler tant de rivières[5].
Le fidèle, au milieu de ces troubles confus,

---

[1] (V.) Il y avoit ici *vains*, mot qui fut remplacé par *vil*, quand cette épithète eut fait place à *bas* dans le vers 182.

[2] (Cr.) Inversion forcée ainsi que l'ont remarqué de Nantes, Saint-Marc, d'Artigny, etc.

[3] (V.) ... *toute*, dans les anciennes éditions.

[4] (I.) On aperçoit dans ces deux vers l'intention de traduire ces paroles célèbres : *miratus est orbis universus se esse arianum*. L'hémistiche *presque tout arienne* les indiqueroit assez, mais le second vers est si traînant et si vague qu'il empêche de les reconnoître.

[5] (V.) Au lieu de ce vers et des trois précédents, Boileau avoit d'abord fait ceux-ci :

    Lorsque *chez* ses sujets l'un contre l'autre armés,
    Et sur un dieu fait homme au combat animés,

Quelque temps égaré, ne se reconnut plus;
Et dans plus d'un aveugle et ténébreux concile
Le mensonge parut vainqueur de l'Évangile.

Mais à quoi bon ici du profond[1] des enfers,
Nouvel historien de tant de maux soufferts,
Rappeler Arius[2], Valentin[3] et Pélage[4],

> Tu fis, dans une guerre et si triste et si longue,
> Périr tant de chrétiens, MARTYRS D'UNE DIPHTHONGUE.

Ce dernier hémistiche, quoique retranché, est resté célèbre : il seroit du petit nombre des grands traits de cette satire. Les deux mots grecs *omousios*, *omoiousios*, ne diffèrent que par une diphthongue : or entre les ariens et leurs adversaires, il s'agissoit de savoir lequel de ces deux mots entreroit dans le symbole. *Oi* étoit l'impiété des Ariens : leur mot ὁμοιούσιος ne signifioit que *de semblable substance;* au lieu que ὁμούσιος vouloit dire *consubstantiel.*

[1] (Cr.) Saint-Marc croit qu'il falloit dire *du fond* et non *du profond :* mais cette seconde expression, beaucoup plus poétique, est ici créée par Boileau : M. Laveaux, dans son excellent dictionnaire desdifficultés de la langue françoise (page 635), la cite comme employée ou même, ce qui n'est pas exact, comme *inventée* par Voltaire qui a dit : (*Henriade*, VII, vers 319) *du profond d'une nue.*

[2] (H.) Arius, né dans la Libye cyrénaïque, nia la divinité de Jésus-Christ. Condamné par un concile d'Alexandrie, absous par Eusèbe de Nicomédie au sein d'une autre assemblée, Arius séduisit un grand nombre de laïcs et d'ecclésiastiques. Son hérésie ayant été anathématisée par le concile général de Nicée en 325, il fut exilé en Illyrie par l'empereur Constantin qui le rappela trois ans après. Malgré la résistance de saint Athanase, l'opiniâtre Arius s'efforçoit de reprendre à Alexandrie ses fonctions sacerdotales, lorsqu'il mourut en 336. Ses sectateurs prétendirent qu'on l'avoit empoisonné : ses adversaires représentèrent sa mort subite comme un effet de la vengeance divine.

[3] (H.) Valentin, platonicien du deuxième siècle, tenta d'introduire dans le christianisme les doctrines des gnostiques. Il avoit imaginé une longue généalogie d'Éons dont il composoit une divinité suprême qu'il appeloit Pléroma ou plénitude. On ne sait pas quand naquit et quand mourut ce visionnaire, mais il a eu des partisans.

[4] (H.) L'hérésiarque Pélage étoit né, selon les uns en Campanie,

Et tous ces fiers démons que toujours d'âge en âge
Dieu, pour faire éclaircir à fond ses vérités,
A permis qu'aux chrétiens l'enfer ait suscités?
Laissons hurler là-bas tous ces damnés antiques,
Et bornons nos regards aux troubles fanatiques
Que ton horrible fille ici sut émouvoir,
Quand Luther[1] et Calvin[2], remplis de ton savoir,
Et soi-disant choisis pour réformer l'église,
Vinrent du célibat affranchir la prêtrise,
Et, des vœux les plus saints blâmant l'austérité,
Aux moines las du joug rendre la liberté.
Alors n'admettant plus d'autorité visible,
Chacun fut de la foi censé juge infaillible;
Et, sans être approuvé par le clergé romain,
Tout protestant fut pape, une bible à la main[3].
De cette erreur dans peu naquirent plus de sectes
Qu'en automne on ne voit de bourdonnants insectes
Fondre sur les raisins nouvellement mûris,

selon les autres dans la Grande-Bretagne. Dans ce second système, son nom de famille auroit été *Morgan* (né sur les bords de la mer) et *Pelagius* en seroit une traduction. Il vint à Rome, y fréquenta des mécréants, et enseigna de fausses doctrines : il nioit le péché originel et la nécessité de la grace. Il eut un adversaire illustre et formidable dans saint Augustin. Pélage, condamné par plusieurs synodes, mourut vers l'an 424, quelques années avant le concile général d'Éphèse, où son hérésie fut frappée d'anathèmes plus solennels.

[1] (H.) Martin Luther, né à Eisleben en 1484, mort à Wittemberg en 1546, est fameux par les hérésies qu'il a répandues dans une partie de l'Europe, surtout en Allemagne.

[2] (H.) Jean Calvin, second chef de la réforme, étoit né à Noyon en 1506, il mourut à Genève le 27 mai 1564.

Les noms de Luther et de Calvin sont ici laissés en blanc dans l'édition publiée à Genève par Brossette; et il en est de même du mot *protestant* au vers 224.

[3] (Cr.) Ce vers est d'une précision remarquable.

Ou qu'en toutes saisons sur les murs, à Paris [1],
On ne voit affichés de recueils d'amourettes,
De vers, de contes bleus, de frivoles sornettes,
Souvent peu recherchés du public nonchalant,
Mais vantés à coup sûr du Mercure Galant [2].
Ce ne fut plus partout que fous anabaptistes,
Qu'orgueilleux puritains, qu'exécrables déistes.
Le plus vil artisan eut ses dogmes à soi,
Et chaque chrétien fut de différente loi.
La discorde, au milieu de ces sectes altières,
En tout lieu cependant déploya ses bannières ;
Et ta fille [3], au secours des vains raisonnements
Appelant le ravage et les embrasements,
Fit, en plus d'un pays, aux villes désolées,
Sous l'herbe en vain chercher leurs églises brûlées.
L'Europe fut un champ de massacre et d'horreur,
Et l'orthodoxe même, aveugle en sa fureur,
De tes dogmes trompeurs nourrissant son idée,
Oublia la douceur aux chrétiens commandée ;

[1] (Cr.) On proposoit à Boileau de dire *sur les murs de Paris* ; et Brossette rapporte qu'il répondit : cela signifieroit *sur les murailles de la ville*.

[2] (Cr.) « Les deux comparaisons que met ici Despréaux sont in-
« génieuses et réjouissent le lecteur ; mais sont-elles à leur place ?
« et dans une matière aussi sérieuse que le dénombrement des di-
« verses sectes d'hérétiques, contre lesquelles on déclame avec tant
« de véhémence, est-il permis de les comparer aux guêpes et aux
« affiches des carrefours, et de faire, d'une idée si propre à exciter
« la terreur, une idée risible, pour avoir occasion de tomber sur le
« Mercure Galant ? Cela auroit fait merveille dans le Lutrin, mais
« non dans un sujet tel que l'hérésie, qui ne permet pas que l'on
« s'abaisse à des comparaisons badines. » Cette remarque est de l'abbé d'Artigny. *Mémoires* VII, 389.

[3] (Cr.) C'est l'hérésie sans doute ; mais pour le comprendre, il faut recourir au vers 190.

Et crut, pour venger Dieu de ses fiers ennemis,
Tout ce que Dieu défend légitime et permis.
Au signal tout-à-coup donné pour le carnage [1],
Dans les villes, partout, théâtres de leur rage,
Cent mille faux zélés, le fer en main courants,
Allèrent attaquer leurs amis, leurs parents;
Et, sans distinction, dans tout sein hérétique
Pleins de joie enfoncer un poignard catholique [2]:
Car quel lion, quel tigre égale en cruauté
Une injuste fureur qu'arme la piété [3] ?

Ces fureurs, jusqu'ici du vain peuple admirées [4],
Étoient pourtant toujours de l'église abhorrées [5];
Et, dans ton grand crédit pour te bien conserver,
Il falloit que le ciel parût les approuver :

[1] (H.) Nuit du 24 août 1572, massacre de la Saint-Barthélemi.

[2] (Cr.) Le Brun fait remarquer l'énergie de cette expression. La Harpe au contraire n'y voit qu'une métonymie sur laquelle il n'y a pas lieu de s'extasier. Tout ce morceau lui déplaît. « *Cent mille faux zélés*, dit-il, est à peine de la prose noble. *Le fer en main courants* forme une chute de vers et une inversion également désagréables, sans parler de la faute de françois *courants*, quand le participe ne doit pas être décliné. *Allèrent attaquer leurs amis* est de la plus grande foiblesse. *Sans distinction* ne peut guère entrer dans la poésie soutenue. *Dans tout sein hérétique* est affreux à l'oreille. »

A la rigueur toutes ces remarques sont justes; mais le morceau, pris dans son ensemble, est animé; il exprime d'honorables sentiments, et le vers 254 nous paroît tout-à-fait digne de l'éloge qu'en fait Le Brun.

[3] (V.) Brossette dit que ce vers étoit quelquefois récité par Boileau de cette manière :

     Une injuste fureur qui se croit piété.

[4] (V.) On apprend du même commentateur que le poète avoit eu dessein de mettre *adorées*, au lieu d'*admirées*.

[5] (V.) J. B. Rousseau assure qu'ayant entendu lire plusieurs fois

Ce chef-d'œuvre devoit couronner ton adresse.
Pour y parvenir donc, ton active souplesse,
Dans l'école abusant tes grossiers écrivains [1],
Fit croire à leurs esprits ridiculement vains
Qu'un sentiment impie [2], injuste, abominable,
Par deux ou trois d'entre eux réputé soutenable,
Prenoit chez eux un sceau de probabilité [3]
Qui même contre Dieu lui donnoit sûreté ;
Et qu'un chrétien pouvoit, rempli de confiance,
Même en le condamnant, le suivre en conscience [4].

C'est sur ce beau principe [5], admis si follement,
Qu'aussitôt tu posas l'énorme fondement
De la plus dangereuse et terrible morale
Que Lucifer, assis dans sa chaire infernale,
Vomissant contre Dieu ses monstrueux sermons,

cette satire, il l'avoit retenue par cœur, et en avoit tiré une copie dans laquelle les deux vers 257, 258 se lisoient ainsi :

> Ces fureurs toutefois, du vain peuple admirées,
> Avoient toujours été de l'église abhorrées.
> (*Lettres de J.-B. Rousseau*, tome II, p. 186.)

[1] (H.) Jésuites, pour la plupart.

[2] (V.) ... *horrible*, dans les éditions de 1711.

[3] (H.) Voyez la cinquième lettre provinciale de Pascal, etc. « Une opinion est appelée probable, lorsqu'elle est fondée sur des « raisons de quelque considération. D'où il arrive quelquefois qu'un « seul docteur fort grave peut rendre une opinion probable : car un « homme adonné particulièrement à l'étude ne s'attacheroit pas à « une opinion, s'il n'y étoit attiré par une raison bonne et suffi-« sante..... Il y a peu de questions où vous ne trouviez que l'un dit « oui, l'autre dit non ; et en tous ces cas-là, l'une et l'autre des opi-« nions contraires est probable. »

[4] (H.) .... « Et si une opinion est tout ensemble et moins pro-« bable et moins sûre, sera-t-il permis de la suivre, en quittant ce « que l'on croit être plus probable et plus sûr ? Oui. » *Ibidem*.

[5] (Cr.) L'expression et le tour redeviennent ici bien prosaïques.

Ait jamais enseignée[1] aux novices démons.
Soudain, au grand honneur de l'école païenne,
On entendit prêcher dans l'église chrétienne[2]
Que sous le joug du vice un pécheur abattu
Pouvoit, sans aimer Dieu ni même la vertu[3],
Par la seule frayeur au sacrement unie,
Admis au ciel, jouir de la gloire infinie;
Et que, les clefs en main, sur ce seul passe-port,
Saint Pierre à tous venants devoit ouvrir d'abord.

Ainsi, pour éviter l'éternelle misère
Le vrai zèle au chrétien n'étant plus nécessaire,
Tu sus, dirigeant bien en eux l'intention[4],
De tout crime laver la coupable action.
Bientôt, se parjurer[5] cessa d'être un parjure[6];

---

[1] (V.) *Enseigné*, faute de grammaire et de versification qui se trouve dans les éditions de 1711, dans celles de Brossette et dans plusieurs autres jusqu'en 1740 inclusivement.

[2] (V.) *École payenne* et *école chrétienne*, en quelques éditions. *Église payenne* et *école chrétienne*, en d'autres.

[3] (H.) Voyez la dixième provinciale. « C'est une erreur (selon les « jésuites) et presque une hérésie, de dire que la contrition soit « nécessaire, et que l'attrition toute seule, et même conçue par « le seul motif des peines de l'enfer, qui exclut la volonté d'offenser, « ne suffit pas avec le sacrement. »

[4] (H.) Pascal expose dans sa septième provinciale « la doctrine « des jésuites sur la manière de diriger l'intention. » Voyez aussi la neuvième provinciale où les jésuites enseignent que « c'est l'inten- « tion qui règle la qualité de l'action ; que les promesses n'obligent « point quand on n'a point l'intention de s'obliger en les faisant, etc. »

[5] (V.) Bientôt se parjurer ne fut plus un parjure. (*Éditions de* 1711.)

[6] (H.) Voyez la neuvième provinciale. « On peut jurer, dit San- « chez, qu'on n'a pas fait une chose, quoiqu'on l'ait faite effecti- « vement, en entendant en soi-même qu'on ne l'a pas faite un cer- « tain jour, ou avant qu'on fût né, ou en sous-entendant quelque « autre circonstance pareille, sans que les paroles dont on se sert

L'argent à tout denier se prêta sans usure[1] ;
Sans simonie, on put, contre un bien temporel,
Hardiment échanger un bien spirituel[2] ;
Du soin d'aider le pauvre on dispensa l'avare ;
Et même chez les rois le superflu fut rare.
C'est alors qu'on trouva, pour sortir d'embarras,
L'art de mentir tout haut en disant vrai tout bas[3].
C'est alors qu'on apprit qu'avec un peu d'adresse
Sans crime un prêtre peut vendre trois fois sa messe ;
Pourvu que, laissant là son salut à l'écart,
Lui-même en la disant n'y prenne aucune part[4].
C'est alors que l'on sut qu'on peut pour une pomme,
Sans blesser la justice, assassiner un homme[5] :

« aient aucun sens qui puissent le faire connoître. Et cela est fort
« commode en beaucoup de rencontres, et est toujours juste, quand
« cela est nécessaire pour la santé, l'honneur ou le bien. »

[1] (H.) Voyez la huitième provinciale. Un jésuite y dit à Pascal :
« L'usure ne consiste presque, selon nos pères, qu'en l'intention de
« prendre ce profit comme usuraire ; et c'est pourquoi notre père
« Escobar fait éviter l'usure par un simple détour d'intention. »

[2] (H.) Voyez la douzième provinciale. « Si on donne un bien
« temporel pour un bien spirituel, non pas comme *prix,* mais comme
« un *motif* qui porte le collateur à le donner, ou comme une recon-
« noissance, si on l'a déjà reçu, est-ce simonie ? Sanchez assure
« que non. »

[3] (H.) Dans la neuvième provinciale, Filiutius enseigne des moyens
d'éviter le mensonge. « C'est qu'après avoir dit tout haut, *je jure*
« *que je n'ai point dit cela*, on ajoute tout bas *aujourd'hui ;* ou qu'a-
« près avoir dit tout haut, *je jure*, on ajoute tout bas *que je dis* et
« que l'on continue ensuite tout haut, *que je n'ai point fait cela.* »

[4] (H.) Voyez la septième provinciale, où cette maxime est extraite
de Filiutius.

[5] (H.) Voyez la quatorzième provinciale, où est cité Lessius disant « qu'il n'est pas permis de tuer pour conserver une chose de
« petite valeur, comme pour un écu, ou pour une *pomme,* si ce n'est
« qu'il fût honteux de la perdre ; car alors on peut la reprendre et

Assassiner! ah! non, je parle improprement;
Mais que, prêt à la perdre, on peut innocemment,
Surtout ne la pouvant sauver d'une autre sorte,
Massacrer le voleur qui fuit et qui l'emporte.
Enfin ce fut alors que, sans se corriger,
Tout pécheur... Mais où vais-je aujourd'hui m'engager?
Veux-je d'un pape illustre[1], armé contre tes crimes,
A tes yeux mettre ici toute la bulle en rimes[2];
Exprimer tes détours burlesquement pieux
Pour disculper l'impur, le gourmand, l'envieux;
Tes subtils faux-fuyants pour sauver la mollesse,
Le larcin, le duel, le luxe, la paresse[3],

« même *tuer*, s'il est nécessaire, pour la r'avoir; parce que ce n'est
« pas tant défendre son bien que son honneur. »

[1] (H.) Benoit Odescalchi, dit Innocent X, qui tint tête à Louis XIV et qui n'aima point les jésuites. Il occupa la chaire pontificale depuis 1676 jusqu'en 1689.

[2] (V.) Au lieu de ce vers et du précédent, Boileau avoit écrit:

Veux-je ici, rassemblant un corps de tes maximes,
Donner Soto, Bannez, Diana, mis en rimes?

(H.) Soto est un dominicain espagnol du seizième siècle.
Bannez ou Banès, autre théologien espagnol, aussi frère prêcheur, mourut à Medina del Campo en 1604.
Antonin Diana, né à Palerme en 1595, se fit clerc régulier et publia des livres de théologie morale. Il mourut à Rome en 1663.
Mais Escobar, Sanchez, Lessius, etc., étoient jésuites. Escobar, né à Valladolid en 1589, mourut en 1669 : c'est le casuiste le plus décrié dans les provinciales et dans les meilleurs livres de théologie. Son confrère Thomas Sanchez, mort à Grenade en 1610, est fameux surtout par un traité du mariage, énorme volume auquel on ne peut reprocher aucune réticence. Léonard Lessius, né en Brabant en 1554, entra dès l'âge de dix-sept ans dans la société de Jésus : il enseigna, sur le vol, sur l'homicide, sur le régicide, sur l'adultère, sur le contrat Mohatra, etc., une morale si relâchée ou si licencieuse, que les facultés de théologie, les évêques les papes ne purent se dispenser de la condamner. Lessius mourut à Louvain en 1623.

[3] (H.) Lessius décide qu'il est permis de voler dans une extrême

En un mot, faire voir à fond développés
Tous ces dogmes affreux d'anathème frappés,
Que, sans peur débitant tes distinctions folles [1],
L'erreur encor pourtant maintient dans tes écoles?
Mais sur ce seul projet soudain puis-je ignorer
A quels nombreux combats il faut me préparer?
J'entends déjà d'ici tes docteurs frénétiques
Hautement me compter au rang des hérétiques,

nécessité et même dans une nécessité grave quoique non extrême. Vasquès dit que si l'on voit un voleur prêt à voler un pauvre, on peut l'en détourner en lui désignant en remplacement une personne riche. (*Provinciale VIII.*)

« Les valets qui se plaignent de leurs gages, demande le P. Bauni, « peuvent-ils d'eux-mêmes les croître, en se garnissant les mains « d'autant de bien appartenant à leurs maîtres, comme ils s'ima-« ginent en être nécessaire pour égaler lesdits gages à leurs peines? « Ils le peuvent en certaines rencontres, répond-il, comme lors-« qu'ils sont si pauvres en cherchant condition, qu'ils ont été obligés « d'accepter l'offre qu'on leur a faite, etc. » (*Provinciale VI.*)

Layman et Hurtado permettent de se battre en duel pour défendre son honneur ou son bien. (*Provinciale VII.*)

Escobar dit qu'une femme peut prendre, pour jouer, de l'argent à son mari, etc. (*Provinciale IX.*)

Vasquès est un jésuite espagnol mort en 1604. — Bauni, jésuite françois, publia en 1654 *la Somme des péchés*.— Paul Layman, jésuite encore, est auteur d'une théologie morale; il mourut à Constance en 1635. Mais Hurtado n'a point appartenu à la société de Jésus; c'étoit un théologien de Tolède qui a vécu jusqu'en 1659.

[1] (V.) Qu'en chaire tous les jours, condamnant ton audace,
Blâment, plus haut que moi, les vrais enfants d'Ignace.

Telle avoit été la première leçon : elle ménageoit et caressoit même les jésuites, moines vindicatifs et puissants. Mais Boileau se reprocha bientôt cette complaisance, et y substitua un trait satirique :

> Que tous les jours, rempli de tes visions folles,
> Plus d'un moine à long froc prêche dans les écoles.

Il refit ces deux vers une troisième fois :

> Que, sans peur débitant, etc.

M'appeler scélérat, traître, fourbe, imposteur,
Froid plaisant, faux bouffon, vrai calomniateur¹,
De Pascal², de Wendrock³ copiste misérable;
Et, pour tout dire enfin, janséniste exécrable.
J'aurai beau condamner, en tous sens expliqués,
Les cinq dogmes fameux par ta main fabriqués⁴,
Blâmer de tes docteurs la morale risible:
C'est, selon eux, prêcher un calvinisme⁵ horrible;
C'est nier qu'ici-bas par l'amour appelé
Dieu pour tous les humains voulut être immolé⁶.

¹ (H.) Boileau, dans ces deux vers, transcrit en quelque sorte les premières lignes de la douzième provinciale: « Mes révérends pères, « j'étois prêt à vous écrire sur le sujet des injures que vous me dites « depuis si long-temps dans vos écrits, où vous m'appelez *impie,* « *bouffon, ignorant, farceur, imposteur, calomniateur, fourbe, hérétique,* « *calviniste déguisé, disciple de Dumoulin, possédé d'une légion de* « *diables*, et tout ce qu'il vous plaît. »

² (H.) On a vu dans les notes précédentes quel usage Despréaux a fait des lettres provinciales, le plus célèbre ouvrage de Pascal. Né à Clermont, en Auvergne, en 1623, Blaise Pascal est mort à Paris en 1662. Il n'a pas été de l'Académie françoise.

³ (H.) Wendrock est le nom que prit Nicole en traduisant en latin les provinciales, et en y joignant des notes fort instructives. Divers traités de Pierre Nicole ont été réunis sous le nom d'*Essais de morale.* Il a coopéré à la logique et à la grammaire générale de Port-Royal. Il étoit né à Chartres en 1625 : il a terminé à Paris, en 1695, son honorable carrière, et n'a pas été non plus l'un des quarante illustres.

⁴ (H.) Les cinq propositions qui se trouvent, dit-on, dans un in-folio, intitulé *Augustinus*, composé par Jansénius, évêque d'Ipres.
Brossette a conclu de ces deux vers de Boileau, que ce poète *croyoit le jansénisme une hérésie aussi véritable*, aussi réelle que *l'arianisme.* Du Monteil relève Brossette sur ce point, et montre que Despréaux regardoit comme calomnieuse, l'imputation d'hérésie que les jésuites faisoient aux théologiens estimables qu'ils nommoient jansénistes. Voyez notre discours préliminaire, p. x, xxxiv, xlii, xliii, et la vie de Boileau, § VII.

⁵ (V.) ...*un jansénisme*, dans les éditions de 1711.

⁶ (H.) Brossette dit que Boileau avoit écrit en marge de ce vers:

Prévenons tout ce bruit : trop tard, dans le naufrage,
Confus on se repent d'avoir bravé l'orage.
Halte-là donc, ma plume. Et toi, sors de ces lieux,
Monstre à qui, par un trait des plus capricieux,
Aujourd'hui terminant ma course satirique,
J'ai prêté dans mes vers une ame allégorique.
Fuis, va chercher ailleurs tes patrons bien-aimés,
Dans ces pays par toi rendus si renommés,
Où l'Orne épand ses eaux, et que la Sarthe arrose [1] ;
Ou, si plus sûrement tu veux gagner ta cause,
Porte-la dans Trévoux [2], à ce beau tribunal
Où de nouveaux Midas un sénat monacal [3],
Tous les mois, appuyé [4] de ta sœur l'ignorance,
Pour juger Apollon tient, dit-on, sa séance [5].

Proposition de Saint Paul; Pro omnibus mortuus est Christus. *Corinth.* II, c. v, v. 14, 15.

[1] (H.) La Normandie et le Maine.

[2] (H.) Les jésuites commencèrent en 1701 et continuèrent jusqu'à l'époque de leur destruction un journal littéraire, connu sous le nom de *Journal de Trévoux.* Boileau étoit mécontent de ce qu'ils avoient dit de lui dans leur cahier du mois de septembre 1703.

[3] (Cr.) « Cette épithète, dit l'abbé d'Artigny, n'est que pour « rimer à *tribunal.* — Midas, dans la fable, s'est érigé une fois en « juge ; mais cela a-t-il jamais fait un sénat de Midas ? — *Tient*, DIT-« ON, *sa séance. Dit-on* ne peut servir là que de cheville, etc. » Critiques plus minutieuses que justes. Ces quatre derniers vers ne sont pas les plus foibles de cette satire.

[4] (V.) ... *sous l'appui*, avant l'impression.

[5] (Cr.) L'article xiv du tome VII des *Nouveaux Mémoires d'histoire et de littérature*, par l'abbé d'Artigny, page 369-399, contient un recueil d'observations critiques sur la douzième satire de Boileau : nous avons extrait les plus importantes.

La Harpe, quoique admirateur de Boileau, dit de cette pièce : « On ne reconnoît point le bon esprit de l'auteur dans cette longue « et vague déclamation qui roule tout entière sur un abus de mots, « et où l'on attribue à l'équivoque tous les malheurs et les crimes de

« l'univers, à dater du péché originel, et de la chute d'Adam jus-
« qu'à la morale d'Escobar et de Sanchez. Le satirique vieilli,
« redit en assez mauvais vers ce qu'avoit dit Pascal en très-bonne
« prose ; et ce n'est plus, à quelques endroits près, le style de
« Boileau. »

Cependant nous croyons qu'on y peut distinguer des vers et même des morceaux dignes encore d'un poète : v. 1-24, 68, 90-92, 109-112, 115-124, 130, 150, la première leçon du vers 202, v. 247-254, 294, 296, 333-346. D'ailleurs la morale pure de l'auteur, ses sentiments honorables, l'horreur que lui inspirent les maximes et les intrigues des jésuites donnent à cette pièce de la dignité et une sorte de caractère national.

TABLE

DES ARTICLES CONTENUS DANS LE TOME Ier

DES OEUVRES DE BOILEAU.

AVERTISSEMENT.		Page I
DISCOURS PRÉLIMINAIRE.		IX
VIE DE BOILEAU.		XLIX
I.	Naissance de Boileau-Despréaux ; sa famille, sa jeunesse, ses études.	L
II.	Travaux littéraires de Boileau.	LVI
III.	Divers traits de son caractère et de sa vie.	LX
IV.	Ses opinions sur les écrivains de l'antiquité.	LXIII
V.	Ses opinions sur plusieurs écrivains modernes. Ses querelles avec quelques-uns.	LXVII
VI.	Relations de Boileau avec Molière, La Fontaine et Racine.	LXXVII
VII.	Ses relations avec les jansénistes, avec les jésuites, avec d'autres théologiens.	LXXXVI
VIII.	Boileau à la cour.	XC
IX.	Boileau historiographe.	XCIV
X.	Boileau académicien.	XCVI
XI.	Ses maladies, le procès soutenu par lui en 1698, sa vieillesse, son testament, sa mort, son tombeau.	C
XII.	Éditions et traductions de ses OEuvres	CVI
XIII.	Lettres de Boileau, mémoires sur sa vie, éloges et critiques de ses ouvrages.	CXVII
XIV.	Hommages rendus à Despréaux par plusieurs écrivains.	CXXIII

PRÉFACES composées par Boileau pour les diverses éditions de ses ouvrages.

 I. Préface pour les éditions de 1666-1669. Le libraire au lecteur. page 1

 II. Préface pour l'édition de 1674, in-4°. Au lecteur. 6

 III. Préface pour l'édition de 1674 ou 1675, in-12. Au lecteur. 8

 IV. Préface pour les éditions de 1683 et 1694. 10

 V. Avertissement qui, dans l'édition de 1694, suit la préface précédente. 13

 VI. Préface pour l'édition de 1701. 17

 VII. Catalogue des œuvres de Boileau, rédigé, dit-on, par lui-même. 28

 Ordre chronologique d'une grande partie des ouvrages de Boileau. 31

DISCOURS (en vers) au Roi. (1665) 33

DISCOURS (en prose) sur la Satire. (1668) 45

SATIRE I. (1660) Adieux d'un poète à la ville de Paris. 57

SATIRE II. (1664) A Molière : accord de la Rime et de la Raison. 72

SATIRE III. (1665) Description d'un Repas ridicule. 80

SATIRE IV. (1664) A l'abbé Le Vayer : les Folies humaines. 96

SATIRE V. (1665) Au marquis de Dangeau : sur la noblesse. 105

SATIRE VI. (1660) Les Embarras de Paris. 114

SATIRE VII. (1663) Sur le Genre satirique. 124

SATIRE VIII. (1667) A Morel, docteur de Sorbonne : sur l'Homme. 131

 Esquisse en prose de la satire IX. 149

 Avertissement du libraire au lecteur, à la tête de la satire IX. 163

TABLE.

Satire IX. (composée en 1667) A son Esprit : Apologie des Satires. 165

Avertissement sur la satire X. 187
Satire X. (1693) Les Femmes. 189
Lettre d'Antoine Arnauld à Charles Perrault, sur la satire X. 231
Satire XI. (1698) A Valincour : sur l'Honneur. 251
Avertissement sur la satire XII. 265
Satire XII. (1705) Sur l'Équivoque. 273

FIN DU PREMIER VOLUME.

PARIS, IMPRIMERIE DE GAULTIER-LAGUIONIE,
HÔTEL DES FERMES.

www.ingramcontent.com/pod-product-compliance
Lightning Source LLC
Chambersburg PA
CBHW050914230426
43666CB00010B/2159